学术教科书

General Theory of Economic Law

经济法原理
（第二版）

张守文 著

图书在版编目(CIP)数据

经济法原理/张守文著. —2 版. —北京:北京大学出版社,2020.11
(学术教科书)
ISBN 978-7-301-31800-3

Ⅰ.①经… Ⅱ.①张… Ⅲ.①经济法—法的理论—中国—高等学校—教材 Ⅳ.①D922.290.1

中国版本图书馆 CIP 数据核字(2020)第 203158 号

书　　　名	经济法原理(第二版)
	JINGJIFA YUANLI(DI-ER BAN)
著作责任者	张守文　著
责任编辑	王　晶
标准书号	ISBN 978-7-301-31800-3
出版发行	北京大学出版社
地　　　址	北京市海淀区成府路 205 号　100871
网　　　址	http://www.pup.cn
电子邮箱	编辑部 law@pup.cn　总编室 zpup@pup.cn
新浪微博	@北京大学出版社　@北大出版社法律图书
电　　　话	邮购部 010-62752015　发行部 010-62750672　编辑部 010-62752027
印　刷　者	北京虎彩文化传播有限公司
经　销　者	新华书店
	730 毫米×1020 毫米　16 开本　29 印张　547 千字
	2013 年 5 月第 1 版
	2020 年 11 月第 2 版　2024 年 6 月第 3 次印刷
定　　　价	75.00 元

未经许可,不得以任何方式复制或抄袭本书之部分或全部内容。
版权所有,侵权必究
举报电话: 010-62752024　电子邮箱: fd@pup.cn
图书如有印装质量问题,请与出版部联系,电话: 010-62756370

作者简介

张守文 北京大学法学院教授、博士生导师,教育部"长江学者"特聘教授。

研究成果涉及经济法理论、财税法、竞争法、信息法、社会法、国际经济法等多个领域,较为重要的著作和教材有《市场经济与新经济法》(1993年)、《信息法学》(1995年)、《税法原理》(1999年)、《税法的困境与挑战》(2000年)、《经济法理论的重构》(2004年)、《财税法疏议》(2005年)、《财税法学》(2007年)、《经济法总论》(2009年)、《经济法学》(2012年)、《分配危机与经济法规制》(2015年)、《当代中国经济法理论的新视域》(2018年),等等。

曾被评为"全国十大杰出中青年法学家"(2002年),获教育部首届"青年教师奖"(1999年)、入选教育部首届"新世纪优秀人才支持计划"(2004年);获得中国高校人文社科优秀成果奖一等奖(2009年、2019年)、司法部首届法学研究成果和法学教材一等奖(2002年)等多项省部级奖励。

担任北京大学经济法研究所所长、中国法学会经济法学研究会会长、中国法学会常务理事、中国法学教育研究会副会长、中华司法研究会常务理事、最高人民检察院专家咨询委员会委员等。

内 容 简 介

随着经济法的法学研究和法制建设的日臻完善,需要结合经济法理论和制度的最新发展,进一步提炼和揭示经济法的相关原理。《经济法原理》一书就是在这个方面所作出的努力。

本书提出了经济法学领域至为重要且紧密关联的三个基本原理,即差异原理、结构原理和均衡原理,并在此基础上推导出五个重要原理,即双手并用原理、两个失灵原理、利益多元原理、多重博弈原理和交易成本原理,这些原理为思考经济法问题提供了重要的分析框架。

结合上述基本原理和重要原理,本书对经济法领域的重要理论和制度分别展开探讨,并在结构上分为总论(第一章至第十一章)和分论(第十二章到第十八章)两个部分。而无论是总论抑或分论部分的思考,都与经济法的诸多重要原理直接相关。

在总论部分,本书着重从差异原理出发,探讨了经济法的问题定位与目标选择、调整对象与内部结构、价值体系与本原规则、特征提要与相邻关系、主体结构与行为理论、权义分配与归责原理、法律渊源与效力范围、制度运行与相关程序等问题,这些方面都体现了经济法与其他部门法的"差异",而"差异"的成因则与经济法领域多种类型的"二元结构"密不可分。基于上述存在"差异性"的结构,在经济法领域更要强调协调、均衡,这既是结构原理和均衡原理的要求,也是"两个失灵""利益多元"等诸多重要原理的要求。

在分论部分,基于上述各类重要原理,考虑到市场失灵是经济法调整需着力解决的基本问题,本书选取了引发市场失灵的各类主要问题,分别结合相关的重要制度进行有针对性的探讨,从而说明各类经济法制度存续的必要性及其背后的经济法原理。为此,在宏观调控法部分(第十二章至第十五章),探讨了公共物品与财政调控、公平分配与税收调控、币值稳定与金融调控、经济失衡与计划调控方面的理论和制度;在市场规制法部分(第十六章至第十八章),探讨了妨害竞争与垄断规制、外部效应与竞争规制、信息偏在与消费规制的理论和制度。通过对各类制度涉及的理论问题的探讨,有助于进一步理解经济法的基本原理及其衍生的重要原理。

经济法对于促进经济和社会发展作用甚巨,但经济法学研究起步较晚,学界尚缺少对原理的系统提炼。本书尝试从基本原理及其衍生的重要原理的视角来思考相关问题,希望由此能够增进读者对经济法理论和制度的理解,并有助于推进经济法的研究质量和法治水平的提升。

第二版说明

自 2013 年《经济法原理》出版以来,随着我国改革、法治与发展的全面推进,经济法的理论研究不断深化,经济法的制度变迁亦十分显著,为了体现和回应上述变革,有必要出版《经济法原理》(第二版)。

2020 年疫情的全球大流行,不仅构成了典型的公共卫生危机,也导致了事实上的经济危机和社会危机。在危机应对过程中,各国依法实施的宏观调控和市场规制,都与经济法的基本原理和重要原理密切关联。为了有效防范和化解各类经济风险和经济危机,应当深入理解相关的经济法原理,并将其融入经济法理论研究和制度建设之中。

经济法的原理是相对稳定的。此次修订的主要方向是体现经济法学界理论研究的新成果以及经济法治实践的新发展。近年来,国家重视落实经济法领域的法定原则,在宏观调控和市场规制的各个具体领域,有大量法律修改或新法出台,有必要将其与经济法原理的介绍相结合,这有助于增进对原理和具体立法的理解。此外,在修订过程中笔者还对全书文字进行了统一校对和润色,并力求使相关表述更为简明易懂。

此次修订始于疫情暴发之初那个"寂静的春天",完成于我国疫情得到有效控制的盛夏,其间曾因多次履行教学、科研任务而被打断。在此特别感谢北京大学出版社长期以来的支持,感谢责任编辑王晶认真细致的编辑工作。对于本书可能存在的各类不足,诚望读者方家匡谬雅正。

张守文
2020 年 9 月 10 日教师节
于北京大学法学院科研楼

目录

导　论　学科概貌与基本原理 /001
　　第一节　经济法学的学科概貌 /003
　　第二节　贯穿学科的基本原理 /007
　　本章小结 /019

上篇　总　论

第一章　问题定位与目标选择 /023
　　第一节　经济法上的问题定位 /025
　　第二节　调整目标的法律选择 /029
　　本章小结 /036

第二章　调整对象与内部结构 /039
　　第一节　调整对象的理论界定 /041
　　第二节　内部结构的法理解析 /045
　　本章小结 /052

第三章　价值体系与本原规则 /055
　　第一节　二元价值的体系构建 /057
　　第二节　本原规则的理论提炼 /062
　　本章小结 /070

第四章　特征提要与相邻关系 /071
　　第一节　主要特征的分层提要 /073

第二节 相邻关系的多元探析 /084
本章小结 /090

第五章 理论借鉴与制度流变 /091
第一节 中外理论的融汇借鉴 /093
第二节 重要制度的沿革流变 /103
本章小结 /114

第六章 主体结构与能力差异 /115
第一节 主体分合的结构分析 /117
第二节 能力差异原因与体现 /123
本章小结 /130

第七章 行为理论与调制行为 /133
第一节 行为结构与行为评价 /135
第二节 调制行为的法理探究 /145
本章小结 /152

第八章 权义分配与调控职权 /155
第一节 权义分配的结构视角 /157
第二节 调控职权的法律限定 /167
本章小结 /175

第九章 归责原理与责任形态 /177
第一节 归责前提与归责基础 /179
第二节 责任形态的法理探讨 /188
本章小结 /199

第十章 法律渊源与三维效力 /203
第一节 法律渊源的多维解析 /205
第二节 三维效力的特殊问题 /214
本章小结 /218

第十一章　制度运行与相关程序 /221
　　第一节　制度运行的影响因素 /223
　　第二节　运行程序的重要问题 /229
　　本章小结 /236

下篇　分　　论

第十二章　公共物品与财政调控 /243
　　第一节　财政调控的基本原理 /245
　　第二节　财政收支的调控制度 /254
　　本章小结 /269

第十三章　公平分配与税收调控 /271
　　第一节　税收调控的基本原理 /273
　　第二节　税收体制与征纳调控制度 /286
　　本章小结 /293

第十四章　币值稳定与金融调控 /295
　　第一节　金融调控的基本原理 /297
　　第二节　中央银行的调控制度 /307
　　本章小结 /319

第十五章　经济失衡与计划调控 /321
　　第一节　计划调控的基本原理 /323
　　第二节　综合协调的调控制度 /330
　　本章小结 /344

第十六章　妨害竞争与垄断规制 /347
　　第一节　垄断规制的基本原理 /349
　　第二节　公平竞争的制度保障 /367
　　本章小结 /385

第十七章　外部效应与竞争规制 /387
　　第一节　竞争规制的基本原理 /389
　　第二节　正当竞争的制度保障 /398
　　本章小结 /415

第十八章　信息偏在与消费规制 /417
　　第一节　消费规制的基本原理 /419
　　第二节　消费主体的制度保障 /425
　　本章小结 /442

参考书目 /443

本书索引 /447

导　论

学科概貌与基本原理

第一节　经济法学的学科概貌

一、研究对象与学科发展

经济法学,是以经济法为研究对象的法学学科。作为法学体系中的重要新兴学科,经济法学着重研究经济法的产生、发展规律。而经济法作为在现代市场经济条件下调整特定社会关系的一类法律规范的总称,是一国法律体系的重要组成部分,是经济法学产生和发展的制度基础。

随着现代市场经济的发展,各类市场失灵问题不断出现,各国日益深切地感到需要有新的法律规范来解决传统法律规范所不能有效解决的新型问题,由此使经济法规范最早在美国、德国率先产生,继而陆续生成于其他的市场经济国家。随着经济法规范的日益增多及其调整领域的日益广阔,学界的重视程度也日益提高,从而使经济法研究在德国和其他一些国家迅速展开。

经济法学的发展,在地域上并不均衡。其中,在德国、日本等大陆法系国家,基于对法律和法学的体系化的重视,对诸如经济法在法律体系中可否成为一个独立的法律部门,经济法学可否成为一个独立的法学学科,经济法同其他部门法的关系,经济法学同其他法学学科之间的关联等问题,学者们进行了较多的研究,他们努力探寻解决经济法的概念、特征、本质、体系、价值等基本问题,并取得了诸多成果。而在美国、英国等判例法国家,制定法的地位相对较弱,在法学研究上更强调"实用主义",不重视概念的提炼和体系的完美。因此,美国的经济法规范虽然产生较早,却未能提炼出"经济法"的概念,也缺少对经济法的系统研究。

上述经济法学在地域发展上的不均衡,是一种形式上的不均衡。其实,就像英美法系国家虽然没有"民法"之名,却存在大量的财产法、契约法、侵权法等大陆法系称之为"民法"的规范一样,在英美法系国家,虽然一般不强调"经济法"之名,但同样在财政、税收、金融、市场竞争等各个领域,存在着大量的"经济法规范",即英美法系国家虽然在总体上没有经济法之名,但有经济法之实。事实上,任何国家,只要是搞现代市场经济,就离不开宏观调控和市场规制,就需要有相关经济法规范。从这个意义上说,经济法规范在各国是普遍存在的,就像民法规范在各个国家普遍存在一样;各个国家的法学研究,也都会涉及经济法学的研究。如果把经济法分为实质意义的经济法和形式意义的经济法,则实质意义的经济法是普遍存在的。在实行市场经济的国家,实际上都有以实质意义的经济法为研究对象的经济法学。

此外,经济法学不仅在市场经济国家存在,在计划经济国家也曾经存在。例如,苏联的经济法学就一度很受重视,形成了多个经济法理论流派。当然,由于经济体制的不同,人们对于经济法的理解也存在差异;同时,由于国情不同,各国的经济法制度也会各具特色,这些都会在一定程度上影响经济法学的发展。但从总体上说,随着市场经济体制在世界各国的普遍确立,国家的宏观调控和市场规制已不可或缺,从而使经济法的地位也日益重要,这会有力地推动经济法学的发展,并会在更大的程度上形成理论共识。

在中国的法制史和法学史上,经济法和经济法学的产生和发展,尤其令人瞩目。尽管在20世纪30年代前后,国外的经济法理论已被引进,但经济法学的真正发展,还是始于20世纪70年代末80年代初。随着中国改革开放的不断深化,随着现代市场经济和相应的法制建设的不断发展,在老一辈学者的不懈努力下,在中青年学者的积极推动下,中国的经济法学取得了长足进步,作为整个法学体系中的重要组成部分,它已日渐成为对经济和社会发展、对法制建设具有重要影响的"显学"。

经济法学的发展历程表明,经济法学的产生和发展,与经济、社会和法律的发展紧密相关,以实质意义的经济法为研究对象的经济法学,在各市场经济国家是普遍存在的。尽管各国在不同的历史时期,由于诸多因素,经济法学研究会存在不均衡的情况,但随着市场经济的深入发展,各国在经济法学的一些基本方面会存在大量基本共识。这是深入学习和研究经济法学的重要基础。

二、经济法学的学科体系

随着经济法学的发展,经济法学的学科体系也逐渐确定。从法学学科的一般分类看,经济法学可分为经济法总论和经济法分论两大部分,每个部分又都包含着丰富的内容。

经济法总论,或称经济法基础理论,是经济法学的总体上的、具有共通性的理论。作为经济法的一般理论,它是从经济法的各类具体制度中提炼出来的,是经济法各个部门法理论的基础,对于经济法的各类具体部门法的研究具有重要的指导意义。经济法总论通常涉及经济法哲学、经济法史学、经济法解释学等方面的内容,要着重从理论上说明经济法是什么、经济法的历史沿革、经济法的制度构造及其运行等问题,因此,经济法总论主要包括本体论、发生论、价值论、规范论、运行论、范畴论等方面的内容。

经济法分论,是对经济法各类具体制度的基本原理和基本理论的分析与分解。其中,经济法的各类具体制度主要分为两类:一类是财税调控制度、金融调控制度、计划调控制度等宏观调控制度;另一类是反垄断制度、反不正当竞争制度、消费者保护制度等市场规制制度。对于上述各类具体制度的原理和理论的分别阐释,就构成了经济法分论的主要内容。

可见,概而言之,经济法总论主要是研究经济法总则部分的理论,而经济法分论则主要是研究经济法分则部分的理论。上述总论和分论所构成的"二元结构",就是经济法学的基本框架。明确经济法学的基本框架,特别是明确其具体构成,有助于更好地学习和研究经济法,有助于形成对经济法的系统认识,也有助于经济法的法治建设。经济法学基本框架的确立,是经济法学日益成熟的重要标志。

上述经济法学的学科体系,也直接决定了本书的写作框架。本书在体系上亦由总论和分论两大部分构成。基于问题定位,本书从经济法学的基本问题出发,结合基本问题,分析经济法的调整目标、调整对象和内部构造,研讨经济法的二元价值和本原规则、主要特征和相邻关系,然后再结合历史和现实,总结经济法的理论沿革和制度流变,在此基础上,进一步思考经济法的主体结构与能力差异、行为结构与调制行为、权义分配与调控职权、归责原理与责任形态等规范论问题,既而再结合现实,讨论经济法的法律渊源与效力范围、制度运行与相关程序等问题,上述思考和讨论,构成了经济法总论的基本内容。

此外,在经济法分论部分,同样基于问题定位,本书结合与市场失灵直接相关的几大基本问题,结合各个经济法的部门法,探讨了宏观调控法领域的公共物品与财政调控、公平分配与税收调控、币值稳定与金融调控、经济失衡与计划调控等问题,以及市场规制法领域的妨害竞争与垄断规制、外部效应与竞争规制、信息偏在与消费规制等问题,每个部分都结合相关调控原理和规制原理,对相关调控制度和规制制度展开介绍和研讨。

三、经济法学的研究方法

经济法学研究需要运用多种方法,这些方法可分为哲学方法与科学方法,科学方法又可分为一般科学方法和专门科学方法。

（一）哲学方法的运用

哲学方法通常有广阔的适用空间。它包括主观与客观相统一的方法、矛盾分析方法、因果关系分析方法等。例如，矛盾分析方法中所包含的"一分为二"的思想和方法、具体问题具体分析的方法等，对于学习经济法领域的许多理论，解决实践中的许多问题，都很有指导意义。运用矛盾分析方法，我们要一分为二地看问题，分析事物内部对立的两个方面，这样才能更为全面，防止片面。在学习经济法学的过程中，应当学会发现经济法领域存在的诸多矛盾，对各类矛盾展开具体分析，找到主要矛盾和次要矛盾、矛盾的主要方面和次要方面，这样，才能对相关理论和制度既有全面认识，又能够把握其重点。

事实上，在经济法领域存在着多个层面的不同类型的二元结构，它们都是矛盾的体现。对于其中的许多二元结构，人们还缺少应有的认识，而这些二元结构，恰恰是经济法领域诸多矛盾的体现。通过提炼、揭示和分析这些二元结构，有助于把握经济法和经济法学的各类制度之间、制度与理论之间以及各类理论之间的内在联系，从而有助于更好地把握整个经济法体系和经济法学体系。

（二）一般科学方法的运用

一般科学方法中的各类方法，大都是较为通用的研究方法，主要包括逻辑方法、经验方法、横断学科方法等。其中，逻辑方法包括比较方法、分类方法、类比方法、归纳与演绎相结合的方法、分析与综合相结合的方法、历史与逻辑相统一的方法等。经验方法包括观察方法、实验方法、调查方法、统计方法等。横断学科方法包括系统论的方法、博弈论的方法，等等。

上述逻辑方法中的比较方法、分类方法、归纳方法与演绎方法等，都是人们研究相关问题时经常会用到的基本方法。其中，比较方法用得更为普遍：人们既需要进行制度比较，包括对古今中外经济法制度的比较，以及对经济法制度与其他部门法制度的比较，等等；也需要进行理论比较，包括对国内外不同历史时期的不同经济法理论的比较，对经济法理论与其他法学学科的理论，以及法学以外的其他相关学科理论的比较，等等。通过运用比较的方法，有助于更清晰地认识经济法的特质。至于分类方法等其他各类方法，也都是人们较为常用的研究方法。

（三）专门科学方法的运用

专门科学方法，往往对于一些具体问题的深入学习更有工具价值。所谓专门科学方法,即在某些具体学科(如经济学、政治学、社会学、历史学等)领域所运用的方法,它对于经济法研究往往具有直接的意义,如经济分析方法、政策分析方法、社会分析方法、历史分析方法、语义分析方法,等等。这些专门科学方法对于解决经济法领域的一些具体问题具有重要价值。其中,法律经济学方法、法律社会学方法等,对于经济法学的学习和研究尤其具有重要意义。

例如,与法律分析方法中的权利—义务分析方法一样,经济分析方法中的成本—收益分析方法也是非常基础的重要研究方法。此外,政策分析方法、社会分析方法、历史分析方法、语义分析方法等,在研究相关经济法问题时,往往会具有特殊的重要价值。

以上简略地介绍了经济法学研究可能用到的方法,在研究经济法的具体问题时,需要注意多种方法的综合运用。由于经济法问题较为复杂,涉及多个领域的知识,如能有效运用多种研究方法,就能取得更好的研究效果。

第二节 贯穿学科的基本原理

一、基本原理概述

学习和研究经济法学,需要先了解一系列重要的、基本原理,这些基本原理作为重要的理论前提,贯穿整个经济法学科,为解决经济法的各类理论问题和实践问题提供了基本的分析框架。

经济法学的基本原理,是有关经济法制度产生、发展的一些规律性的认识,作为具有本原性的道理,它有助于说明经济法制度为什么产生、如何构成、如何发展、如何调整,有助于解释经济法制度运行过程中的相关问题,从而直接影响经济法理论的解释力、说明力、指导力。

经济法学的基本原理是源于实践的、人们可感知的规律性认识,这些原理是经济法理论的内在支撑,有助于揭示经济法制度产生、发展的一般规律。因此,应当重视经济法学的基本原理,重视原理的发现、发掘和提炼。

但是,从总体上说,学界对于经济法学原理的自觉提炼还很不够,还缺少对基本原理的全面、系统的概括,尚未充分挖掘相关原理之间的内在联系,这不仅会影响经济法理论的系统性、自足性,也会影响经济法理论的解释力和指导力。

从既有的研究看,学界对经济法学基本原理的认识尚不统一,总体上仍有待于进一步深入研究。本书认为,在经济法领域有必要关注三个重要范畴或关键词,即差异、结构和均衡,它们提供了三个重要的视角,尤其有助于更好地理解经济法的各类理论和制度。

首先,从差异的角度看,在现实的经济生活中,各类主体存在着诸多"差异",由于其中的某些差异过大会引发市场失灵、经济失衡、社会失衡等诸多问题,影响经济的稳定增长和市场秩序,因而需要通过经济法的有效调整,缓解由于差异过大所带来的诸多问题,保障实质公平。

其次,从结构的角度看,与上述差异直接相关,经济法的主体并非平等的和无差别的,如果运用矛盾分析方法对主体及其行为、职权与职责、权利与义务、责任、利益等进行"结构"分析,就会发现其中存在着诸多"二元结构",并且,在经济法的各类理论和具体制度中,也都存在大量的二元结构,这些二元结构是学习和研究经济法的重要线索和分析框架。因此,本书在许多章节中都会涉及结构分析。

最后,从均衡的角度看,与上述的差异和结构直接相关,在经济法的理论和制度层面,需要尽量缓解某些差异及其所导致的问题,需要兼顾二元结构中的两个方面,并尽量促进两个方面的和谐与协调,从而达成"均衡",这对于防止和化解经济失衡和社会失衡,具有非常重要的意义。

上述的差异、结构和均衡是密切相关,没有差异就不会形成存在差异性的结构,也就不存在追求均衡的问题。差异、结构和均衡这三个视角,普遍适用于经济法的各类理论和制度的分析,对于经济法研究而言具有原理性的意义,因而可进一步概括和提炼出三个基本原理,即差异原理(或称差异性原理)、结构原理(或称二元结构原理)和均衡原理(或称均衡性原理)。

在上述三个基本原理中,差异原理更加基本,结构原理和均衡原理实际上是以差异原理为基础的,因此,有必要简要解析差异原理,并揭示其与其他原理之间的紧密关联。

二、差异原理的简要解析

差异原理,或称差异性原理。该原理强调,在现实的经济和社会生活中,各类主体在地位、信息、能力、时空、利益等方面存在着诸多差异,并由此带来了市场失灵、经济失衡等问题,影响了经济的稳定增长、社会公益和基本人权的保障,需要通过法律的调整来加以解决,并且,尤其需要经济法的调整。

事实上,在现实生活中,各类主体的差异比比皆是。例如,国家(或政府)与市场主体在法律地位上的差异、企业与消费者在信息占有上的差异、大型企业与小微企业在经济能力或竞争能力上的差异、东部地区企业与西部地区企业在所处空间上的差异、政府与企业或个人在利益追求上的差异,等等。

上述各类差异带来了诸多问题,其中有许多问题是需要经济法着力解决的。例如,主体地位的不平等、信息的不对称、经济实力的不均衡、利益诉求的不一致,会带来市场机制的失灵、经济结构的失衡、经济运行的不稳定、社会的不和谐等诸多问题,从法律的功能看,这些问题是传统的民法等法律制度不能有效解决的,需要具备解决差异问题功能的经济法等现代法加以解决。

随着经济、社会的发展,差异问题越来越突出,无论是市场主体地位的差异、企业规模与实力的差异、市场主体获取信息能力的差异、市场主体的竞争能力、博弈能力的差异,还是各类主体分配能力的差异、消费能力的差异、生存和发展能力的差异、抵御风险能力的差异,等等,都日益引起人们的关注。传统民法是以主体的均质性或无差异性为前提的,因而在制度功能上不能有效解决这些差异问题,需要有新兴的法律制度来弥补其调整的不足;而经济法等现代法则具备解决差异问题的功能,因而经济法的调整对于解决各类突出的差异问题具有重要价值。

依据差异原理,主体的各类差异的现实存在,是经济法产生、发展、变迁、调整的前提,是经济法制度设计和理论展开的重要基础。在经济法领域,尤其需要分清自然差异与人为差异,辨明哪些是合理的或可接受的差异,哪些是不合理的或需要解决的差异,并着力通过经济法的调整手段,消除不合理的、不应有的恶性差异,保障经济和社会的良性运行和协调发展。

差异原理至为重要,它是经济法学其他原理的基础,因而与其他原理密切相关,并可推衍出其他原理。

例如,差异原理与结构原理密切相关。正是由于现实中存在各类差异,各类主体的地位不同、能力不同、权利不同、利益不同,因而在经济法上会形成各类复杂的、分层的结构,包括主体结构、权利结构、利益结构等,并且,这些结构按照一定的标准都可构成二元结构。依据结构功能理论,"特定的结构会产生特定的功能",因此,经济法需要在结构上作出特殊安排,从而形成特殊的功能,以解决上述各类二元结构所带来的诸多问题。

为了使经济法具有解决差异问题及其导致的结构问题的功能,经济法制度在主体结构、行为结构、权义结构和责任结构等方面都要作出特殊安排,从而形成一系列"非均衡"的结构。这种制度规范上的"非均衡",有的是现实差异的写照,有的是基于法律调整的需要。只有在法律制度上作出"非均衡"的特殊安排,才能更好地保障实质公平,更好地发挥经济法的规范功能和保障功能,维护经济法秩序,并实现更高层次的均衡。

可见,差异直接影响结构,现实的经济差异直接带来现实主体的多重结构,并导致经济法制度内在结构的非均衡性,进而关涉经济法的功能和价值实现。受差异原理影响而产生的结构原理,其实包含着二元结构下的非均衡原理、博弈原理、功能原理、分层原理,等等。这些原理,对于分析经济法的许多理论问题和制度问题,都有重要的意义,对此在后面的相关部分还会不同程度地有所涉及。

除了上述的结构原理以外,差异原理与均衡原理的联系也非常密切。事实上,均衡原理是从差异原理和结构原理进一步推衍出来的一个基本原理,它强调,由于诸多差异及其引起的市场失灵的存在,在各类存在对立、冲突的二元结构中,必须协调和兼顾个体营利性与社会公益性、效率与公平等矛盾,在平衡各方利益的基础上,不断促进经济的稳定增长,保护社会公益和基本人权,推进经济与社会的良性、均衡发展。均衡原理不仅关注协调、平衡等手段,同时也关注均衡的目标,它是确定经济法调整目标的基础。

与均衡原理相关联,在经济法领域要解决相关差异问题,需要运用一定的手段,主要是鼓励促进与限制禁止相结合的规制手段,才能实现协调和平衡,由此可进一步提炼"规制性原理";同时,通过规制手段的运用,有助于使整体经济运行更"经济",并在降低交易成本的过程中增进社会总福利,实现经济的良性运行和协调发展,防止经济失衡,由此可进一步提炼"经济性原理"。

综合前述探讨,可发现经济法原理的提炼至少可从两条主线展开,一条主线是"差异——结构——均衡",在该条主线中,强调通过一个核心环节即二元结构理解整体经济法理论和制度,依循该条主线可形成三个基本原理,即差异原理、结构原理和均衡原理;另外一条主线,就是"差异性——规制性——经济性——均衡性",强调解决差异性问题的直接手段和基础目标是规制性和经济性,通过解决差异性问题可以实现更高层次的均衡目标,依循该主线可提炼经济法的四个基本原理,即差异性原理、规制性原理、经济性原理和均衡性原理。上述不同的原理提炼路径,只是侧重点不同而已,其实都是内在一致的。

为了方便读者理解,本书着重按照第一条主线介绍三大基本原理。在三大基本原理中,差异原理是具有基础性、本原性地位的原理,它与结构原理、均衡原理密切相关,共同构成经济法基本原理的体系。上述三个基本原理,对于研究经济法领域的各类问题,都具有重要的指导意义。本书在后面的相关章节也会经常提及这三个基本原理。

三、经济法学的重要原理

在上述三个基本原理的基础上,还可推导出经济法学的五个重要原理,即双手并用原理、两个失灵原理、利益多元原理、多重博弈原理以及交易成本原理。上述原理来源和适用于经济学、政治学、法学等多个领域,与经济法主体及其行为密切相关,对于理解经济法理论和制度非常重要,因而也构成了经济法学基本的分析框架。运用这些重要原理,有助于更好地理解经济法的基本问题、基本矛盾,揭示经济法的调整范围、调整对象、调整目标,进一步解释经济法的理论研究和制度建设的问题。

（一）双手并用原理

双手并用原理,与法学领域的公法与私法的划分、公法与私法的并用是内在一致的。该原理强调:调节经济或配置资源的手段有两个,一个是市场的无形之手(通称"看不见的手"),另一个是国家(或政府)的有形之手(实际上也是"看不见的")。一个国家对于经济的调节需要双手协调并用。通常,从常用性的角度说,市场的无形之手好比是人的右手,因为它最常用、最灵活、最有力,右手能够解决的问题,靠右手就可以了。国家之手好比是人的左手,其主要任务是辅助右手来发挥作用,有时在保障方向上甚为重要,甚至在特殊情况下其作用可能超过右手(如过去的计划经济体制一度也曾使国家发展非常迅速,好比"左撇子"也不亚于惯于使用右手的人)。由于市场之手容易"右倾",而国家之手容易"左倾",因而两者必须协调发挥其合力,才能保障调节的方向。

"双手并用"的思想和原理不仅体现在经济理论上,还体现在宪法的规定之中。我国宪法实际上已对此予以认可①,既要使市场在配置资源方面发挥基础性作用,又要使国家在市场调节的基础上发挥宏观调控的作用。通过双手并用原理,有助于厘清经济学领域长期争论的政府与市场的关系问题,也有助于说明私法与公法的关系、民法与经济法的关系等。事实上,经济法上的许多理论,主要是在双手并用原理的基础上展开的。如果只是单用一只手来调节经

---

① 我国《宪法》第15条规定:"国家实行社会主义市场经济","国家加强经济立法,完善宏观调控",这些规定表明,我国已在宪法上承认了市场经济体制,因而也就承认了市场机制在配置资源方面的重要作用,以及在现代市场经济条件下宏观调控和市场规制的不可或缺。

济,则在相应的法律形式上,可能存在传统的民法或行政法,而不可能有现代意义的经济法。恰恰是在现代国家"双手并用"的情况下,才会产生协调双手,解决其中可能存在的双手失灵等不足的经济法。

(二) 两个失灵的原理

与双手并用原理对应的是两个失灵原理。所谓"两个失灵",包括两个方面,一个是市场失灵,一个是政府失灵。在运用市场的无形之手进行调节的情况下,随着市场经济向纵深发展,妨害竞争、外部效应、公共物品、信息偏在等问题也越来越突出,从而使市场调节的无形之手很难有效发挥作用;与此同时,诸如公平分配、币值稳定等问题,也是市场机制不能有效解决的,由此便提出了市场失灵的问题。市场失灵的原理在经济学界已得到较为普遍的承认和应用。在存在市场失灵的情况下,市场机制在配置资源方面本应起到的调节作用难以有效发挥,因此,只能由市场以外的力量去加以弥补。而从总体上的能力、实力和现实可能性的角度看,一般认为,由国家来解决上述市场失灵问题是更为合适,也更为现实的,从而开启了所谓的对私人经济生活的"干预"或称"介入"的新时代。

对于在市场失灵情况下是否必然导致国家的介入,学者的认识不尽相同。这主要是因为政府对资源的配置效果,在一些国家已经出现了许多的问题。由于信息不足、滥用权力、腐败寻租、体制不健、多头管理等诸多原因,政府在资源配置上是低效的甚至是无效的,这被称为政府失灵。也就是说,在某些领域,无论是市场机制,还是政府干预,在配置资源方面都是无效的或低效的。因此,是否要选择政府配置,以及对于政府配置所产生的失灵问题如何解决,是必须直面的问题。如果选择用政府配置来弥补市场配置,就应对政府配置资源过程中可能存在的各种失灵问题有总体上的把握,尤其应分析导致政府失灵的具体原因,以便采取相应的解决对策。而对于政府失灵的原因,则有多方面的解释。如公共选择理论、理性预期理论等,都提出了各自的认识。这对于经济法的研究也是非常重要的。

其实,深入研究两个失灵原理,必然涉及失灵原因的探讨。对于市场失灵的原因,经济学界探讨较多,为相关法学研究提供了一些重要的素材。从经济法所要解决的基本问题或基本矛盾看,个体营利性和社会公益性的矛盾,以及与此相对应的效率与公平的矛盾,是很基本的矛盾。① 无论是在市场机制发生作用的领域,还是在政府干预的领域,这些基本矛盾都存在。当上述矛盾不能有效协调和解决时,必然会产生两个失灵的问题。例如,在市场调节的领域更强调个体的营利性,崇尚效率价值,但如果由此忽视社会公益性、漠视公平价值,则必然会加剧垄断、不正当竞争、侵害消费者权益的问题,必然会导致宏观经济失序,微观经济失范,经济生活失真,从而使宏观调控也难以有效进行。同样,在政府配置资源的领域,如果政府的工作人员也强调自己作为个体的营利性,并将自己的收益凌驾于社会公益性之上,如果只强调本部门、本单位的经济效率或经济效益,而忽视整体上的经济公平和社会公平,则必然会导致政府失灵。

需要提及的是,两个失灵原理也导源于有限理性原理。根据有限理性原理,市场主体都是"理性的经济人",都在为自己的利润或效用的最大化而努力,但其理性是有限的,因而既不能完全有效抑制市场经济波动,也不能解决市场调节的滞后性、盲目性等问题。同时,政府也同市场主体一样,是"理性的经济人",但由于它不能获取全面的信息,并不是全知全能的,因而其理性也是有限的。此外,政府认识的局限性还体现在,政府也是由普通人组成的,这些人既不更好,也不更坏,因而在智力、道德、能力等各方面,同样并非完美无缺,在其自身利益驱使下,极可能导致资源配置的低效或无效,从而产生政府失灵。

事实上,即使假设政府的组成人员都是大公无私的,在道德上都是非常优秀的,也会由于信息偏在问题的普遍存在,难以非常迅速地对瞬息万变的经济生活作出相应的调节回应,因而非常容易出现政府失灵的问题。正因两只手都有缺欠,因而才需要双手并用和综合协调,才有经济法产生和发展的余地。

还应指出的是,两个失灵原理不仅与有限理性原理直接相关,而且在很大程度上还与另外两个原理——利益多元原理与多重博弈原理有关。这两个原理是导致两个失灵的直接原因,对于研究经济法的具体制度有直接的意义。为此,下面有必要分别从主体和行为的角度,提出利益多元原理和多重博弈原理,并分析各类原理之间的内在联系。

---

① 经济法调整所要解决的基本矛盾,同传统部门法调整所要解决的基本矛盾是不同的。例如,民商法所要解决的主要是私人主体之间的私益冲突,而经济法则尤其要解决私益与公益之间的冲突,由此使它们的调整方法、价值取向等会有所不同。

(三) 利益多元的原理

利益多元原理强调，经济法的各类主体都有自己的独立利益，即主体的利益是多元的；为了各自的利益，各类主体都会采取有利于自己的行动，努力使自己的利益最大化。从利益的性质看，经济法上的主体，可大略分为国家一方(调制主体)，以及与国家相对应的另一方(调制受体)，从而形成主体上的二元结构。①

上述的国家一方，既要考虑国家(或政府)利益的最大化，也要考虑社会公共利益，还要兼顾个人利益的保护。此外，从公共选择的理论看，国家各类机构的组成人员也有自己的利益。因此，对于上述多个主体的多重利益，需要多层次的法律保障。

与国家相对应的另一方，从经济意义上说，主要是市场主体(或称为"市民")；从社会意义上说，主要是社会成员或社会组织等。上述主体都有自己的利益，都按照自己的理性去行事。只有肯定利益主体的存在，才能有针对性地进行法律规制。

上述的"利益"虽然在很多情况下是指经济利益，但并不仅限于经济利益。特别是国家一方，还可能有政治利益或其他类型的利益。由于国家通常被假设为不以营利为目的，因而它"不与民争"，即不与民争利；国家只有为国民有效提供公共物品，才能够取信于民，并得到人民的信赖，从而取得合法性。事实上，从国家或政府的总体来讲，比经济利益更重要的是政治利益。

根据利益多元原理，只有在各类主体都存在自身利益的情况下，才可能通过经济法的调整，实现对各类主体利益的分配和保护。在各类主体的利益分配方面，恰恰可充分体现出经济法不同于其他传统部门法的重要职能。经济法尤其强调兼顾各类主体的利益，尽量对各类主体的利益给予公平的、有效的保护，以实现各类主体利益的平衡或"均衡"。

在利益多元的情况下，均衡原理非常重要。均衡是许多学科都要研究的问题。无论是物理学还是生物学，无论是经济学还是法学，等等，都在从不同角度探讨自然与社会中的均衡问题。均衡是法律追求的一种目标，它体现为公平、衡平一类的价值理念，直接影响着现实中各类主体之间的和谐度。因此，具有哲学意义的均衡或平衡之类的价值目标，对于法学的各个领域都是适用的。同样，对于经济法研究尤其有重要价值。经济法领域的均衡，不仅强调在权利与

---

① 此种二元结构直接影响着经济法主体理论和行为理论的发展。如果把经济法主体从理论上分为调制主体、调制受体，并进而研究具体调制行为等问题的话，则会发现其中存在的多重二元结构。

义务,或权力与权利之间的"均势"与"衡平",而且强调在这些权利和权力背后的利益的均衡。

为此,在经济法领域,不仅要像传统的私法和公法那样关注私人主体的利益或国家利益的保护,更要全面兼顾各类主体的利益,即不仅要兼顾国家与私人主体(企业、自然人等)的整体利益,也要兼顾各类主体的具体利益,这些具体利益表现为中央政府与地方政府的利益,大企业与中小企业的利益,经营者与消费者的利益,等等。由此使经济法在法益保护方面会具有许多自己的特色。

(四) 多重博弈原理

与上述利益多元原理直接相关,各类经济法主体作为利益主体,必然为实现自己的利益而从事相应的博弈行为,包括合作博弈行为和非合作博弈行为,从而形成多重博弈的格局。每个博弈主体都既要兼顾自己与相关主体的情况,以求在互动的多重博弈过程中,努力实现自身利益的最大化。

经济法主体之间的多重博弈可能存在于各个领域和多个层面。由于多重博弈既可能在国家与国家之间,以及国家机关之间展开,也可能在国家与国民之间展开,同时,还可能在市场主体之间展开,因而,对这些主体之间的多重博弈,很有必要作如下的博弈分析:

首先,国家与国家之间的博弈,就是国家之间的竞争关系,它在很大程度上影响着一国经济法制度的形成和发展,也影响着经济法的法制建设。此外,国家机关之间的博弈行为,既包括相同级次的国家机关之间的横向博弈,也包括不同级次国家机关之间的纵向博弈;既涉及中央政权各主要机构的分权问题,也牵涉中央与地方的关系问题。此类博弈行为影响领域非常广阔,是经济法所应规范的重要对象。由于上述博弈行为涉及分权和相应的体制问题,而对经济管理体制关系的调整,恰恰是经济法主体有效实施宏观调控行为和市场规制行为的基础,需要在经济法领域特别强调,这是经济法与传统私法的重要差别。

其次,国家与市场主体之间的博弈,非常值得关注。经济法的主体有一类特定的主体组合,即国家与市场主体(或称调制主体与调制受体)。在国家与市场主体之间存在的宏观调控与市场规制方面的博弈关系,是经济法的调整需要特别关注的。

由于各类主体都是利益主体,都在为自身利益的最大化而从事博弈行为,因而各类主体之间都存在互动关系。在国家与市场主体的关系中,市场主体虽然受到国家的影响,但并非完全地"受控制"或"受制于人",而是有自己独立行动的权利,并同样对国家具有重要影响,以至于国家也不得不考虑市场主体将从事何种博弈行为。多重博弈原理表明,在强制性方面,经济法是强于民法但弱于行政法。这种认识有助于理解经济法的许多深层次理论问题,也有助于解决经济法或经济政策执行过程中产生的相关问题。

最后,市场主体之间的博弈,也非常值得注意。事实上,市场主体之间的博弈,在垄断、不正当竞争等领域,体现得尤为突出。市场主体在市场上的博弈行为早期主要是由民商法加以规范的,但由于这些行为的不断演化,已超出了市场机制本身能够自发调节的界限,对市场秩序构成了威胁,因而在维护市场秩序方面,不能依靠传统民法,而只能靠具有市场规制功能的经济法,这样才能提高规范市场行为的自觉性。

上述各类主体之间的行为都属于博弈行为,参加博弈的主体都需要关注其他行动者是如何思考的,因此,各类主体分析"别人的"预期非常重要,它直接关系到在博弈活动中的成败得失。与此相关一个重要的原理,便是"理性预期"原理。该原理提醒人们:任何主体都是有其理性的,特别是在经济领域,当国家要采取某种行动时,必须分析该行动所影响的主体将会如何思考、如何行动,这尤其有助于确保国家的宏观调控和市场规制的效果,实现经济法的调整目标。

(五) 交易成本原理

按照上述利益多元原理和多重博弈原理,各类主体都是利益主体,必然会重视自己的产权,要求产权界定明晰,并关注为取得产权和保护产权所花费的成本;同时,各类主体都在从事博弈行为,参加博弈的各方,都会关注自己在博弈过程中的利益得失,而衡量在博弈过程中的利益得失的重要指标,便是交易成本的大小,或者是与其相对应的收益的多少。因此,在多元利益主体所从事的多重博弈行为过程中,交易成本极为重要,由此便可在"多重博弈"原理的基础上提出"交易成本"原理。

随着学术界对产权经济学或制度经济学研究的深入,特别是法学界对法律经济学认识的普遍提升,人们对于交易成本原理已经耳熟能详。基于该原理,在经济法领域不仅要重视微观主体或称私人主体的交易成本问题,也要重视国家的交易成本问题,特别是国家与国民之间,以及国家机关内部的交易成本问题。同时,应重视本益分析方法在具体经济法问题上的运用,关注经济法运行的实效或绩效问题。

上述五种重要原理,在经济法学的学习和研究方面有特殊价值。经济法理论需要有自己的前提,需要有学界认同的"基础",而上述重要原理恰恰有助于解决这个问题。上述各类重要原理为经济法学理论提供重要的前提、框架、范围和基础,这也是上述原理被称为"重要原理"的直接原因。它们对于进一步深入研究相关问题,有着重要的作用,特别有助于理论研究的深化。

此外,上述各类原理之间存在着内在的紧密关联。例如,从形式上看,两个失灵原理作为一种"对结果的描述性的原理",与双手并用原理(这是有关手段的原理)直接相关。而无论是两个失灵原理,还是双手并用原理,在更深层次上,它们都离不开或受制于利益多元原理和多重博弈原理。而后两个分别侧重于主体和行为的原理,又与理性预期原理、有限理性原理,以及交易成本原理直接相关。

可见,上述各类原理是连为一体、互通互证的,从而使它们可成为经济法学的重要原理,使经济法理论可在此基础上进一步展开。

另外,各类原理与一些具体分析方法的内在联系也值得关注。例如,双手并用原理,与系统论的思想和方法等有关;多重博弈原理,与博弈分析方法有关;利益多元原理,与本益分析方法和政策分析方法有关。上述重要原理与其他研究方法之间的内在联系,使其具有重要的方法论意义和应用价值。现略举几例予以说明:

(1) 从双手并用原理看,如果一国仅用一只手,无论是左手还是右手,都不可能产生经济法。一方面,经济法虽然要保障国家对经济运行的调控,要保障国家对市场秩序的规制,但它并不是传统的行政强制;另一方面,虽然经济法的调整直接作用于市场经济,并直接关系到市场主体的切身利益,但它毕竟不是单纯的市场调节,更不是传统的自由放任。双手的协调并用,使双手都能够扬其长而避其短,从而体现经济法的调控与规制手段的特点,体现经济法在调整手段上的特殊性。经济法所具有的调制功能,与传统的市场调节与行政命令有着根本上的不同。事实上,双手并用所体现出的合力,是对传统经济调节方式所存在的缺失的有力矫正。

可见,双手并用原理不仅有助于理解经济法的产生问题,也有助于理解经济法的调整手段、经济法与其他部门法对市场经济的综合调整等问题,从而不仅有助于认识经济法的独立性,也有助于认识其与相关部门法的内在联系。

(2) 从两个失灵原理看,该原理在经济法研究中已占据重要地位,经济法学界大都将市场失灵作为探讨经济法产生和发展问题的重要起点。按照目前较为流行的理论,在市场失灵的情况下,市场机制本身无法解决资源配置的效率问题,因而需要由国家介入(或称干预),而国家介入的法律形式,则主要是经济法。上述解释有其合理之处,但有些方面尚待细化。

从双手并用原理看,正是基于市场失灵的存在,对经济的调节不能仅用市场调节,还要用国家调节这只"有形之手"。但在运用国家之手的过程中,可能会存在政府失灵的问题。① 而政府失灵的存在则主要源于政府的失控。从行政法理论看一般基于政府权力的不断膨胀,强调对政府的权力作出限制,因而"控权论"主张得到了较多赞同。但经济法不同于传统的行政法,它不是单纯地强调限制政府的权力,而是要通过适度分权以及合理权利义务配置,按照经济规律的要求,努力实现既定的经济目标和社会目标,由此使经济法不同于传统的行政法。

两个失灵原理表明,经济法不仅要通过政府对资源的配置来解决市场失灵问题,也要通过相关规范来解决政府失灵问题。两个失灵原理对于经济法产生和存续的必要性问题有很强的解释力,对于探讨经济法的发生论问题尤为重要。它更有助于说明经济法产生和发展的必要性,并有助于认识经济法不同于传统部门法的特殊性。

(3) 从利益多元原理看,重视各类主体的利益,真正关注不同主体客观存在的利益,有助于实现经济法调整的目标。只有充分认识到国家利益、企业利益、个人利益,认识到社会公共利益与私人的独特利益,整体利益和局部利益,近期利益和长远利益,一致的利益和冲突的利益,才能更好地平衡各类主体的利益。经济法表面上是规定和解决相关主体的权力或权利配置的问题,实际上是着力解决相关主体之间的利益协调和平衡的问题。利益既是经济法得以产生和发展的重要动力,也是经济法不断完善的重要源泉。没有代表特定利益的主体,没有相应的"利益多元"原理,就无法说明法律的制定和完善的动力机制等相关问题。因此,利益多元原理对于经济法制度和理论的发展非常重要。

上面的一些举例表明,经济法学的各类重要原理,对于经济法的理论研究和制度建设都很有价值。本书在后面的各章节中,将经常运用上述原理展开相关分析。

---

① 经济学上所称的"政府",通常是指包含立法机关等国家机关在内的"广义政府",这与法学特别是行政法学上所关注的"政府"不同,经济学上的政府失灵,实际上就是指"国家之手"的失灵。

本章小结

经济法学,是以经济法为研究对象的法学体系中的重要新兴学科,其产生相对较晚,一般是以20世纪20年代德国学者的研究为其发端。

经济法学在不同法系国家的发展并不均衡,但即使在英美法系国家,也会有以实质意义的经济法为研究对象的经济法学。随着市场经济的深入发展,各国在经济法学领域会存在诸多基本共识。

经济法学的学科体系,包括经济法总论和经济法分论两大部分。其中,经济法总论,或称经济法基础理论,是经济法学总体上的、具有共通性的理论。经济法分论,是对经济法各类具体制度的基本原理和基本理论的分析与分解。上述总论和分论所构成的二元结构,就是经济法学的基本架构。

经济法学的研究方法分为哲学方法和科学方法两大类,其中,科学方法又可分为一般科学方法和专门科学方法。经济法领域存在大量的"复杂性问题",需从多个维度,运用多元的方法来观察。学习经济法学知识,要用到上述多种方法。

经济法学理论的展开,离不开贯穿整个学科的基本的、重要的原理。其中,差异原理、结构原理、均衡原理是三大基本原理;在这三大原理的基础上,还可衍生出一些重要原理,主要包括双手并用原理、两个失灵原理、利益多元原理、多重博弈原理、交易成本原理。这些原理为经济法学的理论研究和制度设计提供了重要的前提和基础。因此,学习和研究经济法学的具体理论和原理,必须先了解上述基本的、重要的原理。

上　篇

总　论

第一章

问题定位与目标选择

本章导读

　　现代各国之所以重视经济法,是因为通过经济法的调整能够有助于解决经济社会发展中的诸多现实问题。为此,本章将着重讨论以下问题:第一,经济法所要解决的基本问题有哪些;第二,这些现实的基本问题可提炼为经济法上的哪些基本矛盾;第三,与上述基本问题、基本矛盾的解决相对应,经济法应如何确立调整目标;第四,经济法的调整目标应如何选择;第五,对经济法调整目标之间的相互关系如何进行法律分析。

第一节 经济法上的问题定位

任何一个部门法都有其所要解决的基本问题,经济法同样有其所要解决的基本问题。经济法研究应坚持问题定位,揭示经济法应解决的基本问题,并进一步发现经济法领域存在的基本矛盾,这有助于更好地确定经济法的调整目标。

一、如何理解问题定位

法学研究必须关注现实,要有问题意识,注意从现实问题出发展开相关理论研究。由于经济法学属于应用法学,因而,在经济法研究尤其应当强调"问题定位",针对大量的经济问题和社会问题,需要考虑如何通过法律渠道解决,应通过哪些法律解决;哪些问题是其他法律能够解决的,哪些问题需要经济法解决,等等。

这样,找出经济法要解决的问题,对这些问题予以准确定位,进行类型化研究,就可提炼出经济法的理论问题,可找到法制实践中的因应对策;同时,经济法研究就会因存在坚实的现实基础而更加可靠,并据此更好地指导实践问题的解决,推动国家的法治完善。

由此可见,只有"问题定位",相关研究才更具有客观性、针对性和确定性。要明确经济法的调整所要达到的目标,当然也要首先明确经济法调整所要解决的基本问题。"问题定位"有助于防止片面地从概念出发来研究问题,解决在经济法研究方面存在的某些空泛、不切实际的问题,真正推动总论领域的学术积累,形成经济法的重要理论和原理,并推进经济法相关法治建设。

二、探寻基本问题的价值

问题定位非常重要,但在现实的经济生活中,所涉及的问题可谓纷繁复杂、层出不穷、千头万绪,如何通过法律调整有效解决这些问题,如何对重要的、基本的问题进行选择,都需要着重考虑。只有对基本问题进行归类研究,才能更有针对性地进行法律调整,更有效进行法学研究。

在经济法总论研究中要关注的不是经济法需要解决的所有的具体问题,而是基本问题。具体问题是不胜枚举的,基本问题则可通过类型化的研究得到提炼。而提炼基本问题,正是总论研究的重要任务。

任何部门法都有其要解决的基本问题,这是一个部门法存续的理由。何谓基本问题?从一般意义上说,基本问题就是影响某类法律存续的基础性、本原性的问题。对上述问题的调整,是该类法律存续的基础,是此类法律存在的根本原因。没有这些基本问题,此类法律就不会产生,也不会存续和发展。

由此可见,找到一个部门法的基本问题,就可找到某个部门法产生的原因。基本问题体现了经济社会发展所产生的某个方面的现实需求,它是以往的部门法调整难以有效解决的,这就需要在法律体系中生成新的部门法规范予以补缺。它要求新兴的部门法具有新的内部规范结构,产生新的功能,以弥补既往部门法调整的不足。

据此,要确定经济法领域的基本问题,必须找到那些直接影响经济法产生、发展的基础性、本原性的问题,这有助于说明经济法的产生和发展的动力,以及经济法的调整目标和调整范围,明确经济法制度建设的方向。

三、定位经济法要解决的基本问题

经济法要解决的基本问题,是导致经济法产生,推动经济法发展的那些持续、广泛存在的重要问题,它们是经济法各个部门法都要面对和解决的,因而具有本原性、普遍性、持久性。尽管这些基本问题在不同的时期的不同部门法领域可能会有不同程度的表现,但其根本方面是相同的。

从经济法的产生看,经济法之所以会产生,源于"两个失灵"问题的存在。一方面,市场失灵带来了诸多问题,如不公平或不正当的竞争、负的外部效应、公共物品上的"搭便车"、信息的不对称、社会分配不公、物价或币值的波动,等等;另一方面,政府失灵也带来了诸多问题,如调控失灵、监管失效、监督和协调成本加大、权力掣肘、腐败丛生,等等。上述问题都是两个失灵导致的,其中有许多正是经济法要加以解决的。

由于在自由竞争的市场经济时期,市场失灵问题并不突出,因而主要由民商法等法律进行调整。随着市场经济发展到现代市场经济阶段,即进入垄断阶段以后,市场失灵问题日益突出,限制竞争、不当竞争、公共物品、外部效应、信息偏在、社会分配、币值稳定等问题受到普遍关注,而对于这些问题的解决,市场机制是无效或低效的,传统民商法的调整乏力,要求有新兴的法律来解决上述各类问题,正是在这种需求之下,经济法应运而生。

通常,对于上述各类问题,各国政府是通过宏观调控和市场规制等途径加以解决的,但在宏观调控和市场规制过程中,由于存在信息、能力、寻租等问题,政府的调控和规制也会失灵,也就是说,在解决市场失灵的问题上,政府也可能是失灵的。为了在一定程度上解决或缓解政府失灵的问题,确保宏观调控和市场规制的效率和效益,保护社会公益和基本人权,经济法不仅要规范市场主体的竞争行为等市场行为,也要规范政府的调控和规制行为。据此,经济法所要解决的基本问题有两类,一类是市场失灵问题,一类是政府失灵问题。这两类问题的有效解决,需要依法进行宏观调控和市场规制。如何确保宏观调控和市场规制的合法性、合理性和有效性,是经济法领域始终要关注的重要问题。

上述两类失灵问题紧密地交织在一起,且存在于经济、社会生活中的重要领域,是经济社会发展的产物。由于传统部门法产生时"两个失灵"问题并不突出,其相关法律规范并非旨在解决这些新兴问题,因而传统的法律调整相对较为单一,并不具有解决上述问题的功能,即不能有效解决"两个失灵"的问题,此类问题必须由新兴的经济法系统地加以解决。

上述的"两个失灵"问题,生成了一系列重要的具体问题,这些问题存在于经济法的各个领域,需要通过经济法的综合调整予以解决。

例如,市场失灵带来的诸多问题,就需要各个部门法的调整来解决。其中,解决垄断问题需要有反垄断法;解决公共物品问题需要有财政法、税法、金融法、计划法等;解决外部效应问题需要有反不正当竞争法、消费者保护法等;解决信息偏在问题需要有消费者保护法以及各类监管法等;解决社会分配不公问题需要有财政法、税法等;解决币值稳定问题需要有金融调控法、金融监管法、价格法等。事实上,许多问题并非只涉及一个部门法,其解决恰恰需要相关多个部门法的综合调整。

此外,针对政府失灵问题,经济法主要是规范宏观调控和市场规制行为,而并非简单的限权。经济法的调整在一定程度上有助于解决政府失灵问题,如通过强调市场主体的信息披露,来解决信息不足的问题;通过规范调控和规制的程序,来解决认知能力方面的问题,等等。但像其他法律一样,经济法的调整同样有其局限性,它并不能根治两个失灵问题。基于导致两个失灵的原因可知,两个失灵的问题会持续存在,只不过通过经济法的调整,有助于不断解决两个失灵所带来的主要问题。

其实,"两个失灵"所带来的问题是层出不穷、绵延不绝的。也正因为"两个失灵"持续、广泛地存在,因而才需要有经济法,才需要经济法持续地、广泛地调整,否则,经济法就失去了存续的理由和价值。

经济法所要解决的基本问题,与经济法的基本矛盾密切相关。事实上,"两个失灵"问题恰恰体现或蕴涵着经济法的"基本矛盾",对此需要作出进一步的分析。

四、发掘基本问题背后的基本矛盾

经济法要解决的基本矛盾,内在于人类的欲望之中。人类的欲望分为两类,即私人欲望与公共欲望,这两类欲望所构成的公私二元结构,直接影响着经济法基本矛盾的形成,体现为以下两个方面:一方面,私人欲望与私人物品是相对应的,从对私人物品的私人欲望看,人们总是希望实现利润的最大化或效用的最大化,因而必然强调私人个体的营利性,追求私人物品领域的效率;另一方面,人们还存在着对公共物品的公共欲望,有一些共同的价值追求,由于相关主体有共同的利益,因而必然要追求公平,并要求确保社会公共利益。可见,从个体的角度看要追求个体的营利性,力争效率;从整体的角度看又要追求社会的公益性,强调公平,由此形成的主体的不同诉求,构成了经济法上的基本矛盾,即个体营利性与社会公益性的矛盾,以及作为其延伸的效率与公平的矛盾。

从经济法的发展历程看,经济法的调整最初所需面对的,是竞争与垄断的冲突与矛盾。① 各国之所以要反垄断,是因为那时人们认为垄断是对公共利益的损害,因此,反垄断也就在相当程度上成为公共欲望。② 而从事垄断行为或具有垄断地位的企业,从自身的营利性和经济效率出发,当然希望在法律上不要反垄断。上述两种诉求形成了个体营利性与社会公益性的矛盾,进而又形成了效率与公平等矛盾。正是针对这些矛盾及其形成的问题,才需要进一步研究经济法如何进行宏观调控和市场规制的问题。

经济法调整所面对的基本问题,是传统部门法所无力解决的。在市场不失灵的情况下,各类传统部门法的调整尚有效率;但在市场经济充分发展所产生的各类市场失灵以及相应的政府失灵问题,却是传统部门法调整无力解决的,

---

① 从经济法的发展历程来看,最先产生和发展起来的是反垄断法与反不正当竞争法等市场规制法,这些法律突出地体现出在解决市场失灵问题上的重要作用,以及对传统民商法调整不足予以弥补的重要价值。

② 从美国1890年《谢尔曼法》的形成背景来看,整个社会公众都强烈地希望国家能够通过立法来遏制日益严重的托拉斯问题。因此反垄断便成了一种公共欲望。同样,在今天的中国,社会公众对垄断行为的不满,也使反垄断成为一种公共欲望。这是推动中国反垄断立法不断发展的重要动力。

这就需要开放的法律体系必须生成新的子系统,以弥补传统部门法的调整不足或调整空白。而解决市场失灵问题作为法律调整的重要目标,必然会内化于经济法的宗旨之中。因此,经济法调整的直接目标,就是解决市场失灵问题。

第二节 调整目标的法律选择

任何法律调整都是为了实现一定的目标,不同法律的调整目标各异。经济法的调整目标如何选择,在法律上如何取舍,对于经济法的理论研究和制度建设都至关重要。

经济法的调整目标,就是通过经济法的调整所要达到的目的或所欲实现的目标。经济法不仅与其他部门法有不同的调整目标,而且经济法内部各个部门法的调整目标也各具特色。由于调整目标在立法上体现为法律的立法宗旨,因而,经济法的调整目标也称为"经济法的宗旨"。

经济法的调整目标,与经济法所要解决的基本问题、基本矛盾直接相关。一般说来,解决经济法领域的基本问题和基本矛盾,就是经济法的调整目标。但由于基本问题、基本矛盾相对抽象,因而,有必要结合前述的基本问题和基本矛盾,来确立经济法的具体调整目标。

一、经济法的双重调整目标

确立经济法的调整目标,应关注经济法所要解决的基本问题和基本矛盾,以及解决基本问题和基本矛盾需要的调整功能或调整手段,这样,才能说明为什么通过经济法的调整,就能有效解决经济法的基本矛盾或基本问题,实现经济法主体在效率与公平方面的价值追求。

有鉴于此,可认为,所谓经济法的调整目标,就是经济法通过对特定社会关系的调整,来不断解决个体营利性和社会公益性的矛盾,兼顾效率与公平,从而持续地解决两个失灵的问题,促进经济的稳定增长,保障社会公益和基本人权,进而实现经济与社会的良性运行和协调发展。

上述经济法的调整目标,可从横向、纵向两个不同的向度上进行分类,从而形成经济法的双重调整目标。

在横向上,经济法的双重调整目标可分为两类:一个是经济目标,这是经济法调整力图产生直接效应的根本方面;一个是社会目标,这是经济法调整意欲产生间接影响的重要方面。① 需要说明的是,在经济法和社会法等现代法领域,都涉及经济性和社会性,这同当代国家主要承担的经济职能和社会职能是一致的。应当看到,经济法同样具有一定的社会性,但以经济性为基本特征;社会法同样具有经济性,但以社会性为基本特征。经济与社会这两个方面,相得益彰,互相影响,因而经济法的调整目标也具有"双重性",以体现两者之间现实的内在联系,实现经济目标与社会目标的有机结合。

在纵向上,经济法的双重调整目标是层层递进的,可分为基本目标和最高目标两个层面。其中,经济法调整的基本目标,是规范经济法主体的行为,调整特定的经济关系,保障各类经济法主体的合法权益。只有这样,才能不断解决"两个失灵"的问题,缓解个体营利性与社会公益性的冲突,兼顾效率与公平;才能促进经济的稳定增长,保障社会公益和基本人权。在此基础上,才能实现经济法调整的最高目标,即实现经济与社会的良性运行和协调发展。该最高目标是经济法与相关部门法共有的高层次目标,它是在经济法实现基本目标基础上才能实现的目标,同样也是经济法调整所欲实现的目标。此外,经济法基本调整目标的实现,只是实现最高目标的一个必要条件,要全面实现最高目标,还有赖于其他部门法的共同调整,因而最高目标是一种共通的目标。为此,应当实现基本目标与最高目标的有效统一。

如果把经济法的双重调整目标分为经济目标与社会目标,则经济目标更为直接;如果分为基本目标与最高目标,则基本目标更为基础。在经济法的具体立法宗旨中所要体现的,主要是经济目标和基本目标,它们对于现实的立法和执法活动都是很重要的。

上述对调整目标的界定,体现了经济法的价值。其中,对特定社会关系的调整,体现的是经济法的功用价值(客观价值),或称工具性价值;而解决个体营利性和社会公益性的矛盾,兼顾效率与公平,则体现的是经济法的评判价值或价值追求(主观价值),或称目的性价值。此外,上述界定也体现了对经济法

---

① 在财政法、税法、金融法、计划法等立法中,普遍存在着经济目标与社会目标的区分,因为这些法律的具体调整目标,不仅包括对该领域最基本职能的保障,以及由此产生的对宏观调控职能的保障,也都包括保障社会稳定和社会发展方面的目标。此外,在市场规制法领域,不仅包含保障公平、正当的市场竞争,从而形成良好市场秩序的经济目标,也涉及保障消费者利益,保障基本人权,维护社会稳定的社会目标方面的考虑。

基本矛盾和基本问题的关注。经济法的调整目标与经济法调整所要解决的基本问题密不可分,通过解决基本问题来化解基本矛盾,正是经济法调整目标的核心。

二、对主要调整目标的分解说明

前述经济法总体上的调整目标,既是对各类国内外相关经济法的立法的概括和归纳,同时,也是未来进行经济法相关立法的重要基础。此外,由于在现实具体立法中,往往只是侧重于上述调整目标的某个具体类别,并且,该类别的调整目标对于具体立法乃至整体的经济法制度建设都很重要,因此,需要对经济法主要的调整目标略作说明。这些目标主要是稳定增长目标、保障基本人权目标、保障社会公益目标以及良性运行和协调发展目标。

1. 稳定增长目标

稳定增长目标直接涉及经济法的双重目标,即经济目标和社会目标,它首先是经济目标,同时又与社会目标密切相关。稳定增长目标强调经济要在稳定中增长,要在有序的状态下发展,因此,在宏观经济领域必须强调稳定物价、充分就业、国际收支平衡等宏观经济目标[①];在微观层面则要规范市场经济秩序,维护公平竞争和正当竞争。上述经济目标的实现,有助于社会问题的解决。事实上,物价问题、就业问题、市场秩序问题,不仅是经济问题,也是社会问题。因此,解决上述问题,同时也是在解决社会问题,这是经济性与社会性密切相关重要体现。

2. 保障基本人权目标

经济法是分配法,涉及对相关主体权利与权力、社会财富与主体利益等多个方面的分配。其中,对于国家财政权与国民财产权的分配尤其重要,它直接关系到相关人权保护问题。[②] 从总体上说,一国的法律应当能够从不同角度全面保障基本人权,因而保障人权并非经济法所独有的目标。但由于经济法调整所要解决的问题,对于个体和整体都很重要,因而对于保障人权具有特别重要的作用。

[①] 宏观经济的四大目标可集中概括为稳定增长目标,其中,稳定物价、充分就业、国际收支平衡是强调稳定的目标,而经济增长则是侧重于增长的目标。这些目标在经济法中,特别在宏观调控法中是非常重要的。从立法例上看,在1967年,德国曾制定《经济稳定增长促进法》,并取得了良好的法律实效。我国也曾尝试制定此类法律。

[②] 在经济法领域,涉及人权的,主要是基本的财产权问题。由于经济问题是核心,因而,在经济法领域的财产权以及相关经营自由权或竞争权等,都是非常重要的人权。这也有助于理解经济法与"经济宪法"的关系。

保障人权的目标在经济法的各个部门法上都有体现。例如,财政法通过预算支出和转移支付等保障人权;税法通过税收优惠制度、基本生活资料不课税制度等保障人权;消费者保护法以及各类竞争法通过对消费者的保护来保障基本人权,等等。这些都说明保障人权目标的普遍性。事实上,经济法作为涉及国民基本财产权利的公法,与人权保护联系非常密切。因此,保障人权的目标,在经济法的各个部门法上也自然都有体现。

3. 保障社会公益目标

社会公益是一个争议颇多的概念。社会公益是否存在、如何界定、如何有效保护[①],等等,都是人们大量谈论的话题。目前,我国有大量法律法规规定对"公共利益"或"社会公共利益"的保护。对于社会公益的法律保护问题,立法者和学者都较为重视,使"保护社会公益"之类的调整目标频繁地进入了相关法律的立法宗旨。

经济法把社会公益作为自己的法益保护目标,说明经济法对社会公益的高度重视。事实上,从利益的划分看,许多学者比较偏重于私人利益、国家利益和社会公共利益的划分。在利益保护方面,一般认为传统的私法更倾向于保护私人利益,传统公法更倾向于保护国家利益,而对于社会公共利益,相关传统部门法的保护尚很不够。因此,新兴的现代法必须承担起这一重要的任务,并成为保障社会公共利益的重要部门法。基于利益多元原理,经济法不仅要保护私人利益和国家利益,也要保护其他部门法保护不够的社会公益。这也是经济法的调整力图解决个体营利性和社会公益性的矛盾,兼顾效率与公平的体现。

对上述各类利益,可作出个体利益与整体利益、私人利益与公共利益的二元划分。[②] 在利益的二元结构之下,对于个体利益与整体利益的保护,在法律的制度设计和研究方法上可能是不同的。虽然对上述各类利益,各类法律要从不同角度、在不同程度上予以保护,但必须考虑法律或部门法的分工和定位。其中,对于私人欲望、私人物品、私人利益,必须注意私法的保护;对于公共欲望、公共物品、公共利益,必须注意公法的保护,这是由公共利益本身的特点所决定的。

---

① 对于社会公益是否存在,是否能够得到保障,学者存在不同看法。法律学者一般认为,社会公益是可独立于国家利益而独立存在的,并且,通过立法等方式,是可使其得到保护的。因此,在民商法、行政法等领域,也都有关于保护公共利益、公序良俗之类的规定。

② 对公益与私益,以及相关公法与私法,以及替代性的研究,可参见〔英〕哈耶克:《法律、立法与自由》(第一卷),邓正来、张守东、李静冰译,中国大百科全书出版社2000年版,第22—27页,第208—215页。

在对利益进行二元结构划分的情况下,公共利益包括了国家利益和社会公益。在国家或政府的主导法制的现实之下,尽管国家利益有时会受到损害,但国家会尽力去保护。社会公益比较复杂,存在着不同的内容和层次,对于第三部门能否有效保护社会公益,尚可存疑。应当承认,第三部门在保护社会公益方面确能起到一定的积极作用,如消费者协会对消费者权益的保护、工会对职工权益的保护、商会对企业利益的保护、纳税人组织对纳税人权益的保护等,都可能使不同阶层、不同人群的社会公益得到一定程度的保护,但由于种种原因,上述组织的保护还是非常有限的。因此,不应当排除国家通过经济法的法制建设保护社会公益。在现代市场经济条件下,国家在保护社会公益方面恰恰要发挥非常重要的作用。

从两类利益看,法制建设既要防止公权力对私人利益的违法侵害,也要防止公共利益保护上的"集体冷漠"或"搭便车"问题。对于国家和社会公共利益,仍应强调国家的有效保护,而且,保护这些公共利益,本来也是国家的责任。在经济法的立法宗旨中,明确保护社会公益,对于传统公法与私法都可能保护不足的社会公益予以特别规定,会更有助于社会公益的保护。在经济法上对公共利益的强调,并不是对私人利益和国家利益的漠视,而恰恰是强调对这些利益的均衡保护。

4. 良性运行和协调发展目标

经济法调整的最高目标是促进经济与社会的良性运行和协调发展,这是在经济法有效解决个体营利性和社会公益性的矛盾,兼顾效率与公平的基础上,所形成的一种更高的秩序。它不仅要求经济的良性运行和协调发展,也不仅要求社会的良性运行和协调发展,而且要求经济与社会都要良性运行并协调发展。如果一个国家能够通过经济法的有效调整,实现经济的稳定增长,保障社会公益和基本人权,就有可能实现整个经济与社会的良性运行和协调发展,这是一种非常高层次的秩序,也与均衡原理的要求相一致。事实上,立法者的价值追求就是力图通过经济法的调整,来减少社会的交易成本和"熵值"[①],以增进社会的效率、公平和秩序。

在现实中普遍存在的单纯重视经济增长而不重视经济发展的问题,单纯重视经济发展而不重视社会发展的问题,单纯重视经济或社会的发展而不重视两

[①] 对于熵,爱因斯坦、普利高津等都高度重视,并提出了一系列重要理论。根据热力学第二定律以及其他相关理论,熵代表的是无序状态。熵值越大,无序的程度越严重。因此,在一个大的社会系统中,经济法的调整应当有助于熵值的减少,从而形成一种经济法秩序。

者的良性运行和协调发展的问题,已经带来了很大的社会成本,其损失甚至是不可估量的。这些问题当然需要各类法律的共同调整,甚至还需要多种手段并用才可能解决。但不管怎样,经济法在保障社会公益方面要起到重要作用。

此外,只要是经济的稳定增长,只要能够保障基本人权和社会公共利益,就是符合"良性"要求的。这样,就能够形成一种秩序,即经济与社会的"良性"运行和"协调"发展。

三、调整目标的多元化与法律选择

上述对各类调整目标的分解说明表明,经济法的调整目标并非像某些传统部门法的调整目标那样单一,而是具有多方面的具体目标,这可称为调整目标的多元化。

经济法调整目标的多元化,是一个客观存在的问题。经济目标与社会目标、基本目标与最高目标等区分,以及在各类目标之下形成的更为具体目标之所以存在,主要是因为经济法作为现代法,所面对的是现代社会大量复杂的现代问题,这些问题都属于"复杂性问题",其解决思路和方案也必须是多元化的,由此形成了多元化的调整目标。

多元化目标的存在,要求在调整目标体系中形成不同的层级结构和内在的逻辑联系。为了解决调整目标多元化所带来的问题,必须对各类具体调整目标作出排列和组合,形成调整目标体系中的分类与结构。事实上,经济目标与社会目标、基本目标与最高目标之类的二元划分,从一个侧面揭示了经济法调整目标的分类与结构上的"双重性",这有助于全面理解调整目标的多元化问题。

在多元调整目标之下,应注意各类目标的冲突与协调,关注各类调整目标的法律选择。例如,效率与公平、增长与发展、经济目标与社会目标、私益与公益,等等,在既定条件下都可能存在冲突,需要在相关立法上作出协调,进行有一定侧重的法律选择,明确某些目标的优先权,并作出相应的制度安排。

事实上,经济法的调整目标体系,是对各类经济法调整目标的有机整合。在各类经济法的具体立法中,当然要在总体上体现这些基本的调整目标,但同时在具体目标上可能还会作出更为具体或限缩性的规定。例如,税法的调整目标,虽然在总体上与经济法的调整目标相一致,但在各类具体税收立法中,具体调整目标还是各有侧重的。一般认为,商品税的立法更侧重于效率,更侧重于经济目标;而所得税的立法更侧重于公平,并在追求经济目标的同时,也追求社会目标的实现。但上述的各有侧重也只是一般的看法。其实,作为法律制度,商品税的立法要符合公平原则,所得税的立法也要符合效率原则。可见,各类目标的冲突和协调,既可通过具体制度安排加以实现,又必须符合基本的法律原则。

四、研究调整目标的双重价值

经济法的调整目标体现了立法者总体的、根本性的意旨,它应当反映立法者的价值追求,体现经济法的理念或精神。深入研究经济法的调整目标,不仅具有理论意义,也具有实践价值,因而研究经济法调整目标具有双重价值。

首先,从理论意义看,经济法的调整目标是经济法理论中的一个重要问题,在价值论中居于承上启下的地位,它既能把抽象价值转化为具体法律的构成部分,又能为相关法律原则和具体规则提供指导。

明确经济法的调整目标,有利于深化整个价值论研究,提高经济法理论的自足性。经济法的调整目标作为整个理论链条中的重要一环,与经济法的调整对象、特征、调整方法、功能、价值追求、原则等问题都密切相关,并且,与各类相关理论问题之间是可互证的。因此,客观地、合理地确定经济法的调整目标,有助于更好地理解相关经济法理论,发现各个部分之间的内在联系,从而形成一个完整的理论线索,为形成合理的经济法理论框架奠定基础。

经济法的调整目标,是经济法有别于其他部门法的一个重要方面。透过经济法的调整目标,既可看到经济法同其他部门法的联系,也可看到经济法同其他部门法的区别。在联系方面,经济法调整目标中所包含的最高目标,与其他相关部门法是一致的;同时,这些目标的实现,也有赖于其他部门法的配合和综合调整。在区别方面,经济法的调整目标毕竟具有独特性,体现着经济法的特质,因而它在一定程度上也可作为经济法区别于其他部门法的一个方面。事实上,经济法各个部分的理论,都应体现经济法同其他部门法的联系与区别。①

其次,从实践价值看,经济法调整目标的研究对于相关经济法的法制建设,尤其对于经济法的立法和法律实施,具有重要的指导意义。

例如,在立法方面,立法宗旨作为相关立法的首要条款,其地位非常重要。经济法总体上的调整目标作为一种应然状态,直接影响立法宗旨的制定,因此,如果经济法的调整目标确定得较为合理,就能对经济法的具体立法产生重要指

---

① 有关调整目标的理论,如同其他部分的理论一样,都是要说明经济法同其他部门法的联系与区别。事实上,研究就是要发现事物之间的关系,包括它们之间的联系与区别;在经济法上所进行的研究,同样是要发现经济法同相关部门法在各个方面的区别与联系。其中,宗旨方面的研究也是如此。

导作用;如果具体的立法宗旨与应然的经济法调整目标相去甚远,则该立法宗旨的合理性就可能存在较大问题。可见,经济法应然的调整目标,有助于具体的实然的调整目标的确定。

又如,在法律实施方面,经济法的调整目标同样会产生重要影响。通常,法律的实施首先要依据具体规范或具体规则,如果没有具体规范,则要从法律原则上找依据;如果法律原则也不能提供依据,则要找立法宗旨;而立法宗旨则是经济法的调整目标在具体立法上的体现。因此,作为经济法调整目标的具体化和实然化的立法宗旨,对于法律实施是非常重要的。

经济法的实施直接涉及相关主体的权益。当相关主体认为具体规范同调整目标相抵触时,就可能以立法宗旨上有利于自己的规定作为保护自身利益的根据。因此,立法宗旨对于保护相关主体的权益很重要。由此又涉及法律解释的问题。事实上,与调整目标密切相关的法律解释方法,就是目的解释方法[1],它要求相关法律适用必须合于立法宗旨或与立法目的相一致。由于经济法的具体制度与经济法的调整目标存在内在关联,因此,经济法调整目标对于经济法的解释亦甚为重要。

在经济法领域大量涉及法律解释,这些解释是否合乎经济法的调整目标,是否会影响相关主体的利益乃至基本人权,都很值得关注,因此,从经济法调整目标的角度对上述解释的合理性和合法性作出检验,非常具有现实意义。[2]

本章小结

经济法所要解决的基本问题与经济法的调整目标密切相关。经济法需要解决的基本问题、基本矛盾是什么,在很大程度上决定了经济法上的目标选择,并会具体地决定经济法的立法宗旨。因此,问题定位,尤其是对基本问题进行

---

[1] 像文义解释、体系解释、历史解释等一样,目的解释方法在经济法的解释方面同样可有较为广阔的适用空间。

[2] 例如,在经济法的诸多部门法中,税法领域所涉及的解释问题非常多。相关职能部门所作出的大量税法解释,一般被认为是真正在起主要作用的税法。但这些税法解释是否都符合税法的宗旨,还很值得研究。

定位非常重要。

所谓基本问题，就是对某类法律的存续具有基础性、本原性的问题；对这些问题的调整，正是该类法律存续的基础，是此类法律得以存在的根本性原因。

导致经济法产生、推动经济法发展的那些持续、广泛存在的重要问题，作为经济法要解决的基本问题，是经济法的各个部门法都要面对和解决的，因而具有本原性、普遍性、持久性。从学界的一般认识看，经济法所要解决的基本问题，就是"两个失灵"问题，其中体现或蕴涵着经济法的"基本矛盾"，即个体营利性和社会公益性的矛盾。

与上述基本问题、基本矛盾直接相关，经济法的调整目标，就是经济法通过对特定社会关系的调整，来不断解决个体营利性和社会公益性的矛盾，兼顾效率与公平，从而持续地解决两个失灵的问题，促进经济的稳定增长，保障社会公益和基本人权，进而实现经济与社会的良性运行和协调发展。

上述经济法的调整目标具有"双重性"，在横向上可分为两个方面：一个是经济目标，这是经济法调整力图产生直接效应的根本方面；一个是社会目标，这是经济法调整意欲产生间接影响的重要方面。此外，在纵向上，经济法的调整目标也是层层递进的，可分为基本目标和最高目标两个层面，这也是经济法调整目标的"双重性"的体现。

在上述调整目标中，促进经济稳定增长的目标，保障社会公益和基本人权的目标，以及良性运行和协调发展目标，都是非常重要的。通过研究上述具体目标，有助于进一步认识经济法调整目标的多元化问题，同时，也有助于更好地认识研究调整目标的双重价值。

【背景资料】 现行立法中有关调整目标的规定

经济法的基本问题与调整目标是紧密地联系在一起的，考察经济法的相关立法，不难发现在各类具体法律中，都是在其第一章总则部分的"第一条"开宗明义地规定该法的调整目标，涉及保障宏观调控、经济稳定、市场秩序的目标，以及保障公共利益、基本人权，促进经济和社会协调发展的目标。现简要列举如下：

1.《中华人民共和国预算法》（1994年3月22日全国人民代表大会通过，2014年8月31日、2018年12月29日修正）

第一条 为了规范政府收支行为，强化预算约束，加强对预算的管理和监督，建立健全全面规范、公开透明的预算制度，保障经济社会的健康发展，根据宪法，制定本法。

2.《中华人民共和国中国人民银行法》（1995年3月18日全国人民代表大会通过，

2003年12月27日修正)

第一条 为了确立中国人民银行的地位,明确其职责,保证国家货币政策的正确制定和执行,建立和完善中央银行宏观调控体系,维护金融稳定,制定本法。

3.《中华人民共和国商业银行法》(1995年5月10日全国人民代表大会常务委员会通过,2003年12月27日、2015年8月29日修正)

第一条 为了保护商业银行、存款人和其他客户的合法权益,规范商业银行的行为,提高信贷资产质量,加强监督管理,保障商业银行的稳健运行,维护金融秩序,促进社会主义市场经济的发展,制定本法。

4.《中华人民共和国银行业监督管理法》(2003年12月27日全国人民代表大会常务委员会通过,2006年10月31日修正)

第一条 为了加强对银行业的监督管理,规范监督管理行为,防范和化解银行业风险,保护存款人和其他客户的合法权益,促进银行业健康发展,制定本法。

5.《中华人民共和国反不正当竞争法》(1993年9月2日全国人民代表大会常务委员会通过,2017年11月4日修订,2019年4月23日修正)

第一条 为了促进社会主义市场经济健康发展,鼓励和保护公平竞争,制止不正当竞争行为,保护经营者和消费者的合法权益,制定本法。

6.《中华人民共和国消费者权益保护法》(1993年10月31日全国人民代表大会常务委员会通过,2009年8月27日、2013年10月25日修正)

第一条 为保护消费者的合法权益,维护社会经济秩序,促进社会主义市场经济健康发展,制定本法。

7.《中华人民共和国产品质量法》(1993年2月22日全国人民代表大会常务委员会通过,2000年7月8日、2009年8月27日、2018年12月29日修正)

第一条 为了加强对产品质量的监督管理,提高产品质量水平,明确产品质量责任,保护消费者的合法权益,维护社会经济秩序,制定本法。

8.《中华人民共和国反垄断法》(2007年8月30日全国人民代表大会常务委员会通过)

第一条 为了预防和制止垄断行为,保护市场公平竞争,提高经济运行效率,维护消费者利益和社会公共利益,促进社会主义市场经济健康发展,制定本法。

第二章

调整对象与内部结构

本章导读

　　要实现经济法的调整目标,就需要经济法调整一定的社会关系,由此形成了经济法的调整对象。明确经济法的调整对象,有助于廓清经济法的调整范围,提炼经济法的概念,同时,也有助于理清经济法的内部结构,更好地在整体上把握经济法。

第一节 调整对象的理论界定

依据一般法理,由于调整的社会关系不同,形成了各个部门法之间的差异,因此,需要从纷繁复杂的社会关系中抽取一部分社会关系,作为经济法的调整对象;而如何确立经济法的调整对象,则对于整个经济法理论的确立至关重要。

一、经济法调整对象的确定

确定经济法的调整对象,应当从现实问题出发,特别是从现代社会存在的经济问题和社会问题出发,同时,应当运用经济法学的一些重要原理,如"双手并用"原理、"两个失灵"原理等,来展开具体分析。

当代世界各国几乎都在实行市场经济体制,并试图通过市场对资源的配置来实现经济增长、经济发展等目标,在各国层出不穷的各类经济问题中,最为引人瞩目的就是市场失灵问题,因为它是人们曾经寄予了厚望的市场机制所无法有效解决的问题,也是传统法律制度所无法有效解决的问题。市场失灵问题的存在,使人们开始思考市场经济的局限性,以及政府的能动作用等问题,并试图在政府与市场之间作出取舍,而这种取舍,则带来了从思想到行动,从政策到法律,从经济到社会,从西方到东方,从历史到现实等多个层面的周期变易,成为人类必须时时面对的重大现实难题。

市场失灵,无论是缘于经济领域的垄断、外部效应,以及公共物品、信息偏在等,还是缘于社会分配不公等,其带来的问题是全方位的。从宏观角度看,市场失灵会造成产业失衡,并由此带来结构失衡;而各类经济结构的失衡,则会造成总量失衡,这些失衡严重违背了均衡原理的要求,因而必须依据一定的经济目标和社会目标,进行有效的宏观调控;而宏观调控的主体则是广义的政府,政府由于诸多原因,在调控方面可能会出现政府失灵的问题[①],只有依法调控,才

[①] 政府失灵的理论主要包括四个假说,即(1)信息不足或信息丢失;(2)决策成本过大;(3)决策者智慧不足;(4)决策者利益约束。这几个假说,对分析和理解经济法理论的有关问题,是很有价值的。参见陈东琪:《新政府干预论》,首都经贸大学出版社2000年版,第31页。

可能在一定程度上解决这些问题。而要依法调控,必须有宏观调控法,并运用宏观调控法来调整政府与国民之间的宏观调控关系。上述由市场失灵引发的法律上的问题以及相互之间的内在关联,可大体上表示如下:

市场失灵——结构失衡——经济失衡——宏观调控——政府失灵——依法调控——宏观调控法

此外,市场失灵不仅需要从宏观层面上解决,也需要微观层面上的规制,从而产生了另一个层面的问题。一般说来,市场失灵会导致竞争失效,因而需要对相关市场主体的市场行为进行规制,并进而实现对整个市场结构的规制。通过综合性的经济性规制和社会性规制,有助于更好地实现对整个市场的规制。通常,市场规制是由政府作出的,同上述的宏观调控一样,在市场规制领域,同样会存在政府失灵的问题。要解决政府失灵的问题,一个非常重要的途径,也是要求政府依法进行规制,以相关法律为圭臬,为此,就需要有相关市场规制法。上述由市场失灵所造成的法律上的问题及其相互间的关联,大体可表示如下:

市场失灵——竞争失效——市场失序——市场规制——政府失灵——依法规制——市场规制法

可见,市场失灵分别在宏观层面和微观层面带来了一系列法律问题,这些问题是以往的法律制度难以有效解决的,因此,有必要实行宏观调控和市场规制;在宏观调控和市场规制过程中所形成的新型社会关系,需要由新兴的宏观调控法和市场规制法调整;市场失灵带来的重要制度创新,就是宏观调控法和市场规制法的产生。

正是考虑到上述方面的问题,人们普遍认为,市场失灵是研究经济法问题的一个重要入口,它使国家的宏观调控和市场规制在一定程度上成为必要,并由此使宏观调控法和市场规制法得以产生和发展。

宏观调控和市场规制的联系非常密切,两者在性质、目标、方向等方面从根本上说是一致的。在宏观调控和市场规制过程中形成的两类关系,即宏观调控关系和市场规制关系,必须依法进行调整,而这些关系又恰恰是传统的部门法所不能有效调整的。于是,宏观调控关系和市场规制关系便成为新兴的经济法的调整对象,这与各国确立市场经济体制的不同路径,以及"以市场调节为主,政府调节为辅"的思路是一致的。这里的政府调节,除计划调节之外,还有财政、税收、金融等调节,实际上是国家对市场运行的宏观调控;同时,宏观调控所需的市场秩序,也需要通过政府的有效规制来实现,因而同样需要市场规制。

可见,从调整对象看,经济法调整的社会关系包括两类,一类是宏观调控关系,一类是市场规制关系。调控关系和规制关系,也可合称为"调制关系"。因此,经济法的调整对象,简单地说就是"调制关系"。

上述对于经济法调整的基本社会关系的界定,反映了学界日渐形成的基本共识。尽管学界也存在着对经济法调整对象的不同认识,但将宏观调控关系和市场规制关系作为经济法的主要调整对象已殆无异议。[①] 这尤其有助于增进经济法学界的理论共识,并可为经济法概念的提炼奠定重要基础。

二、调整对象的具体类型

如前所述,经济法的调整主要涉及两大基本领域,即宏观调控领域和市场规制领域。因此,经济法的调整对象包括两类基本关系,即宏观调控关系和市场规制关系,对这两类基本关系还可作进一步的具体化。

例如,由于宏观调控主要涉及财税、金融、计划等领域,因而宏观调控关系可分为财税调控关系、金融调控关系、计划调控关系,它们同各国在宏观调控方面通常采行的财税、金融、计划三大手段是一致的,因而这些调整对象可分别简称为财税关系、金融关系、计划关系。[②] 此外,由于市场规制主要涉及反垄断、反不正当竞争、消费者保护等领域,体现的是对市场行为等方面的规制,因而市场规制关系也可分为反垄断关系、反不正当竞争关系、消费者保护关系。

另外,在各类具体社会关系中,都蕴涵着一类重要的关系,即体制关系。其中,在宏观调控关系中,宏观调控体制关系是一个重要的方面;在市场规制关系中,市场规制体制关系也是一个重要方面。由于经济法的调整会影响国民的基本权利,特别是与国民的财产权、经济自由权等都直接相关,因而,经济法与宪法联系十分密切。与传统部门法不同的是,经济法的调整同国家某些调控机关或规制机关的新兴职能有关,而这些新兴职能的产生和履行,都要严格执行法定原则。事实上,"分权"始终是经济法领域非常重要的问题,从而形成了各种层次的分权关系或称体制关系。

经济法领域的体制关系是基础性的关系,只有有效调整体制关系,从而实

---

① 在1992年提出这种调整对象的"二分法"时,学界的观点分歧尚较突出。随着我国市场经济及相应的法制建设的发展,学界的研究更加深入。目前,在法学界已普遍承认宏观调控关系和市场规制关系是经济法的主要调整对象。

② 在市场经济条件下,其实更离不开计划,不应当把计划同计划经济体制相等同。目前,各市场经济国家都存在不同类型的计划。

现有效分权,才能在此基础上更好地进行调控和规制。例如,在财税领域,只有先明确了财政体制、税收体制,依法有效调整体制关系,才能在此基础上更好地实现具体财政调控和税收调控。在金融领域,只有对金融体制作出明确界定,才能在有效分权的基础上进行具体金融调控。又如,在市场规制领域,只有明确竞争规制体制,才能使相关主体更好地规制市场竞争行为,维护市场竞争秩序,等等。

可见,在广义的宏观调控关系和市场规制关系中,实际上包含着一类体制关系,它是具体、狭义的调控关系或规制关系的基础,从而使调制关系成为一种复合性关系。事实上,在经济法的各个部门法中,都涉及体制关系,这些体制关系既有共性又有个性,这也是不同于传统部门法的一个重要特点,因而需要单独强调和着重研究。①

三、经济法的基本概念

根据上述对经济法调整对象的认识,以及提炼概念应遵循的一般原则,可认为,经济法是调整在现代国家进行宏观调控和市场规制的过程中发生的社会关系的法律规范的总称。简单地说,经济法就是调整调制关系的法律规范的总称。

对于上述经济法的基本概念的理解,至少应注意以下几个方面:

第一,由于宏观调控和市场规制是作用于现代市场经济,因而经济法具有突出的现代性,这是它与传统部门法的重大不同。

第二,基于经济法的宗旨和所要解决的主要问题,它主要是运用法律化的宏观调控和市场规制手段来进行调整,因此,与其他所有的部门法相比,它又具有突出的经济性和规制性。

第三,上述的经济法概念,可涵盖日益打通的国内经济法和国际经济法,这本身也是经济全球化和加强全球经济治理的需要。

第四,经济法不仅要像传统民商法那样调整一般的经济关系,还要调整日益重要的体制关系,这是经济法同其他调整经济关系的部门法的一个重要不同,因此,可用含义更广的"社会关系"来代替"经济关系",其中不仅涉及市场主体之间的经济关系,还涉及相关体制关系或称分权关系;在这些关系的背后,

---

① 在经济法学的各个分支学科领域,对于体制关系日益重视。例如,在财税领域对财政体制和税收体制的研究,特别是对税权分配问题的研究;在金融领域对金融管理体制的研究,特别是对中央银行以及各类金融监管机构的职能及权力分配的研究;在竞争法领域对反垄断或反不正当竞争机构的权力配置的研究等,都说明了体制关系的重要性和法律调整的必要性。

不仅涉及个体私益,也涉及社会公益乃至国家利益。这与某些传统的部门法是不同的。

此外,上述定义,实际上是以调整对象的"二分法"为基础的。从既有研究看,有些学者主张"二分法",有些学者主张"多分法"。在各种分法中实际上都包含"二分法",因而对于"二分法"所确立的基本的调整对象、调整范围,学界已殆无异议,从而形成了经济法调整对象方面的重要共识。

基于对市场经济的共同规律的认识,以及对现代国家应有职能等方面的认识,人们对于经济法概念的理解日益深入,共识度在不断提高,这是全面发展经济法理论,拓展经济法研究领域的重要基础。

第二节　内部结构的法理解析

上述经济法的调整对象,直接决定了经济法的内部结构,两者之间存在着内在的关联。同调整对象一样,经济法的内部结构对于把握经济法理论也非常重要,并且,相对说来也更易于把握。

了解经济法的内部结构,有助于从整体上认识经济法的体系。所谓经济法的体系,通常是指各类经济法规范所构成的和谐统一的整体。由于经济法的体系是由不同类型的法律规范构成的,因而各种类型的经济法规范,便分别构成了经济法的一个部门法。研究经济法规范的具体类型,有助于明晰经济法的内部结构,说明构成经济法的部门法有哪些,它们是如何组成一个和谐的整体的。

一、经济法内部的"多层结构"

依据一般法理,对法律规范进行分类,或者进行部门法划分的标准,主要是调整对象。根据经济法的调整对象,可把经济法规范分为宏观调控法规范和市场规制法规范两大类。同时,还可根据各类规范的具体调整范围的差别,作出进一步的分类。例如,宏观调控法规范可进一步分为财税法、金融法、计划法规范,这与国家进行宏观调控所采用的财税、金融、计划这三类政策、三类手段相一致,它们构成了宏观调控法的三大类别。又如,市场规制法规范可进一步分为反垄断法、反不正当竞争法、消费者保护法规范,这与市场规制所保护的不同主体的不同法益以及所运用的不同手段是一致的,它们构成了市场规制法的三大类别。

从上述分类看,经济法体系由宏观调控法和市场规制法这两大部分构成,由此便形成了一个重要的二元结构,这与经济法调整对象上的二元结构是相对应的。其中,宏观调控法包括三个部门法,即财税调控法、金融调控法和计划调控法,分别简称为财税法、金融法和计划法;市场规制法也包括三个部门法,即反垄断法、反不正当竞争法和消费者保护法。上述各个部门法都可有具体立法体现;各类具体经济法规范,都分布于可经济法的各个部门法中。

上述对经济法体系的各个部门法的描述,可大略概括为"财金计划调控法,两反一保规制法"。当然,上述部门法还可作进一步细分。如财税法包括财政法与税法两个具体部门法,其中,财政法包括财政体制法和财政收支法,具体包括预算法、国债法、政府采购法、转移支付法等;税法又包括税收体制法与税收征纳法,而税收征纳法又可进一步分为税收征纳实体法(商品税法、所得税法和财产税法)与税收征纳程序法等。

上述的分类原理,对于经济法的其他部门法也是适用的。例如,在金融法、计划法等领域,同样可相应分为一般的体制法与具体调控法(具体体现为中央银行调控法,以及产业调控法、价格调控法、投资调控法等)。又如,在市场规制法领域,反垄断法同样包括反垄断体制法和垄断行为规制法;反不正当竞争法则包括反不正当竞争体制法和不正当竞争行为规制法,等等。当然,上述分类在名称上与具体法律文件的名称未必一致。

经济法规范的上述不同层次的分类,直接影响经济法体系的内部结构。从总体上看,经济法的内部结构是一个层级结构。其中,第一层结构,是体现经济法的调整对象、调整手段或功能的两类规范群,即宏观调控法规范群与市场规制法规范群,简称宏观调控法和市场规制法;第二层结构,是分别体现宏观调控职能的三个部门法,以及体现市场规制职能的三个部门法,它们一般也被称为经济法的亚部门法;第三层结构,每个亚部门法还可进一步分为若干小的部门法。这样的结构,在数量比例关系及排列顺序上是较为合适的,同时,各层结构的各类规范之间都有着内在的协调互补的关系,而不是相互交叉、重叠、冲突的关系,从而使经济法系统能够较为稳定地发挥其整体功效。

需要说明的是,以上纯粹是从部门法的意义上,而不是从具体、形式意义的立法上来理解的。在各类具体形式意义的立法中,可能包含其他部门法规范,如形式意义的财税法中可能有行政法规范,形式意义的金融法中可能有民商法规范,等等,这些都是正常的。事实上,法学上的部门法划分,是按法律规范的主要性质所作的一种大略划分。各种法律的分类,都可能存在一定的问题或一定程度的合理性,因而应当基于一定的范式、共识去仔细辨析,发现各类理论的合理之处,从不同的角度完善体系理论或结构理论。

二、有关内部结构的其他观点

经济法尚处于发展变化之中,其内部结构并非一成不变,对经济法体系的认识也自然难求尽同。上述关于经济法内部结构的认识,只是法学界的"基本"共识,在上述认识的基础上,还曾有其他观点,例如,有人主张市场主体法、社会保障法、政府投资法、涉外经济法等亦应纳入经济法体系,对此学界存在不同看法,现举几例简略说明:

第一,关于市场主体法。市场主体的资格实际上主要是由民商法加以确立的,只要符合经济法的要求,同样可成为经济法主体。经济法的主体资格是通过宏观调控法、市场规制法加以确定的。宏观调控主体和市场规制主体的资格,是由宏观调控法或市场规制法中的体制法来确立的;而接受调控或规制的主体的资格,如果有特殊要求的话,也要由宏观调控法或市场规制法加以确定。因此,不需要在宏观调控法和市场规制法之外单独设置一个"主体法"。宏观调控法和市场规制法,对经济法主体及其行为,都要加以规定和规范,其性质并非仅是"行为法"。①

第二,关于社会保障法。社会保障法虽与经济法密切相关,但因其有自己不同于经济法的宗旨和调整对象,一般将其归入社会法。考虑到社会法的调整目标是着重解决社会运行中产生的社会问题,而经济法则是着重解决经济运行过程中产生的经济问题②,因此,学界普遍将社会保障法归入作为部门法的社会法而不是经济法。

第三,关于政府投资法。政府投资,如果意在宏观调控,则应由宏观调控法来规范;如果是作为营利性活动出现,则同样要受市场规制法规范。随着市场经济的深入发展,政府应尽量避免"与民争利",逐渐退出竞争性领域。特别是随着政府职能的转变,政府直接投资的领域应逐渐限缩,主要致力于公共物品

---

① 另外,对于经济法是否调整内部经济关系,回答是肯定的。例如,对于企业内部组织的征税,特别是对关联交易的征税;对于银行系统内部组织机构的规范、监管,对于托拉斯内部行为的调整,等等,都会涉及内部关系的调整问题。从市场经济的一般要求来说,更为关注主体的外部活动,而当内部活动影响相关规制的时候,则法律同样要予以调整。

② 参见张守文:《社会法论略》,载《中外法学》1996年第6期。

的提供,因而应与预算支出或具体的转移支付、政府采购等问题相关,从而应与财政法联系更为密切。在这种情况下,对于政府投资法是否应作为一个与宏观调控法和市场规制法相并列的领域,其必要性就值得探讨。

第四,关于涉外经济法。以往涉外经济法与内国经济法的分立,与经济法理论上的分类直接相关。尽管这种分立曾有相当多的立法支持,但随着中国加入WTO,以及国民待遇原则的普遍适用,许多领域都废止了"内外有别"的两套制度,以更好地维护法制的统一,由此使涉外经济法的特殊性变得越来越小。[①]据此,一般也都认为没有必要把涉外经济法作为一个大的独立领域与宏观调控法等相并列。

以上只是列举了几个方面的不同观点,对这些观点的不同认识,会直接影响对经济法具体结构的认识。尽管人们的认识尚有一些分歧,但无论怎样,把宏观调控法和市场规制法作为经济法体系的核心部分,已殆无异议。当然,由于经济法一直处于变化发展之中,因而,即使把上述的二元结构作为经济法体系的核心框架,也应注意不断发现和解决在经济法内部结构上的新问题,以对体系理论或结构理论不断作出适当发展。

三、特殊规范的归属探析

在经济法的宏观调控法规范群和市场规制法规范群构成的二元结构之间,还存在着一些曾被认为具有过渡性、模糊性的特殊规范,这些规范与宏观调控法和市场规制法规范都密切相关,被视为二元结构的"中间地带",如监管规范、价格规范等。但这些规范究竟应并入两大规范群之中,还是独立或游离于两大规范群之间,仍需进一步明晰。

（一）监管规范的归属

随着市场经济的深入发展,相关监管规范也越来越引人注目。这些监管规范主要涉及对特定行业、特定市场的监管。例如,对金融领域的有对银行业、证券业和保险业以及相应的货币市场、资本市场和保险市场的监管,在其他领域有对电力、石油、房地产、食品、医药等关系到国计民生的重要行业的监管,等

[①] 随着我国对外开放的发展,涉外领域的相关立法,如《对外贸易法》《外商投资法》中的经济法制度,以及涉外税法、涉外金融法等领域的问题也需特别关注。

等。深受关注的各类型监管,不仅直接影响相关监管体制[①],也对相关立法产生了重要影响,并形成了一批重要的监管规范[②]。

对于各类监管规范,究竟属于宏观调控法还是市场规制法,曾存在不同认识。有人认为监管规范是为了实现国家的宏观调控目标而设置的,因而应将其定性为宏观调控法;也有人认为监管规范虽与宏观调控密切相关,但与传统的宏观调控法规范不同,因为其调整更具有直接性,且监管受体具有特定性,而不像宏观调控法的调整那样具有间接性,在调控受体上具有非特定性。

从调整的直接性和主体的特定性看,监管规范应归属于市场规制法。监管规范与调控法之间的互补关系,与一般市场规制法同宏观调控法之间互补关系没有实质差别,因此,可把监管规范作为一类特殊的市场规制规范列入市场规制法中。

这样,就可对市场规制法作出进一步扩展,即市场规制法不仅包括通常意义上的一般市场规制法(前面谈到的传统的竞争法和消费者保护法),还包括特殊市场规制法,以体现对特殊市场的特别规制,如金融市场规制法(银行监管法、保险监管法和证券监管法等)、电力市场规制法、石油市场规制法、房地产市场规制法等。

特殊市场规制法同样要以一般市场规制法为基础,无论是银行企业,还是电力企业、石油企业、电信企业、房地产企业等,也都要遵循一般的竞争法规范,并保护消费者权益,只不过在此基础上,基于这些企业或者行业的特殊重要性,国家往往还要进行专门规制。有些规制(如金融领域的规制或称金融监管),本身就与宏观调控直接相关。因此,可认为,这些监管规范与宏观调控规范和市场规制规范都密切相关,基于其规范相关主体行为的直接性和特定性,更适宜把相关监管归入广义的市场规制之中。

从目前已有的立法看,监管规范普遍侧重于市场规制。例如,在金融监管领域,银行监管已经关注对相关金融机构的经营管理行为和竞争行为的规制,而证券监管同样要关注对证券市场上的各类行为的规制[③],等等。

一般说来,各类处于二元结构"中间地带"的特殊规范,大多或主要属于市

---

① 为了加强相关领域的监管,我国曾成立了一批"监督管理委员会",如银行业监督管理委员会、证券监督管理委员会、保险监督管理委员会、国有资产监督管理委员会、药品监督管理委员会、电力监管管理委员会,等等,这对相关体制都产生了一定的影响。随着机构改革的深化,有些监管委员会已经调整或撤销。

② 各类监管规范,或者体现在专门的立法中,或者散见于相关立法中,已经形成了一定的规模。

③ 可参见我国《中国人民银行法》《银行业监督管理法》等相关金融立法。

场规制法规范,但它们与宏观调控法规范又确实密切相关,比传统市场规制法规范与宏观调控法规范的联系更为密切。这也是现代经济法制度发展所体现出的新特点。

(二) 价格规范的归属

价格法是经济法的重要组成部分,但价格法规范的归属也是一个问题。例如,有人认为价格法应当归属于宏观调控法,因为价格调控属于宏观调控,价格法当然应属于宏观调控法,并应与财政法、金融法、计划法等相并列。此外,也有人认为价格法应归属于市场规制法,因为价格行为是基本的市场行为,对价格行为进行规制当然是市场规制的应有之义,因而有关价格欺诈、价格暴利之类的规范,都应属于市场规制法。

上述各类观点,看似都有其道理,但并未关注各类价格法规范的细微差别。其实,价格法规范既有涉及价格总水平的宏观调控法规范,也有关于不当定价、价格欺诈、低价倾销等与价格相关市场规制法规范,这就需要可对相关价格法规范进行"一分为二"的解析。因此,尽管在市场经济条件下价格非常重要,价格法也是重要的法律,但在经济法体系中,一般并不把价格法同财税法、金融法等宏观调控法相平列,也不把它同反垄断法或反不正当竞争法相并论,而是要根据具体价格法规范的性质,分别确定其归属。

事实上,各类价格法规范因其目的、功能不同,所要规范的行为不同,会导致其分别被可归属于宏观调控法和市场规制法。当然,各类价格法规范的差别,体现的是宏观调控法与市场规制法的差别,这些差别仅是经济法体系内部的差别。

从总体上说,在价格法规范中,涉及价格总水平调控的,属于宏观调控法的规范,而一般的价格监管的规范,则属于通常的市场规制法规范。

以价格法规范的归属为切入点,对其进行"一分为二"的分类研究,有助于在揭示某类规范差异的同时,发现宏观调控法和市场规制法的紧密关联以及日益融合的趋势,并针对现实中存在的不足,不断进行制度创新和制度完善。

四、两大规范群之间的紧密联系

上述有关特殊规范归属问题的探讨表明,经济法内部的两大规范群并非各自截然孤立,而是存在密切的内在联系的。[①] 随着二元结构的"中间地带"特殊

---

① 参见张守文:《市场经济与新经济法》,北京大学出版社1993年版,第64—66页、第88—90页。

规范的发展,宏观调控法与市场规制法规范交叉融合的现象日益突出,使宏观调控法和市场规制法的联系更为紧密,也使经济法作为一个统一的部门法的地位更为牢固。

从规范生成的先后看,一般认为,同宏观调控法相比,市场规制法的产生更早[①],与传统的民商法、行政法的联系也更为密切,从传统法中汲取的养分也相对更多。而宏观调控法则是在经济理论、社会理论和政治理论有了一定发展的基础上,特别是在法律理论及相关立法有了一定发展的基础上,才逐渐产生和逐渐被认识的一个重要领域。人类的实践已经表明并将一再表明,宏观调控法的有效实施,离不开市场规制法的调整所确立的基本秩序,并同时为市场规制法所确保的市场秩序提供重要的外部环境;而市场规制法的有效实施,也离不开宏观调控法所提供的相关保障,并且,恰与宏观调控法的调整相得益彰。

对于宏观调控法和市场规制法的关系问题,学界已有一定探讨。但对于其在具体制度上的交叉融合问题则探讨不多。应结合具体立法,分析两者之间的紧密关联,解决现代市场经济条件下的复杂性问题。例如,在反倾销和反补贴的立法中,关于企业竞争、经济秩序、产业损害、税款征收等方面的规定,体现了宏观调控和市场规制的结合,如果对其进行深入研究,则有助于避免过去对两类规范的僵化理解,看到问题和规范的复杂性。

总之,在宏观调控法和市场规制法各自的发展过程中,一些非典型性的宏观调控法规范和市场规制法规范,作为二元结构的"中间地带",也逐渐变得重要起来。这些非典型性的、过渡性的规范在二元结构的罅隙中日益生长,使宏观调控法和市场规制法更融为一体,从而为提炼经济法规范共通的法理奠定了重要的基础。

五、对宏观调控法和市场规制法的进一步认识

宏观调控法,是调整宏观调控关系的法律规范的总称。作为经济法的重要组成部分,它具有经济法规范共有的基本特征;作为经济法中的独立于市场规制法的部分,它还具有宏观性的特征。

宏观调控法的宏观性特征体现在:宏观调控法的目标,是促进宏观经济四大目标的实现,从而实现宏观经济总量的平衡和社会的稳定;其调整所运用的

[①] 从立法的角度来看,市场规制法(如反垄断法)往往被认为是经济法立法的开端。市场规制法与民商法、行政法等联系密切,在很大程度上是民商法等部门法进一步发展,并融入经济法因素的结果,对市场主体的相关权益关注更多;而宏观调控法的全面发展则更为晚近,与民商法的联系远没有市场规制法那么密切,对宏观调控主体的权力行使关注更多。

是法律化的宏观经济政策及其手段,包括财税、金融、计划政策及其手段;其调控的是宏观经济运行,而不是微观经济交易;其追求的是宏观经济效果,而不是微观经济得失;其保障的是宏观经济利益,而不是个别市场主体的微观效益。

可见,宏观性的特征使宏观调控法在经济法体系中具有其特殊性,它使宏观调控法的调整更具有整体性和间接性。

市场规制法,是调整在国家进行市场规制的过程中发生的各种社会关系的法律规范的总称。作为经济法的重要组成部分,它具有经济法规范共有的基本特征,这是市场规制法与宏观调控法的共同特征。此外,相对于宏观调控法的宏观性和间接性,市场规制法的微观性、直接性更突出。它更加注重对微观的市场主体的直接规制,以更好地保护市场秩序,保障公平、正当、有效的竞争,保护消费者的合法权益,实现市场规制法的宗旨。

市场规制法的体系,包括一系列具体部门法。其中,旨在规制垄断的反垄断法、旨在保护正当竞争的反不正当竞争法、旨在保护消费者权益的消费者保护法,是市场规制法中最为基本、最为重要的。此外,对于某些关涉国计民生的重要市场,国家还要对其作出特殊规制,从而使特殊市场规制法(或称特别市场规制法)也日益重要,它们同"两反一保"制度共同构成了当代市场规制法的体系。从具体立法上看,市场规制法因其有时被看作市场管理法或市场监管法,所以,许多体现市场规制法立法宗旨、涉及市场管理或市场监管的法律,都被列入市场规制法领域。各国除了反垄断法、反不正当竞争法、消费者保护法之类的法律以外,诸如产品质量法、价格法、广告法等亦被列入其中,从而使市场规制法体系所包含的规范数量相对众多。

市场规制法是经济法体系中产生较早的部分,它与传统法联系也最为密切,许多市场规制法规范就是对传统法的突破和发展,这也是市场规制法不同于宏观调控法的重要特点。

本章小结

本章主要讨论了经济法总论中非常重要的两大问题,即经济法的调整对象和经济法的内部结构,这两大问题又分别包含许多重要的内容。

1. 对经济法调整对象的理论界定

从调整对象看,经济法的调整对象体现为经济法所调整的特定社会关系,只要能够确定经济法的调整对象,就可明晰经济法的调整范围,并通过基本的定义方法给出经济法的概念。

一般认为,调整对象是整个经济法研究的入口和钥匙,是研究的逻辑起点。只有弄清这个问题,才能进一步研究经济法的概念、特征、本质、原则、地位、体系等一系列问题。

本章对经济法基本概念作出了界定,其中蕴涵着特别的分析框架,由此可进一步分解出多个理论及与其相对应的不同层面的二元结构,不仅包括调整对象上的二元结构,还包括经济法的体系、主体、行为、权义、责任等方面的二元结构。

2. 对经济法内部结构的法理解析

本章着重探讨了经济法内部结构问题以及相关经济法体系问题。经济法内部的二元结构,体现为经济法体系可分为宏观调控法和市场规制法两个部分,这同调整对象(宏观调控关系和市场规制关系)、调整手段(法律化的宏观调控手段和市场规制手段)、调整领域(宏观调控领域和市场规制领域)等,都存在着内在的关联。

经济法的内部结构并非僵化不变的,对于处于"中间地带"的一些特殊规范的归属,应当一分为二地看待,并按其性质各归其位,并在调整上相互补充,以共同实现其整体上的调整目标。

【延伸阅读】 《中国的法制建设》白皮书(节选)

2008年2月,国务院新闻办发表了《中国的法制建设》白皮书,现将其中与经济法的调整范围和体系构造直接相关内容节选如下:

> 经过多年不懈的努力,以宪法为核心的中国特色社会主义法律体系基本形成。当代中国的法律体系,部门齐全、层次分明、结构协调、体例科学,主要由七个法律部门和三个不同层级的法律规范构成。七个法律部门是:宪法及宪法相关法,民法商法,行政法,经济法,社会法,刑法,诉讼与非诉讼程序法。三个不同层级的法律规范是:法律,行政法规,地方性法规、自治条例和单行条例。

上述内容说明,在我国的法律体系中,经济法是七个法律部门中的一个,因此,它具有与其他法律部门不同的调整对象和调整目标。

此外,《中国的法制建设》白皮书对经济法所包含的两个核心的部分,即宏观调控法律制度和市场规制法律制度也作了描述。尽管个别地方表述不够准确，但总体上已经勾勒出了经济法体系所包括的主要部分，主要内容是：

——宏观调控的法律制度。运用法律手段对经济进行宏观调控是中国社会主义市场经济的一大特点。在充分发挥市场机制优化资源配置作用的同时，为促进国民经济又好又快地发展，《预算法》《审计法》《政府采购法》《价格法》《个人所得税法》《企业所得税法》《税收征收管理法》和《中小企业促进法》等法律，对相关领域进行宏观调控依法作出规定。《中国人民银行法》等法律，为保持币值稳定、化解金融风险、保证金融安全提供了制度保障。《统计法》为国民经济和社会发展的科学决策提供了法律基础。宏观调控法律制度建设，有效发挥了国家发展规划和产业政策在宏观调控中的导向作用，提高了宏观调控水平。

——市场管理的法律制度。《反垄断法》《反不正当竞争法》规范了市场竞争行为，促进了垄断行业的改革，加强了政府监管和社会监督，并相应地确立了民事赔偿和行政赔偿并存的法律救济制度。《消费者权益保护法》《产品质量法》建立了保护消费者利益和保证产品质量的法律制度。《城市房地产管理法》建立了有利于城市房地产的管理，维护房地产市场秩序，保障房地产权利人合法权益的制度。《保险法》《证券法》《银行业监督管理法》和《外汇管理条例》等法律法规，确立了以公开、公平、公正为价值取向的行业监督管理制度，以有效防范和化解金融风险。《直销管理条例》《商业特许经营管理条例》等法规也有效规范了市场行为。

上述内容主要是从立法的角度来说明的。从法律规范的归属来说，许多形式意义的规范性文件中所包含的法律规范，有些应归属于宏观调控法或市场规制法，有些应属于民商法、行政法等部门法，对此在学习经济法总论的基本内容后，会有更加明晰的认识。

第三章

价值体系与本原规则

本章导读

　　具有自己特定的调整目标和体系构造的经济法,会具有哪些方面的价值?各类价值之间是什么关系?会形成什么样的价值体系?与此同时,拥有自己独特价值的经济法,会具有哪些本原规则或基本原则?这些原则如何确立,其基本内容和相互关系如何?上述问题对于理解经济法的特殊性,更好地完善经济法制度,都有重要意义。

第一节 二元价值的体系构建

一、法学上的价值

一般认为,价值最初是经济学中的专业术语。在19世纪,经过许多思想家和各种哲学流派的推动,价值的概念开始延伸到哲学和社会科学的各个领域。在德国哲学家的倡导和努力下,以价值为中心的价值哲学逐步形成。此外,社会科学的各个分支学科也从不同角度研究各自领域的特殊价值问题,从而使价值问题成为经济学、政治学、社会学、法学等领域的重要问题。尽管诸多学科都在研究价值问题,但对价值的理解仍有诸多不同。诚如波吉曼所言,"价值"是一个极为含糊、暧昧、模棱两可的概念;威尔逊甚至进一步认为,几乎没有像价值概念这样难以界定的。[①]

在具体研究中,对于价值问题的思考,可能有以下几种路径:第一,从主体方面来理解,强调价值的主观性,认为只要能满足主体的需要,就有价值;第二,从客体方面来理解,强调价值是客体的属性、功能,认为价值具有客观性;第三,从主客体关系来理解,认为只有将主客体统一起来,才能正确理解价值。其实,要全面理解价值问题,需要把客体的功用与主体的需求统一起来,进行"双向研究"。这样,在法学和经济法学领域研究价值问题,才可能是较为全面的。

在法学领域,关于价值问题的研究也各异其趣。例如,有人主张法律的价值就是正义,此即所谓"正义说";也有人强调,法律的价值是法律的客观属性与主观需求互通的概念,此即所谓"属性说";另外,还有人认为法的价值就是法对于人类有积极的功用或意义,此即所谓"效用说"。上述各种不同观点,为研究经济法的价值问题提供了一定的素材。

从一般的观点看,法的价值,是人与法律之间的一种需要与满足的特定关系,而法首先要有自己的功能和作用,才能满足人的需要,并体现出法的有用性,也才能体现出其价值。据此,研究经济法的价值,应当分为两个层次,一个

[①] 参见王海明:《伦理学方法》,商务印书馆2003年版,第188页。

是经济法自身的功用,一个是经济法功用对人的需要的满足。这两个层次,前者着重于经济法的内在价值,即其自身的有用性;后者着重于对其内在价值的评价,即经济法的功用对人的需求的满足程度的评价,它牵涉人有哪些需求以及经济法能够满足人的哪些需求。

二、经济法的二元价值

在经济法领域,涉及收益分配、资源配置、经济与社会发展等诸多问题,因而不仅需要实证分析,也需要进行价值分析。深入研究经济法上的价值问题,需要借鉴哲学、法学及其他相关学科已有的研究成果,构建经济法学的价值论。

在现代社会经济条件下产生的经济法,其价值体现为对人类需要的满足,而要满足人类的需要,则需要经济法具有特定的功能或作用。而经济法的各类功用,在总体上是内在的、客观的,它们构成了经济法内在的客观功用价值。

经济法的内在功用,虽然有客观的一面,但经济法具有哪些功用,能够发挥哪些功用,却离不开人的主观评价,并且,在对经济法功用的主观评价中,会不同程度地渗入评价主体的价值取向。例如,赞成自由主义的人与拥护干预主义的人,对于经济法功用的评价可能会大相径庭,因而对经济法价值大小的评价,也可能判若云泥。可见,经济法的实际功用虽然可能是较为客观的,但它对于人类、对于国家、对于国民、对于经济与社会的发展的价值,却可能因评价主体的差异而有所不同。正因为价值评判易受到主体的价值观的影响,很难做到真正"中立",所以,由外部主体对经济法功用的评判而形成的对经济法价值的看法,也可称为经济法外在的主观评判价值。

基于法的价值的多种观点,对经济法价值的研究,应当把(主观)效用说、(客观)属性说、(相互)关系说结合起来。从客观属性说(或称客观说、属性说)的角度看,经济法有其自身的内在价值,这种内在价值取决于经济法的功能,表现为经济法的作用,因此,可从经济法制度功用的角度来分析其内在价值。这是价值分析的一个基本角度。与此同时,既然经济法的功用又是针对特定主体而言的,就应当把主观效用说与相互关系说结合起来。从价值评价的角度,考察经济法对于主体的效用或称对主体需求的满足,是进行经济法价值分析的另一个基本角度。这样,通过制度功用和主体评价这两个角度,就可对经济法价值进行更全面的"双向研究"。

基于上述考虑,可认为,经济法的价值,主要包括两个方面:一方面,是经济法的内在价值,即经济法作为一个部门法所具有的内在功用,它体现的是经济法的有用性或使用价值;因其涉及经济法内在的、客观的制度功用,因而这种内在价值也可称为"功用价值""客观价值"或工具性价值,统称为"内在的客观功用价值"。另一方面,是经济法的外在价值,即社会公众或研究者所认同或期望的经济法外显的价值,它是主体对经济法本身应有功用或实际功用的一种评价、判断或期望,由于这种评判同外部主体的认知能力、法律意识等诸多主观因素都有关联,因而这种外在价值也可称为"评判价值""主观价值"或目的性价值,统称为"外在的主观评判价值"。事实上,经济法究竟能否满足人们的需要,在哪些方面、多大程度上能够满足需要,都需要人们作出评判,因此,外在价值直接涉及主观的价值判断、价值评价或价值追求。

三、对二元价值的解析

基于上述分析,下面有必要着重探讨经济法不同层面的二元价值,即内在的客观功用价值,以及外在的主观评判价值,由此可构建经济法上的内部与外部相结合、主观与客观相统一、功用与评判相联系的"二元价值论"。

(一) 内在的客观功用价值

如前所述,经济法内在的客观功用价值,简称内在价值,是经济法规范所内含的、客观上具有的功用。从内外结合的角度,经济法的内在价值可理解为经济法的制度功用,它蕴涵于经济法规范之中,并通过经济法的实际适用表现出来。

一般认为,法律制度的功能是分配正义、解决争端,以及社会控制等。这些都是法律制度的基本功能。[①] 由于经济法在经济与社会分配、资源配置、宏观调控等方面具有重要的功用,因而其功能与一般法律的基本功能是一致的。

依据功能原理,法的一些基本功能包括规范功能、保障功能等,经济法是从调整对象和调整手段等角度,将上述功能进一步具体化、特定化。既然经济法调整的是宏观调控关系和市场规制关系,从规范功能与保障功能看,其重要功能就是规范调控和规制行为,保障宏观调控和市场规制的有效实施。其中,规范功能尤其体现为对国家或市场主体的行为都要加以规范,从而在法治框架下对不同主体利益予以均衡保护;而保障功能则体现为保障调制行为的有效实施,它尤其有助于实现宏观经济和微观市场的秩序,确保公平有效的竞争,实现

---

① 参见〔美〕弗里德曼:《法律制度:从社会科学角度观察》,李琼英等译,中国政法大学出版社1994年版,第19—21页。

微观效率和整体福利,促进市场失灵问题的解决。

可见,经济法的直接功用,就是调整宏观调控关系和市场规制关系,规范各类经济法主体的行为,为国家进行宏观调控和市场规制提供法律保障,也为被调制一方的合法权利免受侵害提供法律保障。上述的直接功用,与经济法调整的特定领域直接相关,因而是其最基本的功用,这就是经济法的内在价值。

总之,经济法的功用,主要是规范调制行为,保障有效调制,同时,由于其具体制度或规范中涉及一系列的宏观调控或市场规制方面的政策或手段,因此,它可成为用以进行宏观调控和市场规制的工具,以及各类主体在宏观调控和市场规制领域保护自己权益的工具。上述经济法的制度功用,就是经济法的内在价值。无论是规范功能、保障功能还是相应的调制功能,都有助于促进或保障效率与公平,形成一定的秩序。而效率、公平与秩序则是各类主体普遍关注的价值追求。经济法的功用能否满足相关主体的价值追求,涉及人们对经济法价值的预期、评判、认同等,由此需要关注经济法的外在价值。

(二) 外在的主观评判价值

经济法外在的主观评判价值,简称外在价值,是外部主体在对经济法功用的预期、认知、反馈、交流中所形成的主观评判或价值追求。经济法是否有其积极功用、有多大的积极功用、应当具有什么功用,在对上述问题作出评判的过程中,由于评判者自身的原因,各类主体所作出的价值判断可能是不同的,因而经济法的外在价值是带有主观性的。

由前面有关经济法功用的分析可知,经济法的调整,直接影响收入的分配、资源的配置,以及经济与社会的稳定,从而会影响各国都关注的一些重要目标——保障经济的稳定增长、社会公共利益与基本人权的实现。而要实现上述目标,必须考虑三个重要的影响因素,即效率、公平与秩序,只有在经济法的调整过程中符合效率、公平、秩序方面的要求,才可能实现上述各国关注的重要目标。正因如此,效率、公平、秩序,便成为经济法功用的重要评价标准,成为人们所期望和追求的经济法应有的价值。

事实上,效率、公平和秩序作为人类较为普遍的价值追求,已在一定程度上成为评价法律价值的标准。如果某类法律或制度能够满足人们对效率、公平和秩序等价值追求中的一种或几种,则该法律或制度的价值往往会得到较高的评价。因此,效率、公平和秩序等,已逐渐成为人们用以评判法律功用的价值尺度。从经济法的角度看,由于其内在的制度功用,涉及收入分配、资源配置以及经济与社会的稳定等,因而其有效调整恰恰有助于实现效率、公平与秩序等一般价值。尽管这些价值目标的实现尚需要诸多制度因素和非制度因素的共同作用,但经济法制度的重要作用不可忽视。依据经济法进行的宏观调控和市场规制,尤其有助于保障微观市场和宏观经济运行的效率、公平和秩序,因此,经济法能够满足人们对效率、公平和秩序的需要,具有保障效率、公平和秩序的价值。

上述的效率、公平和秩序,作为经济法调整所应追求的一般价值,构成了经济法外在的主观评判价值;同时,上述价值之间同样存在密切关联。例如,公平有助于形成秩序,有秩序往往会更有效率,建立在效率基础上的公平,是更高层次的公平;效率与公平有时存在矛盾,有时也可兼容;对于效率与公平何者优先,不应一概而论,而应具体分析。经济法所要解决的基本矛盾是个体营利性和社会公益性的矛盾,由此使与之相对应的效率与公平的矛盾,也成为经济法所需要解决的基本矛盾。而解决上述矛盾,有效实现效率与公平的兼顾,恰恰是经济法主体的基本价值追求,同时,也是经济法宗旨确立的重要基础。

效率、公平与秩序,是包括经济法在内的诸多法律调整所共同追求的价值,同时,它们作为经济法调整所追求的价值目标,反映了经济法主体对经济法功用的外在评判,因而是经济法外在的主观评判价值。

明确经济法的外在价值,同样具有重要价值。例如,由于经济法的调整有助于实现经济领域的效率、公平与秩序,因此,经济法的调整目标也由此易于确定,人们希望通过经济法的调整所欲实现的目标,主要是效率和公平,以及与此相关经济与社会的良性运行和协调发展的秩序。据此,亦可对经济法的运行实效作出评判。

四、经济法价值体系的内部结构

经济法的两类价值,构成了经济法价值体系的二元结构。并且,两类价值是相互对应的。其中,前一类价值是内在价值、直接价值、基本价值、功用价值、客观价值,它们以一般价值理论中的客观说、属性说等为基础。后一类价值是外在价值、间接价值、引申价值、评判价值、主观价值,它们以一般价值论中的主观说、效用说为基础。上述各类价值类型,只是认知角度、分类标准不同。在依据各种分类标准进行二元划分的情况下,它们都是其中不可或缺的部分,并从不同的侧面和层面,共同构成了经济法价值的体系。

在经济法的价值体系中,上述内在的客观功用价值与外在的主观评判价值分别居于不同的层面,前者所处的层面是更为基本的;而后者则是以前者为基础的,因而是更高层次的。可见,根据结构原理中的分层原理,在价值的二元结构中,同样存在层次性,体现为基础性与高级性的差别。

此外,经济法价值的二元结构也表明,作为一个系统,经济法的价值体系必须把二元价值相结合,缺少其中的任何一个,或者孤立地只强调其中的一个,都是不合适的。

例如,经济法的评判价值,就是以功用价值为基础而确立的更高层次的多元价值,如效率与公平、自由与秩序、安全与发展等,从而使主观价值与客观价值之间形成一种内在的联系,进而形成价值体系。明确经济法价值领域的主观与客观的二元关系,以及主观价值与客观价值所构成的二元结构,有助于推动经济法的法治体系的发展和完善。

第二节 本原规则的理论提炼

经济法原则通常可分为两类,即普遍适用于整个经济法的本原规则或称基本原则,以及仅适用于经济法具体部门法或某类具体制度中的个别原则。其中,经济法的本原规则,是经济法影响各类具体规则形成的根本的、原初的规则,它在经济法原则体系中居于重要地位,通常也最受关注。

经济法的本原规则,是贯穿经济法的法治建设各个环节的基本准则。称其为本原规则,主要是强调其对于具体规则的根本性、原初性,以及具体规则对基本原则的不得违反性。在学界,本原规则通常被称为基本原则。基本原则与非基本原则虽然同属"原则",且不同于具体规则,但基本原则的位阶更高。在本书中,本原规则与基本原则是可互换的概念,考虑到读者的阅读习惯,后面将主要使用"基本原则"的称谓。

经济法的基本原则,作为连接经济法宗旨与经济法具体规范的桥梁和纽带,是体现经济法价值的重要环节。研究经济法的基本原则,对于完善经济法的价值论乃至整个经济法理论都具有重要意义;同时,由于经济法的基本原则与经济法的具体规则紧密相连,因而它还具有重要的实践价值。

对于经济法基本原则的定义、确立标准及存在的问题等,学界已有日益深入的研究,共识也在不断增加。下面将着重讨论经济法基本原则的确立标准和确立方法,在此基础上再提炼出经济法的基本原则,并对这些基本原则作简要解析。

一、提炼基本原则的标准

要确立经济法的基本原则,必须先明确基本原则应符合的标准。因为缺少相应的标准或要求,基本原则的确立就可能比较混乱和随意,就会失去其应有的根本性、原初性和准则性,从而会失去其应有的指导力和准据力。基于学界既有的共识,需要补充和强调的以下三个方面:

首先,经济法基本原则既然是"法律原则",就应当有自己的"高度"。从定位上说,它同样应是法律规则和价值观念的汇合点。一般说来,法律原则的重要功用,就是说明规则和具体制度的基本目的。① 依据上述定位,经济法的基本原则既要体现经济法的宗旨,又要高于(或称统领)经济法的具体规则,并且,各类具体规则作为其衍生物,不应与经济法的基本原则相抵触。上述有关"高度"的定位,是确立经济法基本原则的一个标准。

其次,经济法的基本原则既然是"基本"原则,就应当具有基础性的地位,能够贯穿经济法各项制度的始终,在立法、执法等法制建设的各个环节中得到普遍遵行。因此,仅在经济法的某些部门法中适用的不具有普遍意义的原则,如货币发行原则、税收公平原则、复式预算原则等,不能作为整个经济法的基本原则。这种对普遍性或普适性的要求,也应当是确立基本原则的一个标准。

最后,经济法的基本原则既然是"经济法"的本原规则,就应当是经济法所特有的,而不应是各类部门法所通用的一般法律原则,即应当体现经济法的特色和特殊需要。据此,凡是与经济法无关的原则,或者非经济法的乃至非法律的原则,如自由放任、等价有偿、罪刑法定、保障稳定等其他领域的、不同层面的原则,无论是纯粹的经济原则、社会原则还是其他部门法上的原则,都不应列入经济法的基本原则之中。因此,强调"经济法特色",也应是确立经济法基本原则的一个标准。

上述三个方面,涉及确立经济法基本原则的三个基本标准,即高度标准、普遍标准和特色标准。高度标准强调经济法基本原则的定位必须有其应有的"高度",从而既可避免把经济法的宗旨或价值理念等同于基本原则,也可防止

---

① 参见〔英〕麦考密克、〔奥地利〕魏因贝格尔:《制度法论》,周叶谦译,中国政法大学出版社1994年版,第89—90页;也有学者认为基本原则是衍生其他规则的规则。参见〔美〕弗里德曼:《法律制度:从社会科学角度观察》,李琼英等译,中国政法大学出版社1994年版,第46—47页。

将具体规则高估为基本原则;普遍标准强调经济法基本原则的"普适性",以免把具体部门法原则上升为普遍适用的基本原则;特色标准强调经济法本身的"特色",以免把相关经济原则、社会原则、其他部门法的原则或整个法律共有的原则等同于经济法的基本原则。

对于上述三个基本标准,虽然学者可能有不同的表述,但在实质上存在着共通性,这有助于在经济法基本原则的具体确立方面进一步达成共识。

二、确立基本原则的方法

要确立经济法的基本原则,不仅要确定相应的衡量标准,还要提出具体确立方法。从理论上说,确立经济法的基本原则,可从多种角度、运用多种方法加以确定,其中,系统分析方法,以及结构—行为—绩效分析方法尤其重要,现分述之。

(一)系统分析方法

系统分析方法,是具有"普适性"的方法,一般包括整体分析方法、动态观察方法、级次分解方法和结构功能方法等,对于研究经济法理论有重要价值。由于经济法理论本身就是一个系统,因而,经济法理论的各个组成部分之间均有内在联系,通过研究经济法理论中的其他具体理论,有助于确定经济法的基本原则。

运用上述的系统分析方法,在研究经济法的基本原则时,应当将整个经济法理论作为一个整体,对基本原则与其他相关理论之间的关系进行动态观察,并对各个问题进行级次分解研究,这样,就可把基本原则置于(嵌入)经济法各类理论所构成的网络中进行研究,从而找到其在网络中的位置以及与其他相关理论之间的关联。

作为经济法理论系统的构成要素,经济法基本原则的理论,与调整对象、特征、宗旨、体系、主体等理论,都应是"一体化"的。因为任何一个成熟的、系统化的理论,都应是内在和谐统一、相通互证的,而不应各不相干或相互抵触,这对经济法理论各个组成部分之间的关系也同样适用。应当看到,经济法理论中的各个部分,都在从不同角度阐释经济法理论,它们不仅都应归属于经济法理论的总体,而且应当存在互赖与互动,并可互相推导、解释和说明。因此,在应然层面上,可通过其他经济法理论来确立和阐释经济法的基本原则。

例如,调整对象理论通常被认为是经济法理论的逻辑起点和研究入口。有关调整对象的基本共识是,经济法调整的社会关系主要包括宏观调控关系和市场规制关系,为此,经济法基本原则的确立,也要体现经济法所调整的调制关系,并且,它应适用于对各类调制关系的调整,以及对各类对调制行为的规范。

在经济法的宗旨方面,经济法调整的基础目标,是通过调控和规制,来协调个体营利性和社会公益性的矛盾,兼顾效率与公平,这在基本原则上也要有所"体现"。依据前述确立标准,"体现"不应是重复和等同。要看到基本原则与宗旨之间的密切联系和区别,这既有助于把宗旨或目标融入基本原则之中,又能保持基本原则的独立地位和独特性。

就经济法体系而言,经济法体系由宏观调控法和市场规制法两大部分构成,关于基本原则的概括,也应可涵盖这两大部分;同时,可从两大组成部分所包含的具体部门法概括和提炼出共性的原则作为基本原则。就主体及其行为而论,经济法主体的行为可分为两类,即调制主体所从事的调制行为,以及调制受体所从事的对策行为(对此在后面还将专门讨论)。由于这两类行为存在互动关系,且调制行为具有主导地位,因此,经济法可是着重规范调制行为的法,其基本原则当然应适用于对各类调制行为的规范,同时,也会直接或间接地影响对调制受体的对策行为的调整。

基于上述经济法理论中各个主要部分的核心要点及对基本原则的影响,可认为,经济法理论中的各个部分,都离不开有关调控和规制的内容,"调制""调制关系"等,作为十分重要的概念或范畴,是贯穿整个经济法理论和制度的一条重要线索,对于经济法基本原则的确立同样非常重要。有鉴于此,在确立经济法基本原则时,也应紧紧围绕"调制"展开,以使有关基本原则的理论能够真正"嵌入"或融入其他各类理论所形成的网络之中,并与各类理论形成良性互动,共同构成较为合理的经济法理论系统。

(二) 结构—行为—绩效分析方法

结构—行为—绩效分析方法,作为较为重要的分析方法,在经济学、社会学、法学等领域已有不同程度的应用。事实上,对结构、行为、绩效及其内在关联的分析,在经济法理论研究中也具有普遍意义,该方法同样可成为研究经济法原则的重要方法。

结构—行为—绩效分析方法,可具体分解为结构分析、行为分析、绩效分析以及关联分析的方法。这些方法提供的分析视角和路径,在许多领域均可应用,只是在各个领域对相关概念的具体理解可能不同。

通常,依据结构原理,在经济法理论中所研究的"结构",可理解为经济结构、社会结构及其所影响的法律结构。例如,在经济结构上存在的公共经济和私人经济的二元结构,决定了政府和市场的分立和分工,也决定了政府调控和规制的等级结构,这种等级结构会影响法律结构,并形成经济法中的宏观调控法和市场规制法的二元结构,以及经济法的主体结构和权利结构等。

另外,在现时的社会结构中,虽然"第三部门"发展迅速,但从总体上说,第三部门有时可能具有政府的属性(如在提供公共物品或准公共物品方面),有时又可能具有市场主体的属性(如在从事经营性活动的时候),从而可能与其"非政府、非营利性的组织"的定性不完全一致。在其整体上未能完全独立、发育尚不成熟的情况下,在社会的主体结构中,政府与市场主体仍是主要单元。在第三部门无法全面代表社会公共利益的情况下,国家是国家利益的主体和社会公益的代表,这种社会结构自然会影响法律上的法益保护,也会影响经济法上的主体结构和权利结构。

上述经济结构和社会结构及其所影响的法律结构,会直接影响主体的行为。而各类经济法主体的行为,都具有突出的经济性,都强调经济绩效;同时,虽然有时基于社会政策也强调社会效益,但实际上也是对绩效的一种考虑。对绩效的追求,对效益的强调,正是经济法作为现代法的重要体现。因此,结构、行为、绩效,都是经济法研究要考虑的重要内容,它们贯穿于经济法的具体规则,可成为确立经济法基本原则的具体维度。

例如,从结构的角度说,经济结构和社会结构会对经济法的规范结构(包括主体结构、权利结构等)产生重要影响,而经济法的规范结构,与公共物品的提供及市场主体的利益都密切相关,涉及国民基本权利的保护,因而"国民的同意"对于经济法规范的形成非常重要。为此,依法规范各类调制行为,实行"议会保留原则"或"法律保留原则"甚为必要,由此必须确立和贯彻"调制法定原则"。

此外,从行为的角度说,相对于市场主体的对策行为,国家的调制行为更为重要,更具有主导地位;市场主体针对国家调制行为作出的对策行为,要以国家的调制行为为前提。因此,在整个经济法领域,如何规范国家的调制行为,始终是一个重要问题,并且,确保国家的调制行为适度是其中的核心问题,由此应确立和坚持"调制适度原则"。

最后,从绩效的角度说,经济法不同于其他部门法的经济性和规制性,不同于传统部门法的现代性,以及一定程度上的社会性,都要求经济法的调整应实现一定的绩效,包括经济效益和社会效益,以及其他的关联效益。这本身也是经济法宗旨的要求。因此,在经济法上还应当确立"调制绩效原则"。

总之,综合上述两类确立方法,不难发现,从系统分析方法的角度看,经济法基本原则的确立,应围绕"调制"这一中心范畴,着重强调"调制"的内容(这也是经济法的一个特色);从结构—行为—绩效分析方法看,则应关注法定、适度和绩效,强调调制的法定性、调制的适度性和调制的绩效性。由此可确立经济法的三大基本原则,即调制法定原则、调制适度原则和调制绩效原则。

三、基本原则的简要解析

上述三项基本原则,与前述的三项确立标准是相合的。从高度标准看,这三项基本原则既能体现经济法的宗旨,但又不是其简单重复;既来源于具体规则,又超越于各类具体规则。从普遍标准看,它们并非仅适用于经济法的一个或几个部门法的原则,而是可通用于经济法的各个部门法。从特色标准看,它们既不是简单地照搬其他部门法的原则,也不是直接借用非法律的原则(如经济原则),而是结合经济法自身的经济性、规制性和现代性的特征,作出的进一步概括。现对上述三项原则略作解析如下:

(一) 调制法定原则

依据调制法定原则,调制的实体内容和程序规范都要由法律加以规定,只有在法律明确授权的特殊情况下,才能由行政法规加以规定。这一原则在形式上是"议会保留"或"法律保留"原则的体现,是议会与政府在调制权分配上的一种均衡,但在实质上,其主要目标是力图保障调制的合理性与合法性,保障市场主体或第三部门的财产权等重要权利,保障法律的被遵从和实效。作为一项基本原则,调制法定原则可覆盖整个宏观调控法和市场规制法领域。

在宏观调控法领域,调制法定原则尤其要求"调控权法定"。因为法律通过调控权的界定,就可明确调控主体、调控手段、调控力度等一系列问题。为此,在宏观调控法领域应当确立预算法定原则、税收法定原则、国债法定原则、货币法定原则、计划法定原则等。由于宏观调控领域所涉及的事项,都与国计民生直接相关,因而国家权力机关在总体上行使专属立法权是必要的。例如,国家计划和中央预算,都由国家立法机关来审批决定,这本身就是在贯彻"议会保留"原则,是"法定原则"的具体体现;又如,一国货币的法律地位、主要的货币政策或金融制度等,都应由法律加以规定,或由权力机关予以批准,这也是法定原则的体现;至于"税收法定",则在学界和实务界已成共识。

在市场规制法领域,调制法定原则主要体现为规制权、竞争权、消费者权的

"法定"。如同调控权一样,对于规制权的内容、形式、行使主体等也需要作出明确界定,以保障依法有效规制。此外,从不同主体的权利保护看,对竞争权中的垄断权与正当竞争权,以及与竞争权相对应的消费者权的规定,都要坚持"法定原则"。例如,在反垄断法领域,对垄断的标准要在法律上作出界定,以明确哪些垄断为法律所不容,哪些主体可享有垄断权;在反不正当竞争领域,有关不正当竞争行为的类型、适用除外、执法机构等,也都需要"法定"。由此使"法定原则"得以贯穿于整个经济法制度,并成为促进经济法专门立法一项基本原则。

(二) 调制适度原则

调制适度原则的基本要求是,调制行为必须符合规律,符合客观实际,要兼顾调控和规制的需要与可能,保障各类主体的基本权利。调制适度原则体现了经济法的经济性和规制性的特征,它与调制法定原则密切相关,包括调控适度和规制适度两个方面。

调控适度,要求调控权的行使、调控手段的选择、调控性规范的周期变易等,都要适度。适度就是要"合规律""合比例",充分考虑市场主体的对策行为,力争将对国民财产权的"合法侵害"降至最低。调制适度强调,国家的鼓励促进或限制禁止措施,都要"适中",不过分,尽量"止于至善"或力争"最优";而其中的"度",则需要通过"法定"来体现,它与人类或立法者的认识水平直接相关。

规制适度,更强调对市场主体的权利保护以及各类主体之间的利益平衡。例如,对于垄断的规制,涉及大企业与中小企业的利益平衡;对于不正当竞争行为的规制,既涉及正当竞争者权利的有效保护,也涉及经营者与消费者之间利益的均衡保护。这些方面都要求在总体上进行适度规制,否则可能会影响经济发展和社会总体福利。

要实现调制适度,必须注意总体上的平衡。衡量调制是否适度,要看是否有利于实现平衡,包括经济指标的平衡、社会分配的公平,特别是法律对各类主体法益保护的均衡,等等。要实现平衡或均衡,就要注意协调,尤其是各类调制手段之间的协调,或相关调制制度之间的协调。因此,适度是与平衡协调直接相关。适度的调制,才能更好地实现经济法的宗旨。

此外,调制适度原则也可与诚实信用原则、情势变更原则相兼容。在调制中强调诚信,实际上是更为重视实质正义,这也是调制适度原则的应有之义;同时,强调情势变更、"因时而化"或"与时俱进",正是调控应有的精神。因此,统一适用于公法和私法的诚实信用原则和情势变更原则,同样也可渗透于经济法的基本原则之中。

(三) 调制绩效原则

兼顾效率与公平,是经济法调整的重要目标,因而追求调制的效果或称绩效,追求总量的平衡和社会总福利的增长,在经济法领域也会成为一种普遍的价值和原则。这与调制法定原则和调制适度原则的目标也是一致的。

经济法具有经济性的特征,解决经济运行过程中的各类问题是其主要目标,因而当然要考虑经济效益。此外,由于经济法具有突出的政策性,它要"嵌入"现代社会规则的网络之中,从而具有一定的社会性,因而当然也要考虑社会政策、社会公益和社会效益。经济法对于经济效益和社会效益的追求,就是对调制绩效的追求,并且,这种追求要贯穿于经济法的宗旨、原则和各类具体规则之中,从而使调制绩效原则也成为一项基本原则。

依据均衡原理,在现实的世界中,非均衡和失调的问题普遍存在,要实现调制的绩效,就离不开平衡协调。而平衡协调,无论是作为一种调制手段,还是作为一种调制目标,都需要有微观基础,包括个体意义上的经济法主体的经济活动,以及相关法律的基础性调整等。平衡协调,作为建立在微观基础之上的调制,更能体现经济法的"高级法"特点。

总之,从形式上看,在上述三项基本原则中,调制法定原则更强调内容法定和程序法定,调制适度原则更强调符合规律和公平有效,调制绩效原则更强调调整目标和平衡协调,而实际上它们之间存在着极为密切的内在关联。其中,调制法定是调制适度和调制绩效的基础,能否适度,以及能否实现绩效目标,在很大程度上取决于"法定"的状态,取决于法治的程度;调制适度在一定意义上是对"调制法定"的展开,它在执法层面更有意义,是调制绩效得以实现的手段;而无论是调制法定,还是调制适度,都是为了实现调制绩效的总体目标,或者说是为了实现经济法的宗旨和价值。

从法律意义上说,调制法定原则,体现了依法规范调制行为的必要性,它力图给调制行为设定法制轨道和法制边界;调制适度原则,体现了对调制手段、措施、力度等方面的要求;而调制绩效原则,则要以上述两类原则的贯彻为前提,它是对经济法调整目标的原则体现。

本章小结

经济法的价值论,是有关经济法价值的一系列理论的有机构成。本章着重讨论了经济法的价值体系和经济法的本原规则或称基本原则,这些内容不仅是对本体论研究的进一步深化,也是深刻理解经济法的规范论和运行论的前提。

对经济法价值的研究,是经济法价值论研究的基础。经济法的价值分为两类,即内在的客观功用价值,以及外在的主观评判价值,从而可形成一种内部与外部相结合,主观与客观相统一,功用与评判相联系的"二元价值论"。为此,必须注意两类价值之间的内在联系。除了在理论上的联系以外,在制度建设方面的关联也值得注意。能否有效保护各类主体的利益,关系到经济法的功用价值的实现;能否均衡保护各类主体的不同利益,则关系到经济法评判价值的实现。

在经济法基本原则的理论提炼方面,本章提出了三项确立标准、两种确立方法,并由此提炼出了经济法的三项基本原则,即调制法定原则、调制适度原则和调制绩效原则,以使经济法的基本原则的提炼更简明,更有法律性和经济法特色,更能在经济法领域具有普遍意义,更能体现出各项原则之间的内在联系。

此外,在进行上述理论提炼的基础上,还应关注经济法基本原则的实践问题,包括基本原则在经济法立法中的应用和体现,基本原则对具体法律实施的指导意义,以及基本原则同其他适用原则的协调、同经济法的各部门法的相关原则的协调,等等。学界对于经济法的相关部门法的原则,如税法的基本原则及其适用的问题、反不正当竞争法的基本原则及其适用的问题等都已有研究,但对于整个经济法基本原则的实践问题关注还很不够。相信随着经济法理论和实践的发展,对经济法基本原则等各类原则问题的研究也会逐渐深入,这有助于进一步推动整个经济法的理论和实践的发展。

第四章

特征提要与相邻关系

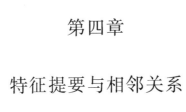

本章导读

在了解经济法的调整目标、调整对象、内部结构,以及经济法的价值和基本原则的基础上,应当进一步思考经济法与其他部门法有什么区别和联系,这就涉及经济法的主要特征和相邻关系等问题。其实,经济法领域许多问题的深入研究,都离不开对经济法主要特征和相邻关系的理解。

第一节 主要特征的分层提要

一、对经济法特征的多种概括

经济法的特征,是经济法区别于其他部门法的特有征象,是表征经济法本质特点的概括性标志。由于经济法的特征要反映经济法的本质,因而它与调整对象一样,都被视为经济法同其他部门法相区别的依据,并且,它与经济法的调整对象存在着内在的一致性。

经济法作为调整现代市场经济条件下的宏观调控关系和市场规制关系的法,其调整的调制关系是其他部门法都不调整的,这是经济法最突出的特点。因此,经济法的调整对象是其区别于其他部门法的根本方面,研究经济法的特征必须结合经济法的调整对象,作具体分析和研讨。

此外,要明确经济法的特征,还需要先确定参照对象,因为参照对象不同,所得出的结论也不同。通常,要认识经济法的特征,应当把将其最接近的事物进行比较。经济法作为规范调制活动的法律规范的总称,是一个独立的部门法,为此,应将其与最相邻近的部门法加以比较,其参照对象应当是法律体系内部的各个部门法。这样概括出的特征才更有意义,才更能突出经济法的特色。

经济法与不同的参照对象相比,具有不同的特征。例如,第一,经济法同传统部门法相比,具有突出的现代性(其中包括政策性和社会性等),是典型的现代法;第二,经济法同基础性的部门法相比,具有高级性或高层次性(这也与现代性有关),是典型的高级法;第三,经济法同更侧重于保护私人利益或国家利益的部门法相比,在法益保护上更具有社会性;第四,经济法同所有部门法相比,具有突出的经济性和规制性。

无论将经济法的特征概括为经济性、规制性,还是概括为现代性、社会性、高层次性等,都有一定的道理,因为这些概括只是角度不同、参照对象不同而已。尽管如此,上述特征的概括还是有一定层次、地位差别的。其中,经济性和规制性的特征,是经济法区别于所有部门法的特征,因而更具有基本特征的地位;同时,作为与传统部门法不同的现代法,经济法更具有现代性;而具有现代性的法,则都具有社会性和高层次性。既然社会法等现代法也具有社会性和高层次性,因而这两个特征并非经济法能够同其他所有部门法相区别的特征。

为此,有必要对经济法的主要特征进行分层次的提炼,从而实现对特征的"分层提要"。下面将简要探讨经济法的基本特征——经济性和规制性,在此基础上,再探讨经济法的重要特征——现代性。

二、经济法的两大基本特征

上述的经济性和规制性,是与经济法调整对象中的两种社会关系(宏观调控关系和市场规制关系)、两种调整手段(宏观调控手段和市场规制手段)直接相联系、相对应的,并因而成为经济法区别于所有部门法的重要特征。下面简要分析这两大特征。

(一)两大基本特征的内涵与表现

1. 经济性特征

对于经济法的经济性特征的概括可谓由来已久,尽管人们的论证各不相同,但这一基本的概括却已被广泛接受。

事实上,从经济法的作用领域、调整对象、调整目的、调整手段等诸多方面看,经济法具有突出的经济性,即经济法的调整具有降低社会成本,增进总体收益,从而使主体行为及其结果更为"经济"的特性。这至少体现在以下几个方面:

(1)它立基于市场经济,直接调整特定的经济关系;调整的目标是节约交易成本,提高市场运行的效率。这与"经济"一词所包含的"节约"的含义是一致的,同时,也是经济法的本质、宗旨、作用的体现。从这个意义上说,经济法就是使经济活动在总体上更加"经济"的法。

(2)它反映经济规律。经济法要保障经济活动更加"经济",提高总体福利,必须遵循和体现相关经济规律,包括价值规律、竞争规律、投入产出规律、本益分析规律等。其实,规律也是一种法,是超越世俗法的自然法,具有更高的效力。经济法只有充分尊重和体现经济规律,才能引导市场主体依法从事经济合理的行为,提升综合效益,实现自身的调整目标。

(3)它是经济政策的法律化。经济政策与经济法内在的密切联系,是现代法不同于传统部门法的一个重要特征。经济法受经济政策的影响非常大,这也是经济法不同于其他部门法的一个重要特征。

(4)它运用的是法律化的经济手段。与传统的民事、刑事或行政手段不同,经济法的调整手段是法律化的经济手段,包括法律化的宏观调控手段和市场规制手段。这些手段能够引导人们趋利避害,从而实现经济法所追求的目标。

(5) 它以提升社会整体的经济效益和社会效益为目标。因而经济法在这个意义上也可称为效益法。经济法的调整不仅要降低私人成本,更要降低社会成本,从而在总体上实现效益的最大化。

上述经济性特征,可贯穿于经济法的调整目标、基本原则以及各类具体规范;经济法的各类制度,从制定到实施,都会体现出经济性;经济法的调整,不仅要考虑如何在个体层面更加"经济",也要考虑如何在整体层面更加"经济"。

2. 规制性特征

相对于经济性而言,对于经济法的规制性的概括较为晚近。随着经济和社会的发展以及法制建设的细化,人们对规制性的认识也日益深化,并逐渐发现了规制性作为经济法区别于其他部门法的重要性。

所谓规制性,即在调整目标和调整手段方面,经济法所具有的把积极的鼓励促进和消极的限制禁止相结合的特性。这种结合是一种高层次的综合,是为解决现实的复杂经济和社会问题而在法律上作出的制度安排。因此,对于经济法上的规制,不能只是在狭义上理解为"管制",因而与"规制经济学"的狭义理解不尽相同。由于把规制仅仅理解为管制,与传统法律观念有关,因而应在转变传统法律观念的基础上,从广义上来理解规制。①

如同经济性一样,规制性在宏观调控法和市场规制法方面体现得都很明显。由于调控本身也是一种规制,因而,不仅市场规制法具有突出的规制性,宏观调控法在法律化的经济手段的运用方面,也有非常突出的规制性。由此也体现出宏观调控法与市场规制法之间的内在联系。

(二) 两大基本特征的内在联系

经济性与规制性之间的联系,内含于经济法制度之中。整个经济法制度从总体上说,是经济政策的目标及其工具的法律化,因而,在经济法制度中,主要或者大量地都是法律化的经济政策。而法律化的经济政策当然要力求反映经济规律,以更好地规范经济活动,调节经济运行,实现总体上的经济效益,因而

---

① 日本著名的经济法学者金泽良雄就是从广义上来理解规制的,这在经济法领域已经得到了普遍认同。其实,即使是其他领域的学者,一般也都认为规制(regulation)包含了政府对市场主体进行规范和制约的含义,译为"规制",比译为"管制"更符合英文原义。参见谢地主编:《政府规制经济学》,高等教育出版社2003年版,第1页。

必然具有突出的经济性;而具有经济性的法律化的政策,其调整手段又主要是法律化的经济手段(或称经济杠杆),这些手段通过积极的鼓励促进和消极的限制禁止来实现调整目标,因而它本身就具有规制性,从而使两大特征之间存在着内在的联系,并共同存在于经济法制度之中。

经济法的上述特征,体现在经济法的各个部门法中。借助于大量的制度资源,可进一步挖掘两大特征之间的内在联系。在宏观调控法领域,作为重要经济政策及其工具的法律化,宏观调控法不仅具有突出的经济性,也具有突出的规制性。事实上,各类法律化的经济杠杆的调节和控制,本身就蕴涵着经济性和规制性的要求。此外,在市场规制法领域,市场规制不仅具有突出的规制性,而且由于这种规制是对市场经济行为的规制,因而也具经济性。如对垄断要区分好的垄断和坏的垄断,要区分危机卡特尔、出口卡特尔等情况,并针对不同情况分别采取不同对策。这些也都是经济性和规制性的内在联系及其在经济法各个部门法上普遍存在的体现。

对于经济性与规制性的内在联系,还可从其他角度来研究。从理论层面看,经济性要求对经济活动进行灵活的调控和规制,从而使调控和规制在根本上具有一致性。其实,调控也是一种广义的规制,对经济性的要求会转化为对规制性的要求,从而使经济性与规制性产生内在的关联,并与经济活动的要求、经济问题的解决、经济手段的运用等都直接相关。由于经济法以外的其他法律,侧重于解决"局部均衡"问题,往往是针对具体主体及其行为,或偏重于制裁,或偏重于补偿,以实现局部的均势与衡平,因而一般不具有突出的规制性。可见,经济法与其他部门法不同,它强调在一种普遍的秩序之下,通过规制来实现调整目标,强调"以调定秩"。

经济性和规制性的紧密联系,体现了经济法调整目标与具体调整手段的密切联系。由于经济法的经济性特征有其特定的内涵,与经济规律、经济政策、经济手段、经济主体以及总体效益直接相关,它更强调法益保护的一般均衡,因而,在调整手段上不能单一地体现为传统法针对微观主体的惩罚性或补偿性,而恰恰要体现为与经济性相一致的规制性。上述经济性与规制性的统一,以及对传统法调整方法的超越,是经济法的现代性的体现,由此也使其具有高级法的特点。

(三) 提炼两大基本特征的价值

研究经济法的特征,主要是为了更好地认识经济法,发现经济法同其他部门法之间的区别与联系。事实上,整个经济法理论的研究,都是在从不同的角度揭示经济法的特征;而对于经济法特征的把握,又会直接影响经济法相关理论的研究。上述对两大基本特征的提炼,尤其有助于揭示经济法在调整目标、调整手段、调整对象、调整领域等方面与传统部门法的不同,明晰经济法与相邻近部门法的区别。

在经济法的两大基本特征中,经济性的特征,与经济法的调整领域、调整对象、调整目标、调整手段等都关联密切,反映了经济法的性质和时代特征;而规制性特征,不仅涉及消极的限制和禁止,也涉及积极的鼓励和促进,这是市场规制和宏观调控所共有的特征,由此也可将"规制性"称为"调制性"。这种规制性或调制性,有助于说明经济法在调整方式上与传统部门法的不同,以及在法律责任、与经济政策的密切关系等方面同其他部门法的差别。对经济法特征的提炼,有助于增进经济法理论的自足性。

在经济法的两大基本特征中,不仅规制性能将经济法与相关部门法区别开来,即使是经济性也与民商法等有所不同。民法、商法虽然都调整一定的经济关系,但民法不仅调整财产关系,还调整人身关系,因此不能认为整个民法都具有经济性;商法虽然也调整经济关系,但它更强调个体的营利性,而不强调以总体上的成本节约为目标的经济性。

经济法要协调个体的营利性与社会的公益性,这种协调本身不仅要保障个体的效率,也要保障整个社会的效率;不仅强调经济效率,也追求社会效益;其协调和保障,是为了节约或降低交易成本,减少经济和制度的运行摩擦,以使整个社会的总体福利最大化。其经济性体现在经济法所面对的经济问题、作用的经济对象、反映的经济规律和经济政策、运用的制度化的经济手段、追求的经济目标等方方面面。这不仅说明经济法上的经济性具有特定性,也说明其在经济法领域存在的普遍性。

总之,对于经济法两大特征的价值,应当有客观、全面的认识。通常,人们关注较多的,是两大特征有助于在理论上把经济法与其他部门法区别开来。此外,还应看到,民法等传统部门法是产生于"分析的时代",而经济法则是产生于分析后的"综合的时代",经济法的经济性和规制性,都与"综合的时代"的复杂性相关,也与相关问题的现代性有关。

三、经济法的重要特征:现代性

经济法的现代性,是其不同于传统部门法的重要特征。明晰经济法的现代性,不仅有助于经济法学乃至整个法学研究的深化,而且有助于消除不同学科学者之间的对话壁垒,促进法治水平的全面提升。

经济法的现代性,主要体现为其在精神追求上的现代性,在背景依赖上的现代性,以及在制度建构上的现代性,先简析如下:

(一) 从精神追求看经济法的现代性

人类总是有自己的精神追求,这种追求往往更直接地体现在上层建筑领域,特别是意识形态、法制建设等方面,由此使法律成为体现人类精神追求的一个重要领域。一个法律部门之所以能够形成,很重要的原因在于它有不同于其他法律部门的精神。由于人们在不同时代有不同的精神追求,因此,不同时期的法律所体现的精神亦不同。如传统私法,主要体现的是契约自由、保护私权的精神,这同当时盛行的自由主义经济理论、国家的自由放任政策等都是一致的。但经济法因其产生和发展的背景与传统部门法有着非常大的区别,故而其精神追求也与后者有很大不同。德国学者海德曼(J. W. Hedemann)曾指出,现代社会的时代精神就是"经济性"(Wirtschaftlichkeit),这种经济性是现代法的特征,经济法就是这种渗透着经济精神的现代法。①

其实,经济性与现代性是统一的。从历史上看,人类社会只是发展到现代市场经济阶段,才在经济上取得了"加速"的发展。伴随着经济和社会领域的巨大变迁,新兴的经济法与传统部门法在精神追求方面的差异日显,并尤其体现在经济法的价值取向或宗旨等方面。在现代社会,经济领域里的突出矛盾是个体营利性与社会公益性的矛盾,以及由此而带来的效率与公平的矛盾。只有协调矛盾的两个方面,即一方面保护个体的营利活动,提高市场在配置资源方面的效率,另一方面保护社会公共利益,强调社会分配方面的公平,才可能促进经济的稳定增长,保障基本人权和社会稳定,从而实现经济与社会的良性运行和协调发展。

可见,经济法所追求的目标是公平与效率的兼顾,是对私人利益与社会公益的均衡保护,是经济与社会的良性运行和协调发展,因此,经济法既不同于注重保护私人利益的传统私法,也不同于强调保护国家利益的传统公法,它更追求一种从资源配置到财富分配,从调整手段到调整目标的"和谐"或称"协调",

---

① 海德曼认为:经济法是历史发展的产物,具有很强的"经济性"特征;我们的时代是经济的时代,今天的法律就是经济的法律,而18、19世纪的法律则缺少这一基本特征。其观点集中反映在他的著作《经济法的基本特征》(Grundzüge des Wirtschaftsrechts,1922)以及《帝国法院与经济法》(Reichgericht und Wirtschaftsrecht,1929)中,并被概括为"世界观学说"。其理论对于研究经济法的现代精神至今仍很有价值。

这种追求是经济法的一种基本理念,是经济法不同于传统部门法的一种基本精神。①

时代及时代的精神不同,法律所着力保护的法益也不同。相对说来,传统私法侧重于保护私人的利益,传统公法侧重于保护国家利益,但它们对社会公共利益的保护还很不够。而经济法则侧重于保护社会公共利益,同时,也能兼顾对国家利益和私人利益的保护。

从现实情况看,依据差异原理和结构原理,经济法的法益保护往往具有双重性或多重性。例如,宏观调控法的有效调整,既可保障宏观经济的良性运行,也可使市场主体从中受益,从而使整个经济发展有一个良好的环境和气象,这既有利于公共利益的保护,也有助于提高政府的合法化能力;在市场规制法领域,通过反垄断法和反不正当竞争法的有效调整,不仅可保护相关市场主体的利益,也可维护整个市场秩序或经济秩序,从而有利于社会公共利益和国家利益的保护。因此,经济法保护的法益并非单一,而是具有多重性,并且,这些法益之间也存在着内在的关联性。而传统部门法则与之不同,例如,民商法尽管也强调保护社会公益,但实际上主要还是侧重于保护独立个体的私益,对公共利益则无力顾及。可见,尽管传统部门法有时也强调兼顾各类法益保护,但往往以直接保护单一法益为主。

从历史上看,时代的精神取决于人们的普遍认识,其中,理论的发展具有极为重要的前导意义。现代经济法的发展,其基本理念的形成,不可避免地要受到各类理论,特别是经济学理论的影响。而在经济学理论中,宏观经济学、福利经济学、制度经济学、发展经济学、信息经济学等,以及更为具体产权理论、博弈论、公共选择理论、产业组织理论等,都对经济法精神的形成有着重要的影响。

与经济法相关的现代市场经济的理论或理念,主要形成于凯恩斯主义产生以后,它们是与弥补市场失灵问题联系在一起的。很多影响经济法制度形成的理念,都滥觞于凯恩斯理论产生后的一段时期:如涉及宏观调控的赤字财政、复式预算、国债发行、转移支付、税收调控、银行监管、货币稳定、经济计划、产业政策等。在这一时期,市场规制方面的反不正当竞争、规制垄断、消费者保护等,也都得以纳新并融入了现代理念。上述理念在传统部门法产生时多未形成,因

---

① 德国著名学者海德曼、埃希勒(Eichler)都认为,经济法作为一个独立的法律部门,是体现经济精神的法律的总和;而克劳星(Klaussing)则认为,经济法的任务在于找到相互冲突的自治规则与国家调控规则的协调和结合部。可见,这些学者已经认识到了体现"经济精神"的经济法在协调公私冲突方面的重要作用。参见常鸿宾、刘懿彤:《德国经济法概述》,载史际春主编:《经济法总论·教学参考书》,法律出版社2000年版,第24—25页。

而也很难浸润其中,从而使体现新理念的经济法更具现代性的特征。

(二) 从产生+发展背景看经济法的现代性

各个部门法的产生和发展,都离不开特定国家的特殊背景。就经济法而言,它之所以产生于传统部门法之后,就是因其特殊的理念和价值追求,使之只能产生于特定的时空背景之下,而不是与传统部门法一起产生。从发生学的角度说,经济法同样要依赖特定的产生和发展的背景。[①]

经济法产生和发展的背景,主要体现为经济法赖以产生和发展的经济基础和社会基础。由于基础不同,因而其基本理念、精神、目标等,就不可能与传统部门法完全一致。虽然单纯规范意义上的经济法也许在古代社会即已存在,但从较为广泛的领域看,作为部门法意义上的经济法,则是产生于国家对市场经济进行积极的调控与规制以后,尤其是产生于资本主义经济大危机和第二次世界大战以后。之所以作出这样的判断,是因为经济法有其独特的精神追求或称价值取向。

经济法产生和发展的经济和社会基础,不是传统的近代市场经济或近代市民社会,而是现代市场经济和现代多元社会。恰恰是在这个超越了近代社会的特定时期,出现了一系列重要的经济现象和经济问题,并且,它们是依据传统部门法理论和规范不能有效予以解释和解决的,正是解决上述问题的需求,推动了经济法的产生和发展。

例如,从经济的角度说,近代自由市场经济的充分发展,使垄断及不正当竞争作为其副产品得以出现,严重影响了市场的自由竞争,阻碍了市场机制作用的有效发挥;同时,在提供公共物品方面普遍存在的"搭便车"问题,使公共物品很难由市场主体来提供;而信息偏在的问题,则使交易成本大为提高,严重影响经济效率,等等,这些都是导致市场失灵的重要原因。上述"现代问题"的存在,不仅影响经济运行,还带来了道德、信仰、稳定等社会问题。

此外,还有一些因素,不仅导致突出的社会问题,而且其本身也影响经济的稳定增长。例如,社会贫富差距过大问题、收入分配不公问题、弱势群体保护问题,等等,是各国现代化过程中普遍存在的突出问题。解决上述"现代问题",是传统部门法力所不及的,只能是经济法等新兴部门法的主要目标。

从总体上看,经济法产生的重要前提是市场经济的充分发展,以及需由新兴部门法加以解决的市场失灵等问题的存在。如果市场机制能够有效发挥作

[①] 从时间维度和空间维度来探讨经济法产生和发展的特殊背景,有助于说明经济法的现代法特征。可参见张守文:《经济法的时空维度描述》,载《法商研究》1998年第6期。

用,可实现自发调节,使国家对市场运行基本上可"无为",则经济法就无从产生。因此,市场经济的充分发育,特别是垄断等妨害竞争行为的普遍出现,由私人成本外在化所导致的外部性问题的突出,因消费的非排他性和不可分割性所导致的市场供给公共物品的不可能性,以及信息的不对称、分配的不公平等问题的普遍存在,是经济法得以产生的重要经济基础。

与上述经济法产生和发展的经济基础相对应,从社会的角度看,在现代社会,社会分工的细化,社会的多元化和抽象化,社会成员之间的"互赖与互动"的强化,以及社会公益保护的虚化,使公共物品的提供和公共利益的保护受到重视,导致权利保护从个人本位向社会本位转变,传统部门法所忽视或无力保护的公共利益日益被强调,同时,在传统的政治国家与市民社会之间的"社会中间层"迅速发展,消费者等弱势群体的保护也受到重视,这些都为经济法的产生和发展提供了重要的社会基础。

上述的经济基础与社会基础,是经济法赖以产生和发展的重要背景,这与传统部门法的产生背景是不同的。现代市场经济和现代社会存在的突出问题,以及解决这些问题的现实需求,是经济法产生和发展的直接推动力。

(三) 从制度建构看经济法的现代性

经济法不仅在精神层面具有现代性,在制度层面同样具有现代性,对此可从制度形成、制度构成、制度运作三个方面,分析经济法在广义的制度建构层面的现代性。

1. 制度形成上的现代性

经济法制度的形成,与经济政策的联系十分密切,具有很强的"政策性",这与传统部门法有很大不同。由于现代社会分工复杂,变化多端,对经济效率有更高的要求,而法律却有相对的滞后性,因此,能够及时灵活地应对各种复杂问题的经济政策,便得到了广泛的重视和运用。在现代国家,体现国家职能的公共政策影响巨大,并形成了多种政策组合,如经济政策/社会政策等。在经济政策中又有财政政策/货币政策、产业政策/外贸政策、竞争政策/消费者政策等;在社会政策中又有环境政策、人口政策、社会保障政策,等等。上述政策突出体现了现代国家的经济职能和社会职能,有助于解决国家在现代化过程中应着力解决的现代问题。

经济政策是经济法制定的前提和基础,没有经过实践检验的好政策,就不可能产生经济法领域的"良法"。经济政策和经济法都是一种"制度安排"。与经济政策联系的紧密程度,反映了经济法同变化万千的经济社会联系的紧密程度,也体现了经济法的生机与活力。

2. 制度构成上的现代性

经济法在制度构成上的现代性,主要表现为其"自足性",即将实体法规范与程序法规范熔于一炉,从而实现制度构成上的"自给自足"。现代法的自足性特征。

为了适应现代社会发展对程序与效率提出的需要,在制度的形成和构成上,必须体现程序价值和效率理念,由此使现代经济法制度具有了突出的"自足性"。经济法的自足性,表现为在经济法的制度构成中,既有实体法制度,又有程序法制度,因而无须再单独地构筑一套程序制度以与实体制度相适应,从而在制度供给或运作上是自给自足的。这与传统的刑法、民法、行政法等在实体制度之外再单独构筑一套程序制度是有所不同的。

从制度构成上看,经济法不仅包含大量的实体法规范,还包含越来越多的程序法规范。这当然是经济法所要解决的日益复杂的现代问题对程序性的要求,同时也是对效率价值的追求。程序不仅有助于保障公平,而且在一定意义上还有助于提高效率。受市场经济观念影响日深的现代法律不是不讲公平,而是在保障公平的同时,更加强调过去被忽视的效率,这是社会高效运行的需要。

产生于现代市场经济基础上的经济法,直接对应于"综合的时代"。要解决复杂的现代经济问题,不仅需要各类经济政策的综合运用,也需要各类经济法制度的综合调整。因此,从解决复杂的现实问题,确保制度运作的公平与效率的角度,经济法自始就把实体法规范与程序法规范熔于一炉。① 事实上,经济法所规范的许多活动,无论是各类宏观调控还是市场规制活动,都需要实体法与程序法的支撑。因为调控主体或规制主体都必须依法调控或规制,尤其要依据相关程序规范进行立法和执法活动,而接受调控或规制的市场主体也必须依据程序规定来行使或主张自己的权利。

3. 制度运作上的现代性

经济法的制度运作涉及很多内容,其中,在制度运作过程中所体现出的政府权力膨胀,以及经济法制度的"可操作性"和调控行为的"可诉性"问题,则尤其值得关注。

现代国家职能的日益分化,导致政府权力不断膨胀,这是各国的普遍趋势。

---

① 在进入垄断阶段后,经济法中的市场规制法发展非常迅速,于是有了著名的美国1890年《谢尔曼法》、德国1896年的《反不正当竞争法》,这些法律及其后的经济法规范的突出特征,就是在规定实体制度的同时,大多规定为保障实体规范实施所需要的程序制度。

执法主体享有准司法权,或者说司法权被政府部门部分肢解,是现代国家的普遍现象,也是国家"分权"现代性的一个体现。① 如何限制政府权力,是公法领域的重要问题。

准司法权被配置到行政领域,以及将实体性规范与程序性规范加以融合的自足性,使那些具有宏观调控职能和市场规制职能的行政机关(而非司法机关)成为经济法的主要执法主体。从而使经济法的制度运作主要体现在行政领域而不是司法领域,大量经济法纠纷或争议并不是在司法机关解决的,这与传统的刑法、民商法、行政法方面的案件大量由司法机关来审理有很大不同。这也是经济现代性的体现。

其实,现代国家制定的大量法律,许多是由法院以外的主体来执行的;其执行主要体现为政府所进行的积极的宏观调控和市场规制,而不是消极的司法审判(理论上的消极执法)。就经济法等现代法而言,将大量问题解决于诉讼之外更是应追求的目标。② 因此,不能以一种法律或者一种部门法规范是否主要由司法机关执行,来判断其存在的理由和价值。重定政府与司法机关的执法分工,正是现代法精神的体现。

以上主要从精神追求、生发背景、制度建构等几个方面,探讨了经济法的现代性问题,从中不难发现经济法与传统部门法的一些差异,特别是经济法作为现代法所具有的用以解决现代经济和社会问题的功能。应当看到,随着现代经济与社会的发展,整个法律制度已从过去侧重于"秩序性法律"向重视"调制性法律"发展③,而经济法等现代法正是现代国家"调制性法律"的主要表现形式。④ 因此,经济法学的发展无疑会对整个法学的发展产生重要影响。

---

① 庞德曾经指出,在19世纪时,人们试图在法律领域排除行政的因素,而在20世纪,行政司法已经得到了复兴,这从行政部门及其任务的增加方面得到了证明。庞德的分析有助于增进对上述的问题的认识。参见〔美〕博登海默:《法理学——法哲学及其方法》,邓正来等译,华夏出版社1987年版,第142页。

② "替代性纠纷解决方式"或称"非诉讼纠纷解决方式"(ADR)日益受到重视,恰恰说明在法院以外解决纠纷的重要价值,这对于经济法纷争的解决同样也是适用的。

③ 这种分类受到了德国学者维·豪依恩(Werner Heun)的启发。豪依恩教授认为,在19世纪的自由竞争阶段,法律主要体现为秩序性的法律,主要从规范功能方面调整私人经济活动;而从19世纪末到20世纪初,随着传统国家转变为现代社会福利国家和社会干预国家,国家的调控作用和对经济发展的影响也大大增强了。参见〔德〕豪依恩:《论国家对整体经济平衡的保障责任》,载南京大学中德经济法研究所编:《中德经济法研究所年刊(1993)》,中国大百科全书出版社1994年版。

④ 调制性法律,主要是指体现现代国家的经济和社会职能的、以调控和规制为主要调整手段的法律规范的总体。其调整机理是在宏观上通过调节来控制(调控),在微观上通过规范来制约(规制),在总体上通过协调来制衡(调制)。

第二节　相邻关系的多元探析

经济法的相邻关系，是指经济法作为一个部门法与法律体系中的其他相邻部门法之间的区别和联系，也称经济法的外部关系。前面对经济法主要特征的提炼，已在一定程度上体现了经济法与其他部门法的区别和联系，但还较为抽象，因而有必要专门讨论经济法与其外部的各个部门法之间的关联。

要揭示经济法的相邻关系，必须先说明经济法的可独立部门法地位，这样才会存在经济法与其他部门法的关联性和相互比较的问题；在此基础上，才可具体分析经济法与宪法、民商法、行政法等诸多部门法之间的关系，并对经济法在法域中的地位作出扩展研究，从而实现对经济法相邻关系的"多元探析"。

一、经济法是重要的独立的部门法

从部门法理论的角度看，经济法能否成为一个独立的法律部门，直接关系到它在法律体系中是否有独立的地位，以及其存在的合理性、合法性等问题；而要论证经济法是一个独立的法律部门，必须说明经济法是否有自己独特的调整对象，因为只有存在自己独特的调整对象性质相同的法律规范，才能构成一个独立部门法。

正是基于上述思路，法学界才非常关注经济法调整对象、调整范围的研究，并根据对经济法是否存在独立的调整对象的认识，提出了经济法的肯定说和否定说。尤其在德国、日本以及受其影响的我国，在经济法学发展的最初阶段，普遍关注经济法的部门法地位问题。鉴于经济法是新生事物，有多个领域的法学家参与了经济法学初创时期的研究。诸如德国的拉德布鲁赫、日本的美浓部达吉等著名学者，都有关于经济法定位问题的探讨。同样，我国也是多个部门法领域的著名学者参与了早期的讨论，这对经济法学和民法学等相关学科的发展都是非常重要的。

随着人们认识的逐渐深入，特别是随着市场经济的理念和相关法治知识的引入，我国学者对于经济法调整对象的认识日益清晰，并认为经济法不仅有自己独立的调整对象,而且所调整的主要是宏观调控关系和市场规制关系。在明确界定了调整对象的情况下,按照部门法理论,经济法当然可成为一个独立的法律部门,并由此确立其在整个法律体系中的可独立地位,成为法律系统中日益重要的一个子系统。

法学界的上述共识,以及经济法在经济和社会生活中所发挥的重要作用,使经济法作为一个重要的独立部门法的地位日益巩固,并对国家立法机关的认识产生了重要影响。例如,我国全国人大常委会早在 1986 年就提出了经济法与民法各自的调整范围问题,并在 2001 年正式明确经济法是我国法律体系中的七个部门法之一。可见,经济法在整个法律体系中的地位已得到国家立法机关的全面肯认。

经济法作为法律体系中重要的独立的部门法,作为法律系统中的重要子系统,必然会与其他部门法或子系统产生关联,这些关联是经济法与其外部的各个部门法之间的关系,因而可称为经济法的外部关系,以与经济法体系内部各个部门法之间的内部关系相区别。在对经济法的调整目标、调整对象、内部结构、主要特征、独立地位有了一定认识的基础上,有必要对经济法与其他相关部门法之间的外部关系作简要讨论。

二、经济法与相关部门法的关系

经济法的相邻关系,集中体现为经济法与其相邻近部门法之间的关系。由于经济法具有自己的调整目标、调整对象、内部结构,具有不同于其他部门法的特征,并且,在法律体系中具有重要、独立的地位,因而,它与其他相关部门法之间既有区别,又有联系。明确经济法的相邻关系,有助于更好地认识经济法的共性与个性,揭示经济法与其他法律进行综合调整的必要性。

在经济法与其他部门法的关系方面,较为引人注目的是经济法同宪法、民商法、行政法、社会法的关系。此外,经济法同诉讼法、刑法等部门法的关系,亦不应忽视。这体现了各个部门法的分工与功能方面的差异。

(一) 经济法与宪法的关系

从总体上说,两者之间是根本法与普通法的关系。宪法中的相关规范,是经济法规范确立的基础;经济法规范,是宪法规范的具体化。事实上,现代宪法具有突出的"经济性",在现代宪法中往往包含大量经济内容,从经济体制到产权制度,从经济主体到经济权利,从经济管理权限到经济利益分配,等等,构成了一国"经济宪法"的主要内容,这些内容还要具体地体现在经济法规范之中。①

此外,宪法作为一部"分权"的法,不仅要在国家与国民之间分权,而且要在相关国家机关之间分权,而这些分权的规定对经济法调整的影响十分巨大,并形成了经济法上的各类体制法,如财政体制法、税收体制法、金融体制法、计划体制法,等等。从制度形成上说,宪法为整个经济法提供了重要的基础;经济法的各类制度,不过是对宪法规定的具体化。因此,应当保持宪法与经济法的协调发展②。

(二) 经济法与民商法的关系

在经济法理论创建之初,经济法与民法的关系曾备受关注。随着公共部门与私人部门、公共经济与私人经济等二元结构的日益明晰,经济法与公共经济、公共部门的对应关系,以及民法与私人经济、私人部门的对应关系,也都日渐清晰,由此使两大部门法的区别更加明晰,并形成了两者在法律调整上的"互补关系"。两大部门法只有有效配合,才能更好地保障公共物品和私人物品的提供,共同实现对各类复杂的社会经济关系的法律调整。

民法是典型的私法,而经济法在性质上不属于私法,两者在调整对象上以及由此衍生出的各类区别是显见的。但是,商法作为民法的补充和发展,与经济法的关系如何,则还存在不同认识。对于商法能否独立存在,在民法学界和经济法学界都有不同看法,国内外都有学者认为商法可独立存在,并由此认为经济法与商法的联系非常密切,甚至存在相互包含或交叉的关系。

在承认商法的情况下,经济法与商法的区别也是较为明显的,例如:第一,经济法属于公法,而商法属于私法,是民法的特别法,由此使两者在调整目标、保护法益、主体地位等方面都有所不同。第二,在调整对象方面,经济法调整调制关系,而商法调整商事关系,它一般被视为关于商人和商行为的法。由此使两者在法域、功能等方面各不相同。从总体上说,从民法到商法再到经济法的发展,大体呈现出任意性法规范不断减少,强制性规范不断增加的趋势,这是从私法到公法的发展路径,由此可发现它们之间的联系和区别。

(三) 经济法与行政法的关系

经济法与行政法的关系,也曾引起人们的广泛关注。从差别的角度看,两

---

① 相关探讨可参见张守文:《宪法问题:经济法的观察与解析》,载《中国法律评论》2020 年第 2 期。

② 参见张守文:《论经济法与宪法的协调发展》,载《现代法学》2013 年第 4 期。

者的不同主要有:第一,调整对象不同。行政法调整行政关系,即在行政主体行使行政职能和接受监督的过程中发生的各种关系,主要是行政管理关系,它是规范和控制行政权的法;经济法主要调整特定的经济关系,即宏观调控关系和市场规制关系,它们是在现代国家行使经济职能过程中发生的社会关系。第二,宗旨、手段不同。行政法主要解决行政领域的问题,特别是政府失灵的问题,因而要规范和控制行政权,确保依法行政,保护人权;经济法则主要解决经济运行中存在的问题,特别是两个失灵的问题,因而要运用法定的调制手段。

经济法与行政法之间的密切联系是较为显见的,因为经济法的执法主体,甚至某些情况下的立法主体,在形式上主要是行政机关;同时,经济法和行政法所调整的社会关系,又都主要侧重于所谓的"纵向关系",由此就产生了行政法是否包含经济法,或者两者是否存在统一性的疑问。由于行政法的研究相对较早,国内外的相关法制实践也有一定规模,因而自然会有人认为经济法不过是行政法的一部分,并有人提出了经济法就是经济行政法的观点。这种观点只是看到了经济法与行政法的密切联系,但没有看到它们的上述重要区别。

其实,行政机关作为执行机关,要执行多种类型的法,行政法只是其中的一种。因此,并非行政机关执行的法都是行政法。随着国家经济、社会职能的日渐重要,经济法、社会法也需要由行政机关作为主要的执行主体,因此,并不能说行政机关执行的经济法、社会法等都是行政法。

(四)经济法与社会法的关系

经济法和社会法都属于现代法,具有突出的现代性,并由此都具有一定的政策性、社会性,无论是基本理念还是制度构建,无论是产生的经济基础还是社会基础,两个部门法都存在着较多的一致性,从而体现出密切的联系。尽管如此,两者的区别也比较明显。经济法与社会法作为两个独立的部门法,其调整对象不同,所要解决的问题也不同。经济法主要侧重于解决经济运行过程中产生的经济问题;社会法则更侧重于解决社会运行过程中产生的社会问题,只不过这些社会问题与经济问题密切相关。同时,经济法和社会法虽然都有一定的政策性,但经济法与经济政策联系更密切,因而经济性的特征更突出;社会法与社会政策的联系更密切,因而社会性更突出。虽然经济法在某些方面也具有一定的社会性,但相对于社会法而言,社会性不能成为经济法的基本特征。

(五)经济法与诉讼法的关系

经济法与各类程序法,特别是与诉讼法的关系也较为密切。随着经济法立法和执法的不断拓展,经济法领域的纠纷和争议(合称经济法纷争)也层出不穷,有些纠纷需要通过诉讼的途径来解决。如何在经济法制度中解决"可诉性"问题,推动公益诉讼的发展,确保相关经济法主体实体权利的实现,等等,都涉及经济法与诉讼法的完善和综合调整。

(六) 经济法与刑法的关系

刑法与各个部门法在调整对象、调整手段方面都存在着明显的差异,同样,经济法与刑法的不同之处也较为明显。此外,经济法与刑法都属于公法,两者在保护社会公共利益、国家利益等公益方面,具有一致性;同时,在一些基本原理、原则方面也有诸多共性。例如,刑法领域有罪刑法定原则,经济法领域则有预算法定原则、税收法定原则等一系列法定原则。另外,经济法上的各类违法行为,如税收违法行为、金融违法行为、竞争违法行为等,严重的都可能构成犯罪,因而经济法的规定还需要与刑法的规定相衔接,有效界分刑法领域的"法定犯"或经济犯罪等问题诸如此类的情况,都使经济法与刑法的联系更为密切。

以上主要讨论了经济法与国内法律体系中六大部门法之间的关系。除此之外,在经济全球化的背景之下,经济法与国际经济法之间的关系也非常值得关注。在国际经济法领域涉及国际经济法律制度的协调,最后仍要落实在国内经济法制度上,如税收制度、金融制度、竞争制度等领域的协调(WTO、IMF等都与此密切相关),不仅是国际经济法领域的重要问题,对各国经济法制度建设也有直接或间接的影响。正因如此,应重视经济法原理与国际经济法原理的紧密关联,促进经济法制度与国际经济法制度的共同发展。

总之,社会关系是普遍地、紧密地联系的,以调整各类社会关系为己任的部门法,当然也会存在紧密的联系,从而形成经济法与各个部门法之间的密切关联;此外,由于各类社会关系毕竟不同,各个部门法的调整功能也由此不同,因此,各个部门法在调整对象、调整手段、调整目标等方面,必然又会有所不同,从而形成经济法与各个部门法之间的差异。

从总体上说,经济法作为公法中的一类规范的总称,与宪法、行政法、刑法等传统公法规范在某些原理上存在着内在的一致性。如对"法定原则"的要求[①],对基本权利的保护等。同时,经济法与传统私法也存在着一定的互补性,经济法的有效调整,在很大程度上要以私法调整所形成的私法秩序为前提和基础。

---

① 在公法领域,为了有效保护人民的基本权利,有必要确立法律保留原则,从而使各种法定原则成为各个公法领域里非常基本的原则。

三、经济法与相关法域的关系

上述经济法与相关部门法的相邻关系是非常重要的。此外,作为经济法相邻关系的扩展,还应当关注经济法与相关法域的关系,明晰经济法的法域归属问题。

从法域理论看,整个法律由公法和私法两大法域构成,这是对法律的一个基础性划分。正是基于两大法域的不同,才产生了不同的公法原理和私法原理,才产生了繁盛的私法研究和公法研究。

在传统的公法和私法这两大法域的基础上,学界还提出了所谓的"公法的私法化"和"私法的公法化"的命题,进而提出了"第三法域"——社会法法域。在把社会法理解为法域而不是部门法的情况下,社会法是一个包罗甚广的领域,它既可包含经济法、劳动法、环境法等部门法,也可包含部门法意义上的社会法,因而是一个跨越诸多新兴部门法的"法域"。

近些年来,"社会法"一词被在多个层面上使用,其中有两个层面是非常重要的,一个是部门法层面,一个是法域层面。

社会法作为一个部门法,与经济法是并列的关系,两者互不包含,也不应存在交叉重叠,都是法律体系中的重要组成部分。只是在把社会法视为一个包含了诸多部门法的法域的情况下,才会产生经济法是否属于社会法的问题。

从法域的角度看,学者的认识并不一致。例如,有人认为,经济法作为一个部门法,既不属于公法,也不属于私法,而是属于独立的社会法法域。也有人认为,社会法法域是公法法域与私法法域的交集,因而经济法是公法与私法的混合法。此外,还有人认为,社会法法域与公法法域、私法法域并非处于同一个层面,而是位于传统的两大法域之上的一个层次,社会法法域内的各类部门法都是高层次的法。

尽管公法与私法的分类标准有很多,但基本的分类标准无外乎几种,如主体标准、法益标准、行权标准等。在今天,依据上述标准,仍能对现有法律体系作出划分,也能对社会法领域的诸法作出归类。社会性较为突出的社会法法域的诸法,其法律主体离不开国家,且都与公众、公共团体等有关,因而有"公"的一面;在法益保护上,不只包括国家利益和私人利益,更强调社会公共利益,因而"公益性"很突出;在行权方面,不只涉及国家的公权力,还包括公众权力或公共机构的权力。可见,在上述各个方面,都具有突出的"公"的特征,只不过这是一种广义的"公",由此可在广义上对公法的外延作出一定的拓展。

如果认同上述解释的合理性，承认社会公共利益仍需国家作为最有力的代表，以及国家立法在社会法法域的重要地位，则可认为，传统的公法与私法的二元划分尚未完全过时，处于社会法法域中的经济法具有更为突出的公法特征，因而仍然可把它归入公法之中。

总之，在经济法与相关法域的关系方面，无论主张把经济法放入社会法法域，还是主张经济法应归入公法法域，人们都认为它不可属于私法法域。随着研究的不断深入，已有越来越多的人主张将经济法划入扩展的公法法域。

本章小结

本章先对经济法的主要特征进行了"分层提要"，按照经济法与其他部门法的不同，将经济性与规制性定位为经济法的基本特征；按照经济法与传统部门法的不同，将现代性作为经济法的重要特征。通过对上述主要特征的探讨，不仅可发现研究特征的价值，还可发现在特征理论研究方面需要深究的问题。

此外，在研究经济法特征的过程中，政策性、自足性、综合性等也被视为经济法与其他部门法的重要区别，并被一些学者概括为经济法的特征。对于其中的某些概括，在有关经济性、规制性或现代性特征的探讨中已有提及。例如，政策性的特征，实际上蕴涵于经济性、规制性和现代性的特征之中。但各类特征是否属于一个层面，以及是否都可提炼为经济法的特征，是值得研讨的。

在明确经济法的调整目标、调整对象、体系构造、主要特征的基础上，基于经济法的独立部门法地位，本章又对经济法的相邻关系进行了多元探析，主要讨论了经济法与相关部门法之间的关系，以及经济法的法域归属问题，这有助于在整体上全面认识经济法。

经济法同许多部门法均存在重要联系和显著区别，这些区别与经济法的独特功用，特别是与其他部门法不能解决的现代经济问题有关。此外，通过扩展研究经济法的外部关系，不难发现，经济法不仅与其他主要部门法都存在区别和联系，而且与私法法域更是存在重要关联，它对私法的调整具有重要的影响。

第五章

理论借鉴与制度流变

本章导读

  经济法学研究离不开对国内外相关理论的借鉴,同时,也需要关注国内外相关制度的流变。前面讨论的有关经济法调整对象、调整目标、内部结构、主要特征、相邻关系等各个方面的理论,都是注重理论借鉴、关注制度流变的阶段性成果。基于承上启下、扩展研究视野的考虑,本章集中讨论理论借鉴与制度流变的问题,这有助于更好地理解后面的规范论和运行论等内容。

第一节　中外理论的融汇借鉴

在经济法研究中,要有效进行理论借鉴,必须努力了解国内外的相关理论,并结合本国实际,加以融会贯通。既往的某些理论在今天看来也许未必合适,但对于研究同样具有重要的借鉴意义。为此,下面选择若干有代表性的理论加以介绍并进行讨论。

一、世界主要国家的经济法理论

经济法滥觞于20世纪初,它是欧美社会经济发展的法律结晶。一般认为,最早的经济法规范(反托拉斯规范)肇始于美国,但英美法系的传统使美国并未能给它以"经济法"的命名。只是在第一次世界大战以后,德国学术界才开始使用"经济法"(Wirtschaftsrecht)一词,并由此推动了世界范围的经济法的法制构建和法学研究。世界各主要国家从各自的政治、经济制度出发,依据现实的经济、社会、历史、法律传统,形成了各具特色的经济法理论。

(一) 德国的经济法理论

德国被称为"经济法的母国",无论从哪个角度说,都是当之无愧的。经济法作为一个法学概念,是德国学术界率先提出的,这当然与德国在第一次世界大战时期以及其后的经济状况、经济政策以及相关史无前例的法律现象紧密关联,更与德意志的民族特点和法律文化传统直接相关,尤其德国法学界注重法律的概念、结构和体系的严谨与缜密,更是举世闻名的。这也是美国未能成为经济法学发祥地的重要原因。

德国的经济法学说一直引人注目,相关著述甚丰。对此,埃希勒曾对德国各种经济法学说进行了如下分类,得到了较为广泛的赞同:(1)"集合"理论;(2)"作为组织经济的法的经济法"理论;(3)"作为企业主的法的经济法"理论;(4)"世界观"理论;(5)"法学研究的社会学方法"的观点;(6)"作为经济法的中心概念的经济统制"理论①。

上述诸论可划分为两大类:第一类是偏重于强调经济法是一个独立法律部门并加以论证的理论;第二类是不强调经济法是一个独立的法律部门,甚至否认其存在的理论。

第一类理论主要包括以下几种理论:

(1) 组织经济法说,即"作为组织经济的法的经济法"理论,其代表人物是哥尔德施密特(Goldschmidt)。哥氏认为,"经济法是为了改进生产而规制交易经济和共同经济的特有的法",强调所谓"组织经济",就是为改进生产而对交易经济和共同经济进行规制以后的组织化了的经济,它在国民经济中具有独立地位,调整这种"组织经济"的特有的法就是经济法。哥氏基于对卡特尔、辛迪加、托拉斯等市场支配现象的明确认识,把"组织经济"作为经济法的对象,主张把社会学的方法和经济政策的观点加以结合来认识经济法。这种观点得到了著名学者拉德布鲁赫(Radbruch)的支持。

(2) 企业管理法说,即"作为企业主的法的经济法"理论,其代表人物是卡斯凯尔(Kaskel)。他认为经济法是有关企业管理的专门法,商法是有关商业的专门法;经济法的调整对象是企业管理,或为完成经济企业主的事业而产生的关系。由于企业管理是企业的事,因而经济法也就是企业主的法。这种观点得到了浩斯曼(Haussmann)的支持和发展。浩斯曼特别强调了商业企业之外的其他企业的发展,认为各种企业都是现代经济不可或缺的,其发展需要经济法的调整,因而商法和经济法应该具有同等地位,它们都应是独立的法律部门。

(3) 经济统制法说,即强调"以经济统制为经济法的中心概念"的理论,其代表人物是彼姆(F. Böhm)和林克(Rinck)等。此说产生较晚,它不仅强调经济法应有独立的对象,更强调其法律的功用。彼姆主张经济法的调整必须考虑在国家实施经济统制和特定经济政策意义上的经济秩序以及有关的经济制度;林克则认为经济法是统制、促进和限制营业活动的法律,强调从国民经济的整体立场出发,由国家对经济发展进行规制,并且,经济法应该作为一个独立的法律部门来实现这个任务。

第二类理论主要包括以下几种理论:

---

① 埃希勒的观点集中体现在其1950年出版的《经济法》一书中。其中,"集合"理论也有学者译为"集成说"或"搜集说",但德文的Sammeltheorie译为"集合理论"似乎更合乎努斯鲍姆(Nussbaum)的本意。对于德国的各类学说,日本的经济法学者更为重视,可参见〔日〕金泽良雄:《经济法概论》,满达人译,甘肃人民出版社1985年版,第6—9页;〔日〕丹宗昭信、厚谷襄儿:《现代经济法入门》,谢次昌译,群众出版社1985年版,第3—4页。

(1)"集合"理论。其代表人物是努斯鲍姆,他认为经济法是一个集合的概念,是一系列法律规范的综合。通过对德国在第一次世界大战期间及战后出现的新法律现象的研究,他认为经济法就是以直接影响国民经济为目的的法律规范的集合,而间接影响国民经济的法律以及只以个人生活为对象的法律,不应属于经济法的集合。这种观点产生于经济法研究的初始阶段,虽然它没有强调经济法是否属于一个独立的法律部门,但为其后注重经济法的对象、目的、作用的研究奠定了基础。

(2)"世界观"理论。其代表人物是海德曼,他认为法学研究应注意时代的精神,现代社会是以"经济性"为其时代精神。"经济性"就是现代法的特征,具有这种现代法的特征,渗透着现代的经济精神的法就是经济法。正如十八世纪,以自然为其时代精神而导致自然法的兴旺一样,现代社会的经济发展必然导致经济法的发达。海德曼称自己的学说为"世界观理论"(Weltanschauliche Theorie)。此种理论主要是提出了经济法研究的一种方法论,它并未对经济法是否属于独立的法律部门加以论释。

(3)"社会科学方法"理论。其代表人物是盖勒(Geiler)和威斯特霍夫(Westhoff),他们否认经济法有自己独特的调整对象,否认经济法是一个独立的法律部门。盖勒认为经济法就是用社会科学的方法来研究与经济生活相关法律,它不过是一种用于法学研究的社会科学方法而已。威斯特霍夫则认为,一切有关经济的法律都是经济法。这是最广义上的经济法概念。法学研究上的经济法就是对与经济有关的法律进行研究的社会科学方法。

总之,上述德国经济法学说,反映了不同时期的经济法理论,对后世经济法理论产生了重要影响。尤其是大陆法系国家的经济法理论,在不同程度上几乎都可在德国诸说中寻找到共通之处。这一方面反映了德国经济法理论的影响,另一方面也反映了人类经济生活的共通之处和人类认识的趋同性。

(二)日本的经济法学说

日本的经济法学说以第二次世界大战结束为界,可分为战前、战后两个阶段。其战前阶段深受德国学说影响,主要是引进和介绍德国的各种理论,从而使日本在经济法领域对德国有较强的依存性,并且在经济体制和经济政策类同的基础上,形成了法律和法学上的相似性。

日本战前阶段的经济法学说,还没有从方法论上明确认识到经济法调整对象的独立性和规制原理的一贯性,还未能提出把经济法作为一个独立的法律部

门的主张,而基本上只是照搬德国的学说。具体说来,主要是以下两种学说①:

(1) 经济法肯定说。此说主要受德国的组织经济法说、经济统制说的影响。如峰村认为,为适应国家对经济统制的普遍化,应把经济法视为"统制经济所特有的法"。此外,桥本文雄和菊池勇夫还基于高度发展的经济,采纳了社会法的观点,认为经济法是在公法和私法之外独立存在的法律分支。

(2) 经济法否定说。此说受德国的"集合"理论影响,认为经济法只是经济法令的汇集综合的名称,而这些有关经济的法律则分属于传统的公法、私法领域。如美浓部达吉认为,传统的法律领域没有经济法存在的充分根据,经济法是不存在的。

第二次世界大战以后,日本国内的政治、经济发生了深刻变化,其法律和法学理论也随之发生了重大变化,这尤其体现为深受美国的影响。日本战后阶段的经济法学说,依据是否以禁止垄断法为中心,可分为以下两类:

(1) 禁止垄断法非中心说。

金泽良雄认为,经济法主要是以社会调节的方式来解决经济循环中所产生的矛盾和困难的法,它是为填补因市民法自动调节作用的局限所造成的法律空白状态而制定的法律,亦即用"国家之手"来代替"无形之手",以满足经济性(社会协调性)的要求而制定的法。而经济性的要求则因时代和社会的不同而有各种表现,它有时表现为卡特尔促进法,有时表现为竞争秩序维持法。

今村成和认为,经济法是依靠政府的力量来支持因垄断而失去其自主性的资本主义的经济体制的法的总称。由于经济法的特征是以维持垄断阶段的市场经济体制为目的的经济政策的立法,因此,其体系应与市场经济结构的特征相适应,即其体系应包括直接的和间接的市场规制,而直接的市场规制则还包括对市场构造、市场行为和公益事业的规制。

福光家庆认为,民法是现代法,而经济法则是后现代法,两者之间并不存在完全对立;民法是构成现代经济法的基本法,而经济法则除具有"后民法"的性质外,还突破了民法的樊篱,成为新的"经济之法",这种对经济法和民法关系的探讨,意在揭示经济法的本质。

(2) 禁止垄断法中心说。

丹宗昭信认为,经济法是国家规制市场支配的法。所谓市场支配,即限制自由竞争的状况,真正意义上的经济法就是国家为维持竞争秩序而介入市场的

---

① 日本学者的主要观点可参见〔日〕金泽良雄:《经济法概论》,满达人译,甘肃人民出版社1985年版,第12—18页。

法,故应把作为独立的社会经济生活事实的市场支配状况作为独立的规制对象,以与其他法律分科相区别,正因如此,禁止垄断法应是经济法的核心。

田中诚二认为,禁止垄断法在经济法中占有重要地位,其中的某些要素,应作为经济法的重点要素,对此不应在战时经济统制法的病态现象里,而应在适应资本主义发展的正常生理现象中去探求;除了对资本主义的正常发展起重要作用的禁止垄断法以外,应从法制史及法律思想史的立场去探求经济法的重点。

总之,上述日本主要经济法学说,反映了日本经济法研究的概貌,也反映了这个大陆法系国家在法律和法学上的兼容性、依附性。在战前阶段,其学说深受德国影响,而且德国的法学研究方法一直被尊奉至今;在战后阶段,由于美国对日本政治、经济诸多方面的影响,使其转仿美制,颁行禁止垄断法,并以此为契机,展开了卓有成效的法学研究。日本由于不同程度地受到了德、美两个国家和两个法系的影响,其经济法学研究有一定深度,我国的一些经济法学者也曾较为重视对日本经济法理论的借鉴。

(三) 英美法系国家的经济法学说

英美法系国家因其受判例法的传统影响较大,加之在哲学思想上受实用主义影响较大,故不重视一般的逻辑方法,不重视法律部门的划分,其经济法理论研究同大陆法系国家相去甚远。但在英美法系国家并非不存在经济法规范和应由经济法加以规制的经济关系。历史上,美国曾是发展最快的资本主义国家,率先进入了垄断阶段,并且19世纪末便制定了世界上第一个反托拉斯法,尽管该法含有大量经济法规范,但美国法学界却未能由此提炼出经济法的概念及相关学说。由于美国没有大陆法系国家的民商法概念和法律部门划分,因而也未发生新旧法律部门调整范围之争。英国的情况亦同美国类似。

可见,英美法系虽然有许多属于经济发展及经济立法的法规,但学术界未能对其加以抽象化为"economic law"。尽管如此,这些国家同样存在实质意义上的经济法规范和相应的经济法研究。如英国著名学者施米托夫认为,经济法反映了在某一特定阶段,国家希望对国民经济实行不同程度的控制;经济法是为加强对私营部门的营业控制,并适应公共部门与私有部门之间的相互依存关系的发展而制定的。他主张狭义的经济法观点,认为经济法应由以下几部分组成:(1) 金融财政的法律规定;(2) 竞争经济的法律规定;(3) 价格、收入的法律规定;(4) 消费者保护的法律规定。据此,施米托夫认为,经济法有自己的地位且日益重要,它主要体现为有关财政、金融、物价、竞争以及保护消费者方面的法规。① 应该说,施米托夫的观点与我国经济法学界所形成的共识是非常接近的。

美国的丹尼斯·特伦认为,经济法以新颖性和活力突破了传统法律部门的固有疆界,并从传统规范中引申出各种原理而重新组合为一个整体。在美国,关于经济法的讨论主要集中于法学家和经济学家都感兴趣的课题。当经济法这一术语在美国被用来说明联邦经济立法时,情况也是如此。这种立法是根据宪法中的商业条款进行的,并由最高法院的解释而加以扩大,以适用于远远超出传统商法范围的问题。他还认为,无论是"国家直接干预经济"的狭义经济法观点,还是把经济法与传统商法相统一的广义经济法观点,抑或是把经济法作为一种思想方法或新的观念的观点,都很难得到人们的普遍认同;经济法的概念冲击了对法律的古典划分方法,与大多数法学家所固有的保守主义立场存在冲突,在市场经济国家则会使执意追求企业自由的人们产生抵触心理,但经济法在学术上有探讨的价值,它能够在一定程度上促进商法的更新,并复兴自成一体的、与经济活动有关的法规。②

总之,在英美法系国家,无论是对经济法作狭义理解的观点,还是把它作为研究方法或新观念的观点,都是反对把经济法的概念、调整范围等加以扩大化,并且主要是把经济法同商法相联系的观点,从而减少了大陆法系国家中存在的诸多争论,这无疑同两大法系之间的各种差别有关。尽管如此,英美法系国家与大陆法系国家一样,都存在实质意义上的经济法规范,这既为研究经济法的一般法理提供了重要素材,也是世界各国经济法协调统一和经济法理论研究的基础,并为经济法理论的相互借鉴提供了重要前提。

二、借鉴与创新:我国经济法理论的产生和发展

我国的经济法理论是在借鉴与创新过程中产生和发展起来的。在1949年以前,我国曾注重学习德、日立法,因而在法律体系中亦存在经济法方面的立法;在20世纪30年代,经济法理论也曾被介绍到中国,但由于当时市场经济不发达,社会持续动荡,战事频仍等,经济法理论研究未能广泛开展。

当代中国的经济法理论发轫于20世纪70年代末,它是伴随着中国改革开放政策的推行和经济立法的强力推进而同步发展起来的。与中国波澜壮阔的

---

① 参见〔英〕施米托夫:《国际贸易法文选》,赵秀文译,中国大百科全书出版社1993年版,第32—36页。

② 参见〔美〕丹尼斯·特伦:《商法与经济法》,载《法学译丛》1986年第4期。

改革开放大势相随,经济法学的发展亦是跌宕起伏,潮落潮起。从总体上说,经济法学的发展历程,与国家的经济哲学、经济政策以及经济立法存在着正相关,同时,在开放条件下,经济法学界一直将对外借鉴与自主创新相结合。下面将结合中国经济法理论的不同发展阶段,来说明理论借鉴的重要意义。

自改革开放以来,我国经济法理论的发展以 1992 年确立实行市场经济体制为界,可大略分为实行市场经济体制前的理论和实行市场经济体制后的理论这两个大的发展时期。

(一) 实行市场经济体制前的经济法理论

在 1992 年确定实行市场经济体制以前,我国处于市场取向改革时期,由于改革的取向是在自觉不自觉地以市场经济体制为目标,因此,这一时期的经济法理论也可总称为市场取向改革时期的经济法理论,因其赖以存续的经济和社会基础不同于 1992 年以后,故也被称为"旧经济法诸论"。

市场取向改革时期的经济法理论通常又被分为两个阶段,第一阶段是 1978 年至 1986 年《民法通则》颁布,第二阶段是 1986 年至 1992 年确立实行市场经济体制。

1. 第一阶段:理论的产生和初步发展

在第一阶段,中共十一届三中全会确定的改革开放政策的推行,要求多方面地改变与生产力发展要求不相适应的生产关系和上层建筑,摒弃主要采用行政手段管理经济的传统做法。这就要求建立一套与改革开放政策相适应的新的经济法律制度,同时也需要建立一套新的法学理论。在这种形势下,一批学者注意到国家和社会对新型法律的需要,开始结合相关政策,借鉴国内外已有的立法素材和相关理论,着手研究和创立中国法学体系中的一个新兴分支学科,此即经济法学。

在经济法学的产生和发展之初,由于经济立法并不发达,当时的经济活动主要还是靠政策来指导,因此,中共中央的历次重要会议的文件(尤其是几次三中全会的文件)发挥着十分重要的作用。当时的研究者基于各自的知识结构和研究偏好,主要根据已有的国内经济立法,借鉴国外的立法例和有限的理论资料,来研究他们所认识的经济法。尽管当时的研究在今天看来相对粗疏,但其中不乏真知灼见。应当说,正是当时百家争鸣的诸多成果,为经济法学后来的持续发展奠定了重要的理论基础。

中国的经济体制改革始于农村。农村改革与作为经济法产生基础的现代市场经济相距甚远,因此,它对中国经济法学的产生和发展并未产生较大影响。

从1984年开始的以城市为重点的经济体制改革,使中国经济从传统计划经济时期转变为有计划的商品经济。这一时期的经济生活,既有计划的一面,又有市场的一面。由于商品因素或市场因素的作用渐强,影响日显,特别是商品交易在社会经济生活中的影响潜滋暗长,使计划体制日渐式微。在计划与市场此消彼长、此起彼伏的角色换位中,市场因素影响日隆。资源配置方式的深刻变化,对经济法基本理论的形成和发展产生了深远的影响。

总之,在第一阶段,经济法学是在传统计划经济体制向有计划的商品经济体制转轨过程中产生的,是在有计划的商品经济体制的建立和发展过程中发展的。由于当时的经济基础处于急剧的变革之中,因而经济法和经济法学也随之而显得很不稳定。在这一时期,经济法学在经济和社会的大变革中得以产生,并得到了初步的发展。

2. 第二阶段:理论在曲折中前进

在第二阶段,经济法学得到了进一步的发展。在此期间,中国的经济体制发生全方位变革,有计划的商品经济体制越来越体现出市场经济体制的改革取向,随着《民法通则》的颁布和其他民事、经济法律、法规的大量颁行,以及国外法学理论和法律文本的大量引入和借鉴,人们对经济法的调整对象和体系等问题的认识也日益清晰,从而使经济法学步入了日益健康发展的轨道。

在这一时期,不仅经济法的基本理论有了很大发展,产生了几种新的理论,而且贴近经济生活实际的部门经济法学也迅速发展。人们不仅重视经济法的理论研究,也十分注意解决经济生活中的现实问题。但由于经济法所赖以建立的经济基础始终处于变动之中,有计划的商品经济体制随着改革的深入也在不断发展变化,经济法在立法宗旨、立法技术等方面表现出了不尽统一和不尽一致之处,使经济法理论的发展又出现了一些与变动着的经济生活若即若离的问题。

(二) 实行市场经济体制后的经济法理论

1992年秋,我国正式明确实行市场经济体制。各国在市场经济和相关法律方面的诸多共通之处,使各国不仅在经济上可互相借鉴,在法律上亦可相互参考,从而为我国与市场经济有关的法律和法学的发展带来了新的契机。于是,多个法学学科纷纷提出"与国际接轨"或"国际化",强调"拿来主义""师夷长技",盛倡"法律移植"。在经济法学界也有类似情况,这与经济法学本身的学科特点,以及各国在经济法立法上的共通之处有关。这一时期经济法学的理论基础明显不同于以往,从而形成了"新经济法理论"或"新经济法诸论"。

由于在市场经济条件下许多基本原理是共通的,因此,在经济法基本理论的若干基本问题上,人们的认识日益趋同,从而为经济法学的进一步发展奠定了重要基础,使学者之间有了可共同对话的前提。市场经济体制在各国虽然不尽相同,但其某些方面的发展方向却是明确的,使整个经济法学的研究在某些领域可超越经济立法的现实,这对于改变传统上的仅重视概念或注释的研究方法,重塑经济法学的学科地位和形象,发挥经济法学应有的作用,具有重要的意义。

三、对国外经济法理论的借鉴与学术创新

经济法学在学术上的发展,充分体现了立足于本国国情,同时借鉴国外成果的精神。因此,审视经济法学的学术发展,既要看到借鉴国外成果的积极作用,又要强调本国学者立足本土开拓进取的学术创新。

(一) 对国外经济法理论的借鉴

由于经济法学在我国是一个全新的法学分支学科,经济立法长期供给不足,法学研究亦曾长期停滞,因此,借鉴国外已有的研究成果是进行经济法研究的重要途径。但在经济法学发展初期,国外经济法学著作或教材的译介是不够的。正由于移译较少,仅有的几部中译本就更显珍贵,对缺少资料和研究的新学科影响也就更大。在经济法学发展的第一阶段,日本和苏联学者的译著最多。其中,苏联学者的著作对第一阶段中国经济法理论的形成和发展产生过重要作用。而日本学者的著作,则对实行市场经济体制后的中国经济法理论产生了较大影响。

基于历史形成的翻译能力和理论偏好,苏联的经济法著作曾大量被译成中文。其中,影响较大的是苏联著名经济法学家 B. B. 拉普捷夫主编的《经济法理论问题》和《经济法》[1],以及国立莫斯科大学与斯维尔德洛夫法学院合编的《经济法》[2],这几部著作对于初创时期的经济法理论,尤其是纵横统一经济法论("纵横统一说")的形成,产生了直接影响。此外,拉普捷夫的《联合公司的法律问题》、拉文斯基等主编的《苏联财政法》等也产生了一定的影响。[3]

---

[1] 拉普捷夫(B. B. Лаптев)的《经济法理论问题》于1981年由中国人民大学出版社出版,其《经济法》一书于1987年由群众出版社出版。
[2] 该书的中译本于1980年由中国人民大学出版社出版。
[3] 拉普捷夫的《联合公司的法律问题》于1982年由北京大学出版社出版;《苏联财政法》于1985年由中国财经出版社出版。

此外，日本的经济法著作也相对较多地被译为中文出版。其中，影响最大的是日本著名经济法学家金泽良雄的《经济法概论》①，该书的某些观点至今仍有重要现实意义。另外，日本的其他几部著作也产生了一定影响。主要有丹宗昭信、厚谷襄儿主编的《现代经济法入门》《日本经济法概要》等。② 在部门经济法领域，还有《日本国所得税法》《日本地方税法》等。③

在论文方面，一些影响较大的论文被译成中文，有的还被结集出版。例如，《苏联经济法论文选》即收录了苏联最有影响的一批经济法学家的重要论文④；由德国的爱里克·松尼曼编的《美国和德国的经济与经济法》则收录了美国和德国一些学者的论文。⑤ 此外，一些重要的国外学者的经济法论文主要刊载在北京大学的《国外法学》（后易名为《中外法学》）、中国社会科学院法学研究所的《法学译丛》（后易名为《环球法律评论》）等法学期刊上。这些论文的刊载对于推动经济法的研究起到了重要作用。例如，美国学者丹尼斯·特伦的《商法与经济法》⑥、英国著名学者施米托夫（施米特霍夫）的《英国经济法的各种形式》⑦等论文，反映了在经济法并未得到普遍认同的英美法系国家有关经济法研究的一些情况。而法国学者罗伯·萨维的《法国法律上的经济法概念》⑧、日本学者正田彬的《经济法的形成与其意义》⑨等论文，则反映了大陆法系国家经济法研究的一些情况。

在实行市场经济体制以后，学界更加重视对重要的经济法著作的翻译。例如，德国著名学者费肯杰的《经济法》⑩、日本学者丹宗昭信的《经济法总论》⑪等都已被翻译成中文出版，至于财税法、金融法、竞争法等部门法领域的著作，更是大量被翻译出版。因此，在经济法理论研究方面，已有更多的可借鉴的

---

① 该书由甘肃人民出版社于1985年出版，满达人译；此外，该书还有一个中译本，名为《当代经济法》，由辽宁人民出版社于1988年出版，刘瑞复译。
② 《现代经济法入门》由群众出版社于1985年出版，谢次昌译；《日本经济法概要》由辽宁大学日本研究所编，地质出版社于1982年出版。
③ 《日本国所得税法》由中国展望出版社于1984年出版，陈汝仪译；《日本地方税法》，由经济科学出版社于1990年出版，吴炳昌译。
④ 该书由中国人民大学苏东所编译，法律出版社于1982年出版。
⑤ 该书由南京大学中德经济法研究所译，法律出版社1991年出版。
⑥ 〔美〕丹尼斯·特伦：《商法经济法》，方流芳译，叶潜校，载《法学译丛》1986年第4期。
⑦ 〔英〕施米特霍夫、〔英〕佩奇：《英国经济法的各种形式》，杨日颎译，幼文、汝林校，载《现代外国哲学社会科学文摘》1983年第9期。
⑧ 〔法〕罗伯·萨维：《法国法律上的经济法概念》，理钧译，王名杨校，载《法学译丛》1983年第5期。
⑨ 〔日〕田正彬：《经济法的形成与其意义》，林青译，谢怀栻校，载《法学译丛》1986年第6期。
⑩ 〔德〕费肯杰：《经济法》，张世明等译，中国民主法制出版社2010年版。
⑪ 〔日〕丹宗昭信等：《经济法总论》，吉田庆子译，法律出版社2010年版。

资源。

(二) 在借鉴中推进理论创新

在经济法理论发展过程中,理论借鉴和理论创新都非常重要。经济法是"现代法",它有自己的许多特质和特色,需要去发现和揭示,并在理论上作出合理的阐释,而发现、揭示、阐释的任务正是经济法学者的使命。上述列举的部分经济法学的研究成果,以及未及列举的许多著述,都试图或已经在一定的程度上作出了理论创新。这对于经济法学的存续和发展是至为重要的。

理论创新往往与重要学者或者学者群体相关。他们的牵引作用或推动作用往往非常巨大。理论创新的过程和结果,可能使某个学者脱颖而出,也可能会使某个学派或理论流派令人瞩目。如果我国学者能够立足本土,借鉴人类文明的相关成果,潜心琢磨,认真探索,并在许多方面取得独到的共识性的研究成果,就有可能形成经济法学的"中国学派",使中国法学走向世界法学研究的前沿甚至制高点。应当说,在经济法学有相当程度发展的基础上,形成具有共识性的理论以及理论流派或者学派,都是有可能的。

经济法学是我国可能在世界法学舞台上占有一席之地的重要领域。经济法学作为一个新兴学科,本身仍处于发展之中,如果研究方法得当,就能够取得相当大的发展。不同于传统部门法的经济法,可能会作出较大的制度创新;不同于传统法学学科的经济法学,也可能作出较大的理论创新。而中国学者作出的理论创新,同样可为其他国家的学者所借鉴,从而可共同为人类的经济和法治发展作出更大的贡献。

第二节 重要制度的沿革流变

经济法制度是经济法理论研究的对象,经济法制度基于某种原因而发生流变是经常发生的,它为经济法理论研究提供了不竭的源泉,也为各国在制度和理论上的相互借鉴提供了重要的素材。审视各国重要经济法制度的沿革,发现在制度流变过程中存在的问题及其蕴含的规律,正是在经济法理论研究的重要任务。研究制度流变,发现制度流弊,有助于从一个侧面理解经济法理论的许多问题,同时,也会为一国的经济法制建设提供有益的借鉴。

一、主要国家的重要制度流变

经济法的制度流变,突出地体现为立法上的变化。通过考察不同历史发展阶段的制度沿革,可发现经济法制度的变迁规律和特点,特别是立法的重点、经济法所要解决的重点问题,以及整体经济法制度的发展概貌。由于各国都存在实质意义上的经济法制度,经济法的立法在总体上非常繁盛,难以一一尽述,因而只能通过考察代表性国家重要立法的变化,对制度变迁作大略说明,以勾勒经济法的整体变迁路径。

(一) 19世纪末20世纪初的立法

经济法学界一般认为,现代经济法的产生是在19世纪末到20世纪初,即从自由竞争的市场经济向垄断的市场经济过渡的时期。在这一时期,垄断和不正当竞争等问题比较突出,因此,竞争法或整个市场规制法是经济法的立法重点。

例如,美国在19世纪末期,在铁路、石油、钢铁等多个行业出现的托拉斯,使人们感到垄断问题已严重威胁自由竞争的市场体制,于是,在1890年由参议员约翰·谢尔曼提出的《保护贸易和商业免受非法侵害和垄断侵害的法案》获得了通过,此即著名的《谢尔曼法》。该法在整个市场规制法乃至整个经济法领域,都具有重要的里程碑意义。

此外,在20世纪初,基于自由放任的经济政策的局限性,为了更好地实现反垄断的目标,美国又于1914年通过了《联邦贸易委员会法》《克莱顿法》等反垄断领域的重要法律。

另外,在19世纪末,德国基于当时规制不正当竞争行为的必要性,于1896年制定了第一部《反不正当竞争法》(该法后被1909年的《反不正当竞争法》替代)。可见,在当时市场经济发展最快的美国和德国,虽然都侧重加强市场规制法的立法,但具体立法重点并不相同。

(二) 第一次世界大战期间的立法

战时的立法与平时的立法总会有所不同。各国在两次世界大战期间所进行的相关立法,同样很值得从经济法的角度进行研究。由于在战争期间和战争前后,往往要加强经济统制,因此,战争期间所制定的经济法方面的法律,往往也被称为"战时统制法"。

例如,在第一次世界大战期间,德国实行经济管制,颁布了《关于限制契约最高价格的通知》(1915年)、《确保战时国民粮食措施令》(1916年)等战时法规。此外,1919年,还颁布了《碳酸钾经济法》和《煤炭经济法》。这些以"经济法"为名的立法,与传统立法在内容和立法宗旨上有很大不同,引起了一些德国法学家的关注,并由此开创了经济法研究。

与此同时,在日本也形成了一批"战时统制法",依法对相关经济领域进行统制,其主要立法包括《战时工业原料出口规制法》(1914年)、《钢铁行业奖励法》(1917年)等。从名称上也可看出,日本的"战时统制法"在一定程度上体现了经济法的规制性,已经开始重视把限制与奖励相结合。

(三) 经济大危机时期的立法

1929—1933年的经济大危机时期,各国都重视加强经济法方面的立法。例如,在美国罗斯福"新政"时期,就颁布了一系列重要的法律,较为重要的如《罗宾逊—帕特曼法》(1930年,旨在制止价格歧视)、《国家产业复兴法》(1933年)、《证券法》(1933年)、《证券交易法》(1934年)、《格拉斯—斯蒂格尔法》(1933年,旨在金融领域分业管理)等。

与此同时,德国对一些重要的法律进行修改和修订,如《滥用经济力防止法》(1930年、1932年、1933年三次修订)、《反不正当竞争法》(1932年、1933年两次修改),都是修法的重点;此外,德国还颁布了《附赠法》(1932年)、《回扣法》(1933年)等。

此外,日本也制定和修改了一些重要的法律,如1931年的《重要产业统制法》,1932年的《工业组合法》《商业组合法》,1933年的《外汇管理法》,1934年的《不正当竞争防止法》,1936年的《汽车制造业法》,1937年的《贸易组合法》,等等。

(四) 第二次世界大战期间的立法

美国在市场规制法方面,通过了《惠勒—李法》,该法修改了《联邦贸易委员会法》的规定。为了更好地保护消费者的权益,美国将1938年的《联邦食品和药品法》改为《联邦食品、药品和化妆品法》。

日本在战争期间制定的法律主要有:1938年的《全国总动员法》、1942年的《日本银行法》、1943年的《工商组合法》。

(五) 第二次世界大战后至20世纪80年代的立法

战后至20世纪80年代,各国的经济政策是分阶段的。战后到20世纪70

年代初期,各国受凯恩斯主义影响较大,较多地强调国家干预,这在相关经济立法中也有所体现。到 70 年代出现"滞涨"以后,自由主义思潮的影响又开始加大,放松管制的呼声较高,这在 80 年代前后的一些立法中开始显现。

(1) 英国的情况。1945 年,英国通过了《英格兰银行法》,将英格兰银行确立为中央银行。在计划法方面,从 1947 年开始,政府每年以法案的形式,规定未来一年经济上的量化指标(1962 年,英国还成立国家经济发展委员会作为计划主管机构)。

此外,英国在市场规制法方面的主要立法有:1948 年的《垄断与限制竞争法》、1965 年的《垄断与合并法》、1973 年的《公平交易法》、1974 年的《价格法》、1976 年的《限制性贸易行为法》、1980 年的《竞争法》、1978 年的《消费者安全法》、1987 年的《消费者保护法》等。

(2) 美国的情况。美国在市场规制法方面制定和修改的法律主要有:1962 年的《药品法》、1965 年的《正确包装与标志法》、1968 年的《消费者信用保护法》、1974 年的《反托拉斯诉讼程序和惩罚法》等;此外,在宏观调控法方面,主要的立法包括:1978 年的《充分就业与平衡增长法》、1980 的《存款机构放松管制及货币控制法案》,以及 1986 年的《税制改革法》等。

(3) 德国的情况。德国在这一时期的重要立法主要有:1957 年的《反对限制竞争法》(被视为德国社会市场经济的基本法)以及《德意志联邦银行法》、1967 年的《经济稳定增长促进法》、1969 年的《联邦预算法典》。此外,德国还在 20 世纪 60 年代末 70 年代初多次对《反不正当竞争法》进行修改。

需要稍加说明的是,德国《基本法》第 22 条第 1 款规定,对于经济运行带来的不利于社会的结果,国家有义务进行干预。源于该授权规定,德国在计划法、预算法、银行法、价格法、税法等领域,都很注重宏观调控。其中,有两部法律在宏观调控方面起到了重要作用,一个是 1957 年联邦议院通过的《德意志联邦银行法》,一个是 1967 年的《经济稳定增长促进法》。其中,前者规定了德意志联邦银行的独立法律地位,作为货币政策执行机关的任务,在保持币值稳定、促进国民经济稳定增长方面具有重要作用;而后者则强调联邦和各州在采取经济和财政措施时必须注意宏观经济平衡,保证经济持续和适当增长,保障价格水平的稳定、充分就业和国际收支的平衡。

(4) 日本的情况。战后日本经济法领域的重要立法有:1946 年的《物价统制令》《金融紧急措施令》《粮食紧急措施令》,1947 年的《财政法》以及《禁止私人垄断及确保公正交易的法律》(简称《禁止垄断法》)、《经济力过度集中排除法》,1949 年的《日本银行法》(修改),1953 年的《农产品价格稳定法》等。这些立法对于日本战后的经济恢复起到了重要作用。

（六）20世纪90年代以来的立法

20世纪90年代以来，各国的经济立法发展非常迅速。在这一时期，各国情况同前一个阶段有所不同，其基调不是由干预主义转向自由主义，而是较多地体现为从自由主义转为重视干预主义。在这一阶段的初期，主要还是受到自由主义思潮的很多影响，在一些领域强调放松管制或监管，后来，由于出现过几次金融危机，人们又开始强调国家的调控和监管作用，强调加强规制。在这样的认识变化过程中，各主要国家都进一步修改和完善了相关经济法方面的法律。

例如，德国1994年修改了《反不正当竞争法》，1998年修改了《反对限制竞争法》；此外，英国于1998年制定了《英格兰银行法》和《竞争法》（这是根据欧盟竞争法制定的），2000年制定了《金融市场与服务法案》，金融危机发生后，还制定了《2009年银行法》等；另外，美国于1999年颁布了《金融现代化服务法》，2004年通过了《反垄断刑事制裁强化和改革法》，2008年通过了《紧急经济稳定法》，2010年通过了《多德—弗兰克华尔街改革和消费者保护法》；日本于1998年颁布了新的《日本银行法》，2005年对《禁止垄断法》进行了修改。

以上主要是介绍了几个代表性国家经济法的立法发展历程。20世纪90年代以来，其他国家的经济法立法也发展迅速。仅以竞争法为例，许多国家都制定了大量法律。例如，意大利于1990年颁布了《竞争和公平交易法》，爱尔兰于1991年颁布了《竞争法》，比利时于1991年颁布了《竞争法》，西班牙于1991年颁布了《保护竞争法》，芬兰于1992年颁布了《竞争法》，匈牙利1990年颁布了《禁止不公平市场行为法》，1996年又修改为《禁止不公平市场行为和限制竞争法》，等等。

此外，俄罗斯的竞争法立法也非常迅速。例如，1990年颁布了《关于在商品市场中竞争和限制垄断活动的法律》（《反垄断法》，后多次修改），这是俄罗斯第一部反垄断法律。1992年颁布实施了《保护消费者权益法》，1995年颁布实施了《国家保护中小企业免受垄断和不正当竞争的法律》和《反自然垄断法案》。1996年颁布了《广告法》，对广告行为中的不正当竞争进行了规制。1999年颁布的《保护在金融市场竞争的法律》，对涉及保险、金融和社会保障等领域的垄断行为进行规范。2001年颁布的《关于在对外经贸活动中保护消费者利益的法律》，在对外经贸领域对保护合理竞争作出了规定。

二、主要国家制度流变的特点总结

经济法制度变迁的宏观脉络,体现在经济法的制度建设上,是市场规制法产生在先,宏观调控法出现在后,并且,两类经济法制度的地位在各国可能不尽相同,但其间仍具有一定的关联性。现分述如下:

1. 市场规制法最先产生

从整个经济法的角度看,市场规制法是最先产生的。事实上,从民法到商法,再到市场规制法,强制性规范越来越多,国家干预越来越强。在经济法中,市场规制法与民商法的联系是最为密切的。民商法更关注交易关系,市场规制法更关注与交易密切相关的竞争关系。无论是市场规制法还是民商法,都与市场主体直接相关,都涉及对市场主体的行为的规范。只不过民商法更侧重于平等主体之间的利益协调,而市场规制法在涉及相关市场主体之间的利益协调的同时,还要从市场秩序的角度,维护市场的竞争秩序。

2. 宏观调控法主要在经济大危机以后集中产生

经济法的产生,以最初的反垄断法、反不正当竞争法为标志,其后经历了第一次世界大战期间的战时统制法(如德国、日本的战时统制法)、经济大危机时期的危机对策法、第二次世界大战期间的战时统制法,以及战后的宏观调控法和市场规制法共同发展的时期。其中,宏观调控法是在经济大危机以后,对反周期的宏观经济政策予以法律化的结果。尽管经济危机时期的立法主要是危机对策法,但其中涉及的常态下进行宏观调控或反周期方面的立法得以可保留。宏观调控法的出现,是与宏观经济学的产生、宏观经济调控的发展紧密相关的。因此,宏观调控法比市场规制法产生更晚,且与民商法的距离也相对更远。

3. 各个国家在不同时期的经济法制度侧重不一

经济法的国别差异较大。由于各国经济社会发展水平、政治体制、法律传统、历史文化等各不相同,不同历史时期法制建设的重点不尽相同,经济法制度建设的侧重点也各异。例如,同样是市场规制法的立法,基于各国国情及所需解决主要问题的不同,各国的立法重点有较大差异。例如,美国的市场规制法主要侧重于反托拉斯立法,而德国则主要侧重于卡特尔立法。此外,在不同时期,有的国家侧重于反垄断立法,而有的国家则侧重于反不正当竞争立法;或者有的国家侧重于竞争法立法,而有的国家侧重于消费者保护立法。

4. 各国在立法领域和形式上有一定的趋同性

从经济法立法的总体情况看,各国在立法领域和立法形式上有一定的趋同性。在宏观调控立法方面,财税调控法、金融调控法等是各国立法的重要领域;在市场规制法方面,反垄断法、反不正当竞争法、消费者保护法等是各国立法的重要领域,在上述立法领域,各国具有一定的趋同性。在立法形式上的趋同性体现为:无论是英美法系国家还是大陆法系国家,在经济法的立法方面,成文法的形式都非常重要,这与经济法直接影响相关主体的基本权利,要求实行法定原则,特别是议会保留原则和法律保留原则直接相关。相对说来,在重视立法体系化的大陆法系国家,相关立法形式和体系更明晰,与此同时,英美法系国家实质意义的经济法也在实质上渐成体系。

5. 制度变迁的速度与制度成熟的程度有一定关联

从经济法较为发达的主要国家看,由于其市场经济较为发达,经济法的立法较早,制度较为成熟,因而自20世纪90年代以来,其立法主要是以法律修改为主,而不是大规模地推出新的立法,制度变迁的速度相对较缓。与此相反,在一些转型国家或后发国家,由于市场经济体制确立不久,或者市场经济不很发达,与市场经济相适应的制度不够成熟,因而会大量推出新的经济立法,其制度变迁较为剧烈和迅速。

6. 宏观调控法和市场规制法已成为经常性制度

从各主要国家经济法制度的产生和发展历程看,市场规制法和宏观调控法更多地体现为常态的立法,相关调控和规制制度已成为经常性制度;而在特殊的战争和危机时期的经济立法,则构成了理论研究上所关注的战时统制法和危机对策法,它们更多地体现了战争时期以及危机时期的特殊性。在经济法的理论研究和制度建设方面,更应重视平时的宏观调控法和市场规制法的研究与建设,这更有助于提高经济法在反周期、反危机方面的力度和作用。

三、我国经济法制度的流变

我国经济法制度的产生较为晚近。对于在1949年以前或者1978年以前我国是否存在经济法制度,学界的认识并不一致。因此,人们通常更关注1978年以后的经济法制度,并关注与此相关经济法的制度变迁和理论发展。

自1978年实行改革开放以来,我国经济法的制度变迁和法学理论的发展,始终与国家的经济体制、经济政策、经济制度等方面的变化密切相关,并且,以1993年宪法修正案确立实行市场经济体制为界,可大致分为两大阶段:第一阶段,从1978年至1992年,是经济法制度与理论随经济体制改革以及中国法制的初步发展而发展的时期。这一时期也是经济法和经济法学的初创易变时期。

第二阶段,即从1993年至今,是经济法制度和经济法理论稳步发展的时期。这一时期,由于有了共通的经济基础,有关市场经济及相关法制建设的基本理论认识较为一致,因而经济法制度建设的目标更为明晰和确定,经济法理论的共通性和共识度逐渐增强。

我国的经济法制度涉及财税法、金融法、竞争法等多个领域,若一一梳理其制度变迁,列举其立法变化,则可能用很大篇幅亦未能穷尽。为此,对于我国经济法制度的变迁,可考虑从分配的视角、经济政策的视角、风险防控的视角等展开研究。从上述视角出发,往往不需要列举全部的立法变化,就可揭示经济法理论沿革与制度变迁之间的内在关联等重要问题,因而是更为可取的。由于经济基础决定上层建筑,个体的利益分配和国家的财政分配既是推动改革开放的重要动因,又是推动经济法制度建设的重要动力,因此,有必要从分配这一经济基础领域的重要方面出发,简要解析经济法制度建设的相关问题,并在此基础上,说明经济法制度变迁与经济法理论发展之间的内在关联。

(一) 从分配的视角看经济法制度建设

自1978年提出"以经济建设为中心"的思想以来,国家面貌发生了巨变,法制建设,特别是经济法制建设的成就尤其突出。为了更好地发展经济,改善民生,国家一直着力调整与企业和个人之间的"取予关系",以更好地解决分配问题,这已成为经济法制建设的一条重要线索,因此,可从分配的视角审视经济法的制度建设。

从经济法的立法看,尽管立法层次和类型多种多样,但始终贯穿着分配的主线。从农村改革到城市改革,从企业利益调整到个人利益调整,从个体利益分配到财政利益分配,所涉及的经济法领域的法律法规非常之多,现仅举不同阶段的代表性法律、法规如下:

在改革开放初期,国务院于1979年发布了《关于发展社队企业若干问题的规定(试行草案)》,以解决农村企业发展问题、工业化问题,其中涉及重要分配关系的调整。此外,国务院于1980年发布《关于推动经济联合的暂行规定》(后被1986年国务院发布的《关于进一步推动横向经济联合若干问题的规定》代替),其中,不仅涉及经济法要调整的竞争关系,也涉及分配关系。由此可见,在最初的改革开放立法中,由于多方面的原因,最初的制度建设往往综合性更强,并且,调整分配关系始终是其中的重要内容。

在改革开放之初,个体利益分配与财政利益分配,是亟待经济立法解决的"两类分配"问题。为此,1980年《关于实行"划分收支、分级包干"财政管理体制的暂行规定》强调,国家对各省实行"划分收支、分级包干"的财政管理体制,"在巩固中央统一领导和统一计划,确保中央必不可少的开支的前提下,明确各级财政的权利和责任,做到权责结合,各司其职,各负其责,充分发挥中央和地方两个积极性"。同年9月,五届全国人大三次会议通过了《中华人民共和国个人所得税法》,意在解决政府间财政利益分配的同时,更好地解决国家与个人(尤其是外籍个人)之间的分配问题。基于同样的考虑,1981年1月,国务院发布了《关于平衡财政收支、严格财政管理的决定》以及《中华人民共和国国库券条例》,启用了多年未用的国债手段,用于平衡财政收支,解决国家的财政分配困难问题。此外,同年12月,五届全国人大四次会议通过了《中华人民共和国外国企业所得税法》,意在进一步解决国家与外国企业之间的利益分配关系,以缓解国家财政困难,推进对外开放,维护国家财政利益,平衡各类企业的税收负担。

随着改革开放的深入,特别是城市改革的启动,国有企业与国家之间的利益分配关系被摆在突出重要位置。由于同上述的外国企业和个人相比,国有企业(时称国营企业)才是国家财政收入最主要的提供者,国家要有效推进改革,必须理顺国家与国有企业之间的分配关系,为此,国家在20世纪80年代初,开始实行"利改税",即把原来的缴纳利润改为交纳税金。"利改税"不仅具有重要的经济意义,还有重要的法律意义,它把国家与国有企业之间的分配关系纳入了法律调整的轨道,在经济上使国有企业逐步走上了自主经营、自负盈亏的道路,在法律上使国有企业逐渐成为真正独立的法人。"利改税"在1983年和1984年分两步进行。按照国务院1984年9月18日批准颁布的《国营企业第二步利改税试行办法》,以及同日公布的一系列"税收条例(草案)",我国陆续开征了产品税、增值税、盐税、营业税、资源税等税种,从而使税法制度成为在国家和国民之间分配社会财富的重要工具。

上述税法制度作为经济法制度的重要组成部分,对于推进20世纪80年代中后期的改革开放起到了重要作用,但在1992年我国确立实行市场经济体制以后,其诸多不足日益显现。为此,我国在1993年年底制定了大量新的税法制度,并于1994年1月1日正式实施,这就是影响深远的"94税改"。它与分税制的财政体制配套并行,确立了我国实行市场经济体制后的基本税法制度。此后,每十年都会启动新的税制改革、但在基本的市场体制确立以后,税制的基本架构并无大的变化,主要是侧重于相关制度的完善,这可能是一个基本的规律。

上述的经济体制对相关法律制度的影响,以及更根本的经济基础对于经济法的决定性作用,作为基本规律,早已为人们所认识。由于我国的经济体制经历了改革之初的计划经济体制,继而转为有计划的商品经济体制,并将最终的改革目标定为市场经济体制,因此,国家的经济管理也要从"统制经济"向"调制经济"方向转变(从对经济的"统一管制"转向"调控和规制"),经济法的制度建设也要相应体现这些特点,即从最初的综合性立法,转向更为具体明确的立法。同时,整个立法的内容,也要与改革开放的成果紧密关联,并将改革开放的一些主要经济政策加以法律化。在此过程中,有关分配问题的解决始终是立法的重要内容,从而使分配成为一条重要的主线,贯穿于整个经济法制度建设的始终。也正因如此,分配不仅是改革开放过程中的重要问题,也是贯穿整个经济法制度建设的一条重要经脉。

(二) 经济法的制度流变与法学研究之间的关联

改革开放以来,我国经济法的制度流变与法学研究之间的联系十分密切。这源于经济体制对经济法制度建设的影响,以及现实的经济问题及其法律解决对于确定经济法研究对象的影响。由于个体利益分配和国家财政分配问题,始终是经济法制度建设和法学研究的重要内容,因而分配的线索也自然成为连接经济法制度建设和法学研究的重要路径。

如前所述,在改革开放之初,由于整体经济的计划性仍然很强,法制观念淡薄,国家的法律数量偏少,且集中于刑法、刑事诉讼法等传统法律领域,经济立法主要体现在涉及国家主权的税法领域,这与改革开放的阶段性有关。此外,在改革方面,由于国家最初对改革目标的定位并不清晰,加之全国人大的立法能力相对较弱,因而国务院是经济立法的重要主体,国务院制定的法规、文件,实质上是重要的法律渊源,由此使授权立法也引起了广泛关注。在这一时期,经济法理论初创,对于经济法与传统法在调整对象上的区分还有诸多歧见。由于学界对民法、经济法等部门法之间的边界难以界分,对法律的调整目标、调整对象、基本功能的认识不够清晰,因而许多人主张对纵向和横向的经济关系都予以调整,由此形成了影响较大的纵横统一经济法理论,或称"纵横统一说"。这一学说尽管受到苏联学者的理论影响,但也与中国当时的经济体制以及整体观念等直接相关。无论是"纵横统一说",还是与之相关其他学说,就当时的经济、政治、社会和法律发展阶段而言,都有其一定的合理性。

随着"有计划的商品经济"体制的实行,特别是1986年《民法通则》的颁布,国家明确纵向的经济关系要由经济法、行政法调整。经济体制的变革使经济法制度发生急剧变化,并直接影响经济法理论研究。在国家明确民法主要调整横向经济关系以后,经济法理论亦随之作相应调整,其中影响最大的是"管理—协作说"。该理论是对当时的经济、法律发展情况的高度概括,其中,"管理"体现的是"有计划"的一面,"协作"体现的是"商品经济"的一面,这与当时的"有计划的商品经济体制"是内在一致的,因而产生了较大影响。

众所周知,与市场经济体制相适应的经济法制度,直到1992年明确实行市场经济体制的目标以后,才在1993年及其后的几年陆续出台。特别是1993年有关市场规制方面的法律(如《反不正当竞争法》《消费者权益保护法》《产品质量法》)的颁行,1994年财税法律制度(特别是一大批税收方面的"暂行条例")的颁行,1995年金融法律制度(如《中国人民银行法》《商业银行法》等)的颁行,使经济法重要部门法的主要法律陆续问世,实现了基本的法制化。经济体制改革目标的确立,经济法制度的完善,不仅促进了财税法、金融法、竞争法等相关部门法的兴起,也推动了经济法理论的大发展。从1992年年底到1993年年初,结合新的市场经济体制,已有一些经济法理论的探讨;到1994年,经济法理论研究再度进入繁荣阶段。这时的经济法理论研究在学术上更加成熟,共识度也更高,从而形成了新的"经济法诸论"。这些理论普遍体现了市场经济条件下共通的经济原理和法律原理,因而许多理论观点的基本内核并无较大差别,尤其对经济法理论的基本原理、基本范畴、调整对象、特征、体系以及主体、行为、责任等具体理论的认识,亦无根本分歧。由此可见,稳定的经济体制,有助于形成较为稳定的经济法制度,以及较为接近的经济法理论;同时,也使经济法理论会更关注具体制度变迁,从而增进理论研究与制度变迁之间的关联。

从总体上说,我国的经济体制、经济政策、经济法制度和经济法理论,在不同时期会分别受管制主义、自由主义、适度规制主义等思想的影响,并在立法、法学研究上有所体现。在经济法的制度上,上述思想会体现在经济法的调整目标、基本原则、调整方式的规定等方面;在经济法理论上,则体现为不同历史时期对经济法的对象、特征、体系、功能等方面的认识。例如,基于经济法保障宏观调控和市场规制的功能,不难发现:经济法具有突出的现代性,是能够有效解决现代社会突出的现代问题的法;经济法是促进发展之法,它有助于解决现代国家普遍关注的如何促进发展的问题;经济法是政策之法,具有突出的政策性,并因而具有调制性,等等。

中国改革开放的实践表明:生产关系特别是分配关系的变化,推动了经济体制的变化,并进而带来了法律的变化,使经济法应运而生并不断发展;与此同时,经济法的思想、理念、观点、理论,也随之发生或快或慢的变化,同经济学以及整体法学的理论和思想的变化等,都有密切关联。同时,不仅经济、社会、政治等方面的发展,影响着经济法的发展,整个法律体系自身的变化、法学理论的发展,也深刻影响着经济法的制度建设和法学研究。可见,经济法领域的制度变迁、思想变迁和理论变迁,受到了多种因素的综合影响。

本章小结

在前面对经济法理论有一定了解的基础上,有必要在更广阔的时空维度上理解经济法的原理以及不同历史时期的中外经济法理论,把握经济法理论与经济法制度之间的密切关联。为此,本章着重讨论经济法的理论借鉴与经济法的制度流变,从中不难发现在理论发展与制度变迁过程中,理论与制度始终存在密切的关联。

在有关理论借鉴的部分,本章强调对中外经济法理论的借鉴非常重要。无论是大陆法系的德国和日本的经济法理论,还是英美法系国家学者对经济法的基本看法,对于丰富和发展我国的经济法理论都有借鉴意义。在我国经济法理论的产生和发展过程中,理论借鉴和学术创新这两个方面都要高度重视。

在有关制度流变的部分,本章强调经济法制度的沿革流变为经济法研究提供了重要的源泉和素材。研究经济法的发生论,探究经济法理论产生和发展过程中的重要问题,推进经济法的学术研究和理论创新,就应当重视制度流变问题研究。为此,本书以大陆法系的德国和日本,以及英美法系的英国和美国为代表,考察其制度流变的历程和成因,揭示不同历史时期经济法的立法特点,从而发现制度变迁的共性问题或一般规律,这对于全面认识经济法制度是非常重要的。

上述认识有助于进一步认识我国经济法制度的流变。中国的改革开放起于分配,并随分配关系的调整而深化。个体利益分配是影响改革开放的基本动因,国家财政分配是影响改革开放的直接动因。正是这些分配方面的动因,推动着改革开放的起步和深化,也推进着中国经济法的产生和发展。

从分配的视角看,在改革开放过程中,国家是先"放权让利"以培育市场主体,再适度集权,进行宏观调控和市场规制。由此,国家的权力控制经历了"收—放—收"的过程,经历了从统制到放权,再到适度规制的过程,研究这一过程有助于揭示国家经济职能、经济体制、经济政策以及经济法制度、经济法理论等方面的内在关联。

第六章

主体结构与能力差异

本章导读

主体理论是经济法总论的重要组成部分,它包括一系列具体理论,如主体分类理论、主体组合理论、主体结构理论,以及主体依据理论、主体能力理论等。上述理论相互关联。其中,前三类具体理论涉及主体的分合,核心是主体结构,后两类具体理论强调的是主体能力差异的原因与体现。此外,对于上述理论的探讨,还涉及既存的角色理论、主体资格理论、二元结构理论等方面的问题。为此,下面分两节,分别探讨经济法的主体结构与主体能力的差异。

第六章 主体结构与能力差异

第一节 主体分合的结构分析

经济法上的一切制度安排,都是为了规范相关主体的行为,调整这些主体之间发生的社会关系,保护各类主体的合法权益,因此,明确经济法主体的具体类别,有助于有针对性地进行规范各类主体的行为,实现各类经济法主体所追求的价值和经济法的调整目标。

要有效规范经济法主体的行为,保护经济法主体的合法权益,需要明确经济法主体的特殊性。这种特殊性体现为经济法主体具有不同于其他部门法主体的特殊组合;而要明确经济法主体的组合,需要先明晰经济法主体的具体类别,在此基础上,才能揭示经济法主体组合的特殊性,以及经济法主体体系的特殊结构。为此,下面就层层递进地分别讨论经济法主体的分类、主体组合,并基于主体分合原理,进一步展开结构分析。

一、经济法主体的分类

(一) 从角色理论看经济法的主体分类

依据角色理论,同一主体因受不同法律的规制,其角色可能发生转变。例如,市场主体,在经济学上是指企业和消费者,以及可转化为企业和消费者的其他主体(如某些情况下的第三部门),这些市场主体可成为民法上的民事主体,也可成为商法上的商事主体、行政法上的行政相对人、诉讼法上的诉讼主体,等等。据此,这些市场主体可参加到不同的法律关系中,成为不同部门法的主体,担当多种角色,其行为会受到不同法律的规范。依此类推,上述市场主体同样可成为经济法主体,无论其在经济法的各个具体部门法中被唤作何名,称谓如何,如纳税人、商业银行、中小企业,或者是经营者、消费者、竞争者,等等,其身份仍然是经济法的主体。

上述角色理论，也可适用于与市场主体相对应的广义政府。① 即政府同样可多种角色参与到多种法律关系中，成为不同的法律主体。例如，政府不仅是行政法的主体，它同样可成为民商法主体、社会法主体、诉讼法主体，等等，当然，也可作为宏观调控主体或市场规制主体，成为经济法上的主体。

可见，现实生活中的各类主体，无论其名如何，都可具有多种角色或多种身份，成为多个法的主体。这是各类法律从不同角度对同一主体进行法律规范的结果。因此，传统部门法的主体同样可成为经济法的主体，并可能在经济法中获取新的称谓。有鉴于此，有必要对经济法主体作出基本的界定和分类。

(二) 经济法主体的具体分类

所谓经济法主体，是指依据经济法而享有权力或权利，并承担义务的组织体或个体。这里的组织体，可能是政府，也可能是企业或非营利组织等；这里的个体，即法律上的非组织体，如本国公民、外国人，等等。可见，经济法主体可由传统部门法的各类主体转化而来。

明确经济法主体非常重要，因为只有主体存在，才可能存在主体的行为及相应的权义和责任，才能谈到经济法的调整目标和价值实现等问题。但由于事实上各类主体所从事的行为和相应的权义、责任等不尽相同，因此，有必要对各类经济法主体先进行分类，然后再分别有针对性地进行研究。

从经济学上说，参与市场运行的主体可分为国家、企业和个人，它们通过市场来连接。国家通过市场来引导企业，企业通过市场来与消费者进行交换；同时，企业、居民的需求又通过市场反映给国家。上述主体的分类实际上为经济法的调整提供了基本的框架。

经济法的主体分类也与调整对象直接相关。依据调整对象的二元划分，可将经济法主体分为宏观调控法主体和市场规制法主体两类。其中，宏观调控法主体可分为调控主体和受控主体，市场规制法主体可分为规制主体和受制主体。其中，调控主体与规制主体是主导者，但受控主体和受制主体也具有一定的独立性和主动性，并非完全被动地受控或受制于人。由于调控是一种广义上的规制，规制也是一种广义上的调控，两者在根本上是一致的，具有很多共性，

---

① 经济学上对政府的理解往往是广义上的（包括了立法机关、行政机关和司法机关等），这同公法、公权力、公共物品的提供等相对应。当然，还有更为广义的政府，它包括了由财政负担经费的各类公共部门，甚至包括各类非营利机构，而不仅限于国家机关。可参见国际货币基金组织编著：《财政透明度》，人民出版社2001年版，第2页。

因而可将调控行为和规制行为合称为调制行为,由此可将经济法主体分为调制主体和调制受体两类。

对上述的调制主体,即调控主体和规制主体,也可从其他角度进行分类。例如,调制主体还可进一步分为调制立法主体和调制执法主体等,这样,在宏观调控方面享有立法权或准立法权的国家机关,就可成为经济法的调制主体。在中国,通常人们较为关注的调制主体主要包括财政部、国家税务总局、中央银行、国家发展和改革委员会①,以及商务部、国家市场监管总局,以及多个监督管理委员会,等等。需要强调的是,不能把调制主体完全等同于行政机关或政府部门,因为政府的职能和角色是多元的,它不只担负传统的政治职能,还要承担经济职能和社会职能。因此,政府部门所执行的法,并不限于行政法,或者说,政府所执行的并不都是行政法,它同时还要执行经济法和社会法等。反过来说,并非所有的行政机关都是调制机关,因为有许多行政机关并不具备宏观调控或市场规制的职能。

调制受体即依法接受调制的主体,包括作为市场主体的企业和居民等(第三部门如果从事生产经营活动也属之)。如纳税人、商业银行或各个行业的企业、消费者等,都可成为经济法上的调制受体。第三部门的情况较为复杂,如果第三部门从事生产经营活动,提供私人物品,当然也属于调制受体,要接受国家的宏观调控和市场规制;如果第三部门不从事生产经营活动,从而与其非营利性的特征相一致,就不会以市场主体的身份而成为调制受体。② 由此可见,第三部门虽然有时可成为经济法的调制受体,但因其自身的特殊性,它并不会成为经济法的主要主体。

二、经济法主体组合的特殊性

对主体进行不同的分类,不仅是为了有针对性地研究其权利、义务、权力、责任等问题,也是为了从不同的分类中,发现不同类型的主体是如何组合并共同发挥其整体功效的。因此,不仅要看到各类主体如何各自分开,还要看到这些主体如何组合起来,并揭示主体组合对主体理论的影响。

---

① 这些主体不仅是重要的宏观调控执行主体,而且在某些方面还拥有重要的准调控立法权,并在现实经济生活中发挥着重要作用。此外,国家发展和改革委员会曾几易其名,由原来的国家计划委员会先后改为国家发展计划委员会、国家发展和改革委员会等。但这些名称的修改,似乎并未经过仔细论证。从宏观调控的基本方式来看,计划在市场经济条件下仍然是非常重要的。

② 其实,是否具有营利性或收益性,有助于判断一个主体(特别是第三部门)能否成为经济法的调制受体。这从税法上就可得到验证。可参见张守文:《略论第三部门的税法规制》,载《法学评论》2000年第6期,以及《论税法上的可税性》,载《法学家》2000年第5期。

1. 不同部门法的不同主体组合

在主体理论中,主体组合理论是不应忽视的。事实上,不同的部门法有不同的主体组合。例如,民法的主体组合是"自然人与法人",基于均质性和无差异性假设,民法上的各类主体都被认为具有平等地位,并主要通过民事行为来联系。又如,行政法的主体组合是"行政主体与相对人",或者"行政主体与监督主体",基于权源的非同一性和层级性假设,行政法各类主体的地位被认为是主从关系,它们主要是通过行政管理行为和行政监督行为来联系的。

与上述各类主体组合不同,经济法的主体组合是"调制主体与调制受体",具体又包括"调控主体与受控主体",以及"规制主体与受制主体"这两类主体组合。它们之间的联系主要是通过调制行为来实现的,其地位是非平等的。事实上,在不同的主体组合中,主体的地位、权义、责任等是不尽相同的。因为在不同的法律关系中,主体的角色是不同的。

2. 经济法各个部门法的主体组合

"调制主体与调制受体"作为一种主体组合,普遍适用于经济法的各个部门法领域。由于经济法的各个部门法都有其特殊性,调制主体与调制受体在各个部门法上有不同的称谓,从而形成了各类具体主体组合。

例如,在宏观调控法领域,调控主体与受控主体是基本的组合,此类组合在财政法领域,体现为财政调控主体与财政受控主体的组合,在税法领域体现为税收调控主体与税收受控主体的组合,在金融法领域体现为金融调控主体与金融受控主体的组合,等等。从现实情况看,财政、税收的调控主体包括财政部、国家税务总局、海关总署等,以及相关有财税立法权的机关;金融调控主体主要是中国人民银行,以及其他有金融调控权的主体。而财税、金融领域的受控主体,则主要是各类企业和居民。

又如,在市场规制法领域,规制主体和受制主体是基本的组合,此类组合在反垄断法、反不正当竞争法等竞争法领域主要体现为竞争规制主体与竞争受制主体的组合。其中,反垄断、反不正当竞争的执法机构,以及其他法定机构,是重要的竞争规制主体,现实中的商务部、国家市场监管总局,以及其他依法享有法定监管职权的主体,都是竞争规制主体;与之相对应的各类市场主体,则是竞争受制主体。

3. 明确主体组合的重要价值

明确主体组合,不仅有利于区分不同主体在不同部门法中的角色及其具体权利义务,也有利于揭示各个部门法不同的"权义结构",以及相应的责任等方面的区别。由于各个部门法都有自己不同于其他部门法的主体组合,因而主体组合也是各个部门法既相区别又相联系的一个重要方面。

此外,主体组合本身,也说明了特定结构与特定功能之间的关系。各部门法基于自己的调整对象和特征,都有自己的特殊主体组合。而这些组合所形成的特定结构,就会产生特定的功能,从而形成一个部门法的特殊功用和重要价值。从结构与功能分析方法看,结构与功能的紧密联系是很值得重视的。事实上,立法的主要目标就是解决新问题,为此,就要求法律具有能够产生特定功能的结构,包括主体结构、权义结构和责任结构等。其中,主体结构表现为主体组合,它决定了具体权义结构和责任结构。可见,主体组合是经济法学乃至其他部门法学科都应当研究的重要问题。

三、经济法主体的二元结构

经济法主体的构成体现为一种二元结构,即可分为调制主体与调制受体,并可进一步分为调控主体与受控主体、规制主体与受制主体。

上述的主体二元结构,会体现在经济法的各个具体部门法中。例如,在各类财政法中,人们要关注财政收入的征收主体与缴纳主体、财政支出的拨付主体与受益主体;在具体财政法中,也会存在各类重要的二元主体,如在预算法中,有预算审批主体与预算执行主体;在国债法中,有国债的权利主体与义务主体;在转移支付法中,有转移支付的发动主体与受益主体;在税法中,有征税主体与纳税主体,等等。可见,主体的二元结构会体现在经济法各个层次的部门法中。在经济法的各个部门法中存在的多个层次的主体二元结构,体现了经济法主体的复杂性。事实上,传统部门法所涉及的主体往往在性质上较为单一,在称谓上也并非那么多样,因而可用较为统一的一套制度去进行相关调整。但经济法上的主体则不然。各类主体在性质上并非同一,称谓也可能因种种原因而变化多端,从而使相关制度安排也变得更为复杂。

上述主体上的二元结构,同社会科学领域里可普遍适用的公私二元结构假设存在着内在的一致性。[1] 从形式上看,经济法所涉及的主体主要有两类,一类是传统的公法主体,另一类是传统的私法主体。由于经济法要为公法主体的公权力如何作用于私人市场经济提供约束和保障,因此,必须有效平衡传统的公法主体与传统的私法主体的权力与权利、公益与私益等诸多冲突,规范两类主体的行为。经济法需要对两类主体统一规范,并将其转变为经济法的主体,

---

[1] 参见张守文:《经济法理论的重构》,人民出版社2004年版,第33—37页。

从而形成经济法主体上的二元结构。

四、经济法各部门法的重要主体

为了更好地理解上述主体组合理论以及主体的二元结构理论,下面选取经济法的一些主要部门法的重要主体,来举例说明。

(一) 财政法主体的二元结构

在广义的财政法领域,与经济法总体上的主体二元结构相对应,形成了以下财政法所特有的主体的二元结构以及主体组合:

1. 财政收入法主体和财政支出法主体

财政法在理论上可分为财政收入法和财政支出法,其主体可称为财政收入法主体和财政支出法主体。这只是一种宏观上的理论划分。具体说来,在不同的领域,财政主体还可作进一步的具体分类。

例如,在财政收入法领域,财政主体可分为征收主体和缴纳主体。其中,征收主体包括税务机关、海关等各类税收收入的征收主体,以及各类有权获取非税财政收入的征收主体,这些主体一方面在行使征收权,另一方面也对所获取的财政收入享有收益权。与上述征收主体相对应的,就是各类缴纳主体,其主要义务是依法缴纳税费。

又如,在财政支出法领域,财政主体可分为履行财政支出义务的主体和享有财政收益权利的主体,可也可简称为支出主体和受益主体,或者拨款主体与受款主体。在财政支出法领域,财政性资金为谁所用,历来是人们关注的问题,通过主体的分类,有助于明晰财政性资金的流向,分析财政权行使的具体问题。

2. 财政调控主体和财政受控主体

依据财政法的功能,还可把财政法主体分为财政调控主体和财政受控主体。其中,依法运用财政权进行调控的主体,即为财政调控主体(如财政部);依法接受国家财政调控的主体,即为财政受控主体。

财政调控主体与财政受控主体的地位是不平等的。其中,前者处于主导地位,并通过各类财政手段的运用来影响后者的行为。但后者并非完全被动的承受主体,而是具有一定的主动性,同样会从事理性的博弈行为,并由此影响财政调控的实效。

3. 财政法各部门法领域的主体组合

除了上述理论上的分类以外,依据财政主体所处的具体领域的不同,还可对财政主体作出更为具体分类,包括预算法主体、国债法主体、政府采购法主体和转移支付法主体,等等。

例如,在预算法领域,预算法主体可分为预算收入主体和预算支出主体。此外,按照预算活动的程序,也可把预算法主体分为预算审批主体、预算执行主体,等等;从预算监督的角度,还可把预算法主体分为预算监督主体和预算监督受体,等等。

又如,在国债法领域,可按照阶段的不同,可把国债法主体分为国债发行主体与国债偿还主体、国债使用主体与国债管理主体,等等,从而形成财政法领域丰富的主体组合。

(二) 其他部门法的主体二元结构

除上述财税法以外,在经济法的其他部门法领域里也同样存在多种主体二元结构,从而形成了各个部门法领域里特定的主体组合。

例如,在金融法领域,可有金融调控主体与金融调控受体,以及金融监管主体与金融监管受体等主体二元结构,许多金融法制度都是围绕上述二元结构展开。至于具体中央银行与商业银行,以及银保监会与银行机构和保险机构、证监会与证券机构等多种类型的二元结构,都是上述总体上的二元结构在金融法各个部门法领域的体现。

又如,在市场规制法领域,可有市场规制主体与市场规制受体的主体二元结构,而竞争机构与竞争行为主体等多种二元结构,则是上述主体二元结构的具体体现。

上述各个具体二元结构所构成的主体组合,在经济法具体制度的制定和实施过程中,都必须着重予以考虑。只有在上述各类主体二元结构的基础上有效配置权利、权力,明确各自的义务或职责,才能更好地实现经济法的调整目标。

第二节　能力差异原因与体现

在经济法等各个部门法领域,主体能力历来非常重要。依据差异原理,经济法主体的能力存在着差异,这与经济法主体在资格取得以及现实存在的多方面差异直接相关。探讨经济法主体的能力差异,需要基于经济法主体依据理论,发现主体资格取得方面的差异性及其原因,并在此基础上,进一步分析经济法的主体能力差异的具体体现。

一、主体资格取得的差异性

主体资格的取得问题,就是主体产生的依据问题,与之相关的理论可称为主体依据理论。经济法主体资格的取得有别于其他部门法,具有多维性和特殊性,并由此形成了各类经济法主体之间的差异性。

(一) 资格取得的多维性

调制主体与调制受体取得经济法主体资格的法律依据是不同的,并且,具体调制主体和调制受体都有各自不同的法律依据。例如,财政调控主体和金融调控主体,计划调控主体与竞争规制主体等,其权源、具体法律依据都不同。同样,调制受体虽然在总体上都是市场主体,但其具体身份往往也要随具体法律而定,也会存在一定差别。上述各类主体在法律依据上的不同,说明经济法主体在资格取得上具有多维性或多源性。这与各类主体地位的非平等性、各自的职能和任务的差异性等有关。

通常,调制主体都是重要的国家机关,在立法和执法活动中都负有宏观调控和市场规制的职权和职责,其资格需依据宪法和法律的规定,特别是专门的组织法或体制法的规定才能取得。例如,中央银行、公平交易委员会之类的调控或规制机关,都需要有专门的法律授权规定,相关法律要对其任务、职权与职责等作出专门规定。

此外,调制受体通常是从事生产经营活动的市场主体,其资格取得的基本条件应当是一视同仁的,一般不需要由专门的法律作出特别规定,因此,其资格取得主要是依据反映主体平等精神的民商法,但在经济法领域,也不排除对某些特殊行业的市场主体作出特殊的要求,这主要还是基于社会公益的考虑。如对银行、保险、证券等领域的特殊要求,对某些领域的产业政策的特别调整等,都反映了经济法在市场准入方面对社会公益的考虑。

在调制受体中,企业是最重要的;在企业中,公司是最重要的。正因如此,有学者认为商法实质就是企业法;也有人提出了经济法理论中的企业法论。其实,对企业与平等主体的经济关系,需要民商法调整,对企业与国家的经济关系,需要经济法的调整。在市场经济条件下,企业与国家的经济关系,主要是收入分配关系和竞争规制关系,对这些关系的经济法调整,有助于使市场主体在受到一定经济约束的同时,充分享有市场竞争方面的经济自由。

(二) 从企业的法律形态看调制受体的资格取得

企业的法律形态,是指根据企业在产权形式、责任承担方式以及企业组织形式等方面的差别所确定的企业在法律上的类别形态。以德国学者李夫曼的研究为肇端,学者开始重视企业法律形态理论,关注如何在法律上对企业进行分类。由于企业是非常重要的调制受体,因而通过企业的法律形态的研究,可揭示调制受体的资格取得的一些问题。

在企业法律形态的具体研究中,以下两个方面的问题较受关注:第一,企业的法律形态应由法律加以规定,其主体资格由法律来规定,不同形态的企业在法律上的主体地位不同。据此,企业有了法人企业和非法人企业之分,并由此影响企业的权义、责任和待遇等方面。第二,确定企业的法律形态应依据一定的标准,包括产权标准(涉及所有权归属和投资者权益、企业是独资还是合资等)、责任标准(涉及对外承担责任的方式、有限责任与无限责任或两合责任等)、组织标准(涉及是选择公司形式还是非公司形式等)等。

依据上述标准,各国通常在法律上至少确立企业的三种法律形态,即独资企业、合伙企业和公司企业。在传统市场经济国家,三种企业法律形态的发展是一个自然的演进过程。各种企业形态都有其存在价值。在主体资格方面,各国法律规定并不一致。但从总体上说,传统市场经济国家的企业立法相对比较完善,市场主体的经济自由权,如竞争自由权等能够得到较为充分的保障,调制受体的主体资格取得有较为充分的法律依据,从而不仅为市场交易的顺利进行,也为国家的宏观调控和市场规制奠定了重要的基础。

我国曾长期按所有制标准进行企业立法,具体立法庞杂而混乱。因此,有人提出要建立现代企业制度,强调按照上述的"三分法"来构建企业法体系。目前,涵盖个人独资企业法、合伙企业法、公司法的立法体系已经构建完毕。由于中国的改革是政府主导型的,企业形态的发展并非自然演进,因而曾出现在公司之外还有非公司的法人企业,法人与公司外延不同一的问题;同时,还出现了许多"三分法"以外的企业法律形态①,这都带来了调制受体资格取得的多维性问题。为此,国家非常重视市场主体法律体系的建设②,以求更好地解决在调制受体方面存在的诸多问题。

---

① 例如,在一些学者看来,乡镇企业、合作社企业等企业法律形态,就同"三分法"所确立的企业法律形态有所不同。此外,大中型企业与中小企业之类的划分,也会带来法律上的实质地位、待遇、能力等方面的不同,因而对调制受体的主体资格都会产生影响。

② 除在公司、合伙、独资企业等方面加强立法外,我国还于2019年颁布了《外商投资法》,从而使市场主体法律体系的协调性进一步增强;同时,该法涉及的大量经济法规范很值得研究。

(三) 经济法主体资格取得的特殊性

经济法作为高层次的法，与基础性的部门法有密切的联系，这在主体资格取得方面也有体现。例如，调制主体的资格取得主要源于宪法和法律，特别是一些专门的组织法或体制法，这使其与宪法、行政法等有一定关联，而调制受体的主体资格取得则主要依据传统民商法。可见，在经济法主体中，调制主体的资格取得与宪法性法律相关，而调制受体的资格取得则与民商法相连，从而使经济法主体资格的取得具有多源性或称非单一性，这既是经济法特殊性的重要体现，也是经济法同传统部门法密切联系的具体写照。

不仅如此，经济法主体资格取得的特殊性还表现在：第一，虽然调制主体的资格取得源于宪法性法律，但与一般行政主体的资格取得还是有所不同，特别是在主体职权方面，更强调有关宏观调控和市场规制职能的落实，这已体现在一些专门的法律规范中。如中央银行、反垄断执法机构的职能、职权等，都由专门法律作出具体规定。第二，虽然调制受体主要由民商法确定其资格，但不排除在市场准入方面，基于产业政策等考虑，由专门的经济法规范对其主体资格或资质条件等作出专门限定，如对企业规模的限制(有时是对最低规模、注册资本等的限制)，对商业银行相关条件的限制或开业区域等方面的限制，等等。这既有助于实现国家的经济政策，确保调控或规制目标的实现，保障社会公益等，也体现了经济法主体资格取得方面的特殊性。

(四) 主体的差异性

依据前述的差异原理，主体的差异性是经济法特殊性的具体表现。事实上，各类主体之间的差异以及由此形成的主体组合上的差异，可能带来主体行为、权义、责任等诸多方面的不同，从而会使相关制度存在较大差异。

传统民商法在主体上的一个重要假设是均质性假设，它强调主体在经济能力、认知能力、信息能力等方面是无差别的，因而主体才是"平等"的，并基于这种"平等"设计和发展出了一系列民商法制度。而经济法则正好相反，主要是强调主体的差异性。基于经济法上的一系列重要原理，如利益多元原理、有限理性原理、两个失灵原理等，不难发现，经济法上的各类主体，都有自己的利益追求，由于"利令智昏"等多种原因，各类主体的理性都是有限的，在信息偏在、外部效应等市场失灵因素普遍存在的情况下，主体的认知能力、信息能力等相差甚多，更何况经济法主体是分布于千差万别的地域，因此，在经济法主体之间所存在的差异性，是一个特别需要考虑的问题。这也使经济法要更多地体现实质正义，而不仅是形式正义。

在经济法领域,合伙、不具有法人资格的社团、企业的分支机构或内部组织等,都可成为经济法的调制受体,并具体成为税法、银行法、竞争法等领域的主体,它们既可是义务主体和承责主体,也可是权利主体,其行为不仅会影响第三人利益,也会影响国家利益、社会公益和市场秩序,因此,必须对上述主体的行为进行有效规制。

二、主体能力差异的体现

经济法主体的能力问题,是一个长期被忽视的问题。以往的主体理论研究,比较关注主体的权利能力、行为能力、责任能力、诉讼能力等诸多能力,这在传统的民法、程序法等领域最为显见。由于在经济法领域存在主体的二元结构,各类主体并不具有同一的能力,并且,各类主体在权能、权源等方面不同,使其地位和能力各异,因而需要分别针对不同的主体来研究其能力差异的体现。

一般说来,对于主体的能力,主要可从"资格说"和"意志实现说"两个方面理解:前者是把能力看作一种资格,后者是把能力视为实现主体意志的能动力量。依据"资格说",主体的能力主要与法律对相关权力或权利的赋予有关,因此,需要研究主体的权力与权利;依据"意志实现说",主体的能力与一定的经济实力或势力、智力等有关,同时,也与主体的行为有关,因此,需要研究主体的行为。

通常,在经济法主体的能力方面,从"资格说"的角度看,调制主体的能力更受关注,它涉及法定原则以及对相关主体的保护等诸多问题;从"意志实现说"的角度看,在关注调制主体能力的同时,也要关注调制受体的能力。这既涉及调制受体的积极合作,也涉及其消极的不合作。

基于经济法主体能力差异的客观存在,若能把上述两说结合起来,则对于主体能力的认识可能会更为全面。调制主体进行调制,必须具有调制能力,包括宏观调控主体的财税调控能力、金融调控能力、计划调控能力等,以及市场规制主体的竞争规制能力或秩序维持能力等。这些能力的取得,离不开法律对调控主体或规制主体的调控权或规制权的专门规定,因为只有具备专属的调控权或规制权,才具备相应的"行权资格";同时,上述能力的实现,也离不开这些主体的宏观调控行为和市场规制行为,因为没有这些特定的行为,相关主体的意志就无法转化为现实。

在经济法各部门法的研究中,都涉及相关主体的能力差异问题。例如,在财政法上,要关注汲取财政的能力、财政支出的能力、发债的能力与偿债的能力、转移支付的能力;在税法上要关注征管能力;在金融法上要关注金融调控能力、金融监管能力;在竞争法上要关注竞争规制能力,等等。

此外,调制受体的能力也很重要。调制受体要同调制主体进行博弈,必须具有博弈能力或称对策能力。这是调制受体遵从或不遵从的基础,会直接影响调制的效果。例如,在税法领域,应当量能课税,即对纳税能力强的人应当多征税,反之则少征或不征。因此,纳税能力的强弱,也会直接影响纳税人的博弈。如果纳税人的纳税能力强,则国家征的税相对就可多一些,国家的调控力度也就可大一些。此外,在企业的竞争能力上也是如此。竞争法的重要目标是要维持公平的、正当的竞争秩序,这要以企业的竞争能力为前提。通常,如果企业的竞争能力相当,则竞争就会持续,就不需要反垄断;反之,如果某个企业的竞争能力过强,其他企业的竞争能力较弱,则可能涉及反垄断问题,因此,竞争能力是在相关法律适用时需要考虑的一个重要因素。

无论是纳税能力、竞争能力抑或经济法主体的其他能力,都是具体部门法领域的重要范畴。但是,这些范畴的提炼还很不够,影响了主体能力的研究。事实上,上述能力不仅在各类主体的横向比较上很重要,而且在纵向比较上也有重要价值,它们是国家进行有效调制的重要基础。

可见,主体能力关系到相关主体的权利或权力,以及主体的行为,进而可能影响主体的责任。因此,能力是一个综合性的、概括性的范畴,能力差异是经济法主体理论的一个重要问题。

三、经济法各部门法主体能力差异举例

(一) 财政法主体的能力

从国家或政府及其职能部门的角度看,财政法主体的能力主要涉及汲取财政的能力、财政支出的能力、财政承受能力、发债能力与偿债能力、转移支付的能力,以及整体上的财政调控能力,等等;从上述主体的相对方看,主要涉及承担财政负担的能力(如纳税能力、缴费能力等)、获取财政支持的能力等。

在财政法主体的诸多能力中,认知能力很值得重视。财政调控主体和财政调控受体的认知能力,都会直接影响财政调控行为的实效,以及财政调控受体的利益。此外,财政主体的行为是否超乎认知能力,又会与其财政行为的合法性,以及是否要承担某种财政法律责任等发生关联。

上述各类财政法主体的能力,既与相关主体的法律地位、资格有关,也与相关主体是否具有实现自己意志的能动力量有关。从一定的意义上说,主体的能

力与相关主体的权利或权力、行为、责任等都有关联,它是一个综合性的、概括性的范畴。

(二) 竞争法主体的能力

竞争法的主体通常主要有两类,一类是规制竞争的主体,一类是参与竞争的主体。规制竞争的主体,主要体现为各类反垄断、反不正当竞争的执法机构;参与竞争的主体,则主要是各类市场主体或称经营者,有时也包括参与竞争、与民争利的政府或其他组织。

上述两类主体都要有自己的能力。其中,规制竞争的主体的规制能力直接影响竞争秩序或整个市场秩序。规制能力在广义上包括规制领域的立法能力,以及通常广受关注的是执法机构的执行能力。不断提高执法机构的执行能力,即依法展开规制的能力,是需要不断解决的重要问题。

此外,参与竞争的主体的竞争能力,同样非常重要。整个市场经济是否有活力,在很大程度上取决于各类参与竞争的主体的竞争能力。但是,任何主体不能为了获取竞争优势地位而人为地限制他人的竞争,也不能滥用自己的竞争能力从事违反诚信等商业道德的行为,对上述两类行为都要进行竞争法规制。

在现实经济生活中,有些市场主体通过协议行为提高整体的竞争能力,有些主体则是通过市场竞争,不断提高自己的竞争能力,甚至具备可控制市场交易条件的能力,不论哪种情况,如果提高竞争能力的协议行为是为了实现垄断,或者滥用自己超强的竞争能力,排挤他人的竞争,则都可能受到反垄断法的制裁。因此,参与竞争主体的竞争能力的提高,不应旨在追求垄断。此外,竞争能力也不应滥用,不应旨在损害其他竞争者。

【背景资料】 相关立法对主体能力的规定

许多立法都对经济法主体的能力有规定,只不过结合各类立法的特点,对主体的能力有不同的要求,这在调制受体的能力规定方面体现得尤其突出。例如,在我国,《证券法》对公司的持续盈利能力的规定,《反垄断法》对市场竞争能力、市场控制能力的规定,《价格法》对社会承受能力(实际就是市场主体等社会公众的负担能力)的规定,等等,都很有代表性。现将相关规定列举如下:

1. 《证券法》对持续经营能力的规定

第十二条 公司首次公开发行新股,应当符合下列条件:

(一) 具备健全且运行良好的组织机构;

(二) 具有持续经营能力;……

2.《反垄断法》对市场竞争能力的规定

第五条　经营者可通过公平竞争、自愿联合,依法实施集中,扩大经营规模,提高市场竞争能力。

第十七条　……本法所称市场支配地位,是指经营者在相关市场内具有能够控制商品价格、数量或者其他交易条件,或者能够阻碍、影响其他经营者进入相关市场能力的市场地位。

第十八条　认定经营者具有市场支配地位,应当依据下列因素:
(一)该经营者在相关市场的市场份额,以及相关市场的竞争状况;
(二)该经营者控制销售市场或者原材料采购市场的能力;……

3.《价格法》对社会承受能力的规定

第二十一条　制定政府指导价、政府定价,应当依据有关商品或者服务的社会平均成本和市场供求状况、国民经济与社会发展要求以及社会承受能力,实行合理的购销差价、批零差价、地区差价和季节差价。

第二十六条　稳定市场价格总水平是国家重要的宏观经济政策目标。国家根据国民经济发展的需要和社会承受能力,确定市场价格总水平调控目标,列入国民经济和社会发展计划,并综合运用货币、财政、投资、进出口等方面的政策和措施,予以实现。

4.《电子商务法》对控制能力的规定

第二十二条　电子商务经营者因其技术优势、用户数量、对相关行业的控制能力以及其他经营者对该电子商务经营者在交易上的依赖程度等因素而具有市场支配地位的,不得滥用市场支配地位,排除、限制竞争。

本章小结

对于经济法的主体理论,通常人们比较关注主体的具体分类,特别是现实中的一些具体主体类型,但对于经济法主体理论的构建,特别是其中所涉及的主体组合理论、主体能力理论等关注不多。本章在对经济法主体的具体分类作出抽象概括的基础上,提出不同类型主体在结构上的"主体组合"问题,并由此进一步提炼出经济法主体上的二元结构;此外,基于经济法主体资格取得方面的多源性,以及经济法主体与其他部门法主体、经济法主体相互之间在主体能力方面的差异性,又进一步提出了经济法主体的能力差异问题。这些都是在经济法主体理论研究中尚需深入研究的重要问题。

经济法的主体,不仅是经济法上的相关行为的发出者和接受者,也是相关权利、义务以及责任的承载者。因此,经济法的主体理论,同经济法的行为理论,以及权义结构理论、责任理论等规范论中的各个部分,都有十分密切的关联。因此,在后面相关部分的理论探讨中,还会深化主体理论的探讨,以进一步厘清经济法的主体理论。

经济法主体理论可包括经济法的主体分类理论、主体组合理论、主体结构理论、主体依据理论、主体能力理论等。上述理论紧密相关。其中,主体分类直接影响主体组合;而一定的主体组合会形成经济法主体的特定结构;而这种结构,则与主体产生的依据有关,同时,又会形成经济法的特殊功能,这些功能又与各类主体的能力存在关联。

上述主体理论的进一步拓展,会涉及制度实践的诸多具体问题,例如,与主体资格、地位、能力等密切相关的体制法问题、数字经济背景下的各类平台的主体地位问题、区域经济发展背景下的"区域"能否成为经济法主体的问题,等等,对于上述问题的深入研究,有助于推动经济法的主体理论不断走向成熟和完善。

第七章

行为理论与调制行为

本章导读

　　行为理论是经济法总论非常重要的组成部分。其中,有关行为类型、行为构成的理论最受关注,可统称为行为结构理论,而与行为结构理论直接相关则是行为评价理论。此外,在经济法的行为类型中,调制行为是非常典型、非常重要的一类行为,对于理解经济法的行为理论以及其他相关理论都具有重要意义。为此,下面分两节,分别讨论行为理论与调制行为的相关问题。

第一节 行为结构与行为评价

经济法主体的行为有哪些类型？各类行为有哪些特点？各类行为形成何种结构？应当用何种分析框架来对行为类型展开分析？这些都是经济法的行为结构理论要研究的问题，厘清上述问题，有助于有针对性地对相关行为进行规范，从而实现经济法的调制目标。

上述的行为结构理论，是经济法行为理论的重要组成部分。分析行为理论的研究价值，有助于形成对行为结构理论和行为评价理论的更全面的认识。

一、行为理论的研究价值

人类的行为非常普遍而重要，许多学科都有以各类行为为研究对象的行为理论。在法学领域研究行为理论，也要以行为作为探讨的基点。

法律的调整对象是一定的社会关系，而社会关系的建立则离不开人与人之间的交互行为。因此，也有人认为，法律的调整对象就是行为。或者说，行为是法律直接的调整对象，而社会关系则是法律的间接调整对象。

行为是主体和权利之间的桥梁、媒介，法律关系也主要是通过法律行为而创设或变更的，同时，行为还会使法律中的各个要素，如主体、客体、权利、义务、责任等互相关联，因此，法律可通过规范人们的行为，来实现对社会关系的调整。正由于行为对法律的调整至为重要，行为主义法学强调，要把"法就是规则"的认识，转变为"法就是行为"[1]，据此，应深入研究主体的行为。

行为是社会科学的重要研究对象。经济学、政治学、社会学等，都在从不同的角度研究行为。[2] 许多学者认为，如果说传统法学侧重于研究规范、规范体系及其结构，那么，现代法学的焦点正在从规范中心转移到行为中心，并通过观察、揭示法律行为来揭示法律现实。

---

[1] 参见张文显：《法学基本范畴研究》，中国政法大学出版社1993年版，第62页。
[2] 由于各个学科都是"人学"，因而自然都要研究人的行为，包括经济行为、政治行为、社会行为等。在法学领域里，当然要研究广义上的法律行为。这些学科都是在从不同的角度研究行为。

在法学的各个分支学科中,行为是非常重要的范畴。例如,刑法学上的犯罪行为、民法学上的民事行为、行政法学上的行政行为等,这些范畴都有各自的理论价值和实践价值,各个部门法学科都应当确立自己的行为范畴和行为理论,这是一个学科成熟的标志。对于新兴的经济法学而言,能否形成自己的行为理论,能否有效研究行为理论,直接关系到经济法理论的自足与完善,具有如下多方面的意义和价值:

首先,行为理论是整个经济法理论中的重要组成部分,缺少行为理论的经济法理论是不完整的。早期的经济法理论缺少行为理论的研究,在一定程度上影响了经济法学的完善和发展。行为作为主体与其权利、义务的媒介,是主体之间建立相应社会关系的桥梁。从一定意义上说,没有经济法主体的行为,就没有相关主体之间的社会关系,也就没有经济法的调整对象,经济法也就没有存在和发展的必要。因此,在经济法理论中需要研究行为问题,并形成一套有效的行为理论。

其次,任何成熟的行为理论,都需要有自己的行为范畴。研究经济法的行为理论,有助于确立经济法学的行为范畴。各个成熟的部门法学都有自己的特殊行为范畴,经济法学也不例外。行为范畴的有效提炼,可作为观察和研究经济法的一个重要视角,同时,也可作为分析主体角色与主体权利、义务的一个重要入口。

再次,提炼行为范畴,需要以行为分类为基础,通过行为理论的研究,对行为作出相应分类,有助于对相关主体的权利作出进一步明晰化的要求。因为按照法律和社会公众的角色期待,不同的主体会从事不同的行为,而行为是否得当、是否合法、是否合理,都需要进行评价。可从法律评价的角度,对行为的合法性等问题作出判断,有助于权利配置、利益分配、责任承担等问题的研究,并对相关主体进行恰当的定位。

在行为理论的研究过程中,通过研究一般的行为理论、法律行为的一般原理,以及经济法主体行为的特殊性,还有助于推进经济法规范论的整体研究。现代的规范论研究,尤其应将具体规范与主体行为有机结合起来,从而找到行为合法性的衡量标准,并对行为作出法律上的评价和判断。

二、行为的属性与类别

行为理论中要研究特定主体的行为,经济法学的行为理论所要研究的是经济法主体的行为。经济法主体是多元的,其资格、能力、地位等都是不尽相同的,其所从事的行为也各异其趣。对于纷繁复杂的经济法主体的行为应当作出界定,并对其具体类别作出区分,因为不同主体的行为可能与不同的权利、义务或职权、职责相关联,并与相应的责任承担相钩稽。为此,应当将普遍性与特殊性相结合,分别从一般的法律行为的普遍性,以及经济法主体行为的特殊性两个维度,对经济法主体行为的属性和具体类别作出辨别,以厘清经济法主体的行为结构。

(一) 经济法主体行为与法律行为的关系

在法学领域,研究者最为关注的是各类法律行为。"法律行为"一词,在德语中的原初语义是合法的表意行为[①],但在苏联的法学理论体系中,法律行为是一个广义概念,包括一切有法律意义和属性的行为。我国也有许多学者在广义上使用此概念,把法律行为视为"有法律意义和法律属性的行为",使其成为能够概括和反映人们在法律领域全部活动的概念,并认为法律行为并非都是合法行为,与法律行为相对应的概念是"非法律行为",而不是"违法行为"。

依据上述对法律行为的广义理解,可认为,经济法主体的行为同样属于法律行为,并具有法律行为的一般特征。例如,首先,它同样具有社会性,会对相关主体产生社会影响,是经济法所调整的社会关系得以产生的桥梁,构成了经济法调整的前提;其次,它同样具有法律性,是具有法律意义或能够发生法律效果的行为,能够引起经济法主体之间的权利、义务的发生、变更和消灭,并可依法作出评价;再次,它同样具有表意性,体现或表达了行为者的意思或意志,包括国家一方的意志和市场主体一方的意思,尽管这些意志或意思未必一致。

经济法主体的行为,是特定主体的特定行为,要体现主体的特殊意志或意思,反映主体的不同利益追求和价值目标。其中,国家一方所从事的行为,是国家为了实现国家利益和社会公共利益所从事的宏观调控行为和市场规制行为;而市场主体一方所从事的行为,则是体现其自身利益追求的相关对策行为。上述行为不仅会产生社会效应,也会产生法律效果,从而会涉及法律评价,因而完全符合法律行为的突出特征。

作为具有法律意义的、能够产生法律效果的法律行为,经济法主体行为的合法性需要依法作出评判。经济法主体所从事的行为,可能是合法的行为,也可能是违法的行为;可能是经济法鼓励的,也可能是经济法禁止的。这样,就可把经济法主体的各类行为都包容进来,从而可更全面地对各种类型的经济法上

---

① 法律行为一词的使用,始于日本学者,中国学者的研究借鉴了这一概念的提炼。参见张文显:《法哲学范畴研究》(修订版),中国政法大学出版社2001年版,第67页。

的行为展开研究,而要对各种类型的行为进行具体分析,就需要进一步研究经济法主体的行为类别。

(二) 经济法主体的行为类别

经济法主体可从事多种性质的行为,按照广义的解释,凡是具有法律意义的,都属于法律行为。而在法律行为中,凡具有经济法意义的行为,应属于经济法加以规范的行为。如前所述,实施宏观调控和市场规制的主体为调制主体,其从事的行为可称为宏观调控行为和市场规制行为,简称"经济调制行为"或"调制行为";与调制主体相对应的另一方为调制受体,对于调制主体所作出的调制行为,调制受体可选择是否接受或遵从,其行为可称为"市场对策行为"或简称"对策行为"。

调制主体的调制行为,还可从不同角度作出多种分类。例如,按调制行为的领域,可分为宏观调控行为和市场规制行为。其中,宏观调控行为又可分为财税调控行为、金融调控行为、计划调控行为等;市场规制行为可分为一般市场规制行为和特殊市场规制行为等。

上述各类调制行为,可作出进一步的分类,如财税调控行为可分为预算调控行为、税收调控行为、国债调控行为等;金融调控行为可分为银行调控行为、证券调控行为等;计划调控行为可分为产业调控行为、价格调控行为等。又如,一般市场规制行为可分为不公平竞争的规制行为、不正当竞争的规制行为等;特殊市场规制行为可分为金融市场规制行为、电信市场规制行为、石油市场规制行为、电力市场规制行为等。当然,上述调制行为,仍可作进一步的细分。

可见,调制行为可作诸多细分。在经济法领域,调制行为是非常重要的、具有主导地位的行为,对其加以有效规范,是经济法调整的重点。对此,在后面有关调制行为的个案分析中还将进一步讨论。

此外,市场对策行为是市场主体所从事的行为,它可分为横向对策行为和纵向对策行为。其中,横向对策行为就是市场主体在市场竞争中所从事的各类行为,这些行为如果是公平竞争行为和正当竞争行为,则经济法要予以保护;如果是破坏市场经济秩序的垄断行为和不正当竞争行为,以及侵害消费者权益的行为,则在经济法上将予以否定的评价,并可能承担相应的法律责任。纵向对策行为是市场主体针对国家的调制行为所实施的博弈行为,既包括对国家调制行为的遵从、合作行为(如依法纳税),也包括对国家调制行为的规避、不合作行为(如逃税、避税),前者一般会得到经济法的肯定评价,而后者则可能会受到经济法的制裁。

尽管调制行为在经济法上具有主导地位,但市场对策行为亦不应忽视。事实上,既然调制受体可从事对策行为,就意味着并非只是被动地接受调制,而是可依据自己的利益追求和可能的选择,从事相关博弈行为。而调制行为的效果如何,则在很大程度上与调制受体的对策行为有关。对此,以卢卡斯为代表的理性预期学派已有所揭示。因此,如何确保调制行为能够得到调制受体的有效遵从,尽量减少其不合作行为产生的消极影响,同样是法律调整需要解决的重要问题。

上述的经济调制行为和市场对策行为,是经济法主体行为的两大基本类型。调制行为与对策行为所构成的二元结构,体现了经济法主体行为的基本构成。尽管对于经济法主体的行为,也可从其他角度进行分类,但上述基本分类更为基本,更有助于解决法制实践中的相关问题。

(三) 从法律行为的一般分类看经济法主体行为的类别

上述经济法主体行为的分类,是从经济法的调整对象、体系、主体等理论中推演出来的基本分类。由于经济法主体的行为也属于法律行为,因而有必要将其置于法律行为的一般分类中,以便从不同角度,揭示经济法主体行为的其他分类与定位。

1. 从主体角度作出的分类

从主体的角度,可将法律行为分为角色行为和非角色行为、单方行为和非单方行为、自为行为和代理行为。[①] 这些分类对于经济法主体行为也是适用的,易言之,经济法主体的行为可具体归属于上述不同类型。

(1) 角色行为与非角色行为。依据角色理论,角色是主体在特定的社会或团体中所占据的一定地位或拥有的身份,每个主体只要在社会上担当一定的法律角色,就有一套与其角色相应的权利和义务。担当一定角色的主体,按照法律为其规定的权利和义务进行的活动,就是角色行为;反之,超越或背离法律规定所从事的与自己身份无关的行为,就是非角色行为。上述区分,对于确认行为的法律效力或责任意义重大。在经济法领域,调制法定原则是非常重要的,具有特定法律地位的主体,只有依照特定的权利和义务行事,才是有效的,否则,就是无效的,甚至因违反角色期待而需要承担相应的"角色责任"。

(2) 单方行为与非单方行为。一般说来,调制行为是国家单方的法律行为,不需要在形式上与调制受体达成具体合意(当然,从广义契约论的角度看,

---

[①] 参见张文显:《法哲学范畴研究》(修订版),中国政法大学出版社2001年版,第84—89页以下。

法定原则的贯彻以广义上的合意为前提)。但在目标实现方面,调制行为需要得到其他主体的配合、响应和支持,因而离不开市场主体的对策行为。此外,市场对策行为可是非单方行为。

(3) 自为行为与代理行为。调制行为,特别是调制立法行为,往往需要贯彻法律保留原则,一般应当是自主的、独立的自为行为,但可依法进行授权立法;市场主体的市场对策行为,有较大的灵活度,既可是自为行为,也可是代理行为。

2. 从行为对象角度作出的分类

依据行为对象,可把法律行为分为抽象行为和具体行为。其中,抽象行为是针对不特定对象作出的具有普遍法律效力的行为;而具体行为则是针对特定对象作出的仅具有一次性法律效力的行为。调制行为往往被视为抽象行为;而对策行为则一般属于具体行为,市场主体的对策往往是针对特定对象分散作出的。

调制行为因其事关重大,直接影响相关主体的利益保护和理性预期,对经济和社会发展影响重大,因而不仅是抽象行为,一般也是要式行为;而市场主体的对策行为则主要影响自身利益,因而传统部门法未必对其作特别的形式要求,但在经济法上可能会涉及一些特别的形式要求。

3. 从行为效果角度作出的分类

从行为效果的角度,法律行为可分为积极行为与消极行为。对于调制行为究竟是积极行为还是消极行为,应当强调作为还是不作为,不能一概而论,需根据经济规律,依调制的需要而定。因此,调制行为既可能是积极的,也可能是消极的。市场主体的对策行为也与此相类似。

此外,法律行为还可分为合法行为与非合法行为。调制行为和对策行为,从合法性的角度看,既可能合法,也可能非合法。如某些对策行为,可能是一种"法不责众"的"失范行为",但从性质上说,也是一种违法行为;又如,某些调制行为,可能是违法的作为或违法的不作为,也可能是不当作为,即在行使调制权的过程中采取了不适当的方式,这些行为同样涉及合法性评价问题。

与上述分类相关,法律行为还可分为有效行为与无效行为。经济法主体行为的有效性,需要根据一定的要件或行为构成要素加以判断。例如,征税行为就需要符合税法规定的课税要素,若不符合课税要件,则征税行为无效。

基于上述法律行为的一般分类,不仅可进一步揭示调制行为与对策行为的某些特征,也可从不同侧面对经济法主体行为的类别加以细化,从而有助于提高相关研究和具体规制的针对性,因而是有其理论价值和现实意义的。

三、行为的二元结构

在行为理论中,行为结构问题甚为重要。前面已从分类角度提出了行为的二元结构问题,下面着重从"主客二元结构"和"层级二元结构"的角度,来分析经济法主体的行为。

(一) 主客二元结构

通常,对法律行为的分析,可考虑主观方面的动机、目的、认知能力等要素,在客观方面则可考虑行动、手段、效果等要素。这些要素对于分析和研究经济法主体的行为也大体是适用的。

1. 主观方面的要素

在分析经济法主体行为时,尤其需要关注两类重要的主观方面的要素,即行为目的和认知能力。

行为目的作为主体力求实现的目标和结果,对各类主体的行为都很重要。事实上,调制主体在其从事调制行为时,调制受体在其从事对策行为时,都会将其追求的目标融入行动之中。从调制主体看,其调制行为首先要实现一定的经济目标,并进而实现一定的社会目标;同时,不仅要实现基础性的目标,还要实现高层次的目标,这些目标与经济法的调整目标是一致的。从调制受体的角度看,其市场对策行为的目标,主要是实现利润的最大化或效用的最大化,同时,在同调制主体的博弈过程中,也要力图实现自身利益的最大化,其对效率、利益的追求,恰恰是其进行相关对策行为的动因。可见,目的是非常重要的,确如黑格尔所言,目的作为行为的灵魂,不仅规定行为的内容,还规定行为的方向和路线。

认知能力与主体的行为能力、责任能力关联密切调控主体或规制主体的认知能力,以及企业或消费者的认知能力等,不仅会直接影响调制行为的有效性,也会影响市场主体的利益。考察某些主体行为或主体能力时,应着重关注其认知能力。此外,主体的行为是否超乎认知能力,还涉及其是否应承担某种责任,以及相关竞争行为是否合法有效等。如果经营者的行为超过了一般消费者的认知能力,并且利用消费者认知能力上的弱势来从事违法行为,就可能涉及责任问题。

另外,调制主体的认知能力尤为重要,它关系到对经济规律、对客观形势的分析和把握,关系到调制行为的成败得失。因此,要规范经济法主体的行为,也要对主体的认知能力予以特别关注,如计划制定的科学化与民主化,财政手段、货币手段的调整,市场主体的竞争行为以及消费者的消费行为等,都涉及认知能力的问题,需要在经济法的各个部门法领域加以体现。

2. 客观方面的要素

除了上述的主观方面的要素以外,客观方面的要素也非常重要,主要涉及行为的手段和行为的结果。

手段作为实现主体行为目的的具体方式和方法,直接影响相关主体行为目的的有效实现。要实现调制行为目的,必须采取与之相一致的手段,如财政手段、税收手段、金融手段等,从而形成宏观调控和市场规制的各种手段。而这些手段的法律化,则构成了经济法的重要内容。其实,经济法之所以能够具有突出的经济性和规制性特征,同这些手段本身所具有的经济性和规制性特征直接相关。对于调制主体的调制手段和调制受体的对策手段的研究,应当在经济法学研究中占有重要地位。

结果是行为完成的一种客观状态,它可能与预期目标一致,也可能同所希望实现的目标有较大差距。经济法主体无论实施调制行为抑或对策行为,都力图实现其行为目的,希望行为结果与行为目标能够一致,因此,行为结果恰恰是行为主体非常关注的。经济法主体的行为绩效如何,是否有经济效益或社会效益,直接涉及对行为的评价;同时,已经实施的行为,其产生的结果也存在合法与否等法律评价问题。这些评价都与行为外在的客观方面相关。

上述主观方面的要素和客观方面的要素,构成了"主客二元结构",为深入、具体地分析和研究各类经济法主体的行为,提供了一个重要的框架。该框架体现了各类要素之间的内在关联,即经济法主体基于一定的"认知能力",为实现一定的"目的",而采取一定的"手段",会在客观上形成一定的"结果"。上述框架有助于丰富经济法上的行为理论,促进相关行为问题的分析和解决。

(二) 层级二元结构

依据结构原理,经济法的主体结构是一种非对称的二元结构,这也会影响经济法主体的行为结构,从而使其呈现出层级性。事实上,经济法主体的行为性质并非同一,同一经济法主体可能因其具有多种角色而从事不同的行为,从而形成行为的不同层级。从层级看,经济法主体的行为,可分为两大类,即基础性行为和高层次行为,这与主体行为目的的不同有关。例如,调制主体要实现其调制目标,要以一些基础行为的实施为基础,从而使调制行为具有了高层次性,这与经济法整体上的"高级法"特征也是一致的。

基础行为和高层次行为,构成了经济法主体行为的层级二元结构。这在经济法的各部门法领域体现得更为明显。例如,在税法领域,基本的行为范畴是"税收行为"。① 从行为目的看,税收行为可分为税收收入行为和税收调控行为,这与财政税与调控税的分类是相对应的。税收收入行为主要侧重于税收收入,满足财政需要,因此,相应的税款的确认、征收等,都与此有关;税收调控行为,更侧重于经济、社会运行的调控,它需要通过税收收入行为,通过税收负担的调节和税款的征收来体现。调控行为与收入行为的密切联系,在历史上早已有之,"寓禁于征"等重要思想,就体现了把相关限制或禁止寓于征收之中的观念。同样,鼓励或促进的目标也可通过税收优惠等加以实现。因此,对于税收行为,既要看到收入行为和调控行为的同一性,又要看到其层级性。这也是税收行为不能完全等同于行政行为的一个重要原因。

行为的层级二分,在经济法上是普遍存在的。这是因为经济法具有多元调整目标,面对复杂性问题,经济法领域需要形成环环相扣的行为组合。这种行为组合与权力束或权利束的存在是一致的。经济法所面对的问题具有多面性,权力或权利的安排以及行为的组合也是多样化的,需要通过基础行为的实施,来实现高层次的调制目标,这样才可能全面实现经济法的宗旨。

例如,在财政法领域,预算的收支行为、国债的发收行为等都是基础行为,而在预算收支、国债的发行与偿还中体现的调控,则是高层次的行为;在税法领域,税收的征收行为是基础行为,而税收调控行为则是高层次行为,对此前已述及。又如,在金融法中,各类金融交易行为是基础行为,而通过对货币市场、资本市场等金融市场上的交易行为的调整,实现整体的金融调控,则是高层次行为。在计划法中,计划的具体实施是基础行为,由此推动计划条款目标的实现,则是高层次行为。上述的行为层级结构,与经济法调整的多元目标直接相关。

此外,在市场规制法领域,市场行为是基础行为,而体现规制精神的规制行为则是高层次的行为。对垄断和不正当竞争行为的规制,对消费者的保护,对竞争秩序的维护,都是建立在市场行为基础之上的。由此可理解,反垄断法、反不正当竞争法、消费者保护法的立法中,为什么会有大量关于经营者、消费者等市场主体的权利和义务的规定,为什么会有大量市场行为的基本规范,这些规范正是实现规制目标的基础。

由于经济法领域存在着复杂的行为构成,因此,不能像民法那样单独生成"民事行为"或"民事法律行为"之类的概念。民法对主体的假设是均质的、平等的,其主体行为的性质是单一的,而在经济法领域,依据差异原理,主体的行

---

① 参见张守文:《税收行为的范畴提炼及其价值》,载《税务研究》2003年第7期。

为恰恰具有差异性和非均质性，主体地位和行为目的都不同，因而对调制主体的调制行为和调制受体的对策行为，更是必须分别研究。

行为与特定主体及其权力、权利直接相关，因此，分析行为问题必须同主体及其权义结构相联系，才能把问题的探讨引向深入。对此在后面有关经济法上的权义结构的讨论中还会涉及。

四、对行为的多维评价

与行为结构密切相关的问题，是对经济法主体行为的评价。由于主体的行为都是为了实现一定的目标，因而对行为必然要作出评价。相关的评价标准可有政治标准、经济标准、法律标准等，由此形成了对经济法主体行为的政治评价、经济评价和法律评价等多个维度。

经济法上的调制行为，由担负特定的调制职能的调制主体作出，其体现的经济目标和社会目标，与国家利益和社会公益直接相关，并影响政府的合法化能力，因而会涉及政治评价问题，这在宏观调控、保障稳定方面尤其重要。例如，在某些特殊年份对经济增长率等方面的要求，政治家们在作出调制决策时会有政治考虑，其对调制行为的实施效果也会从政治角度去评价。此外，经济法主体的行为，还往往会涉及经济评价，如经济增长率、通货膨胀率、宏观税负、预算赤字的多少，都与调控行为相关；而市场自由度等经济指标，则涉及营商环境，与规制行为相关。当然，对经济法主体的各类行为，都可进行法律评价，这是其法律行为的属性使然。法律评价是综合性的，因而可能涉及其他评价标准，但又与其他标准有所不同。立法者在立法时可能要考虑多种标准，而一旦法律出台，就应依照法律标准进行评判，强调法律上的独立性和权威性。

法律评价的重心，是对行为的合法性作出判断。调制行为和对策行为都涉及合法性的问题，包括形式上的合法性和实质上的合法性。调制行为虽然由行使调制权的主体作出，但未必都具有合法性。如果调制行为违法，其所造成的危害可能更大，因而其法律评价更重要。此外，市场主体不合作的行为甚至违法的对策行为大量存在，对上述对策行为加强规制，有助于实现宏观调控和市场规制的目标。

需要强调的是，对经济法主体行为进行法律评价的目的，是更好地对行为进行法律规范，以使相关主体能够有效把握可为、当为、必为和禁为的事项及程序，从而可依法作为或不作为。由于合法的肯定性评价，与违法的否定性评价所产生的激励作用不同，因而在经济法上，应当有效运用相关手段，利用法律评价来约束、引导调制主体与调制受体的行为。

从既有研究看,人们对于各类行为的法律评价的关注程度并不相同。在调制主体的调制行为中,调控行为更受关注,这可能与宏观调控行为的影响面有关;在市场主体的对策行为中,市场规制法领域所涉及的对策行为,如垄断行为、不正当竞争行为等更受关注,这与国情、经济法制的发展阶段等诸多因素都有关系。其实,对于宏观调控法领域的市场主体的博弈行为,如税收逃避行为等,也应当重视其法律评价,这会直接影响相关法律的调整效果,以及对相关主体的法律保护。

第二节　调制行为的法理探究

经济法主体的行为复杂多样,需研究各类主体的具体行为,并在此基础上进行系统分析和理论整合。为此,下面拟以经济法行为类型中非常重要的调制行为为例,对相关问题展开法理探究,这有助于更全面地理解经济法的行为理论。

一、调制行为的范畴提炼

(一) 研究调制行为的必要性

随着市场经济的发展,我国越来越注意运用法律化的宏观调控手段和市场规制手段调控经济运行,规范市场秩序。例如,国家非常重视综合运用预算、税收、国债、转移支付、利率调整等手段进行宏观调控,包括多次大幅度调整利率,持续调低关税税率,调高出口退税率,增发国债等。对各类宏观调控行为和市场规制行为在法律上应如何看待,其合法性和效力如何,是否侵犯国民的基本权利,是否构成对市场行为的不当干预,等等,都非常值得研究。此外,从理论研究的需要看,有关经济法主体的权利、义务及责任的研究一直被认为是"难垦之地",并影响经济法的可诉性问题、"自足性"问题以及整体上的"现代性"问题的研究。如果不能在行为理论上有所突破,许多相关理论的研究都很难拓展。因此,有必要对经济法主体的行为进行抽象和概括,以形成类似于民法上的民事行为、行政法上的行政行为之类的重要概念①,从而进一步确立相应的权利、义务及责任制度。

(二) 对调制行为的界定

在经济法理论上,经济法主体所从事的行为不能径称为"经济行为",是因为"经济"一词词义多,外延广,以"经济"作为修饰语容易产生歧义。因此,需要基于对各类经济法主体复杂行为的考察,概括和提出新的范畴。如前所述,基于经济法主体的分类,可把调制主体所从事的行为统称为调制行为,并且,它像民事行为、行政行为等范畴一样重要。

对调制行为,可作出如下大略的界定:所谓调制行为,就是调制主体所从事的调控、规制行为,亦即在宏观上通过调节来控制,在微观上通过规范来制约,从而在总体上通过协调来制衡。调制行为是经济法主体为了特定的经济目的而在经济领域实施的,其全称应当是经济调制行为。此外,在上述界定中,已经提出了不同层次的调制行为的手段和目标。

调制行为作为经济法领域的一类特殊行为,对于经济法的理论研究和制度建设都具有重要意义,需要关注其特质及成因。由于各个部门法都有自己的宗旨、职能、任务,因而各个部门法在调整对象、法域、价值取向、调整手段、权义结构、责任形式等各个方面,都会有所不同。其中,调制行为与民事行为、行政行为等的差别就更是巨大(这也是认识经济法与民法、行政法的区别与联系的重要视角)。从大的方面来说,上述三类行为的区别至少主要表现在以下几个方面:

(1) 行为的主体不同。

民事行为的主体是各类地位平等的民事主体;行政行为的主体主要是行使行政权的各类行政机关;而调制行为的主体则是享有调控权和规制权的宏观调控部门和市场规制部门(未必是行政机关,更不是全部行政机关)。

(2) 行为的权源不同。

合法的行为,必须有正当的权源,即必须有相应的权利/权力依据。民事行为的合法性,与民法所确定的民事权利相关联;行政行为的合法性,与行政法所确定的行政权力相关联;而调制行为的合法性,则与经济法所确定的调制权

---

① 尽管我国《民法典》大大拓展了对民事法律行为的理解,但在法学界对"民事行为"和"民事法律行为"的认识仍然存在一定的分歧,并有人认为民事行为仍然是更上位的概念。此外,"行政行为"这一术语作为德国行政法的奠基人奥托·梅耶(Otto Mayer)的贡献,对行政法学的学科形成和发展起到了至为重要的作用。同样,在经济法的理论研究也需要提出一些重要的基本范畴。

(包括宏观调控权和市场规制权)相关联。

(3) 行为的性质不同。

由于行为的主体不同、行为的权力/权利保障不同,相应地,行为的性质也不同。民事行为具有平等性,行政行为具有隶属性,或称命令—服从性;而调制行为则介于上述两者之间,同时具有不完全的平等性和不完全的命令—服从性。

调制行为与民事行为、行政行为等存在差异,源于经济法的特殊宗旨和功能。有学者认为,经济法的存在和迅速发展,主要是由于经济法有着特殊的功能。[①] 从经济法的宗旨及其产生、发展的经济基础和社会基础看,经济法最主要的功能就是在市场失灵的情况下进行宏观调控和市场规制,由此使"调制行为"的概念得以提出,并使调制行为成为经济法需加规范的一类重要行为。因此,深入研究经济法的功能是很重要的。

(三) 从功能看调制行为

在市场经济条件下,经济法的调制功能类似于"调制解调器"。在政治国家与市民社会、公共经济与私人经济、公法与私法等"二元结构"中,经济法的调制是联系"公"与"私"的桥梁,依据经济法进行调制行为,就像调制解调器一样,能够将国家政策、法律的信息信号进行转换,把国家的制度约束信息传递给私人经济,把市场主体的对策信息带给国家(或称政府)。可见,经济法的调整是在国家与市场主体之间转换信息的重要途径,国家由此途径实现相关政策目标和法律目标。此外,经济法也是"内在稳定器"。依据经济法从事调制行为能够实现"内在稳定",有助于达到"整体协调"的效果。调制是经济法调整的手段,其目标则是达到相互协调和相互制衡的状态,从而实现整个经济和系统的动态稳定运行,有效保护各类主体的利益,实现实质正义。

由于经济法的"调制解调器"和"内在稳定器"功能的实现,都离不开调制行为,由此使该行为在经济法主体的诸多行为中具有重要的核心地位,对此需进一步加深理解。

二、调制行为的核心地位

调制行为在经济法主体的行为结构中处于核心地位,它是经济法的立法中

---

① 德国学者彼姆和林克等强调经济法在"经济统制"方面的独特机能和功用,因而被日本著名经济法学家金泽良雄概括为"机能说"。尽管这些学者的经济法理论尚可商榷,但认识到经济法有其独特的机能,则是较为可取的。

心和执法重心,因而在经济法的行为理论研究中也居于核心地位。明确调制行为的核心地位,有助于揭示调制行为的重要价值。

(一) 在经济法主体行为结构中的核心地位

从行为结构上看,在经济法主体行为的二元结构中,经济调制行为与市场对策行为相比,前者始终居于核心地位和主导地位。这与调制主体及其调制权的核心地位是一致的。调制受体的行为,主要是作为市场主体的对策行为,它不同于平等民事主体之间的博弈,也不同于通常的行政相对人对具体行政行为的遵从,而是针对国家调制所作出的遵从或不遵从的选择;调制受体一般要比民法主体的选择余地小,而比行政相对人的选择余地大。

从市场对策行为的角度审视调制行为,更有助于认识调制行为的价值与地位。市场对策行为的采行,要以经济调制行为为前提和基础,它是调制受体针对调制行为所进行的博弈活动。如果没有调制行为,则针对调制行为的市场对策行为就无从发生,从而使两类行为得以成为经济法主体行为结构中的一对范畴。经济调制行为在经济法主体的行为结构中居于主导和核心地位,它与市场对策行为之间存在主从性、不对等性。其中,不对等性在具体立法和执法方面体现得更为突出。

(二) 在经济法的法制建设中的核心地位

调制行为的核心地位,不仅体现在与市场对策行为的对比方面,还体现在法制建设领域,特别是在立法、执法,以及经济法的基本理念上。如前所述,经济法需着力解决个体营利性和社会公益性的矛盾以及由此而产生的效率与公平的矛盾,并不断解决"市场失灵"等问题,而上述矛盾和问题的解决,需要国家的有效调制。但由于人类理性的局限性,调制可能会出现"政府失灵"的问题,因而把调制行为纳入制度或法律的轨道,做到"调制适度",使其负面效应降至最低,就显得十分重要。为此,在立法上,一方面,需要对调制作出大量规定,形成经济法所特有的调控和规制手段,并确立调制行为在经济法主体行为结构中的核心地位;另一方面,也需要对调制行为的权源、效力、实施程序等作出规定,以有效约束调制行为。上述两个方面,都会使调制行为成为经济法立法的中心和执法的重心。

在经济法的各个部门法领域,都要将调制行为作为立法上的重点。例如,在财税法上,首先要规定从事财税调制行为的主体及其职权分配,规定行使财税调制行为的要件(如课税要素,预算收支的基本原则)等;在金融法上要规定从事金融调制行为的主体,以及运用法律化的货币政策进行调控的规则等;在反垄断法、反不正当竞争法中,要规定执法主体,以及规制垄断和不正当竞争行为的条件、程序等。事实上,各类形式意义上的经济法立法,都是围绕相关主体的调制权以及相应的调制行为而展开的。

调制主体所从事的具体调制行为繁多,表现形式也多种多样,这与经济法作用领域的广泛性有关,也与宏观调控和市场规制手段的多样性有关。例如,宏观领域的预算收支调整行为、税目与税率的调整行为、税收优惠或税收重课行为、国债发行与收买的额度调整行为、转移支付行为;银行利率与汇率的调整、存款准备金与再贴现率的调整、公开市场操作行为等;微观领域的对非法卡特尔、滥用市场支配地位等垄断行为的禁止,对价格、质量、信息等方面影响市场秩序的各类不正当竞争行为的规制,等等。上述典型的调制行为,在经济法立法中需特别关注。

可见,无论在经济法主体的行为结构中,还是在经济法的法制建设方面,调制行为都非常重要。但如何确保其合法性,如何确保各类主体的合法权益,以真正达到经济法调整所追求的"协调""均衡"状态,则更为重要。因此,调制行为的合法性问题非常值得研究。

三、调制行为的相关要素及其合法性

分析调制行为需要关注一系列重要的相关要素,通过厘清相关要素,有助于对调制行为的合法性展开解析。

(一) 调制行为的相关要素

克里斯托弗·劳埃德(C. Lloyd)曾指出,行为总是发生在关系、规则、角色和阶级的结构之内[①]。由于行为与一定的社会角色及其按照一定的规则所确立的社会关系有关,因而在分析调制行为时,应考虑与之密切相关的要素。

事实上,从角色的维度说,行为分析首先涉及行为的主体和对象,此外,还涉及主体针对对象所进行的一系列活动,这些活动可依据一定的规则,也可能不考虑任何规则,并使主体与对象之间产生一种关联,形成一种关系。基于上述认识,可把分析调制行为的相关要素,概括为以下几个方面:

第一,主体要素。调制行为所涉及的主体,主要是调制主体和调制受体。其中,从事调制行为的主体是享有调制权的经济法主体。根据各国的立法情

[①] 在对人类行为的认识上,克里斯托弗·劳埃德指出了方法论个人主义与整体主义的不足,提出了自己的方法论"结构主义",强调要认识到个体行为与集体行为各自对历史发展的作用。参见〔英〕马尔科姆·卢瑟福:《经济学中的制度》,陈建波等译,中国社会科学出版社1999年版,第45页。

况,享有宏观调控权的主体主要是财税部门、中央银行、计划部门等;享有市场规制权的主体主要是一些反垄断、反不正当竞争、保护消费者权益的机构,如公平交易委员会或公平交易局等。从主体要素看,调制行为离不开拥有调制权的主体;不具有调制权的主体所从事的行为,就不属于调制行为。同时,如果没有调制受体,调制行为也无法存在。

第二,行动要素。调制行为的发生,不仅要有调制主体,还必须有主体运用其调制权的活动或称行动。从行动要素看,调制主体必须履行其调制职能,审时度势,进行调控和规制。根据具体情况,可"有为",也可"无为",但"有所为"和"有所不为"都要基于调控的需要,而不能怠于行使调制职权。与调制职权无关的行为不属于调制行为。

第三,关联要素。除主体要素和行动要素外,还需要强调主体与行动之间的关联,既要关注调制主体与调制活动的关联,又要关注调制活动与调制受体的关联,从而明晰两类主体之间的特殊关系。关联要素往往容易被忽略,一般可能认为有了主体和行动的要素已经足够,或者把这一要素隐含在上述要素之中。其实,这一要素有时恰恰很重要。例如,税收调控行为,就需要与纳税人发生关联。当纳税人规避税法,致使"调制行为落空"时,就应依据税法上的"实质课税原则",找到实际应承担税负的主体。为此,德国和日本等学者曾主张,应当把"课税对象的归属"(Zurechnung)作为课税要素[1],以使国家的调制更加有效和准确。这种观点实际上就是看到了主体与客体"联系"的重要性,因为只有把它们联系在一起,才能够真正确定征税的具体范围。

(二) 调制行为的合法性及效力

调制行为是大量存在的,它与现代市场经济条件下的国家职能直接相关。在法律上,调制行为的合法性[2]问题一直备受关注,需要从法律角度分析其合法性与效力问题。

从合法性的角度,调制行为可分为合法调制行为和非法调制行为,合法调制行为应具备如下要件:

第一,主体合格。即从事调制行为的主体必须享有调制权,无调制权的主体所从事的行为,不属于调制行为,当然也不是合法调制行为。事实上,享有调

---

[1] 参见〔日〕金子宏:《日本税法原理》,刘多田等译,中国财政经济出版社1989年版,第109页以下。

[2] 合法性是一个有诸多复杂含义的概念,韦伯、哈贝马斯等学者对其认识亦不尽相同。在此使用的合法性概念,主要限于符合法律规范或规律,以及得到社会公众的拥护和承认的意义。

制权的主体并不多,许多国家机关都无权从事调制行为。

第二,权源合法。调制权的来源合法,是指调制主体的调制权,或者来源于法律的直接规定,或者经由合法的授权;同时,在行使调制权的过程中,不存在越权或滥用权力的问题。权源合法是调制行为合法的重要基础。

第三,调制合法。包括调制的内容、调制的程序或称形式都要合法。即调制要充分认清所存在的经济问题与社会问题,尊重规律,审时度势,适度调制;同时,在调制的具体程序或应有的形式上,也都要合法,以在保障社会公共利益的同时,平衡私人利益。上述的"合法",不仅包括符合法律的直接规定,也包括要符合法律的精神和宗旨。[①]

是否符合以上要件,直接影响调制行为的效力,以及调制主体与调制受体的权利、义务与法律责任。如果调制受体不遵从合法的调制行为,则可能要承担经济法上的法律责任;如果调制行为违法,给调制受体造成了损害,则调制主体亦可能承担相应的经济法责任。

除上述合法性问题以外,调制行为的效力也值得关注。尽管调制行为可分为有约束力的调制行为和无约束力的调制行为,但一般都具有公定力和确信力,同时,许多调制行为也都有拘束力和执行力。

调制行为的公定力,是一种使社会公众对调制行为予以概括肯定并遵从的效力。基于这种对世的效力,调制行为一经作出,即应被概括地推定为合法,调制受体必须予以承认,这是确保调制的效率与秩序的需要。当然,如果调制行为因违法而无效或失效,则不应维持其公定力。

调制行为的确定力,实际上是对于已生效的调制行为不得任意改变的效力。其中,作出调制行为的调制主体,必须信守自己的承诺,不得任意改变自己的调制约定(调制行为本身就是一种广义上的契约行为),否则就可能损害调制受体的"信赖利益"。作为调制受体,一旦接受了调制条件,也不能任意改变,否则国家的调制将无任何权威可言。同样,上述的确定力也是以调制行为具有合法性为前提的,违法的调制行为当然不具有"不可争力"。

调制行为的拘束力,亦即已生效的调制行为对相关主体所具有的约束力和限制力。从调制受体的角度说,在市场经济条件下,国家大量采取间接的调制行为,因而调制受体的选择余地越来越大。通常,对于国家的调制条件,如税率、利率等,调制受体无权自行改变,这也是上述调制行为确定力的体现。此

[①] 经济法的宗旨是与经济法所欲解决的基本问题(如市场失灵问题)、所需协调的基本矛盾(如个体营利性和社会公益性的矛盾、公平与效率的矛盾)直接相关。它对于确保调制的合法性非常重要。

外,由于作为市场主体的调制受体有选择的自由,可通过改变自己行为的方式来回避国家的调制,因而在调制受体未接受调制条件的情况下,是不能对其产生拘束力的。

调制行为的执行力,主要是为确保调制目标实现而要求调制受体遵从调制行为的效力。其实,执行力是"国家能力"的重要体现。[①] 如果调制受体不遵从依法作出调制行为,国家可采取强制执行的措施。这种执行力,同对调制受体的救济措施的执行,有很大的不同。因而将两者相等同是不妥当的。[②]

调制行为在上述四个方面的效力,是合法的调制行为应有的外部效应的体现。有效规范调制行为,确保其合法性,是经济法调整的重要目标。

本章小结

本章着重探讨了行为理论的研究价值、经济法主体行为的具体类别、行为的二元结构和法律评价等问题,以揭示行为理论的一般法理问题,特别是行为结构与行为评价问题;在此基础上,还针对经济法上非常重要的调制行为进行了具体法理探究,以期有助于全面地理解经济法的行为理论。

经济法主体的行为,是经济法调整的直接对象,易言之,经济法就是规范经济法主体行为的法,这使行为理论在经济法理论中亦居于重要地位。经济法行为理论的研究,离不开对具体行为类别的把握。经济法主体的行为,可分为调制主体的调制行为和调制受体的对策行为两大类,这两大类行为又可分别作层层分解,从而形成经济法主体行为的诸多类别。在复杂多元的经济法主体行为中,都体现着主客二元结构和层级二元结构。对于上述各类经济法主体的行为,可进行多种评价,但最为重要的仍是法律评价。

---

① 根据王绍光、胡鞍钢的研究,国家能力主要包括汲取财政的能力、宏观调控的能力、合法化能力和强制执行力。参见王绍光、胡鞍钢:《国家能力报告》,辽宁人民出版社1993年版,第6页。

② 与此相类似,在行政法学界普遍认为行政行为的执行力是针对行政相对人而言的,但也有学者认为执行力应同样针对行政机关。参见姜明安主编:《行政法与行政诉讼法》,北京大学出版社、高等教育出版社1999年版,第157页;〔日〕室井力主编:《日本现代行政法》,吴薇译,中国政法大学出版社1995年版,第97页,等等。

在经济法主体的具体行为类型中,调制行为非常重要。为此,本章着重进行了一些法理探讨,并认为有必要将"调制行为"作为经济法学行为理论的重要范畴。调制行为在经济法主体的行为结构和制度构建方面具有核心地位,其范畴提炼有助于整个经济法学范畴论的建立和完善。此外,本章还探讨了分析调制行为的相关要素、调制行为的合法性及效力等重要问题,以使调制行为理论的应用价值也能得以体现,这对于经济法行为理论的全面研究更有意义。

行为理论涉及问题众多,与经济法领域的诸多问题,如经济法上的权力/义务结构问题,经济法主体的法律责任问题,经济法上的可诉性问题、自足性问题、政策的法律化问题等,都存在着密切关联。其深入研究有助于解决经济法理论上的多个难题,并能够为现实问题的解决提供新的视角,从而有助于更好地平衡各类主体的利益,全面实现经济法的宗旨。

第八章

权义分配与调控职权

本章导读

在经济法的规范论中,不仅要研究主体理论和行为理论,还应研究相关主体权利义务的分配问题。因为权利与义务作为法学领域至为重要的范畴,是各个部门法学科研究都不能回避的,并且,经济法要有效规范相关主体的行为,必须有效配置相关主体的权利义务,构建权利义务的合理结构。因此,在经济法的规范论中,有必要研究经济法上的"权义分配"问题。

本章将着重对权义分配进行一般的法理分析。由于特定的权利义务分配会构成特殊的"权义结构",同时,在一定的"权义结构"下会有助于进行权义分配,因此,本章特别提出"权义结构"的概念,并进一步分别解析调制主体的"权责结构"和调制受体的"利义结构",以揭示经济法"权义结构"的特殊性。上述内容是权义分配理论的核心部分。此外,在经济法的权义分配方面,调控职权的分配非常重要,为了更全面地理解权义分配理论,有必要对调控职权作具体探讨。为此,本章分为两节,分别研讨权义分配和调控职权。

第八章 权义分配与调控职权

第一节 权义分配的结构视角

一、权义分配与权义结构

权利与义务的分配,向来是法律制度结构中的核心,也是部门法研究的中心问题。[①] 权义分配直接关系到法学领域的核心范畴和核心问题。对权义分配的研究在任何部门法学科都不可或缺。

在经济法领域,经济法主体享有哪些职权与权利,应履行哪些职责和义务,同样是经济法制度中的核心问题,也是经济法规范论中的重要问题。有关权义分配的理论,同经济法学的主体理论、行为理论、责任理论,都存在着密切的关联,其深入研究尤其有助于责任理论的完善,同时,也有助于优化相关立法,解决执法过程中存在的诸多超越职权或滥用职权、侵害市场主体权利,以及市场主体规避法律等问题。

在研究权义分配理论的过程中,依据差异原理和结构原理,有必要从结构分析的视角引入一个重要概念,即"权义结构"。在经济法上,由于权利与义务总是要归属于特定的主体,而在各个部门法中,有关各类主体的权利、义务的规范在质与量上各异,导致权利与义务会形成不同的排列与组合,从而构成各不相同的"权义结构"。

权义结构是各类法律研究中都不能回避的核心问题。各类法律领域的主体结构、主体的行为结构不同,其"权义结构"与责任结构也各不相同。这些"结构"上的差异,带来了各类法律制度或部门法之间的差异,从而确立了各类法律制度或部门法的重要价值,也形成了它们在调整社会关系方面的互补性。

上述的权利与义务,是一种广义上的说法,其中包含相关主体可能享有的职权和应当履行的职责。这在一些公法上的权义结构中体现得更为明显。[②] 例如,经济法上的权义结构中的"权",就包含了经济法主体所享有的职权和权

[①] 在20世纪90年代,有许多学者从法学范畴的角度强调权利、义务的重要性。尽管学者对法学的基石范畴的择定未必一致,但并不影响权利义务在部门法学研究中的核心地位。

[②] 公法因涉及公权力,同单纯涉及私权利的部门法在"权义结构"上自然会有不同,这在行政法、刑法、诉讼法等领域都有具体体现。

利,而其中的"义",则涵盖了经济法主体所应履行的职责和义务。

由差异原理及前述经济法学的主体理论和行为理论可知,经济法主体及其行为具有非均质性或称差异性,其中,调制主体可享有特定的职权,可依法从事调制行为,同时,这也是其职责;而调制受体则可享有相关权利,可依法从事对策行为,并应履行其相关法律义务。上述主体的职权与职责、权利与义务,在其排列、分布、组合上具有经济法的特殊性,从而形成了经济法的"权义结构"或"权义体系"。

在经济法领域,就某类主体自身而言,其职权与职责、权利与义务存在着一定的对应关系;同时,在调制主体的职权与调制受体的义务,调制主体的职责与调制受体的权利之间,也存在着一定的对应关系。基于上述"对应关系",可通过对调制主体职权与调制受体权利的集中研究,来揭示相关主体的职责与义务。

为此,下面拟先对权义结构进行法理分析,其后再从主体的角度,对调制主体、调制受体的权义结构进行具体探讨,即对调制主体的职权与职责、调制受体的权利与义务,分别进行经济法分析,在此基础上,再考察经济法权义结构的特殊性。

二、权义结构的法理分析

依据一般法理,经济法主体的职权,是调制主体依经济法所享有的调控或规制的权力,是必须依法行使且不可放弃的。经济法主体的权利,是调制受体依经济法的规定而为或不为一定行为,或要求其他主体为或不为一定行为的可能性,这种权利是可放弃的。从两类主体自身的权义结构看,调制主体既有职权,也有职责;而调制受体则既有权利,也有义务。上述结构,有助于在两类主体的权益保护方面形成一定的均衡,从而形成有效的经济法秩序。

经济法主体的职权或权利,是其从事合法行为的依据。没有相应的职权或权利,其相关行为就可能得不到肯定的法律评价。经济法主体的职权与权利、职责与义务,分别规定在具体宏观调控法和市场规制法中,并且与经济法主体的行为存在着直接的对应关系。某类主体依法可从事某类行为,实际上就是指该主体可依据法律赋予的职权或权利去行事,因此,职权或权利同行为及其合法性关系十分密切。[①]

[①] 例如,某类主体是否享有宏观调控权,对于判定该主体可否从事宏观调控行为,以及判断调控行为的合法性,是非常重要的。

依据行为理论,经济法主体的行为可分为经济调制行为和市场对策行为。两类行为分别对应于不同的职权或权利。例如,调制主体可从事经济调制行为,是因为它享有宏观调控权和市场规制权;而调制受体则可根据调制主体提供的调控信号和规制措施,在不违反强行法的情况下,从事理性的市场行为,即自主地决定是否遵从,根据自己的判断做出对策,这是调制受体"经济自由权"的体现。

上述的职权与权利固然重要,但与其相对应的各类经济法主体的职责与义务,也不容忽视。因此,不仅在法律上要规定经济法主体的职权和权利,还应当对相关职责与义务作出明晰规定,从而形成具有可操作性和现实意义的"权义结构",而不是单纯的"权利宣言"或"权力法案"。尽管从理论上说,调制主体的职权就是其职责,调制受体的权利与其义务存在着一定的对应关系,但就现实的法律实践而言,仍需对相关主体的职责和义务,作出尽量明晰的规定。这对于判定相关行为的合法性往往具有更为直接的重要意义。

无论是上述的职权与权利,抑或职责与义务,都会通过不同的组合,形成特定的权义结构,对此应当全面、系统地考察。从结构原理和系统论的观点看,不同部门法的权义结构,会导致其特定功能的生成。经济法权义结构的特殊性,会使经济法具有不同于其他相关部门法的功能。事实上,不同的权义结构的形成及存续,是为了解决不同的问题;经济法上的权义结构,也是为了解决经济法所面临的基本矛盾和基本问题,这些矛盾和问题同其他部门法都不同,由此便产生了经济法同其他部门法的差别,以及经济法特殊的功用价值。

经济法主体的权义结构,同经济法主体及其行为的二元结构直接相关,并具体地体现为调制主体的职权与职责所形成的权责结构,以及调制受体的权利与义务所形成的利义结构[①],因此,要对经济法上的权义结构进行全面解析,就需要分别探讨调制主体的权责结构和调制受体的利义结构,这样才能进一步把握两类结构所形成的更为复杂而广阔的权义结构。

三、调制主体的权责结构分析

与调制主体及其调制行为相对应,调制主体的职权与职责及其所构成的权

[①] 权责结构与利义结构的称谓,完全是为了在研究过程中的表述和区分上的便利;同时,也是感到对职权与职责简称为"权责"、对权利与义务简称为"利义",更有其合理性。事实上,对调制主体而言,主要是如何"行权"和"问责"的问题;对于调制受体而言,主要是如何保护权利背后的利益,以及如何为获取利益而履行义务的问题。因而最重要的还是要做好"利义分配",解决好"义利之争"。此外,在上述两类结构之上的,是可涵盖两者的权义结构,它恰好又是两种称谓的综合。

责结构,在整个经济法主体的"权义结构"中亦居于重要地位。为此,有必要分别探讨调制主体的具体职权与职责,尤其应当对调制主体职权的分类、分配等问题进行剖析,并在此基础上进一步探讨其应承担的职责等问题。

(一) 职权的分类与职权法定

从调制主体职权的分类看,调制主体的职权总称为"经济调制权",简称为"调制权"。由于调制主体分为宏观调控主体和市场规制主体,因而调制主体的调制权相应可分为宏观调控权与市场规制权两大类。这同宏观调控行为与市场规制行为、宏观调控法与市场规制法等分类都是一致的。

调制主体的宏观调控权,可分为宏观调控立法权和宏观调控执法权两类,同时,还可根据具体调控领域、具体调控方式等标准,作更为具体分类。例如,可把宏观调控权再分为财政调控权、金融调控权、计划调控权等。其中,财政调控权又可分为财政收入权和财政支出权,前者包括征税权、发债权等,后者包括预算支出权、转移支付权等。此外,金融调控权,可分为货币发行权、利率调整权等;计划调控权,可包括产业调控权和价格调控权等。

调制主体的市场规制权,可分为市场规制立法权和市场规制执法权两类。从具体领域看,主要包括对垄断行为、不正当竞争行为、侵害消费者权利行为的规制权,特别是对价格、质量、信息、滥用优势地位,以及其他违反商业道德行为的规制权。上述的市场规制权,是传统的一般市场规制权。此外,随着市场经济发展以及一些新型制度的产生,又出现了特殊市场规制权(或称特别市场规制权),如金融市场规制权、房地产市场规制权、能源市场规制权,等等。[1]

上述调制主体的宏观调控权和市场规制权,要具体地规定于各类经济法的法律、法规之中,尤其要具体地规定在经济法的"体制法"中[2],这也是"职权法定"的具体体现。事实上,经济法同其他部门法的一个很大的区别,就是在"体制法"方面。经济法上的"体制法",包括了宏观调控体制法和市场规制体制法,它们对宏观调控和市场规制方面的职权分配作出具体地规定。

调制主体的调制权,应当首先在宪法上加以明确。从各国的宪法规定看,

---

[1] 如同一般市场规制行为与特殊市场规制行为的区分一样,特殊市场规制权,也是随着市场经济的发展,随着一些特殊市场对国计民生的重要性的提高,而逐渐在制度中加以确立的。它在总体上当然同一般市场规制权是一致的,但同时也会有一些特殊之处(如特别的授权),从而会形成特殊的或特别的市场规制权。此类规制权的特殊之处还在于,不仅与特殊的市场、特别的授权等相关,而且还与一定的宏观调控权的行使联系密切,并具体地体现为一系列的监管权。

[2] 对体制法的强调,是经济法不同于传统私法的重要特点。在经济法的各个具体部门法中,都涉及体制法规范,并且,这些规范都具有基础性地位。没有这些规范,也就不存在相关调制。

许多国家在宪法上都对预算权、征税权、发债权、货币发行权、反垄断权等有明确规定;此外,许多国家还在相关组织法或经济立法中对调制权予以具体化,从而形成了一系列体制法。在这些体制法规范中,需要对相关调制主体的特定职权作出专门规定,同时,对该主体履行职责的法律程序、权力界限等亦应有相关规定。例如,对于财税机关、中央银行、计划部门、规制竞争的专门机构等的职权,都已经或应当通过专门立法或专门规范作出明确规定。

(二) 调制权的分配

调制主体的调制权法定,是经济法"调制法定原则"的体现。由于调制权的种类各异,各个调制主体作为负有特定职能的部门,其享有的职权也各不相同,由此形成了调制权的"特定化""专属化"问题。其中,调制立法权在采行"独享模式"的情况下,主要由立法机关行使;在采行"分享模式"的情况下,一般由国家立法机关与行政机关分享。此外,调制执法权主要由政府的各个职能部门分别行使,例如,财税调控权一般主要由国家财税部门来行使,金融调控权一般主要由中央银行来行使,等等。

目前,我国在调制立法权方面,实际上实行的是"分享模式"。由于多种原因,在宏观调控和市场规制领域,不仅全国人大享有立法权,国务院也可依法制定行政法规,甚至国务院的某些职能部门都可能在事实上进行相关立法。例如,财政部、国家税务总局、国家发改委、中国人民银行、商务部、海关总署、国家市场监管总局等,都可能在一定程度上享有调制立法权,这在相关部门规章甚至相关部、委、局、署的一些"通知""批复"中,都有一定的体现。

在调制执法权方面,一般由相关职能部门行使专属的调制权。我国在进行多次机构改革后,曾将国务院所属职能部门分成两类,一类是宏观调控部门,一类是专业经济管理部门。[①] 其中,宏观调控部门在当时被界定为国家发改委、国家经贸委(现已主要并入商务部)、财政部、中国人民银行,它们是国务院所属的部、委、行。此外,国家税务总局、海关总署在事实上负有税收调控的职责。在市场规制方面,目前我国主要由国家市场监管总局以及其他规制机构享有市场规制权,某些相关部委也可能依法分享市场规制权。

在调制权的享有方面,某类主体,可能既享有调控权,又享有规制权。如国家发改委既享有价格调控权,可进行价格总水平的调控,又具有微观的市场价格规制权,有权规范具体的市场价格行为。又如,商务部,既在产业政策方面有

---

① 参见罗干:《关于国务院机构改革方案的说明》,载《人民日报》1998年3月7日。

宏观调控权,又在市场流通秩序、反倾销等方面有市场规制权。

可见,不宜简单说某类主体就一定(只)是宏观调控主体或市场规制主体,因为某些主体可能同时行使调控权和规制权。由于现实中的主体从名称到职能都可能发生变化,因此,不能仅依现行的机构设置来确定经济法上的调控主体或规制主体,而应当依据具体调制职能,来确定行使调制权的主体。

考虑到现实中的机构变动情况,在经济法的相关立法中,在立法技术上已作出了相关处理。例如,在规定具体行使某种调制执法权的机构时,一般只规定国务院的某类职能部门,而不直接用现实中正在使用的某个部委的名称。这对于从法学角度提炼相关主体及其调制权的范畴,也是有启发意义的。

(三) 调制主体的主要职责

各类调制主体在享有调制权的同时,也要履行相关职责。这些职责主要包括贯彻调制法定原则、依法调制、不滥用或超越调制权、不得弃权,等等,核心是依法调制。

调制法定原则是经济法的基本原则,也是调制主体必须贯彻和遵守的原则。在调制立法权的行使方面,应特别强调调制法定。基于调制权对国民财产权等基本权利的影响,有关调制权的规定应当严格贯彻"法律保留原则"和"议会保留原则",这在《立法法》上已经有所体现。目前存在的突出问题是调制法定原则尚未得到全面贯彻。因此,对调制权进行法律上的限定,防止调制立法对国民财产权利造成损害,确保调制主体全面履行职责,恰恰是经济法的重要任务。

此外,依法调制,也是相关调制主体的重要职责。调制主体应依据法律规定行使调制权,而不能滥用或超越自己的调制权。在经济法的立法技术上,可为调制主体保留一定的行使调制权的空间,以供其依据具体情况和法律精神作出裁量,但调制主体也绝不能滥用或者超越调制权,从事与法律精神不相符合的行为。

另外,依法调制的职责,不仅要求不得滥用调制权和超越调制权,而且在广义上也包括适当行使调制权,以及不能放弃调制权。调制主体必须审时度势,根据具体情况,选择调制的方向、力度等,以实现灵活调制。由于调制权直接关系到国家的基本利益和国民的基本权利,因此,该调制的时候必须调制,不能违法地不作为,或者消极等待,因为调制权的行使是其职责,该职责是不能放弃的。

总之,调制主体担负着提供公共物品的重要职能,即依法进行宏观调控和市场规制,要履行上述职能就必须有相应的权力,做到有职有权,从而形成职权;同时,履行上述职权也是其应尽之责。对于调制主体来说,不能该管的不管,不该管的乱管,而恰恰应尽职尽责,恪尽职守,忠于职守。

四、调制受体的利义结构分析

对应于调制主体的职权与职责,调制受体也享有一系列的权利和义务,并形成了调制受体的利义结构。对于其中所涉及的各类权利和义务,同样需要分门别类地进行具体化、类型化的研究,从中亦可提炼出一些基本原理和范畴。

(一) 调制受体的权利

调制受体依法享有法律赋予市场主体的一切基本权利,这些权利可统称为"经济自由权",其具体形态包括企业的"经营自由权"和居民的"消费者权利"等。调制受体的经济自由权,在市场经济条件下是非常重要的。按照市场经济的一般原理,市场调节应是基础的调节,凡是市场能够解决的问题,就应当由市场去解决;只是当市场不能有效解决,以致出现市场失灵等问题时,才需要政府去解决。因此,在通常情况下,对于调制受体的"经济自由权"一般是不加限定的,若要限制则必须依法作出。国家实施的宏观调控和市场规制,在一定程度上会构成对"经济自由权"的限制,为了有效保障调制受体的经济自由权,国家的调制行为必须依法作出。调制受体可要求调制主体依法进行宏观调控和市场规制的权利,可视为一种公法上的请求权。

调制受体所享有的经济自由权,实质上是"市场对策权"(或称"经济博弈权")。调制受体只有依法从事相关市场对策行为,对调制主体和其他市场主体的行为采行有效的应对策略,才能更好地行使其经济自由权。"市场对策权"是经济自由权的一种体现。对于调制主体的某些非强制性的调制,调制受体有权选择遵从或不遵从。因此,调制受体可享有接受或拒绝调制主体的非强制性调制的权利,也可对非法调制行为享有拒绝的权利,这些"拒绝权"也是市场对策权的具体体现。①

上述的"市场对策权",在平等的市场主体之间,可体现为相关企业的市场竞争权(简称竞争权),包括公平竞争权和正当竞争权。企业的竞争权,是企业进行市场交易和市场竞争必不可少的权利,如果因垄断行为使公平竞争权受到

---

① 如我国企业的摊派拒绝权,就是市场主体拒绝权的一种体现。从更高的层次上说,拒绝权是市场主体所享有的一种宪法性权利,它体现了对市场主体基本的财产权、经营自由权等权利的保护。随着市场经济的发展和法治思想的日益深入人心,拒绝权的具体形态还会更为多样化。

侵害,就要反垄断;如果因不正当竞争行为使正当竞争权受到侵害,就要反不正当竞争,由此确立了竞争法对各类竞争权的保护。通常,相关企业的竞争权潜在地规定于经济法的相关法律、法规之中,且在立法技术上往往强调在消极层面上进行"逆向规制",即将规制重点定为典型的不公平竞争行为和不正当竞争行为。同时,上述两类行为都会影响消费者权利,因而还要注意消费者权利的保护。

消费者权利,包括消费者的知情权、选择权等基本权利,是消费者从事市场对策行为必不可少的。消费者权利是对经营者的经营自由权的一种限定。经营自由权与消费者权利都属于调制受体的经济自由权,两类权利的协调共存和均衡保护是经济法调整的重要目标。

在经济法各部门法领域,调制受体的具体权利不尽相同。例如,上述的企业或消费者,当其作为纳税人时,还享有"纳税人权利"(这也是调制受体的一类重要权利),无论是纳税人整体抑或纳税人个体,都可依法享有一定的纳税人权利。其实,这类权利也是纳税人作为市场主体所享有的针对国家税收调控行为的"市场对策权",它存在于非平等的主体之间。可见,随着调制受体在经济法不同部门法上的角色的变化,所享有的权利也会发生变化。

总之,经济自由权,作为调制受体从事市场经济活动的一种自由权,在实质上体现为调制受体的"市场对策权"(或称"经济博弈权")[①],而"市场对策权"则又可分为平等的市场主体之间的对策权,以及市场主体对调制主体的对策权两大类,因而在具体形态上,可能体现为市场竞争权(如公平竞争权、正当竞争权)、消费者权利、纳税人权利等,只有有效保护上述各项具体权利,才能使调制受体的经济自由权得到全面的保障和实现。

(二) 调制受体的义务

对于一般的市场主体的义务,在民商法等传统部门法领域已经有大量研究。当这些市场主体成为经济法上的调制受体时,还要同时承担经济法所规定的相关义务。这些义务主要有两类:一类是接受调制的义务,一类是依法竞争的义务。

首先,接受调制的义务,是指调制受体应当接受调制主体依法作出的调制,遵从那些具有法律约束力的调制。从一般的法理上说,调制主体依法作出的调

---

① 从经济学家的研究来看,市场主体在经济市场、政治市场上都可能从事对策行为,而且对于其对策行为,国家必须高度重视,因为这些博弈行为恰恰是影响国家政策和法律实效的重要因素。在这方面,以卢卡斯为代表的理性预期学派的观点尤其值得重视。

制,至少具有形式上的合法性,因而调制受体通常是应当接受的。如国家立法机关依法调整税率、利率,国家征税机关依照法律的规定进行征税,中央银行调整存款准备金比率等,只要是依法进行的,调制受体就不能拒绝或反抗,这是其基本义务,否则,就难以形成有效的"经济法秩序"。

调制受体享有经济自由权,但对于那些具有法律约束力、强制执行力的调制,调制受体是不能拒绝的。例如,国家确定的税率、金融监管规则等,都是有法律约束力的。如果调制受体不遵从既有规定,逃避自己的义务,如从事相关税收逃避行为,或规避金融监管行为,则构成对法定义务的违反,应当承担相应的法律责任。

调制受体作为调制行为的作用对象,其权利行使既具有一定的被动性,也具有明显的主动性。调制受体是否接受调制,在多大程度上接受调制,都会影响调制的实效。因此,不仅要重视调制受体的经济自由权,也要强调其接受国家依法调制的义务,只有把这两个方面有机地结合起来,才能更好地实现经济法的宗旨。

其次,上述接受调制的义务,主要涉及纵向对策领域。在横向对策领域,还涉及依法竞争的义务。"依法竞争"不仅涉及市场主体与其竞争者之间的关系,还可能涉及消费者权利保护的问题。如前所述,市场主体享有的经营自由权,主要是竞争权,但在其行使竞争权的过程中,不能采取不公平的方式或者不正当竞争的手段,去损害其他竞争主体的利益,这是依法竞争的基本要求。为此,各类调制受体都不得从事危害公平竞争的行为,也不得从事违反诚实信用、公序良俗和公认的商业道德的行为。这是经济法对调制受体规定的消极义务。一旦调制受体违反这些义务,就要承担经济法上的责任。

此外,调制受体的依法竞争义务,还可能随着认识的发展而被赋予新的含义。在市场竞争日趋激烈的今天,各类企业都试图通过各种手段来获取竞争优势,一些企业极可能通过税收逃避、非法集资、虚假上市等手段来获得一时的"竞争优势",这就违反了依法竞争的义务。因此,对依法竞争的义务要作广义理解。

另外,从角色理论的角度看,各类主体都可能成为竞争者。[①] 消费者个人一旦从事经营性活动,也就成为经营者,同样要履行依法竞争的义务。也就是

---

① 如果把各类主体都看成是理性的"经济人",则各类主体都可能为了自身的利益而去从事竞争活动。因此,在某些情况下,属于第三部门的各类主体,同样可能成为竞争者,因而也要履行依法竞争的义务。从广义上说,国家之间也存在着竞争(如"税收竞争"就非常引人注目),只不过这里着重探讨的是调制受体的义务问题。

说,从主体的角度看,对依法竞争的义务主体要作动态的、广义的理解。可见,依法竞争的义务是各类调制受体都应当履行的。

五、经济法领域权义分配的特殊性

以上分别探讨了调制主体的权责结构和调制受体的利义结构,通过对上述"结构"的分析,不仅可发现两类主体的职权与职责、权利与义务的内在关联和一定的对应性,也可观察到职权与义务、职责与权利之间的内在联系,这不仅有助于把握整体权义结构的有机构成,也有助于发现经济法领域权义分配的特殊性。

对于经济法领域权义分配的特殊性,可从权义配置、规范分布、对应程度等方面来提炼。例如,在权义配置方面,如果把职权和职责分别归入广义的权利与义务之中,则经济法主体的权利与义务配置存在着不均衡性。其不均衡性体现为,在经济法的各个部门法中,有关调制主体和调制受体的权利与义务的规范分布是不均衡的。在宏观调控法的部门法中,往往是有关调控主体的权利规定较多,而对受控主体的权利则规定较少;在市场规制法中,往往是对从事市场经营活动的受制主体的义务规定较多,而对规制主体和不从事市场经营活动的非营利性主体的权利则规定较多。这在反垄断法、反不正当竞争法、消费者保护法的具体立法中都有突出体现。

与上述权义配置的不均衡性相关联,在规范分布方面,权利、义务配置上的不均衡性,还会演化为权利规范和义务规范在主体分布上的倾斜性或称偏在性,即权利规范的分布更倾斜于调制主体,而义务规范的分布则更多地倾斜于调制受体。这从经济法的许多形式立法中都可得到实证。当然,上述的归纳仍然是一种简单枚举和大致描述。

此外,从权义的对应程度看,经济法主体的权利、义务是不对等的。由于调制主体与调制受体并非平等主体,因而不能像民商法主体那样权义对等,其权利与义务也不能等量等质地互换。同时,与行政法主体之间的权义不对等相比,经济法主体之间的权义不对等还要更"温和"一些。因为在调整手段上,经济法不像行政法那么多地用直接手段,而恰恰在很多方面要依赖间接手段。

可见,经济法领域的权义分配存在多种特殊性,是经济法区别于其他部门法的重要方面。这些特殊性与经济法的特征或特质密切相关,其存在既是实现经济法的宗旨和职能的需要,也是差异原理、结构原理等基本原理的体现。

第八章 权义分配与调控职权

第二节 调控职权的法律限定

在经济法的权义分配方面,调制主体的经济调制权和调制受体的经济自由权各自包含很多具体职权或权利形态,都需要作细致的分析和研究。其中,宏观调控权是调控主体的重要职权,其法律限定对经济法调整目标的实现影响更大。为此,下面着重以宏观调控权为例,探讨调控职权的法律限定问题。

如前所述,现代国家的基本职能,可归结为公共物品(public goods)的提供[1],其中包括为市场经济提供良好的法律环境,适时适度地对经济运行进行宏观调控。由于宏观调控及相关制度具有极大的外部性[2],因而对于宏观调控的实施和相关制度的构建必须慎重,以尽量减少宏观调控对经济活动的负面影响。

在现代市场经济的发展过程中,制度已逐渐成为经济活动的"内生因素"。各国的实践表明,无论是鼓吹市场经济的自然演进,还是强调其外力推动[3],都不完全排斥国家的经济政策或宏观调控。我国作为一个"转型国家""后发国家",宏观调控有不容忽视的作用,但是目前对宏观调控的法律保障和制度建构仍然存在短板。对此有必要从法律角度来展开解析。

权力/权利一般被视为法学研究上的核心范畴,宏观调控权亦在宏观调控法研究中居于核心地位。在调控职权的法律限定方面存在的需要关注的基本问题分别是:宏观调控的合法性、宏观调控权的依法配置、依法行使宏观调控权

---

[1] 自从萨缪尔森提出"公共物品"的较为公认的定义以来,对于公共物品的研究日益深入,从而为经济法研究提供了重要的理论支持,这在财税法等宏观调控法的具体领域已经有了突出的体现。为此,有必要把公共物品理论推广到整个宏观调控法研究中。

[2] 这里的"外部性"包括"好的"外部性,也包括"坏的"外部性。实际上,从经济学上说,公共物品是外部性的极端体现;从法学上说,法学研究在很多情况下是在解决外部性问题,经济法也不例外。

[3] 其实,演进主义与建构主义、自由主义与干预主义等,诸如此类的各类主义,在交替兴衰沉浮,这在20世纪体现得最为突出。但如果对某一种主义作绝对理解,则对于实践贻害无穷。事实上,在现代市场经济条件下,恐怕无论在理论上还是在实践中,都无法排除或否认国家在某些情况下进行宏观调控的必要性或重要性。即使是哈耶克之类的自由主义大师,都强调对"国家干预"或"政府活动"应有正确的理解。参见〔英〕哈耶克:《自由秩序原理》,邓正来译,生活·读书·新知三联书店1997年版,第279—281页。

的原则、力度,以及宏观调控权的独立性等问题,解析上述问题,更有助于全面理解经济法的权义结构。

一、宏观调控的合法性

宏观调控的合法性(legitimacy,或译为义理性、正当性等)问题,是研究调控权限问题时首先要回答的问题,它有助于认识宏观调控权的来源和产生基础等问题。宏观调控的合法性包括其在法律、经济、社会、政治等各个方面的合法性。其中,法律上的合法性是最直接、最受关注的。如果某项宏观调控行为在法律上不具有合法性,其效力就会受到质疑和削弱。因此,从合法性的角度,宏观调控首先就被分成了具有合法性的宏观调控和不具有合法性的宏观调控。

从法律上说,具有合法性的宏观调控应当由具有宏观调控权的主体依法实施。因此,如果一个主体本身不具有宏观调控权,则其宏观调控就不存在法律上的合法性。可见,宏观调控权对于确保宏观调控的"法律上的合法性"非常重要。

从形式上看,宏观调控权来源于法律的明确授权。在把法律仅理解为制定法的情况下,宏观调控权的确立、分配和行使等内容,要通过国家制定的法加以体现。此外,宏观调控权也是国家经济管辖权的具体化。作为国家主权或更为具体管辖权的组成部分,宏观调控权是一国独立行使的重要权力。

随着经济社会的发展,国家的职能和权力也在不断膨胀[①],对宏观调控权的产生和行使具有重要影响。"现代市场经济就是有宏观调控的市场经济",宏观调控是现代国家不可或缺的重要职能,它作为一种公共物品,是私人主体所不能提供或无力提供的,因而只能由国家承担起提供公共物品的重任。从这个意义上说,宏观调控首先是国家的一项义务,其次才是国家的一种权力。

依据公共物品理论,宏观调控权只能由国家而不能由其他主体来享有。尽管在特定的时空人事方面,人类的理性是有限的,并且,按照公共选择理论或其他经济学理论,"政府失灵"问题同样不容忽视,但对于国家在宏观调控方面的作用,人们并非一概排斥。这是因为在经济、社会等层面,国家实施宏观调控比其他主体有更多的合法性。

自改革开放以来,特别是确定实行市场经济体制以来,我国对经济运行的

---

① 对此,不仅"瓦格纳定律"和许多学者的研究不断地证实了这一点,而且,各国政府财政支出占本国 GDP 比重的不断提高,也有力地说明了这个问题。

宏观调控及相关立法日益重视。从立法上看,宏观调控已被提升到宪法层次。① 同时,在一些重要法律中,也加入宏观调控的目标或内容②,从而使"宏观调控"成为一个法律上的概念,并使规范宏观调控行为的大量法律规范构成了宏观调控法律制度。

依据宏观调控法律制度所实施的宏观调控行为,具有法律上的合法性,根据宏观调控是否具有合法性以及效力状况,可进一步把宏观调控分为有效的宏观调控和无效的宏观调控。与此相关问题是,法律上无效的宏观调控,可能是经济上有效的宏观调控,两者有时会发生冲突。强调法治的人会认为,无效的宏观调控即使在经济上有效,亦应弃之不惜;但强调实用主义的人会认为,经济上有效的宏观调控,即使在法律上无效,也是必要且有益的。因此,需要进一步理解经济上的合法性。

宏观调控在经济上的合法性,取决于经济上的合理性,即经济上的"合规律性"。宏观调控的直接目标是解决经济运行出现的问题,而其他的社会目标、政治目标等,都是间接性的目标。如果宏观调控行为符合经济规律,取得了较好的绩效,在总体上增进了社会福利,则该宏观调控行为就具有合理性,并因得到市场主体或社会公众的支持和拥护而获得合法性。因此,即使一些宏观调控行为不符合现实的法律规定,也会被认为是合理的,并能够得到理解和支持。例如,我国在金融危机和疫情防控时期不断上调出口退税率,在恢复经济和公众信心方面都取得了较好效果。

存在上述情况的原因是国家制定的法律总是相对滞后于现实的千变万化的经济活动,而是否符合现实的经济社会生活的要求,则是衡量法律的生命力和有效性的至为重要的标准。一些国家历史上的经济改革或宏观调控,曾存在突破既有法律框架甚至违反宪法的情况,但因其在经济上存在合理性,而被一些学者称为"良性违宪"或"良性违法",对此人们尚存在不同认识。但无论如何,在宏观调控领域的"良性违宪"或"良性违法"问题应当越来越少。随着法治水平的提高和人们认识的深化,上述问题可通过相关法律的完善逐步解决。在经济上具有合理性的宏观调控,有助于提升经济效率,增进社会总福利,市场主体更乐于遵从,国家的制度改革由此能够得到国民的拥护和支持,并在社会

---

① 例如,我国《宪法》第15条规定:"国家实行社会主义市场经济。国家加强经济立法,完善宏观调控",从而把宏观调控提到了宪法的高度,同时,也提出了市场经济、经济立法、宏观调控三者之间的关系问题。

② 例如,我国的《中国人民银行法》第1条规定:"为了……建立和完善中央银行宏观调控体系,加强金融业的监督管理,制定本法。"

领域和政治领域获得合法性。因此,对于经济上具有合理性或合规律性的宏观调控,必须在制度上予以保障,使其同时获得法律上的合法性,从而提高其遵从度,实现宏观调控的预期目标。

上述讨论表明,宏观调控权在形式上是源于相关法律的规定,但在深层次上还导源于经济、社会等领域的合法性,特别是市场主体和社会公众的认同。宏观调控只有符合经济规律、符合国情民意,以保障社会公共利益和基本人权为目标,才是真正合法、有效的,才具有多方面的合法性。

二、宏观调控权的依法配置问题

对宏观调控权必须依法有效配置,使各类宏观调控主体的权力明晰,职责明确。在宏观调控权的依法配置方面,中央与地方的关系问题一直备受关注,需处理好集权与分权问题,否则就会带来诸多问题,甚至形成历史上的"治乱循环"。对此,经济学家提出了很多理论,如中国的"贾谊定理"[①],强调通过分权来实现"强干弱枝",避免出现"弱干强枝"或"弱中央强地方"的局面。[②]

宏观调控是公共物品,而公共物品是分级次的。不同级次的公共物品应由不同主体提供。一般说来,中央级次的物品应当由中央政权来提供,而地方性公共物品,则应由地方提供,这是财政联邦主义(fiscal federalism)的基本主张。对此,施蒂格勒、奥茨、布坎南、蒂布特等著名学者都曾有过许多具体论述,并提出了许多具体理论。[③] 据此,实行适度分权有助于提高效率,这在发展不均衡的大国更为必要。

一般认为,尽管"宏观调控"一词有时被泛化和滥用,但在经济学和法学上仍有其基本界定,即宏观调控是国家站在全社会的总体立场上对宏观的经济运行所实施的调节和控制。因此,实施宏观调控的主体应当是国家,宏观调控权应当归属于国家的最高政权机构,而不是地方的政权机构,否则就不能说是"宏观"调控。为此,对于宏观调控权的配置应当有一个合理的界定:实施宏观调控的主体只能是国家的最高政权,宏观调控作为中央级次的公共物品,只能

---

① 我国西汉名臣贾谊在《治安策》中指出:"欲天下之治安,莫若众建诸侯而少其力。力少则易以使义,国小则无邪心。"这被认为是在历史上第一次以现实主义原则解释了中央和地方的关系,其思想亦被张宇燕等学者概括为"贾谊定理"。参见何帆:《为市场经济立宪》,今日中国出版社1998年版,第212—213页。

② 参见王绍光、胡鞍钢:《中国国家能力报告》,辽宁人民出版社1993年版,第120—121页。

③ 参见平新乔:《财政原理与比较财政制度》,上海三联书店1996年版,第338—356页。

由中央政权来提供。①

在实践中,地方政府对宏观调控的遵从问题很值得关注。例如,在财税方面,中央与地方的"分税制"涉及大量"主—从博弈";在金融方面,地方的盲目或违法投资、集资、融资等行为,会导致对国家金融调控的弱化,等等。只有把宏观调控作为中央级次的公共物品,并施以必要的法律保障,才能有助于解决中央与地方的分权问题,以及与宏观经济运行相关的问题。

此外,宏观调控权的配置,不仅涉及相关国家机关之间的分权问题,还涉及对宏观调控的理解和对本国国情的把握;同时,尤其应明确享有调控权的主体及其具体职权与职责,以及超越、滥用或弃用宏观调控权行为的责任追究问题。此外,完善宏观调控权的配置,还需有较为系统的国家理论,以及合理的分权体制来支持,否则就很难理解为什么韦伯说系统的公法理论只会产生在西方,以及为什么孟德斯鸠说没有分权就不可能有公法的概念②,由此才能更好地理解经济法的公法性质。

宏观调控权的配置离不开必要的法律形式。应切实贯彻"调控权法定原则"③,为此,首先应在宪法层面对宏观调控权的配置作出宣示性规定。例如,我国宏观调控立法权应归属于全国最高立法机关,而宏观调控执法权则应归属于全国最高行政机关及其职能部门,这是对宏观调控权的一次分配。此外,对各类宏观调控权还应作具体划分。例如,在中央政府的相关职能部门之间,就涉及宏观调控权的划分问题。另外,在最高立法机关与最高行政机关之间,还存在授权立法问题。由于诸多方面的原因,我国在授权立法方面的问题较为突出,有效解决上述问题,尤其有助于推动理论和实践的发展,提升国家的法治水平。

从现实情况看,我国的某些政府职能部门在具体地、大量行使着宏观调控权,是行使宏观调控执法权的主力。例如,我国历经多次大规模的政府机构改革,有关计划、财政、金融三大调控的执法权,都主要由国家发改委、财政部、中

---

① 著名学者马斯格雷夫认为,就维护宏观经济稳定和保障收入的公平分配来说,中央政府应承担更多的责任,而宏观调控主要是解决上述问题,因而诸如财税、金融等领域的调控,应由中央政府实施。参见何帆:《为市场经济立宪》,今日中国出版社1998年版,第192—195页。

② 韦伯指出,对于孟德斯鸠在《论法的精神》中的话要作出全面的理解,需要看到系统的国家理论和合理分权体制对于公法理论形成的重要影响。参见〔德〕韦伯:《论经济与社会中的法律》,埃德华·希尔斯、马克斯·莱因斯坦英译,张乃根译,中国大百科全书出版社1998年版,第49—50页。

③ 与调控权法定原则相一致,依据调制法定原则,还应当有预算法定原则、税收法定原则、计划法定原则等一系列的原则,这些原则主要强调各类宏观调控手段的立法权应实行议会保留原则和法律保留原则。即使是政府调控部门的权力,也应当由法律来赋予,而不应假借调控之名,侵害经济和社会秩序。

国人民银行等机构行使。这实际上是对宏观调控权的再分配。

政府的相关职能部门在大量行使调控执法权的基础上,是否应享有宏观调控的立法权?从权力监督的角度说,政府应主要是宏观调控的执行机关,执法者不应成为立法者,至少不应成为主要的立法者,但由于诸多原因,我国的国务院及其职能部门实际上大量行使着宏观广义的调控立法权,其优点是提高了宏观调控的及时性,增强了应变能力,其不足是对宏观调控权的行使缺少应有的约束。从长远发展看,仍要强调和坚持"调控权法定原则"。

"调控权法定原则"的落实,需要体现在宏观调控的各个领域。例如,在财税调控领域,应当坚持各国通行的预算法定原则、税收法定原则,预算的审批权、税收的立法权原则上应由立法机关行使,国家在上述领域应享有专属立法权,这也是我国《立法法》相关规定的基本精神。为此,我国应尽快解决授权立法存在的空白授权、模糊授权等问题,结束预算审批流于形式或执行不严的情况,等等,以不断提高财税调控的法治水平。

又如,积极的财政政策是我国根据国情进行宏观调控的重要政策,但其法律保障不足。尽管对于国债问题在预算法中有一些规定,但我国至今尚无一部国债法,对国债的发行、使用等方面的法律监督不够,会影响财政赤字及其引发的债务风险的防控。因此,需要在宏观调控权的配置上强化"法定"观念,或者如布坎南(J. Buchanan)所说应当"立宪",通过不断建立和完善宏观调控法律制度来有效解决这些问题。

总之,从权力配置的角度看,我国宏观调控权配置方面仍需强化法治建设,因为在宏观调控权不够明晰的情况下,越权、弃权、争权、滥权等情况就可能存在,会在一定程度上影响宏观调控权的行使,从而影响宏观调控的具体效果。加强各类宏观调控政策、措施、制度等方面的协调至为重要。如果调控权不明晰或配置失当,就会直接影响国家利益和社会公共利益,其负面影响无疑非常巨大。因此,在宏观调控权的配置方面必须慎重,并要尽量明晰和协调,切实落实"调控权法定原则"。

三、宏观调控权的依法行使

宏观调控权的行使涉及诸多问题。下面主要探讨宏观调控权的行使原则、力度,以及在与其他相关权力的比较中所体现出的独立性等问题。

(一)依法行使宏观调控权的原则

行使宏观调控权,需要遵循一定的原则。基于公法、私法上的一般原则,在宏观调控法上同样适用如下一般原则,即比例适度原则、诚实信用原则、情势变更原则。①

比例适度原则,也称比例原则或调控适度原则,它是公法上的比例原则在宏观调控法中的具体化,也是经济法上的调制适度原则的体现。它主要包括两个具体原则,即"必要性原则"以及"成比例原则"。其中,必要性原则也称"最小侵害原则",强调国家的调控行为,无论是积极的还是消极的,都必须控制在一定的限度之内,以使国民所受到的侵害最小(这在一定意义上也是效率原则的体现);成比例原则或称"狭义比例原则",它强调宏观调控的手段应当与调控目标成比例,因而调控必须是适当的、正当的、理性的、均衡的。②

诚实信用原则,是各类法律的共通原则,是对于人类基本道德要求的法律化,它强调国家的宏观调控必须基于社会公共利益,按照经济规律的客观要求,尽量排除个体或群体的私利的影响,真诚务实地向社会公众提供公共物品;同时,要言而有信,确保公众的"信赖利益",这样才能提高人们对调控行为的遵从度。

情势变更原则,也是"实质高于形式原则"的体现,强调在遇到重大情势变更时,国家应当对原来的"调控预期"作出调整,即对国家与国民之间的"调控契约"作出调整,以真正在实质上保护相关主体的利益。例如,在遇到重大的国际或国内事变,致使经济不振的情势下,就需要对原来的调控方向、目标等作出变更,通过实施减税、扩大支出等手段来解决相关问题。

总之,宏观调控法作为高层次的法,需要以传统法的一些基本原则为基础,而上述原则作为各类法律共通的原则,对于规范复杂的、高层次的宏观调控活动,同样是适用的。此外,自20世纪90年代以来,法律经济学、制度经济学、信息经济学的迅速发展,为宏观调控提供了重要的理论支持,特别是交易成本理论、博弈论、公共选择理论、理性预期理论、制度变迁理论、路径依赖理论等,都对宏观调控权的行使以及相关制度建设提供了不同角度的借鉴。研究这些理论,有助于反思宏观调控方面存在的问题,并使宏观调控的相关制度得到进一步完善。

例如,依据卢卡斯(R. Lucas)等提出的理性预期理论,以及纳什(Nash)等

---

① 诚实信用原则和情势变更原则是公法、私法共同的一般原则,在税法和预算法以及其他宏观调控法领域均可适用。

② 参见谢世宪:《论公法上之比例原则》,载城仲模主编:《行政法之一般法律原则》,台湾三民书局1994年版,第123—125页。像其他公法上的一般原则一样,比例原则也是适用于行政法、经济法等各类公法的基本原则。

潜心研究的博弈论(两位学者因各自的理论贡献而获得诺贝尔经济学奖),在宏观调控方面,存在着"国家有政策,国民有对策"的问题①,或称"上有政策,下有对策""有令不行,有禁不止"等问题。为此,在行使宏观调控权时,必须考虑可能抵消政策效力的因素,力争实现国家与国民之间形成良性的合作博弈,降低国家与国民之间的交易成本。这些思想与上述行使宏观调控权的原则存在着内在的一致性。

(二) 依法行使宏观调控权的力度

在具体行使宏观调控权时,要求宏观调控主体能够对拟调控事项的轻重缓急作出权衡,以确定适当的调控力度。调控的力度主要通过调控的广度和深度来体现,努力做到"适度"或"止于至善",实现"最优调控"。宏观调控权的行使,就是在宏观调控的决策和执行过程中进行权衡,并通过适当调控实现预期效果的过程。

行使宏观调控权的力度与宏观调控能力密切关联。作为国家能力的重要内容,宏观调控能力是国家把自己的宏观调控意志、目标转化为现实,指导社会经济发展的能力。② 国家宏观调控能力的强弱,既受制于国家汲取财政的能力,又影响着汲取财政能力的变化,它影响着宏观调控权的具体行使及其力度,也影响着宏观调控的效果。

此外,行使宏观调控权的力度,还与对经济和社会时势的估计,对经济规律的把握等直接相关。在国家宏观调控能力既定的情况下,实施宏观调控的力度,需要依据客观实际情况作出判断和裁量,并应控制在法律允许的范围内。事实上,宏观调控法并非仅是掌握在国家手里的用于进行国家干预的工具,更是约束包括国家在内的各类主体行为的规范体系,它必须体现经济规律的基本要求,使政府能够按照经济规律,真正审时度势地去进行调控。从总体上看,政府该有的权力必须有,否则它就无法及时、足额、高效地提供公共物品;同时,政府的权力也必须限制在一个合理的"度"之内,且不能滥用权力或越权,从而在宏观调控部门与国民总体之间形成权力的平衡和利益的均衡,确保调控的稳定性和常态性。

可见,宏观调控法并非仅是反周期的"非常法",也是一种常态法,对经济运行依法进行放松、紧缩或中性的调控,综合运用各类调控手段,应当是调控经济运行、解决相关经济问题和社会问题的通常手段。因此,不应仅从狭义的

---

① 参见胡代光主编:《西方经济学说的演变及其影响》,北京大学出版社1998年版,第14页。
② 参见王绍光、胡鞍钢:《中国国家能力报告》,辽宁人民出版社1993年版,第6页。

"干预""管制""集权"的角度理解,这有助于全面认识宏观调控法和整个经济法的本质。

(三) 宏观调控权的独立性问题

宏观调控权是否属于一种独立的权力?以往有人认为宏观调控权就是政府的一种行政权力,因而宏观调控法就是行政法的组成部分;也有人认为宏观调控法不同于行政法,宏观调控权也不是行政权;还有人认为,宏观调控权并非独立的权力形态,因而也不存在它与其他权力的关系问题。应当看到,宏观调控权不同于传统的行政权,不能简单地认为它是行政权膨胀的结果,其产生基础、实施手段、行权目标等都与传统的行政权不同,因而是一种新型的权力。其实,各类行政机关都可在其权限范围内行使行政权,但并非都能行使宏观调控权。即使是宏观调控的执行权,也只有少数行政机关拥有。在国务院各部委中,宏观调控部门很少。由于职能的特定化、专门化,决定了权力的范围、类型和属性的差异,因此,仅是基于宏观调控职能的特定化以及宏观调控权的专属行使,也可认为,宏观调控权不同于一般的行政机关都能够行使的行政权。

宏观调控权的行使有着特定的目标、领域、手段、程序、评价体系等,这与行政权的行使是存在区别的。两类权力的产生基础、保护的法益等也不尽相同,这些都使与现代市场经济和现代国家职能相伴生的宏观调控权,与传统的行政权有所不同。宏观调控权虽然具有独立性,但其依法有效行使并不是孤立的,而是需要一系列协调配套的制度作为支撑。只有不断完善相关制度,特别是财税体制、金融体制、计划体制等,才能使宏观调控权的行使取得更好的效益。

本章小结

权义分配理论是整体经济法理论(特别是其规范论)不可或缺的重要组成部分。从结构视角看,与权义分配直接关联的权义结构作为经济法制度中的核心问题,其深入研究对于认识和解决理论和实践中的诸多问题无疑具有重要价值。有鉴于此,本章着重从结构视角对权义分配与权义结构进行了法理分析,并在此基础上分别探讨了调制主体的权责结构与调制受体的利义结构,对两类主体的职权与职责、权利与义务等问题进行了梳理,提炼出了一系列权利范畴,从而为揭示经济法领域权义分配的特殊性奠定了基础。此外,本章还基于调控职权的法律限定的重要性,对宏观调控权的依法配置、依法行使等问题进行了专门分析,以进一步揭示权义结构中可能涉及的行为合法性,以及权力或权利的配置与行使等问题。

权义分配所涉及的问题是多方面的,即使对十分重要的宏观调控权的探讨,也仅关注了若干基本问题。此外,对于诸如宏观调控权的类别、效力,与之相对应的义务、责任,与相关制度的协调等重要问题,还需要作出专门、具体研究。对上述问题的研究,是我国完善宏观调控法理论的重要方向。

事实上,各类职权和职责、权利与义务的研究都有特殊的重要意义。例如,宏观调控权的行使所产生的外部效应是巨大的,如果能够建立行之有效的宏观调控制度,就会有助于在国家与国民之间建立和谐的调控关系,这些对于中国的未来发展是至关重要的。因此,对宏观调控权及相关问题展开深入的研究,对于完善我国的宏观调控制度,提高宏观调控水平,都具有重要的价值。

从总体上看,对于经济法主体的广义上的权利、义务的种类、性质、具体内容、保护手段、实现方式、与其他部门法上的权利、义务的差别等,都还有待于进一步研究。对上述问题的深入探讨,会影响经济法责任理论的研究。此外,由于经济法的主体及其具体权利、义务非常复杂,因此,选择典型主体的典型权义进行类型化研究非常重要。

第九章

归责原理与责任形态

本章导读

经济法主体如果违反了法定义务,从事了违法行为,应当如何归责,具体应承担哪种形态的责任,是经济法责任理论应当研究的核心问题。经济法责任理论的研究,不仅影响经济法制度建设,还会影响经济法理论的自足性。[①] 无论从制度支撑和理论准备的角度,还是从现实的迫切需要的角度[②],都应加强经济法责任理论的研究。为此,本章将基于前面有关主体结构、行为理论和权义分配的探讨,进一步讨论经济法的归责原理与责任形态问题。

[①] 经济法理论发展至今,如何提高"理论的自足性"已经成为一个十分重要而迫切的问题。事实上,单纯提出一些观点并不难,关键是这些观点能否形成有机联系的链条,至少在逻辑上能够自洽,这对于经济法理论的深入发展非常紧要。因此,如何依据一定的假设、概念或范畴,构建经济法理论体系,包括其中不可或缺的责任理论,就显得至关重要。

[②] 对于宏观调控和市场规制领域的违法行为如何追究法律责任,是久已存续的问题。特别是加入 WTO 以后,不仅涉及对市场主体如何追究责任的问题,也涉及对国家调制行为合法性的审查问题。

第九章 归责原理与责任形态

第一节 归责前提与归责基础

在经济法学的归责原理中,归责前提与归责基础问题非常重要。其中,责任的独立性与客观性是归责的前提,而对社会成本的补偿则是归责的重要基础。本节将着重对上述问题展开探讨。

一、经济法责任的一般法理分析

依据一般法理,经济法责任,或称经济法主体的法律责任、经济法上的法律责任,是经济法主体因实施了违反经济法规定的行为而应承担的法律后果,或者说,是因实施了违法行为,侵害了经济法所保护的法益,而应受到的经济法上的制裁。从研究现状看,经济法责任的分类、地位、特征等问题都与归责直接相关,因而很值得研究。

(一) 经济法责任的分类与归责

经济法主体的法律责任,可依据不同的标准作出不同的分类。例如,依违反的经济法的具体门类的不同,可分为违反宏观调控法的责任和违反市场规制法的责任;依据违法主体的不同,可分为调制主体的法律责任和调制受体的法律责任,等等。

上述法律责任,当然又可作进一步划分。例如,违反宏观调控法的责任,可分为财政法律责任、税收法律责任、金融法律责任、计划法律责任等,同时,每类责任又可再做进一步细分。例如,财政法律责任,可再分为预算法律责任、国债法律责任等;金融法律责任,可再分为银行法律责任、证券法律责任等。上述责任是因违反相应的调控法律制度而应承担的违法后果,因此,并不是传统的行政责任或民事责任。

此外,对于各类主体的法律责任,当然也可作进一步划分。由于在经济法领域,主体的责任都是角色责任,不同的经济法主体享有不同的职权或权利,履行不同的职责或义务,因此,各类主体实际承担的责任并不相同。调制主体或调制受体,在违反不同经济法规范的情况下,可能承担不同类型的法律责任。

据此,虽然同为调制主体,但财政主体、征税主体、中央银行等所承担的经济法责任可能在依据、类型等方面各不相同;虽然同为调制受体,但纳税主体、竞争主体等所承担的经济法责任也存在诸多不同。在经济法主体呈现"差异性"或不同角色的情况下,主体的责任与主体所从事的行为直接相关,并可能会因违反不同的法而承担不同的责任。

从上述责任分类看,经济法主体承担的都是"角色责任"。不同主体的具体责任承担,与相关法定义务和法律责任规定的多少相关。通常,有关义务与责任的规定在数量、强度上呈正相关。这也从一定的侧面表明,经济法主体的责任不仅是角色责任,也是法定责任。

例如,在某些宏观调控法律规范中,是以规定调控主体的义务为主,相应地其法律责任的规定也应较多,这样才能保障法律的有效实施,使主体义务的履行落到实处。同理,如果在市场规制法中对受制主体的义务规定较多,则其法律责任的规定也应较多,而对规制主体的义务和责任的规定则相对较少。其实,这与经济法"权义结构"方面的非均衡性、非对等性等也是内在一致的。

(二) 归责的重要前提:经济法责任的独立性

以往有学者将经济法主体的责任分为民事责任、行政责任和刑事责任,也有学者认为,上述三种责任的综合,恰恰体现了经济法在责任制度方面的特殊性。由此引出的问题是,经济法是否存在独立的责任形式? 经济法责任与传统部门法上的法律责任是什么关系? 对于这些问题有必要先给出基本判断,因为这是归责的重要前提。

从经济法上的法律责任与传统部门法上的法律责任的关系看,经济法是为解决现代问题而产生的高层次的法,因而它要以传统部门法的发展为基础,人为地割断它们之间的内在联系是不对的。但这并不意味着经济法没有自己的责任形式,也不意味着经济法主体的责任只是传统部门法各类责任的简单相加或随机综合。

经济法主体的责任同其他部门法主体的责任明显不同。例如,同民事责任相比,由于经济法上的调制主体与调制受体并非处于同一层面,而是各自负有不同的职责和义务,因而它们所承担的法律责任必然与平等的民事主体所承担的民事责任有很大区别,并且,不同类别的经济法主体所承担的法律责任可能有很大的差别,而民事主体所承担的民事义务和相应的法律责任则一般是无差别的。又如,同行政责任相比,由于调制主体与调制受体的权利义务同行政法主体的权利义务的性质、依据不同,因而其相应的责任也不同于一般的行政责任,即经济法主体所要承担的法律责任,并不是行政法上的行政责任。

其实,法律主体既然具有多种法律角色,在不同的法律领域,就可能承担不同的法律责任。只要承认经济法是不同于传统的民法、刑法、行政法、诉讼法的部门法,就应当承认违反上述不同的部门法所应承担的法律责任也是不同的,因此,在部门法体系之下,必然会有各个部门法上的具体责任。基于上述理解,经济法作为一个独立的部门法,就应当有自己独立的责任,或者说,经济法责任在整个责任体系中,应当有其独立的地位。

(三) 对责任独立性的多维考察

经济法责任的独立性既然是归责的重要前提,就需要从多个维度来考察,其中,较为重要的维度是经济法的经济性、规制性、自足性、可诉性等;同时,主体角色的特定性,权义的非对称性、非平衡性等也值得关注。如果把上述方面综合起来,就能够更好地把握经济法责任的特殊性,从而可更有力地说明经济法责任的独立性。

1. 独立性与经济性

经济法具有突出的经济性,因而经济法上的责任主要是经济性责任。在传统法律制度中,经济性责任被分散到民事、行政和刑事责任中,但其共有的经济性往往被忽视。在经济法上,尤其应当关注责任的经济性,因为经济法主要是通过引导人们趋利避害的行为来实现其调整目标。经济性责任对于规范人们的行为、确保经济法实效非常重要。经济性既是说明经济法责任与传统法责任内在联系的纽带,也是论证经济法责任独立性的重要维度。

2. 独立性与规制性

经济法具有突出的规制性。由于经济法的调整要把积极的鼓励促进和消极的限制禁止结合起来,它不仅强调传统上的限制或禁止,因此,在经济法上的法律后果也不只是消极的法律后果,而是同样包括积极的法律后果。事实上,积极的"励进"与消极的"限禁"是相得益彰的。消极的"限禁"与经济法的责任是相一致的,而积极的"励进"则与经济法的褒奖是相统一的。

经济法责任是因违反经济法上的义务,受到经济法的问责与处罚;而经济法褒奖,则是因积极地履行经济法上的义务,受到经济法的褒扬与奖励。经济法上的责罚与经济法上的褒奖,是经济法的规制性的体现。对责罚和褒奖都应进行深入探讨。

从规制性的角度看,经济法上既有责罚,又有褒奖,因此,在研究法律责任的独立性问题时,可结合相关褒奖研究责罚问题。事实上,某些经济法制度中规定的惩罚性赔偿,就涉及对相关主体的奖励,即对一方的责罚,也是给另一方的褒奖。从规制性的角度,有助于更全面地理解经济法责任的独立性。

3. 独立性与自足性

独立性与自足性密切相关。研究责任的独立性,有助于提高经济法理论的自足性。反过来说,一个具有自足性的法学理论,应当有自己的责任理论;一个具有自足性的部门法,其责任应当具有独立性。

经济法理论应当具有内在自足性,以使经济法理论的各个部分自成体系,并在总体上构成一个内在和谐统一的系统。从系统自足性的角度看,研究经济法的责任理论,应当考虑与其他理论的衔接,包括本体论中的调整对象理论、体系理论,价值论中的宗旨理论、原则理论,尤其是规范论中的主体理论、行为理论、权义分配理论等。这样,才能增进整体的理论自足,给责任理论以恰当的定位,促进责任理论的深入研究。

4. 独立性与可诉性

独立性与可诉性问题也直接相关。从总体上说,在市场规制法领域,可诉性的问题并不突出,因为其相关主体及其责任往往是可特定化的;只是在宏观调控法领域,可诉性问题才被认为是一个"问题"。这个"问题"随着相关观念的转变和立法的完善,也会在一定程度上得到解决。

可诉性问题的解决,也要求从根本上解决责任的独立性问题。事实上,如果在经济法中规定专门的法律责任制度,并可经由法院的诉讼来具体"归责",则可诉性的问题便可直接得到解决。此外,把可提起诉愿或复议,也作为具有可诉性来理解的话,则经济法的可诉性问题会得到更好的解决。当然,从司法救济的角度看,司法意义上的可诉性更值得重视和研究。此外,角色理论对研究责任独立性问题也很有助益。依据差异原理和结构原理,从经济法主体角色的特定性,以及由此形成的权义结构的特殊性,特别是权义结构上的非对称性、非均衡性等方面,都有助于更好地论证经济法责任的独立性。事实上,既然经济法的各类主体都有其法定的角色,并依据该角色来承担法定的责任,其所承担的责任当然就具有独立性。据此,应当对承责主体或责任主体,以及相关承责基础和责任能力等问题展开研究。

(四) 经济法主体承担法律责任的特征

经济法主体在法律责任的"承担"方面,具有双重性和非单一性的特征,理解这些特征,有助于揭示经济法责任的独立性,化解经济法责任理论方面存在的诸多认识分歧。

经济法主体承担法律责任的双重性,是指其具体承担的法律责任,可能由"本法责任"和"他法责任"构成。其中,"本法责任"是经济法主体违反了经济法规范所应当承担的法律责任,此即经济法责任;而"他法责任"是指经济法主体在违反了经济法规定的同时,也违反了其他部门法规范,从而也应相应承担相关部门法上的责任。①

例如,在宏观调控法中,调控主体如果不能依法有效进行宏观调控,就需要承担宏观调控法所规定的法律责任,因其同时也违反了相关组织法甚至宪法的规定,因而也应当承担相应的责任。

在我国现行立法中,由于诸多原因,对调控机关或规制主体本身的责任一般不直接规定,而往往是通过规定调控主体的相关工作人员的行政责任甚至刑事责任来体现。这主要是因为经济法上的调控一般更具有抽象行为的特征;同时,作为非营利的组织体,调制主体在保障公共利益方面负有连续的责任,需要持续对社会公众负责,因而往往很难追究相关机关的直接责任。于是,其工作人员的行政责任就往往成为代其承担责任的具体形式,而调制主体本身则主要承担政治责任。在经济法主体责任的承担上,本法责任是第一位的,他法责任是第二位的。只有涉及经济法的本法责任问题,才可能涉及他法责任的承担。在经济法的具体立法上,并未区分两种责任,使人不易察觉和确定经济法本法责任的存在及其形式。为此,既需要立法质量和技术水平的进一步提高,也需要学界转变传统法学观念,以发现问题的实质。

其实,同上述的双重性特征密切相关,从实证的角度看,经济法主体在责任承担上具有"非单一性"的特征,即经济法主体所承担的责任往往较重,表现为可能存在着多种责任的竞合。这是因为经济法主体的违法行为不仅会侵害具体个体利益,还会侵害公共秩序和公共利益,因此,经济法主体往往不仅要承担民事责任和行政责任,还可能受到刑事制裁。从中外经济法的具体立法看,在税法、金融法、反垄断法与反不正当竞争法、消费者保护法等立法中,都可能有刑事责任方面的规定。

上述承担责任的双重性或非单一性,与法律责任的社会性有关。由于经济法上的法律责任制度与其所保护的社会公益密切相关,因而经济法对违法行为的制裁,是站在全社会的高度上的。由于经济法主体的违法行为不仅可能侵害第三人利益,还会侵害社会公益,因此,经济法主体的违法责任应当比民事责任和行政责任的规定更加严格。其责任承担的目标、内容、方式,不仅有经济性

---

① 相关初步探讨,可参见张守文:《市场经济与新经济法》,北京大学出版社1993年版,第142页。

的,而且有社会性的;不仅有补偿性的,还有惩罚性的,从而要更多体现对社会成本的补偿。此外,经济法上的责任,不仅应考虑传统私法的"经济性交换"问题,还应考虑"社会性交换"的问题,即应关注违法行为的社会后果以及应负的社会责任。经济法主体的违法行为,往往不仅涉及一般的市场主体的经济利益,还可能会给整个社会公众的利益造成很大损害,如宏观调控不当,就可能给社会、经济发展带来很大的损害,如市场规制不当,则可能会严重损害市场秩序。

(五)既有研究存在的主要问题

从研究现状和基本前提看,责任理论的研究与传统部门法理论的沉浮直接关联,学界已注意到传统部门法理论的局限性,大都赞同法律部门适当划分的合理性。在这种背景下,尤其需要在上述局限性与合理性的矛盾中解释和解决责任理论中的问题,在经济法主体、权义以及责任等多个层面的二元对立中去发现和解析责任理论的特殊性,并作出相关性分析。

既有研究存在的突出问题是,对经济法责任的独立性或客观性看法不一;对传统责任形式对经济法责任形式的影响看法不一;对于部门法的局限性和合理性看法不一;对经济法责任的归责基础尚缺少相关研究;对经济法责任理论同经济法的主体理论、行为理论、权义分配理论等相关理论之间的关联关注不够;对经济法具体责任形态的研究亦相对不足。此外,对经济法责任的构成要件、追究机制等也缺少相关研究。

为此,应当关注"责任的客观性"问题,并以此为入口,探讨具体归责基础问题。此外,由于经济法责任的类型对于理解经济法责任的各类问题都很重要,因此,应超越传统部门法理论及与之密切相关责任理论,通过责任与主体结构的关联性分析以及具体责任形态的典型性分析,进一步提炼经济法责任的类型,推进经济法责任理论的深化。

二、归责前提的进一步讨论:"责任的客观性"问题

要依法有效进行归责,必须以责任的客观独立存在为前提。经济法领域是否存在独立的法律责任,是否存在独立的法律责任形态,这些都可归结为"责任的客观性"问题。它是研究"责任理论"的一个前置性的或称先在的问题。

由于传统法学思想的束缚,以及现行立法规定的缺失及由此带来的认识上的局限[①],使许多人以为从经济法的理论和制度中很难有效发现和提炼法律责

---

① 人们已越来越认识到,立法是基于各种因素或博弈而形成的妥协结果,是一种暂时的"均衡",因而在理论上是完全可以突破的,研究者应避免片面地陷入现行制度的罗网而不能自拔。

第九章 归责原理与责任形态

任制度及相关理论,这使经济法理论中应有的学术发现受到了巨大影响。

从历史上看,法学的发展在很大程度上要靠"法学上的发现"来推动。① 经济法责任理论研究的欠缺,与对"责任的客观性"问题认识不足有关。其实,经济法上的"责任的客观性",可能体现在多个层面。本来,按照一般的法理,只要违反法定义务,就应当承担否定性的法律后果,就应当有所谓第二性的义务存在。② 据此,如果经济法对主体的权利和义务已有规定,并明确了违反义务的法律后果,则只要相关主体违反经济法规范,便同样要承担经济法上的法律责任。可见,在承认一般法理和经济法的独立部门法地位的前提下,可肯定地推知:经济法的法律责任同样客观存在。

上述"责任的客观性"较为显而易见,许多学者都承认其客观存在,并试图对其作出概括,只是在各类著述中的称谓很不一致,包括"经济法主体的法律责任""经济法责任""经济法律责任"甚至简称为"经济责任"③,等等。这些用语本身也直观地说明:人们虽然承认这一层面的"责任的客观性",但对责任的内涵和外延,特别是对具体责任形态的认识,则尚存很大分歧,由此产生了第二层面的"责任的客观性"问题。

所谓"责任的客观性"问题,即经济法上的法律责任是否有自己独立的形态,这是对"责任的客观性"问题的进一步展开。对此有两类不同的观点,即"彻底的客观论"和"非彻底的客观论"。彻底的客观论强调,经济法责任可有独立的形式,它不是对传统责任形式的简单综合。彻底论者通过对具体责任形式的挖掘和提炼,已经提出了一些颇有见地的观点。④ 而非彻底论者则否定经济法责任有自己独立的形态,认为经济法的责任形态不能脱离传统的责任形态而存在——他们或强调经济法上的法律责任只是直接借用传统的民事责任、刑事责任、行政责任的形态,因而没有自己独立的责任形态;或主张经济法责任就是上述传统责任形态的综合适用,等等。⑤

总括前述分析,对于经济法上的"责任的客观性"问题,至少可从两个层面

---

① 德国著名学者鲁道夫·冯·耶林的"缔约过失理论",曾被誉为"法学上的发现"。在新兴的法学领域,可能存在与传统法学理论的诸多不同,需要有拓荒者不断发现。从某种意义上说,经济法学研究可能会带来更多的法学发现,并由此对整个法学有更多的贡献。

② 参见张文显:《法哲学范畴研究》(修订版),中国政法大学出版社2001年版,第122页以下。当然,这个方面的争论和探讨还在持续。

③ 这些称谓散见于各类主要经济法著作、教材中,对其已有若干学者作出评论。例如,有些学者反对将"经济法责任"当作"经济责任",认为这是一种认识上的错误。可参见邱本:《经济法原论》,高等教育出版社2001年版,第180页以下。

④ 参见漆多俊:《经济法基础理论》(第三版),武汉大学出版社2000年版,第191—195页。

⑤ 此类看法在大量经济法教材中都有体现,难以一一列举。

理解:第一个层面,人们从一般的法学理论出发,从既存的部门法理论出发,多会承认只要违反了经济法规范,就应当有经济法上的法律责任存在,因而肯定论居多;第二个层面,可分为"彻底的客观论"和"非彻底的客观论",前者则以强调独立的责任形态作为其主要特征。

应当说,经济法发轫未久,经济法学更是法苑新枝,要在短时间内发掘出公认的独立责任形态,无疑较为困难。但诚如波普尔所证,学术的发展确需在不断地"试错"中前行,新兴的经济法学要走出自己的"新路",就必须对传统的研究作出"拓补",切实超越传统的责任理论,对归责基础等基本问题展开研究。

三、归责基础问题

为什么对相关违法主体可追究其法律责任?违法主体为什么要承担不利的法律后果?

这涉及归责基础或称承责原因问题,也涉及归责的正当性、合理性、确定性等问题,学界对此已有一定研究。例如,在法律责任的根据方面,有"道义责任论""社会责任论""规范责任论"等理论,它们在说明归责基础方面具有一定的解释力。①

考察经济法的归责基础,既要关注已有的研究,还要超越传统的责任理论,紧密结合经济法自身的特点,尤其应与经济法的宗旨、所保护的法益、调整手段、调整领域、主体权利结构等联系起来,从而基于对传统法律责任依据理论的合理借鉴,深化经济法上的归责基础问题的研究。

揭示归责基础可有多种研究路径,鉴于经济法突出的经济性特征,以及经济性责任在经济法责任形态中的重要性,将经济分析方法运用于责任理论研究同样是有益的。事实上,已有一些经济分析方法被用于具体责任问题的研究,如逃税及其惩罚模型、反托拉斯法上的责任追究等②,其中,从成本补偿的角度来研究责任制度可能更有解释力。

在经济法学的基本原理中,与结构原理直接相关的重要原理,在主体方面

---

① 例如,道义责任论基于人的意志的自由而强调人要对自己的过错承担责任;社会责任论基于法律对社会上的各种权利和利益的保护,认为违法者作为社会的一员,必须对自己危害社会的行为负责;规范责任论则从对行为的规范评价出发来论述承担法律责任的必要性,认为法律责任是法律规范对行为进行评价的结果。参见王成栋:《政府责任论》,中国政法大学出版社 1999 年版,第 11—13 页;张文显:《法哲学范畴研究》(修订版),中国政法大学出版社 2001 年版,第 124—126 页。

② 税法、反托拉斯法是较早引入经济分析方法的领域。当然,至少远在贝卡利亚、边沁时期,经济分析方法已被用于犯罪研究,因此,把经济分析方法运用于法律领域,并非法律经济学或制度经济学的独创。

主要是利益多元原理和有限理性原理。违法主体都是理性有限的利益主体,其从事违法行为时也会考虑自己的成本与收益,同时,其违法行为也会给他人和社会带来成本,需要对这些成本进行补偿,据此,可以确立责任理论中的"成本补偿原理",并可以从成本补偿的角度来解说归责基础问题。

从成本—收益分析的角度看,对于私人成本和社会成本问题已有大量研究,许多成果对于经济法研究都有借鉴意义。在此基础上,还可考虑依据法学研究的需要,对相关理论作进一步拓补,即不仅应"超越法律"[①],也应"超越经济学"。

从法学的角度看,私人成本可分为本人的私人成本和他人的私人成本,如果只是私人主体之间存在的"你失我得"以及损益补偿等问题,就首先应运用民商法等私法手段来解决。只有当运用私法无法解决,或者制度的运行成本过大,从而给诸多私人主体乃至整个社会秩序造成损害时,才需要运用公法的手段。即公法介入的前提,是存在社会成本或公共利益受损。所谓社会成本,是由于主体从事违法行为而对社会上的制度或秩序造成的运行与维护成本。这种成本的产生或新增,导致和体现为社会公益和秩序的破坏或者减损。违法者承担责任的主要原因是必须对相关成本作出补偿,这是对归责基础的一种解释,它对于理解经济法的归责基础问题可能更为合适。

此外,经济法的归责基础还有其特殊性,这尤其表现为在成本补偿方面的特殊性。结合经济法的基本矛盾,以及由此产生的法益保护和宗旨来进行分析,更有助于说明归责基础方面的特殊性。事实上,在经济法上存在的基本矛盾是个体营利性和社会公益性的矛盾,因此,要协调和解决上述基本矛盾,必须注意既要看到个体的利益,又要看到社会公共利益。因此,在发生私人成本即私益受损时,就应考虑如何弥补私人成本;当发生社会成本即公益受损时,同样应考虑如何解决"公害"问题。可见,基于对两类利益的保护,以及经济法上的基本矛盾的解决,对于经济活动中产生的私人成本和社会成本,必须确立补偿规则,这就是经济法责任制度产生的原因。

对经济法的调制主体和调制受体分别代表的不同法益,经济法都要依法均衡地给予保护。因此,经济法主体承担的法律责任,既可能基于弥补私人成本而产生,也可能基于弥补社会成本而产生。按照诺斯的理论,一个有效率的制

---

① 这里只是借用了波斯纳的一部著作《超越法律》的名称,意图说明法学的研究应当超越法律,同时,也应超越其他相关学科。而要实现超越,就必须首先打通各个相关学科,在此基础上才可能有创新,实现真正的超越。

度,主要应考虑如何实现在私人成本与社会成本之间的均衡①,而要达成这种均衡,所有权制度等相关制度特别重要,其中也应当包括责任制度。因此,在制度设计上,必须照顾到各类主体的利益,使其各自的成本能够得到弥补,以确保其有效存续。历史上的无数事实一再证明,只有充分弥补各类主体的成本,充分兼顾其利益,才能实现一个社会的公序良俗和协调发展,而这恰恰是法律,尤其是经济法的重要调整目标。

上述分析实际上是把法学与经济学相结合,把违法主体所造成的损害视为一种成本。无论是私人成本还是社会成本,无论是哪些方面的损害,还都可进一步分为名义损害和实际损害、有形损害和无形损害、物质损害和精神损害,等等。在损害或称成本的确定与计算方面,有的成本计量或计算较易,而有的则较难,这些归责技术层面的问题,也会影响责任的承担。

此外,归责基础还与法益形式有关。由于成本与收益对立而又互联,因而损害与法益之间的关系亦复如此。一般认为,经济法所保护的各类法益包括私人利益、社会公益、国家利益,与此相对应,侵害这些法益的承责主体也会有所不同。例如,调制主体可能因侵害调制受体的利益而承担相应的法律责任;而调制受体,则可能因侵害其他市场主体的利益,或者因其损害社会公共利益,而承担相应的法律责任。由此可见,归责问题与经济法的主体结构亦存在密切的关联。

第二节 责任形态的法理探讨

在了解经济法责任一般原理的基础上,有必要集中讨论经济法的责任形态。因为对责任形态的认识关系到对整个经济法责任理论的认识,对责任类型的划分,直接影响对整个经济法责任理论的把握。

要分析经济法的责任形态,同样应强调对传统责任理论的超越,从而对经济法的责任类型作出有效界分,并在此基础上,研究经济法的具体责任形态,以

---

① 参见〔美〕诺斯·托马斯:《西方世界的兴起》,厉以平、蔡磊译,华夏出版社2009年版,第7页。对此,也可从存量与增量的角度作出进一步的分析。

及整个责任制度。

一、超越传统的责任形态理论

（一）对传统责任理论的超越

既往的责任理论研究，大略涉及归责基础理论、责任形态理论、责任构成理论、归责原则理论、责任证明理论、责任竞合理论、责任免除理论等。上述研究有助于责任理论的系统化，对经济法责任理论的研究同样有借鉴意义。

从经济法的角度看，囿于时代和制度的约束，传统责任理论不可避免地存在褊狭和缺失，其局限性已日益突出。只有超越传统理论，才能实现对传统法律责任理论的拓展和补漏，进而实现对经济法责任理论的拓补。此外，"超越"并不是抛弃，"超越"的前提恰恰是承认部门法的适当划分的合理性，因为如果彻底抛弃了部门法的划分，也就不存在部门法意义上的经济法责任问题。因此，在吸纳传统理论合理成分的基础上，超越传统的部门法理论和责任理论，进行"类型化研究"，形成与新兴的现代法相适应的责任理论，是研究经济法责任理论的重要路径。

对传统责任理论的超越，可体现在诸如责任形态的类型、归责的基础、归责的影响因素、责任的竞合等多个方面，其中，责任形态问题非常重要，它会对责任理论中的其他问题产生重要影响。

根据传统的责任理论，法律责任的具体形态可能有多种，其中，最重要的是民事、刑事、行政这三种责任形态，有时还可能追加违宪责任，从而形成所谓"三大责任"或"四大责任"。[①] 上述形态划分主要是以行为人所违反的三个或四个主要部门法为基础的。但由于部门法并不仅限于上述几个[②]，上述分类并未穷尽，且部门法的划分本身就存在诸多问题，因此，将所谓"三大责任"或"四大责任"的分类套用于各类法律，自然会出现问题。由于部门法的划分在整体

---

① 有学者认为，应当存在而事实上存在一个法律责任体系，该体系就是由上述"四大责任"构成的。参见王成栋：《政府责任论》，中国政法大学出版社1999年版，第17页。

② 在理论上，人们对于部门法划分问题始终存在不同看法，甚至有人对总体上的部门法理论也提出了质疑，因而是否只是上述几个主要部门法，以及上述部门法的划分是否科学，都还有相当大的讨论空间。此外，即使从官方认可的部门法来看，至少我国全国人大常委会所认可的部门法，就包含了经济法、社会法等七个。因此，仅以上述三个或四个部门法为标准进行责任形态划分是不够适当的。

上是一种"异面"划分,不仅会有许多遗漏①,而且在局部上还可能存在一些交叉②,因此,不能仅囿于传统分类,而是必须有所突破,有所超越。

(二) 法律责任的形态划分

如果承认责任是违反法定义务所应承担的法律后果,那么,依据该后果的具体情况(性质、内容、承责主体等),就可有不同的形态划分。除了上述按照违法性或者所违反的对象(按照所违反部门法的属性)来进行分类以外,还可按照承担责任的主体、追究责任的目的、承担责任的性质等标准,提出一些同样有重要价值的分类。

例如,按照承责主体的不同,在各个部门法领域都可形成与其"主体组合"相对应的责任分类。在经济法领域,就可按照经济法的"主体组合",把经济法上的责任分为调制主体的责任和调制受体的责任,或者细分为国家责任、企业责任、社团责任、个人责任,等等。从大的方面看,责任毕竟是主体违反经济法而应承担的消极法律后果,调制主体与调制受体因其权义结构的不同,所承担的责任也会各异其趣,因而以结构原理为基础展开分析仍然有其助益。③

此外,按照追究责任的目的,可把法律责任分为赔偿性责任(或称补偿性责任)和惩罚性责任。④ 这在各个部门法上都可广泛适用。例如,民法上的损害赔偿、税法上的滞纳金等,一般都被看作赔偿性或称补偿性责任的形式;而财产罚、自由罚、声誉罚等,无论是侧重于物质还是侧重于精神,无论是体现为传统的刑罚还是行政罚,抑或新型的某种"罚",往往会被视为惩罚性责任的形式。赔偿性责任和惩罚性责任的分类,在经济法上同样也适用。事实上,经济法主体可能承担的诸多责任,既可能是对私人主体和公共主体损失的一种补偿,也可能是对违法行为人的一种惩罚。因此,赔偿性责任并非都是民事责任,惩罚性责任也并非都是行政责任或者刑事责任。

再如,依据责任的性质,还可把法律责任分为经济性责任和非经济性责任,

---

① 部门法的划分并非在同一平面上的"展开",因而并不是一种穷尽的分类,存在诸多遗漏也就不可避免。

② 现在的部门法划分,实际上是按照不同的标准来进行的,因而本身是不合逻辑的。例如,行政法是否应当同立法法、司法法在同一层次,经济法是否应当同社会法、政治法等在同一平面,宪法与其他部门法的划分是否在同一高度,等等,都很值得研究,因为这些问题的成因是很复杂的。

③ 基于结构原理和经济法的其他重要原理,可推出经济法主体的调制主体与调制受体的二元结构,并由此导致了两类主体的权力与职责、权利与义务,以及相关法律责任的差别。

④ 有的学者认为,法律责任关系包括功利性关系和道义性关系,与此相适应,法律责任形式可分为补偿和惩罚两类。参见孙笑侠:《法的现象与观念》,群众出版社1995年版,第202—213页。与此相类似,在经济法领域可以把责任形态分为赔偿性责任和惩罚性责任两类。

或称为财产性责任和非财产性责任。由于明确责任的重要目的在于"定分止争",而各类纠纷都与一定的利益相关联,为此,要使法律保护的法益不受侵害,必须注意经济上的补偿或惩处,从而使罚款、罚金、没收财产等经济性责任的追究较为普遍。但除此之外,非经济性责任也很重要,如政治责任、社会责任、道义责任等,若已体现在具体立法上,则同样亦属经济法研究需予关注的重要责任形态。

可见,法律责任的分类标准是多方面的,并非只是单一的"三大责任"或"四大责任"。不同的责任形态之间可能存在一定的交叉和内在关联,各个不同的部门法可能只是对某类责任形式更为侧重,但未必意味着要排除其他的责任类型。

(三) 不同责任形态的内在关联

无论是赔偿性的还是惩罚性的责任,也无论是经济性的还是非经济性的责任,同样可能体现或贯穿于多个部门法的责任体系中,形成各部门法内在的关联。

例如,从赔偿性责任和惩罚性责任的分类看,在违反民法所要承担的法律责任中,损害赔偿就具有赔偿性或补偿性,而惩罚性的违约金则具有惩罚性;在违反行政法所要承担的法律责任中,国家赔偿就具有补偿性,而罚款则具有惩罚性,等等。

此外,经济性责任与非经济性责任的分类,也可适用于诸多部门法。例如,在违反民法可能承担的法律责任中,经济性责任可以是损害赔偿、违约金等形式,而非经济性责任则可以是赔礼道歉、消除影响、具结悔过等;在违反行政法所承担的法律责任中,经济性责任可以是罚款、没收财产等,非经济性责任则可以是记过、开除等形式;在违反刑法所承担的法律责任中,自由罚属于非经济性责任,而财产罚则是经济性责任,等等。上述例证表明,各个部门法领域的法律责任都可能涉及上述的赔偿性责任与惩罚性责任,以及经济性责任与非经济性责任等,传统上的所谓"三大责任"或"四大责任"并不是唯一、截然的划分;责任形态的"独立"只是相对的,在各个部门法的责任之间,实际上存在着内在的关联。[①] 这对于促进相关责任理论的"打通",实现经济法责任理论研究的拓补,增进对现行责任制度的全面理解,都很有助益。

---

① 各种责任形式之间,在某些方面如同拓扑学上的"三叶纽结"一样,互相缠绕和联系在一起。民法上的惩罚性违约金、行政法上的罚款、刑法上的罚金等,它们在成因上的可分性和经济实质上的不易区分性,都能够说明这个问题。

(四) 经济法责任形态的独立性

传统的民事责任、刑事责任等类型区分的强化,同民法、刑法的历史及法典化的进程,其界域的相对明晰,以及在立法上的相对成熟等密切相关。此外,由于三权分立的非均衡性,政府职能的日渐膨胀,以及对行政法的泛化理解,人们容易把民事和刑事责任以外的其他责任形式统归于行政责任。然而,行政机关实际上可能有多种"角色",它不只是在执行行政法,同时,相关主体违反的也不只是行政法,所侵害的也不只是行政法所保护的法益。因此,如果承认部门法划分的合理性,就不能认为民事责任与刑事责任以外的责任都是行政责任,也不能认为法律责任的形态只是"三大责任"或"四大责任",更何况在上述责任形态之间还可能存在逻辑上的问题。[①] 即使仅从逻辑严密性的角度,也应当研究传统法律责任形态以外的其他责任形态。

要科学地确定经济法上的责任形态,当然需要较为合理的方法,同时,也需要考虑法的宗旨、对象以及相关原理。例如,差异性原理对经济法主体责任的构成方式会有很大影响。与民法、刑法上的一元化责任体系不同,经济法领域多层次的二元结构,导致各类主体的地位呈现非对称性和非均衡性,即在主体二元结构中,对立且互动的调制主体与调制受体,因其法律地位不平等,有关其权利义务的具体规定也就不同,进而,与其义务直接关联的责任会判若云泥。此外,各类主体所违反的法律不尽相同,承担的责任可能有"本法责任"和"他法责任"之别,从而形成具体责任承担方面的"双重性"特点。这与法律主体的角色差异等都有关联,也是经济法责任理论中非常值得研究的现象。

可见,研究经济法责任理论,需要超越传统的法律部门理论和法律责任理论,从责任形态上摒弃对于三大责任或四大责任的过分强调,关注不同类型法律责任客观上存在的关联性,以及某些责任形态的相对独立性。为此,既要看到各类责任的突出差异,又要看到各类责任制度的内在联系,看到法律的新发展和制度的不断创新。

二、责任形态与主体结构的关联性

法律责任是由特定主体承担的,主体结构及与其相关权利义务结构等,会对责任形态产生很大影响,因此,很有必要对它们之间的关联性作出分析。

---

① 有的学者认为,宪法责任与民事责任、刑事责任、行政责任之间存在着逻辑上的交叉关系,它们不是同一层次的概念。参见莫纪宏:《现代宪法的逻辑基础》,法律出版社2001年版,第371页。

(一) 法律责任与主体角色的关联

如前所述,经济法主体体系在结构上包含调制主体和调制受体;经济法主体的权力或权利可分为调制主体的经济调制权和市场对策权。由于权源不同,两类主体的权利或权力的法律依据不同,相应的义务各异,因而所需承担的违法责任也不同。

上述诸多不同,与"角色理论"是一致的。经济法主体的角色不同,其身份和地位、行为目标和宗旨有别,各自的法律待遇或权利与权力各异,决定了其违法责任的不同,从而形成了不同的"角色责任"。例如,调制主体的职权和职责来源于宪法性的组织法或称体制法,并在经济法上加以明确,其违反法定义务所需承担的责任,就不可能是民事主体承担的私法性质的责任,而应当是公法性质的责任,甚至是违宪责任。

上述分析说明,经济法上的法律责任,既是法定责任,也是角色责任。基于角色的差异性,调制受体的责任,同一般的市场主体在其他法域中应承担的责任在"表面形式"上并无大异,而在调制主体责任领域,则无论在制度设计还是理论研究方面,都还存在着很多盲点与难点。

(二) 不同主体法律责任的承担

通常,调制主体的角色具有多重性(如它既是调制主体,又可能是行政主体或立法主体),在保障经济和社会稳定发展,保障社会公共利益,或者是其他的公共物品提供方面,具有十分重要的作用,因而一般很难让它歇业、关闭,或者处以自由罚;同时,由于调制主体离不开财政支持,对其处罚的经济后果最终还是要由纳税人来承担,很难对其进行有实际意义的经济处罚,因此,通常只能由相关直接责任主体先行承责[①],而调制主体则承担政治责任(如内阁辞职或阁员辞职等),使其付出"合法性减损"或"信用减等"的代价。政府信誉的下降或信用减等、合法化水平或选民支持率的降低等,都是一种消极的后果,实际上也是一种责任承担形式,有时还可能与违宪责任的承担有关。

在宏观调控法领域,如果调制受体可以特定化,其造成的损害易于明确且可计量,则在具体追究其责任时相对较为容易;如果调制受体为不确定的多数人,且数量众多,难以计量,则追究其责任就存在一定的难度。此外,如果调控主体并无过错却造成了客观损害,是否要追究其责任以及如何追究,则存在较

---

① 例如,我国《预算法》第十章规定了预算违法行为的法律责任,强调对负有直接责任的主管人员和其他直接责任人员追究行政责任。

大难度。

同样值得研究的问题还有,在强调责任法定的情况下,对于法律没有规定的责任,是否要追究或者能否追究?是否要考虑调制主体的政治责任或道义责任,以及这些责任是否要适当地法律化?事实上,一旦调制主体的政治责任或道义责任被法律化,也就成了一种法律责任。

上述的各类问题表明,责任理论的研究,必须注意责任承担与主体结构的关联性,尤其要注意主体权责方面的一些特殊性。而同这些特殊性密切相关,还有一个可诉性的问题。

(三)责任承担与可诉性

由于对调控主体往往难以通过诉讼途径追究其责任,因而有人认为经济法的可诉性不强。事实上,调控主体的行为多为抽象行为,在缺少相应的司法审查制度的情况下,很难通过诉讼渠道追究其责任。此外,调制受体对调制主体的某些调制行为(特别是仅具有指导意义的行为)可以享有"拒绝权"(是一种纵向的市场对策权),此类不遵从行为具有合法性,因而也不能通过诉讼途径追究其责任。这样,就会使可归责行为的范围受到限制。

总之,研究责任理论,需注意责任同主体结构、权义结构、可诉性的关联。由于经济法主体的"非均质性",以及由此形成的主体地位、法律待遇等方面的差异,导致"角色责任"的特点更为突出,因此,在研究经济法的责任制度时,应针对不同主体角色的特殊性分别展开研究,尤其应对一些具体责任形态进行典型性分析或类型化研究。

三、对具体责任形态的典型性分析

如前所述,经济法的责任形态,既可能是赔偿性责任或称补偿性责任,也可能是惩罚性的责任;既可能是经济性责任或称财产性责任,也可能是非经济性责任或称非财产性责任;既可能外现于一些实然规定,也可能内潜于一些应然形态。在各类责任形态中,有些具体责任形式已引起普遍关注,如国家赔偿、超额赔偿、实际履行、信用减等、资格减免、引咎辞职,等等,它们将随着经济法理论和制度的发展,而不断得到提炼、拣选和归并,并被类型化。

在诸多具体责任形式中,有些很容易被理解为传统法律责任形式的变种,需要通过研究来加以澄清和说明。例如,政府要求调制受体承担的经济性责任,就容易与行政法上的罚款等经济性责任相混淆。为此,下面将主要从赔偿性责任与惩罚性责任的区别与联系的角度,通过典型性的分析和类型化的研究,揭示经济法上的一些具体责任形态的特殊性。

(一) 赔偿性责任问题

经济法主体可能承担的赔偿性责任,主要有两类:一类是国家赔偿,一类是超额赔偿。国家赔偿的主体是国家,但又与行政法上的国家赔偿不同;超额赔偿的主体是市场主体,但又不是一般的民事主体。此外,与国家赔偿责任密切相关还有国家的实际履行责任。

1. 国家赔偿责任

经济法上的国家赔偿,不是狭义上的行政赔偿或司法赔偿,而可能更主要的是立法赔偿,因为在严格的"调制法定原则"的约束之下,调制主体的调制失当,往往与立法上的失误或者立法性决策的失误有关,因而当其给国民造成损害时,就不是一般的行政赔偿或司法赔偿,而应当是立法赔偿。这与传统的国家赔偿的发生原因、存在领域、制度目标、法律依据、赔偿对象、基本理念等,都是不同的。

经济法上的国家赔偿,主要是基于国家所实施的宏观调控或市场规制不当,而给调制受体所造成的损害。为了补偿这种损害,国家应当通过一定的途径和形式给予赔偿。事实上,在社会保障、转移支付等领域,某些措施就是国家给特定地区或特定人群的一种补偿(因为各地的人民有权得到大体相同的基本公共物品),而补偿的原因,可能是国家的政策或法律对这些地域居民权益的一种实质侵害。这种积极补偿是否可以视为政府承担的一种隐性责任,或广义上的赔偿责任,很值得研究。当然,能否将其定为责任形式,不仅取决于对法律责任的定义,还与人们对国家责任与责任国家、政府责任与责任政府等方面的认识有关。

2. 实际履行责任

与国家的赔偿性责任相关联,国家还可能承担一种"实际履行"的责任。因为国家或政府的主要责任,就是提供公共物品,而对于公共物品的需要是私人物品不能替代的,它一般只能由政府来提供。如果政府不作为,就会对调制受体产生不良影响,如公平竞争制度的确立,营商环境的优化,市场秩序的维持,必要的宏观调控,等等,都需要政府实际履行,在这些方面,不能或不可能完全用承担国家赔偿责任的方式来代替。因此,普遍、全面的国家赔偿不仅在某些方面存在技术性的困难,而且更存在合法性上的问题。

3. 超额赔偿责任

国家赔偿责任主要与调制主体的责任相关。此外,在经济法上还要关注调制受体之间存在的超额赔偿制度。各类法律制度所涉及的赔偿责任,主要包括等额赔偿、少额赔偿、超额赔偿三种类型,其中,民事责任中的损害赔偿一般要求等额赔偿,因而具有补偿性;现行的狭义的国家赔偿制度,一般实行少额赔偿(即受偿主体往往不能得到等额或足额补偿);而在经济法领域,则涉及超额赔偿,包括市场规制法中的多倍赔偿制度等。[1] 所谓超额,是强调在对私人成本进行补偿的同时,对由此导致的社会成本也要进行补偿,这样,同传统的赔偿相比,就看似超额补偿。这也是经济法责任同传统法律责任的不同之处。

上述的超额赔偿责任,也有人称为惩罚性赔偿(punitive damages)、报复性赔偿(vindictive damages)等,是适用范围日益广泛的一项制度。[2] 但其称谓上的变化也表明,这种赔偿已经带有一定的惩罚性[3],因此,它在一定的意义上反映了赔偿性责任与惩罚性责任的结合,反映了人类在责任运用和责任创新方面的发展,同时也说明,研究赔偿性责任的同时,也必须关注惩罚性责任。

(二) 惩罚性责任问题

1. 惩罚性责任的存在原因

经济法上规定惩罚性责任,与社会成本的补偿直接相关。从私人成本和社会成本的分类看,在发生私人成本,即仅仅给私人造成损害的情况下,主要依据私法所确立的赔偿责任,就可使私人成本或损害得到补偿;但在发生社会成本的情况下,由于违法者可能给更多的、不特定的主体在更大范围内造成一种秩序上的损害,这是靠一般的私人成本补偿办法所无法弥补的,因此,必须在尽量补偿私人成本的同时,对违法者予以惩戒和处罚,从而使其承担惩罚性责任。这有助于理解为什么在市场规制法中要规定多种形式甚至是多种性质的法律责任。

尽管社会成本实际上可能无法弥补,但必须通过惩罚来使违法者付出代价,以使其慑于法律的惩罚,而惮于因自己行为导致社会成本,从而力求"防患于未然"。从两类成本或者两类损害看,由于施害主体不同,相关经济或财政方面的约束不同,相应的责任及其具体形式,以及权利人所获得的补救也不同。

---

[1] 多倍赔偿制度可见我国《消费者权益保护法》第55条、《食品安全法》第148条等。例如《食品安全法》第148条第1款规定,生产不符合食品安全标准的食品或者经营明知是不符合食品安全标准的食品,消费者除要求赔偿损失外,还可以向生产者或者经营者要求支付价款10倍或者损失3倍的赔偿金。这些赔偿制度也被称为惩罚性赔偿制度。经济法学界普遍认为这是经济法上比较有特色的一种责任形式。

[2] 其在传统侵权法和合同法上的问题,可参见王利明:《违约责任论》(修订版),中国政法大学出版社2000年版,第516页以下。

[3] 由此似乎也可看到,赔偿并不完全等于补偿,因为赔偿可能是补偿性的(如等额赔偿),也可能是惩罚性的(如超额赔偿),两者有时存在细微差别。

为补偿社会成本所实施的惩罚,不只是罚款、罚金,不只是金钱罚或自由罚,它同样可包括资格罚、能力罚、声望罚等,这些惩罚性责任会直接影响市场主体的行为能力,对其产生根本性的甚至是致命的影响。

2. 惩罚性责任的新类型

与上述的资格、能力、声望等方面的惩罚性责任相对应,经济法上的某些惩罚性措施也与传统的形式不同,其中,较为重要的形式是资格减免、信用减等。

在资格减免方面,国家可通过对经济法主体(特别是调制受体)的资格减损或免除,来对其作出惩罚。因为在市场经济条件下,主体的资格变得非常重要,它同主体的存续、收益等都紧密相关。因此,取消各种资格(如吊销营业执照、褫夺其某种经济法主体的资格),使其失去某种活动能力,特别是进入某种市场的能力,就是对经济法主体的一种重要惩罚。

在信用减等方面,市场经济是信用经济,因此,如果对某类主体进行信用减等,则同上述的资格减免一样是一种惩罚。诸如信誉评估制度、纳税信息公告制度、各种"黑名单"制度等,就涉及信用减等。随着我国社会信用体系建设的推进,各类失信惩戒制度不断丰富。此外,国家信用的下降或减等,合法化水平的降低等,也可视为一种广义的责任形式。

(三) 具体责任的内在关联:再论国家赔偿

为了进一步说明具体责任形式的内在关联,以揭示传统责任理论的局限,下面再以国家赔偿为例作进一步探讨。

按照我国现行的国家赔偿法,国家赔偿主要包括行政赔偿和刑事赔偿。这样的分类,可能是考虑到了三大责任的划分,虽然从主体及其行为的角度,国家赔偿排除了民事赔偿,但很难说国家赔偿同民事赔偿在经济实质或赔偿客体上究竟有何区别。

尽管与经济法有关的国家赔偿(如市场规制方面的国家赔偿),有些可能已经包含在现行的国家赔偿制度之中,但是否可对国家赔偿作进一步的广义理解,则是一个重要问题。从广义理解看,国家赔偿既包括国际法层面的,也包括国内法层面的。即使仅限于国内法层面,国家赔偿是否要从行政赔偿和司法赔偿发展到立法赔偿,已成为学界研究的重要问题。[①] 而如前所述,立法赔偿可

---

① 立法权力之侵权,如立法错误,使人民因错误的立法而受到损害,以及嗣后被认为违反宪法的法律,国家能否承担赔偿责任,是近年来国外法学界经常要讨论的题目。从法治国家和尊重人权的角度来看,立法侵权同样应承担赔偿责任。例如,1990 年美国曾制定专门法律,对在第二次世界大战爆发后制定的强制集中日裔美国人的法律所造成的损失予以赔偿。参见陈新民:《行政法学总论》(第六版),台湾三民书局 1997 年版。

能恰恰是经济法上的国家赔偿的一种重要形式。

此外,我国现在法律规定国家赔偿的费用要纳入预算,又规定在赔偿义务机关作出赔偿以后,相关责任人要承担部分或全部的责任;同时,还规定赔偿的主要形式是支付赔偿金,但也规定了诸如恢复原状、赔礼道歉、消除影响等一系列的与民事责任并无二致的责任形式。由此可见,传统上的民事责任、行政责任的区分,主要是以违反的部门法为标准的,而在承担责任的实质经济内容上,或者从补偿成本的客体看,则是很难有分别的。在经济法特别是市场规制法领域,相关国家赔偿同狭义的行政法上的国家赔偿是基本接近的;而其中的具体责任形式,与民法上的相关责任形式,也并无很大差别。这主要是因为市场规制法与民法、行政法密切相关,是在突破后者樊篱的过程中发展而来的。它涉及具体、特定的主体,这也是相对于前面的调控主体而言,规制主体行为的可诉性更强,因而能够大量通过诉讼渠道来追究其责任的重要原因。

可见,国家赔偿的难点还是集中在宏观调控法领域。尽管从一般的、应然的角度看,应当追究调控主体的责任,但可能会基于各个方面的困难,如可归责性、可感受性、承担责任的经济能力、管理体制的问题,使对其责任的追究举步维艰,因而真正的承责者一般都是作出具体决策或者执行决策的直接责任人员,在我国《预算法》和《中国人民银行法》等宏观调控的立法中有关法律责任的规定也说明了这个问题。①

通过国家赔偿责任的简要分析,不难发现,从法律后果,特别是从实质上的经济内容看,各类法律规定的责任形式并无根本差别,甚至几乎一致。因此,既要看到各类部门法的具体责任形态之间的差别,又要看到实质上的法律后果的内在关联。譬如,惩罚性的违约金、罚款、罚金,不能过于强调其责任形式的部门法归属,但其经济实质是没有差别的,因而不能认为罚款就是行政法所特有的责任形式,罚金就是刑法所特有的责任形式。在研究新兴的经济法等"高级法"时,必须对一些"基础法"的理论进行重估和重构。

此外,在分析具体责任形态时,还需要注意相关法律、法规上的一些具体规定。如审计法对被审计机关责任的规定,特别是对相关单位、国家机关、相关责任人的处罚等,都很值得研究。对经济法领域的典型法律及相关法律责任的规定展开具体分析,更有助于进一步丰富和完善经济法的责任理论。

---

① 根据《中国人民银行法》第48条、第49条的规定,从事违法贷款行为、违法担保行为,或者违法动用发行基金行为的,对直接的责任人员要给予行政或者刑事处分,同时,造成损失的,直接的责任者要承担部分或全部的赔偿责任。地方政府、各级政府部门等主体违法强令中国人民银行提供贷款或者担保的,也要承担上述的责任。

本章小结

本章着重探讨了经济法责任的归责原理和责任形态。基于对经济法责任的归责前提与归责基础的探讨,以及对责任形态的法理探究,不难发现,经济法的归责原理确有其特殊性,经济法责任的分类、地位、特征等问题都与归责问题直接相关;同时,明晰责任的独立性与客观性,既是归责的重要前提,也是全面理解归责原理的重要前提。此外,强调对社会成本的补偿,是归责的重要基础。另外,要深入研究经济法的责任理论和责任形态,必须超越传统的责任理论,揭示传统责任理论的局限性和不足,从而发现经济法责任是如何被"吞并"到传统责任形式之中的,这样,才能从历史和现实出发,从现时的立法和法的未来发展出发,兼顾传统部门法理论和传统责任理论的局限性与合理性,结合现实的制度实践,提炼出独特的经济法责任形态。

理解经济法的归责原理,需要关注相关矛盾分析框架,尤其应当关注传统部门法及相关责任理论的局限性与合理性的矛盾、作为归责基础的私人成本与社会成本的矛盾、个体营利性和社会公益性的矛盾、补偿性与惩罚性的矛盾、经济性与非经济性的矛盾,等等。结合上述矛盾形成的二元结构展开分析,有助于更好地理解归责原理和责任形态,提高经济法理论的解释力和对现实的指导力。

依循上述矛盾分析框架,不难发现,经济法的责任理论不仅具备法律责任理论的共性,也有其突出的个性。在发掘经济法特殊的责任形态的过程中,也可发现经济法责任与其他传统法律责任在实质的经济内容上的共通性、一致性。因此,既应看到基于部门法划分所形成的各类法律责任的差异,又要看到各个部门法责任在经济内容上的无差异性。对归责原理和责任形态的深入探讨,尤其有助于经济法责任理论的发展,推进整体法律责任理论的发展和法律责任体系的重构。

【背景资料】 　　　　　　　从相关立法看责任问题

在我国现行的许多经济法的立法中,有大量责任类型的规定,了解这些规定,有助于更好地理解经济法责任的具体类型。为此,下面仅选取几部法律的相关规定来略作说明。

1. 《银行业监督管理法》的相关规定

我国《银行业监督管理法》规定,银行业金融机构有违法经营、经营管理不善等情形,不予撤销将严重危害金融秩序、损害公众利益的,国务院银行业监督管理机构有权予以撤销。

银行业金融机构可能从事的违法行为有多种,如未经批准设立分支机构或变更、终止,违反规定提高或者降低存款利率、贷款利率,未按照规定进行信息披露,严重违反审慎经营规则,等等。对于这些行为,由国务院银行业监督管理机构责令改正,有违法所得的,没收违法所得,并依法处以罚款;情节特别严重或者逾期不改正的,可责令停业整顿或者吊销其经营许可证;构成犯罪的,依法追究刑事责任。

2. 《证券法》的相关规定

证券违法行为非常复杂,我国《证券法》设专章,用四十多个条款规定违反该法的法律责任,其中有许多是违反证券监管规定应当承担的法律责任。其中,既包括经济性责任,也包括非经济性责任,但以经济性责任为主;此外,既包括惩罚性责任,也包括赔偿性责任,但以赔偿性责任为主;既涉及经济法责任,也涉及民事、刑事和行政责任,但以经济法责任为主。

从总体上看,《证券法》在有关法律责任的多数条款中一般都规定:对相关违法行为责令改正,没收违法所得或业务收入,罚款;违反该法规定,构成犯罪的,依法追究刑事责任。

此外,对直接负责的主管人员和其他直接责任人员给予警告,撤销任职资格或者证券从业资格,撤销相关业务许可。违反法律、行政法规或者国务院证券监督管理机构的有关规定,情节严重的,国务院证券监督管理机构可对有关责任人员采取证券市场禁入的措施。所谓证券市场禁入,是指在一定期限内直至终身不得从事证券业务或者不得担任上市公司董事、监事、高级管理人员的制度。

3. 《政府采购法》的相关规定

我国《政府采购法》规定,采购人、采购代理机构及其工作人员有下列情形之一,构成犯罪的,依法追究刑事责任;尚不构成犯罪的,处以罚款,有违法所得的,并处没收违法所得,属于国家机关工作人员的,依法给予行政处分:

(1) 与供应商或者采购代理机构恶意串通的;

(2) 在采购过程中接受贿赂或者获取其他不正当利益的。

此外,供应商有下列情形之一的,处以采购金额5‰以上10‰以下的罚款,列入不良行为记录名单,在1至3年内禁止参加政府采购活动,有违法所得的,并处没收违法所得,情节严重的,由工商行政管理机关吊销营业执照;构成犯罪的,依法追究刑事责任:

(1) 提供虚假材料谋取中标、成交的;
(2) 采取不正当手段诋毁、排挤其他供应商的;
(3) 与采购人、其他供应商或者采购代理机构恶意串通的;
(4) 向采购人、采购代理机构行贿或者提供其他不正当利益的;
(5) 在招标采购过程中与采购人进行协商谈判的。

可见,对串通投标、商业贿赂、诋毁商誉等不正当竞争行为,我国《政府采购法》都有相应的法律责任的规定,这有助于推动整体上的反不正当竞争法律制度的完善。

第十章

法律渊源与三维效力

本章导读

前面探讨了经济法的主体结构、行为理论、权义分配和归责原理等,而有关经济法主体及其行为、权义、责任等方面的规定,都要体现在经济法的各类具体立法之中,因此,应当关注蕴含着各类经济法规范的法律渊源。此外,法律渊源的层级和适用范围不同,会直接影响具体法律效力,其中,在时间、空间和人间的三个维度的效力最为重要,直接关乎经济法运行的状态以及经济法制度建设的质量。为此,本章将着重讨论经济法的法律渊源和三维效力。

第十章 法律渊源与三维效力

第一节 法律渊源的多维解析

一、研究经济法渊源的价值

法律渊源,简称法源,主要揭示法律规范渊源于何处。经济法的渊源,通常是指经济法规范的表现形式。经济法规范渊源于诸多规则形式,诸如各种制定法、判例法等,一般都被视为经济法的渊源。

研究经济法的渊源,具有多方面的价值,其中,以下几个方面较为重要:

第一,研究经济法的渊源,有助于更全面地认识经济法的体系,更好地理解现实立法之间的内在关联,以及它们所构成的经济法系统,推进经济法立法的完善。通过探寻经济法的各类法源,找到经济法的现实源泉,就可从日常分散的立法中找到经济法规范,发现各类经济法规范之间的联系,从整体上更好地构建经济法的立法体系。这对于经济法的立法、法律实施和法学研究等都是很重要的。

第二,研究经济法的渊源,有利于政府部门进行宏观调控和市场规制,也有助于法院更好地审理经济法案件,从而推动经济法的实施。只有深入研究经济法的法源,才能找到适用经济法的最为恰切的规范依据,从而实现经济法的调制目标。与此同时,通过在法律实施过程中探寻法源,还有助于查找经济法规范体系的漏洞和不足,以推进立法机关完善立法,构建系统的经济法的立法体系,同时,广大的市场主体则可为保护自己权益找到相关法律依据。

第三,研究经济法的渊源,有助于推进经济法的法制建设,促进经济法的法学研究。经济法调制领域广阔,体系宏大,牵涉的法律规范形式多样,内容十分丰富。面对经济法如此复杂的研究对象,只有对经济法的法源进行认真梳理,才能发现其中的内在关联,揭示其中存在的现实问题,发现经济法领域的基本规律,更全面地理解经济法的体系,这对于推进经济法理论的全面发展也是很重要的。

二、经济法的主要渊源

从既往研究看,法律渊源可分为广义的渊源和狭义的渊源、直接的渊源和间接的渊源、主要渊源和辅助渊源,等等。下面先着重讨论经济法的主要渊源。

(一) 宪法

宪法作为国家的根本大法,是经济法的重要渊源。随着宪法"经济性"的日益突出,许多宪法规定都与经济法直接相关。其中,有些宪法规范对于经济法具有总体上的意义,有些宪法规范构成经济法立法的直接依据,从而使宪法成为经济法的重要渊源。

例如,我国《宪法》第15条第2款规定:"国家加强经济立法,完善宏观调控"。这一规定对于经济法特别是宏观调控法就具有整体上的意义。另外,许多国家在宪法中有关财政、预算、税收、金融、计划以及反垄断、保护公平竞争等方面的规定,都是经济法的重要渊源。

(二) 法律

法律是经济法非常重要的渊源。由于经济法的调制涉及国民的基本权利,基于调制法定原则的要求,许多领域实行"法律保留"。为此,在我国《立法法》第8条规定,涉及"基本经济制度以及财政、海关、金融和外贸的基本制度"以及"税种的设立、税率的确定和税收征收管理等税收基本制度"等,只能制定法律,这是调制法定原则的重要体现。而上述《立法法》所列举的需要制定法律的领域,恰恰是经济法需要调整的重要领域,从而使法律成为经济法非常重要的渊源。

目前,在我国经济法领域里制定的成文法律已有很多,包括财税领域的《预算法》《企业所得税法》《个人所得税法》《政府采购法》等,金融领域的《中国人民银行法》《商业银行法》《证券法》《保险法》等,以及与计划、产业政策等相关还有《价格法》《中小企业促进法》以及大量的行业立法等。在市场规制法方面,则包括《反垄断法》《反不正当竞争法》《消费者权益保护法》《产品质量法》《广告法》,等等。上述诸多法律,都是经济法的重要渊源。

此外,全国人大每年审批通过的年度预算和年度计划,从法理上说,因其由国家立法机关审批通过,因而它们同其他法律一样,都具有相同的法律效力,只不过在时限上有所不同而已。其实,全国人大审批通过的年度预算、年度的国民经济和社会发展计划,大量涉及宏观调控和市场规制,具有约束力,因而也是经济法的重要渊源。它们与经济法领域的具体法律、法规配合,共同发挥着重要的作用。

(三) 行政法规

行政法规,是国务院根据宪法和法律,或者根据国家立法机关的授权决定,依法制定的规范性文件。根据我国《行政法规制定程序条例》的规定,行政法规的名称一般称"条例",也可称"规定""办法"等。国务院根据全国人民代表大会及其常务委员会的授权决定制定的行政法规,称"暂行条例"或者"暂行规定"。① 在经济法领域,由于中央政府是进行宏观调控和市场规制的至为重要的主体,因此,大量的规范实际上是由国务院制定的。特别是在授权立法大量存在的情况下,经济法方面的行政法规更多。例如,在税收领域,与所开征的各个税种相对应,我国曾有诸如《增值税暂行条例》《消费税暂行条例》《营业税暂行条例》《资源税暂行条例》等十几个税收暂行条例(随着税收法定原则的落实,这些条例逐步上升为法律)。类似的情况,在经济法的其他领域也屡见不鲜。如《国库券条例》《国家金库条例》《金融机构撤销条例》《人民币管理条例》《外汇管理条例》,等等。

此外,经济法领域的大量法律,还需要国务院予以进一步具体化,其重要形式就是相关法律的"实施条例"。如《预算法实施条例》《企业所得税法实施条例》,等等。由于许多法律规定得较为简约,因而这些"实施条例"恰恰在经济法的实施方面具有非常重要的作用。

从数量上看,相对于法律而言,经济法方面的行政法规是更为大量的。由于我国持续进行改革,在许多情况下,先制定法律可能条件并不成熟,而往往是采取先制定行政法规,待条件成熟后再制定法律的立法路径。因此,在经济法的许多领域,行政法规往往扮演着重要角色,它往往是制定法律的重要基础。

(四) 部门规章

国务院所属的各部、委、行、署以及具有行政管理职能的直属机构,是部门规章的制定主体,其中有多个部门是有权进行宏观调控和市场规制的重要主体,可统称为调制部门。这些调制部门制定和实施相关规章,是为了实现经济法的调整目标,由此使部门规章的专业性也十分突出。通常,部门规章的内容更专业、更细致,制定程序更灵活、更便捷,从而更能及时地体现国家的经济政策和社会政策,因此,部门规章往往被认为是更重要的,其作用也更为直接而具体。

经济法领域的大量部门规章,主要出自负有宏观调控和市场规制职能的部门。目前,财政部、国家税务总局、中国人民银行、国家发展和改革委员会、国家市场监管总局、商务部、相关各类监督管理委员会(如银保监会、证监会)等部

---

① 参见我国《行政法规制定程序条例》第4条,该条例自2002年1月1日起施行。

门所制定的规章,都是经济法的重要渊源,在实践中发挥着重要作用。

为了更好地进行宏观调控和市场规制,多个部门还经常协调联合发布部门规章,以更好地解决经济和社会生活中突出的热点问题和难点问题。如对房地产市场、资本市场等领域的调控,以及对市场秩序的整顿等,经常由多个部委联合发布规章。

(五)地方性法规

省、自治区、直辖市以及较大的市的人民代表大会及其常委会依据本地具体情况,可依法制定地方性法规。地方性法规不得违反上位法,它主要是对相关宏观调控法和市场规制法的具体落实。因此,其实施的空间范围是受局限的,同时,也体现了地方的差异性。

我国地域辽阔,各地区发展不平衡,在宏观调控和市场规制的某些方面,也不可能"一刀切",因而在法律、法规中往往会给地方留出立法空间。如在税收立法中,会规定幅度比例税率,授权地方具体规定实际适用的税率。此外,为了配合相关法律的实施,在财政法、金融法、市场规制法等领域,也有不少地方性法规。例如,许多个省都制定了《××省反不正当竞争条例》《××省消费者权益保护条例》,也有一些省称为《××省实施〈中华人民共和国反不正当竞争法〉办法》《××省实施〈中华人民共和国消费者权益保护法〉办法》,等等。此外,与行政法规或规章的制定情况类似,有些地方性法规的制定比国家的相关法律或法规还要早,从而为国家的相关立法积累了经验。

在经济法渊源中,地方性法规不应占据重要地位。虽然在地方性法规中含有经济法规范,但从全国建立统一市场、统一法制的角度看,不宜盲目扩大地方性法规的数量。地方性法规对于相关实体权利义务的规定,必须同相关法律规定的要求相一致。上述五类法律形式,是经济法的主要渊源,在经济法的法制建设方面发挥着重要的作用。

三、经济法的辅助渊源

经济法的辅助渊源,是相对于主要渊源起辅助作用的渊源。在辅助渊源中,既有长期存在的,也有近年来新兴的;既有存在争议的,也有殆无异议的。现分述之。

(一)共识度较高的辅助渊源

地方政府规章、自治条例和单行条例,以及判例法等法律形式,是共识度较高的经济法辅助渊源。其中,省、自治区、直辖市和较大的市的人民政府,是制定地方政府规章的主体;民族自治地方的人民代表大会,是自治条例和单行条例的制定主体。另外,在中国内地并不实行判例法,判例法在英美法系国家是实质上的经济法的渊源,在我国香港特别行政区也是经济法的重要渊源。

上述各类辅助渊源久已存在,共识度较高。这几类渊源的共同特点是都具有地域性,效力层次相对较低,因而在经济法的渊源体系中具有辅助地位。

从法定原则、法制统一的角度看,经济法的立法级次应当相对较高,这样才能更好地同其他法律协调,实现宏观调控和市场规制的目标。但是,现实的世界又是充满了差异的世界,各个地区的差异,包括经济和社会发展阶段、法律传统等方面的差异,又往往需要考虑,以更好地体现国家的经济政策和社会政策,从而使上述各类辅助渊源亦有其价值。

上述各种形式的经济法渊源,构成了经济法的立法体系。由此可见,经济法的立法体系是多层次的,广义上的立法主体是多元的。这与整体上的立法体制、具体国情等都有关。

(二) 新兴的辅助渊源

上述各类渊源,都是较为传统的法律形式。如果作进一步的拓展,还应关注在我国的港澳台地区存在的经济法渊源。从总体上说,港澳台地区的多种层次、多种形式的制定法,以及相关判例法等,也都是经济法的重要渊源。

尽管港澳台地区的多种层次、多种形式的制定法以及相关判例等,也都是经济法的渊源,但因其具有突出的地域性,上述地区的立法具有相对独立性,因而以往研究对其涉及的新兴渊源关注不多。但无论从法律上说还是从政治上说,它们又确是经济法的渊源。例如,同时适用于港澳台地区和内地的一些新的法律形式,就属于新兴的辅助渊源。这些法律形式是随着经济、社会联系的日益紧密而形成和发展起来的,且对内地的相关主体同样适用,可称为新兴的经济法渊源;同时,基于其适用领域、层次等原因,将其确定为辅助渊源更为合适。

上述新兴的辅助渊源不是单纯的部门规章,也不是行政法规,更不是地方性法规,而是内地与香港特别行政区之间的一种制度安排。例如,中国中央政府与香港特别行政区政府签署的《内地与香港关于建立更紧密经贸关系的安排》(CEPA),以及中国中央政府与香港特别行政区政府签署的《内地和香港特别行政区关于对所得避免双重征税和防止偷漏税的安排》等①,都属于新兴的经济法的辅助渊源。为了落实和实施上述的 CEPA,许多部委还制定和发布了部门规章,以保障新兴的经济法渊源中所蕴含的经济法规范能够得到有效实施。

上述内地与特别行政区之间的相关制度"安排",作为新兴的经济法的辅助渊源,在形式上貌似国际协定,但因其不是两个主权国家签订的,而恰恰是在一个主权国家内部的不同地区之间实施的,因而与国际协定是不同的。另外,它也有别于部门规章或地方性法规,作为不同的管辖权主体进行双向协商所达成的协议,它是双方或多方的协定规则,而不是单定的规则,因此它不同于传统的经济法渊源。

(三) 尚存争议的辅助渊源

除了上述辅助渊源外,还有人提出国际条约、经济政策、法律解释等也可成为经济法的渊源,但对此尚存争议。

1. 国际条约

法的渊源可分为国内法渊源和国际法渊源,据此,有的学者认为经济法的渊源中也应当包括国际法渊源,且广义上的国际条约(包括各类国际公约、条约、协定等),都应当成为经济法的渊源。据此,与世界贸易组织(WTO)、国际货币基金组织(IMF)、世界银行等相关多边国际公约或条约,都应成为经济法的渊源。此外,我国同其他国家签订的双边投资保护协定、避免双重征税协定等,也都是经济法的渊源。

但也有学者认为,国际条约并不是经济法的直接渊源,它们只能作为间接渊源;在多数情况下,这些条约不能直接适用,而是需要将其相关规定转化为国内法规范才能适用;此外,经济法是国内法,其表现形式也应当是国内法的各种形式,因而国际条约不应成为其法律渊源。

对于国际条约中存在经济法性质的规范(如宏观调控或市场规制的规范),人们一般是有共识的,分歧就在于国际条约能否直接适用,能否成为经济法的直接渊源,以及国内法与国际法的渊源是否要明确界分。在更关注国内法与国际法的密切联系的情况下,人们就可能认为国际条约中有关经济法的规范

---

① 为了配合 CEPA,2006 年 8 月 21 日,中央政府与香港特别行政区政府签署《内地和香港特别行政区关于对所得避免双重征税和防止偷漏税的安排》,自 2007 年 1 月 1 日起在内地执行。与此类似,《内地和澳门特别行政区关于对所得避免双重征税和防止偷漏税的安排》也于 2003 年 12 月签署,自 2004 年 1 月 1 日起执行。

也可视为经济法的一种表现形式,是一种"国际的经济法"。在严格界分国内法与国际法,并认为它们的渊源亦应严格区分的情况下,就会将国际条约作为国际经济法的渊源,而不是经济法的渊源。

在经济全球化的背景之下,各类国际条约对国内法制建设日益重要,对经济法发展的影响不断扩大。事实上,有许多条约都涉及经济法问题,都直接或间接地与宏观调控法或市场规制法相关。在有些国家强调条约优先的情况下,国际条约的义务是必须直接履行而无须转化的,因而国际条约自然会被看作经济法的渊源。在一些国家强调条约规定需经本国立法转化才能适用的情况下,国际条约可能会被视为一种潜在的、间接的经济法渊源。

2. 经济政策

政策与法律的联系是非常紧密的,经济政策与经济法的联系尤其密切。有学者认为,经济政策是经济立法、执法、司法的指导方针,经济政策也是经济法的渊源。但也有学者认为,虽然经济政策与经济法联系非常密切,尽管经济政策是经济立法的前提,经济立法是经济政策有效实施的保障,但经济政策毕竟是"政策",它不是法律的表现形式,不能成为经济法的渊源。诸如《产业指导目录》等已不是一般的产业政策,而是法律化的经济政策。法律化的指导目录作为部门规章,是可成为经济法渊源的。

可见,两类观点的共识在于都承认经济政策与经济法的密切联系,承认经济政策对现实的经济立法、执法、司法的影响,但对于经济政策可否成为经济法的直接渊源,是存在认识分歧的。对于法律化的政策可以成为经济法的渊源,两类观点没有分歧。法律化的经济政策,可能以法律、行政法规、规章等多种法律形式出现,这些形式当然都是经济法的渊源。

3. 法律解释

法律解释是对现行法律规范所作出的说明,对于法律的有效适用非常重要。在经济法领域里,面对经济社会生活中的诸多复杂问题,加强法律解释无疑很重要。为此,有学者认为法律解释都属于经济法的渊源。但也有学者认为,只有狭义的法律解释才属于经济法的渊源,广义的法律解释中所包含的非正式解释,如学理解释等,就不能成为经济法的渊源。尽管学理解释很重要,有时还可能对立法解释、行政解释、司法解释等狭义的法律解释产生一定影响,但其本身毕竟没有法律效力。此外,对司法解释尤其要作出限定,即只有最高审判机关和最高检察机关对具体应用法律问题所进行的解释,才可成为经济法的渊源,其他层级的司法机关及其工作人员所作出的个别解释不具有普遍约束力,不能成为经济法的渊源。

在法律解释能否作为经济法的渊源方面,分歧意见相对较少,并且,基于经济法的统一性和协调性的考虑,对解释主体应进行层级上的适度限定,这有助于经济法的有效适用和统一适用。

四、有关渊源的几个问题

以上主要讨论了经济法的主要渊源和辅助渊源,从中不难发现,经济法的表现形式是非常多样的。学习和研究经济法的渊源,有助于更好地理解以下问题:

第一,经济法的体系问题。

通过学习和研究经济法的渊源,可发现经济法规范渊源于多种法律形式,蕴涵于多种规范性文件之中,从而有助于进一步理解形式意义的经济法同实质意义的经济法的区别,更好地理解经济法立法体系与经济法规范体系之间的联系与区别。事实上,各类经济法的渊源,构成了经济法形式上的体系,即规范性文件体系,或者说是广义上的经济法立法体系,而在这些形式渊源中,可能蕴涵着多种性质不同的法律规范,其中包括经济法规范。所以,上述的诸多渊源,既是经济法的渊源,也是经济法以外的其他部门法规范的渊源。

经济法的体系,是由渊源于不同的规范性文件中的经济法规范构成的。经济法规范广布于多层次的、效力高低不同、制定主体不同的规范性文件之中,构成了一个立体的网络体系,同时,该体系也是相互钩稽、协调配合的系统。

第二,经济法的立法问题。

通过学习和研究经济法的渊源,可了解我国经济法的立法体制,明晰各类实质上的立法主体的分工与配合,发现现行立法存在的问题。如前所述,经济法的主要渊源,是宪法、法律、行政法规、部门规章、地方性法规等,从经济法理论和实践的要求看,在我国的宪法和法律中,有关经济法的规范在数量上还不够,使经济法规范主要集中在行政法规和部门规章的层次;而宏观调控和市场规制要求有较高层次的立法,否则经济法的整体实施就会受到一定影响。因此,国家有必要从立法体制等诸多方面,解决立法上存在的问题。

此外,宏观调控和市场规制涉及诸多复杂问题,往往一开始不适宜直接进行高层次的立法,需要先制定层次较低的规章,这与许多传统部门法有所不同。不断挖掘、寻找渊源,对于推进经济法的法制建设和法学研究非常重要。

第三,国内法与国际法的关系问题。

在经济全球化的背景之下,在开放的条件下,国内法与国际法联系非常密切,经济法与国际经济法既互相独立,又紧密联系。在国际经济法领域,许多规则就是国内经济法的国际拓展,并且,许多国际条约的相关规定,就是为了直接或间接地解决国内的宏观调控和市场规制问题,同样也可约束国内的相关主体。因此,研究经济法渊源,需要越来越关注经济法与国际经济法的密切关联。

事实上,许多重要的国际公约、条约等,都与经济法的立法、执法、司法直接或间接相关。例如,《联合国反腐败公约》就对各国财政预算的透明度等方面提出了重要要求,相关缔约国必须遵守;又如,欧盟的《稳定与增长公约》对欧盟国家的财政赤字有明确要求,各成员国应遵守条约义务。这些都涉及经济法方面的问题,也都是经济法方面的规定。

我国除了通过WTO的相关协议加强同其他国家的税收协调以外,还同世界上的100多个国家签订了"避免对所得和财产进行双重征税和防止偷漏税的协定",这些协定对于跨国纳税人非常重要,对于本国的税收立法、执法等亦具有重要意义。

总之,通过研究经济法的渊源问题,有助于进一步打通经济法和国际经济法的研究,同时,也有助于在实践中更好地适用国内经济法和国际经济法。

[延伸阅读]　　　　《中国的法制建设》白皮书(节选)

中国幅员辽阔,情况复杂,各地发展不平衡。为维护国家法制统一,同时又适应各地不同情况,《宪法》和《立法法》规定,除全国人民代表大会及其常务委员会制定法律外,国务院根据宪法和法律,可制定行政法规;省、自治区、直辖市的人民代表大会及其常务委员会在不同宪法和法律、行政法规相抵触的前提下,可制定地方性法规,批准较大的市的人民代表大会及其常务委员会制定的地方性法规;民族自治地方的人民代表大会有权依照当地民族的政治、经济和文化的特点,制定自治条例和单行条例。此外,国务院各部门和具有行政管理职能的直属机构根据法律和行政法规,可在其职权范围内制定部门规章;省、自治区、直辖市和较大的市的人民政府,根据法律、行政法规和本省、自治区、直辖市的地方性法规,可依法制定规章。

为保证国家法制统一和法律规范之间的协调,中国法律规定了不同层级法律规范的效力:宪法具有最高的法律效力,一切法律、行政法规、地方性法规、自治条例和单行条例、规章都不得与宪法相抵触;法律的效力高于行政法规、地方性法规、规章;行政法规的效力高于地方性法规、规章;地方性法规的效力高于本级和下级地方政府规章。法律规定了法规和规章的备案审查制度:行政法规报全国人民代表大会常务委员会备案;地方性法规报全国人民代表大会常务委员会和国务院备案;部门规章和地方政府规章报国务院备案。全国人民代表大会有权改变或者撤销全国人民代表大会常务委员会制定的不适当的法律;全国人民代表大会常务委员会有权撤销同宪法和法律相抵触的行政法规,有权撤销同宪法、法律和行政法规相抵触的地方性法规等;国务院有权改变或者撤销不适当的部门规章和地方政府规章。全国人民代表大会授权香港、澳门特别行政区依照特别行政区基本法的规定享有立法权;特别行政区的任何法律,均不得同特别行政区基本法相抵触。

中国法律还规定了对行政法规、地方性法规、自治条例和单行条例的合宪性和合法性审查的程序:国务院、中央军事委员会、最高人民法院、最高人民检察院和各省、自治区、直辖市的人民代表大会常务委员会认为行政法规、地方性法规、自治条例和单行条例同宪法或者法律相抵触的,可向全国人民代表大会常务委员会书面提出进行审查的要求;其他国家机关和社会团体、企业事业组织以及公民也可向全国人民代表大会常务委员会书面提出进行审查的建议。

此外,到 2019 年年底,我国现行有效的法律 275 部,其中宪法 1 部,宪法相关法 44 部,民法商法 34 部,行政法 89 部,经济法 71 部,社会法 24 部,刑法 1 部,诉讼与非诉讼程序法 11 部。

第二节　三维效力的特殊问题

经济法的效力,通常是指经济法的约束力。经济法的效力与经济法的渊源直接相关,不同级次的经济法规范性文件的效力是不同的。对于经济法的效力,一般需从时间、空间和主体这三个维度来加以界定,于是就有了经济法的时间效力、空间效力和主体效力,简称三维效力,下面着重讨论其特殊问题。

一、经济法的时间效力

经济法的时间效力,体现为各类经济法规范从制定到变更或废止的期间内所具有的约束力。由于一般认为时间是一维的、不可逆的,法律的调整是指向未来的,因而经济法的适用在时间维度上也不能溯及既往。这是有关经济法的时间效力的一般原理或适用原则。

事实上,时间是研究各类法律问题的一个重要维度,它是影响相关主体权利与义务、职权与职责的重要因素,也是限定相关主体行为的重要因素。时间因素对于经济法适用有重要影响,它直接关系到市场主体权利义务的有无,以及政府行使宏观调控和市场规制职权的合法性问题。

1. 经济法上的时间制度

经济法上的时间,在具体法律上可能体现为一定的时点、时段(期间、期限)的规定,由于这些时点或时段直接影响相关主体的权利与义务,或者职权行使的合法性,并且,随着制度的完善,在经济法领域同样会有时效、除斥期间、履行期限等制度,因此,应当关注与时间有关的制度,注意相关制度的时间效力问题。

2. 时间对效力的影响

经济法在时间上的效力,体现了时间对经济法效力发生或实现的约束、限定。在时间对效力的影响上,不仅有经济法的立、改、废所带来的不同"时段"上的法律效力问题,也有经济法主体行为的不同"时点"所引起的法律效力问题。对于经济法的各个具体部门法,如财税法、金融法、竞争法等,都可从时点、时段的角度,对相关主体行为的效力展开分析。

3. 时间效力上的差异性

在传统法领域,法律在时间维度上的适用一般是无差别的,在同一时段内,法律对所有主体在适用上应当是一致的。但在经济法领域,由于主体、主体的行为、主体行为的空间,可能存在诸多不同,即使在同一时段内,经济法对不同主体的适用也可能多有不同,因此,对于经济法的时间效力,不能一概而论,而应当"具体问题具体分析"。

此外,法律的公布时间与实施时间也值得注意。为了使社会公众能够更好地学习和了解法律,以便更好地遵守法律,在通常情况下,法律的实施时间会晚于公布时间。但在经济法领域里,在有些情况下,两类时间是同一的。例如,有关金融领域利率、汇率调整的规定,就不宜事先告知而后施行。为此,我国的《行政法规制定程序条例》第29条规定,行政法规应当自公布之日起30日后施行;但是,涉及国家安全、外汇汇率、货币政策的确定以及公布后不立即施行将有碍行政法规施行的,可自公布之日起施行。

二、经济法的空间效力

一般说来,法主要是在立法者的管辖权所及领域内适用,不同层级的立法适用的空间范围也各不相同。这些原理对于经济法的空间效力也是适用的。

此外,经济法的适用情况更为复杂。它不仅涉及一国国内领域的法律适用问题,还涉及"域外适用"问题;不仅涉及一国的全境适用问题,还涉及局部地区的"特别适用"或"除外适用"问题;不仅涉及一国同外国在法律适用上的"国际冲突",也涉及一个主权国家内部的"区际冲突",等等。另外,数字经济的飞速发展,也带来了管辖权方面的新问题。因此,在经济法的空间效力方面,既存在传统法律适用的一般问题,也有基于经济法自身的特殊性而产生的一系列问题。

1. 域外适用的空间效力问题

经济法主体、主体的行为或者行为的效果,都可能会跨越国境,从而产生跨国影响,并可能侵害相关主体的利益,由此就产生了"域外适用"的问题。事实上,在税法、反垄断法、金融法、反倾销与反补贴法等领域,都可能存在"域外适用"问题①。随着全球化和相关制度的发展,"域外适用"的问题还会受到更多重视。

2. 管辖权冲突与区际冲突问题

在一国存在多种管辖权的情况下,可能产生管辖权的冲突。事实上,经济法上的各种调制权就是不同领域的管辖权。由于各国体制有别,调制权可能在相关不同国家机关之间,或者不同级次的国家机关之间进行分解与配置,因此,可能形成管辖权冲突。此外,在一国独立性较强的各个区域之间,也可能存在管辖权或调制权的冲突问题。

我国有多种类型的特殊区域,尤其是特别行政区、经济特区(如曾经在对外开放方面起到重要作用的经济特区)等,也会使经济法的适用受到影响。例如,许多国家都设有保税区或自贸区,在这种"国家保留征税权力的区域",征税权的行使依循"境内关外"的模式,只要商品在"关境"之外,则尽管其已进入"国境"之内,相关税法规范也不适用,或者暂停适用。这说明经济法的适用与区域的特殊性直接相关。

其实,只要存在着诸多层次或不同类型的管辖权,就可能发生相关管辖权冲突,从而会带来一国境内经济法适用上的区际冲突。在我国,经济法领域的一些"区际冲突"已经出现,如重复征税问题等。为了解决这些问题,在内地与香港、澳门等地区之间,已经由有关部门进行相关"安排",这些"安排"对于解

---

① 例如,我国《证券法》第2条第4款规定,"在中华人民共和国境外的证券发行和交易活动,扰乱中华人民共和国境内市场秩序,损害境内投资者合法权益的,依照本法有关规定处理并追究法律责任。"我国《反垄断法》第2条规定,"中华人民共和国境内经济活动中的垄断行为,适用本法;中华人民共和国境外的垄断行为,对境内市场竞争产生排除、限制影响的,适用本法。"

决相关经济法领域的区际冲突问题,具有一定的积极意义。

3. 空间效力减损问题

经济法是在一定的空间范围内实施的,空间因素就像时间因素一样,也是对相关主体权利义务或职责权限的限定,同样会对法律效力产生重要影响,有时还是导致法律效力减损的重要因素。

例如,宏观调控法的调整,所对应的通常是覆盖全国的空间。市场规制法的调整,则通常要考虑具体"市场空间",针对不同的"市场空间",再作出不同的判定,这对于反垄断法尤其重要。类似的问题,在反不正当竞争法中,也同样存在。例如,对驰名商标的界定与保护等很多问题,都涉及空间范围。

一般说来,随着空间范围的扩大,法律的效力往往还会呈现一种递减的趋势。例如,法律在城市与乡村的实施,会有不同,在"山高皇帝远"的地方,国家法律的效力可能会递减;在跨越国界的地方,法律的适用更会受到极大影响。在不同的地区,经济法适用会存在很大差别,与区域发展的不平衡也有关,因此,应针对现实问题,不断完善制度设计,提升经济法治水平。

三、经济法的主体效力

无论是空间效力还是时间效力,最后都体现为经济法对什么时间、什么空间的主体发生什么效力的问题。

通常,经济法对主体所产生的效力,包括公定力、确定力、拘束力和执行力。经济法对主体的公定力,是使社会公众对经济法予以遵从的效力;确定力,是对经济法不得任意改变的效力;拘束力,是经济法对相关主体所具有的约束力和限制力;执行力,是要求经济法被执行的效力。

1. 确定主体效力的原则

一般说来,确定经济法的主体效力,主要依据两个基本原则,即属地原则和属人原则。其中,属地原则的核心是"地域",强调凡是在经济法效力所及地域上的一切主体,无论其身份归属,都要适用该法;而属人原则的核心则是"人身",强调只要其身份符合某类经济法的规定,则无论该主体处于何地,都要适用该经济法。依据这两个基本原则所确立的管辖权,就是属地管辖权和属人管辖权,它们在经济法的各个部门法上还会衍生出更为具体管辖权。

依据上述原则和管辖权,相关主体的具体权利义务可能有区别。例如,在税法上,依据属地原则或收入来源地管辖权,使相关纳税人仅负有限的纳税义务,即仅就其源于该国境内的收入纳税;而依据属人原则或居民管辖权,相关居民要负无限纳税义务,即不仅就其源于该国境内的所得纳税,还要就其源于世界各地的"寰球所得"纳税。可见,在依据不同原则或不同管辖权的情况下,经济法对于主体的具体适用也会有所不同。

2. 主体效力的差异

依据差异原理,基于现实存在的差异,在经济法领域要通过各种制度安排,来体现区别对待的精神,以解决由于现实的差异所带来的诸多问题,因而经济法要根据实际情况,对各类主体进行差异化调整,从而会形成主体效力上的差异,这对于保障实质正义非常重要。例如,税法上的累进税制,对中小企业的扶持制度,对作为弱者的消费者的保护,等等,都是体现差异原理的制度安排。上述制度对于促进整个市场经济的健康发展,无疑甚有裨益。此外,为了有效体现经济法的宗旨,在主体上还可能有其他的制度安排,例如,主体的适用除外制度,对特殊主体的优惠制度,等等。主体的适用除外制度在税法、反垄断法等领域都有体现;对特殊主体的优惠制度,如税收优惠制度、贷款优惠制度、产业优惠制度等,在经济法的多个领域更是不乏其例,这与经济法的差异原理、结构原理和规制性特征都密切相关。

3. 主体差异与经济法的适用

不同的主体制度或相关安排,会影响经济法的具体适用。主体的资格、能力、地位等,可能存在诸多差异,这些差异会在一定程度上影响经济法的适用和经济法的效力。在经济法领域里,主体的情况千差万别,非常复杂,不同的主体担当着不同的"角色",不同的"角色"又有不同的权利、义务和责任。例如,进行宏观调控和市场规制的主体,其资格与能力显然与接受调控和规制的市场主体会有很大差别。因此,面对不同的主体,不仅在经济法的立法上要做到区别对待,在具体法律适用上,也要根据对不同主体的不同规定,来正确地适用法律,从而对不同主体会产生不同的法律效力。

本章小结

本章首先对经济法的法律渊源问题进行了多个维度的解析。学习和研究经济法的渊源,对于经济法的立法、执法、司法和法学研究都很重要,具有多方面的价值。经济法的主要渊源包括宪法、法律、行政法规、部门规章、地方性法规等;经济法的辅助性渊源有很多,有些辅助性渊源共识度较高,而有些则存在一些争议,这些问题都非常值得研究。在学习经济法渊源的过程中,需要注意区分形式意义的经济法与实质意义的经济法,关注经济法立法的层级性问题,深入理解国内法与国际法的关系。

此外,本章还从时间、空间和主体三个维度,分析了经济法效力方面的特殊问题。除了关注一般意义上的时间效力、空间效力和主体效力等问题以外,还特别关注了时间因素、空间因素和主体因素对经济法适用的具体影响,从而揭示经济法在适用上的特点,以及在制度上应当作出的特殊安排。

上述三个基本维度,都涉及对经济法适用的约束和限制。其中,空间维度和主体维度尤其能够体现出经济法适用上的差异性。在空间和主体维度上的差异,是有效实施宏观调控和市场规制的基础,也是经济法调整的基础。其实,"没有区别就没有政策",如果没有差异,就无法也无须进行调制。既然经济法是经济政策的法律化,当然就要强调差别,追求实质正义,这也是差异原理的具体体现。

【延伸阅读】　　各种法律渊源的效力级次、适用范围和规则

根据我国《立法法》规定,各类法律渊源的效力级次分明,具体如下:

(1) 宪法具有最高的法律效力,一切法律、行政法规、地方性法规、自治条例和单行条例、规章都不得同宪法相抵触。

(2) 法律的效力高于行政法规、地方性法规、规章。

(3) 行政法规的效力高于地方性法规、规章。

(4) 地方性法规的效力高于本级和下级地方政府规章。

(5) 省、自治区的人民政府制定的规章的效力高于本行政区域内的较大的市的人民政府制定的规章。

与上述的效力级次相关,在具体适用范围方面,我国《立法法》有如下规定:

第一,自治条例和单行条例依法对法律、行政法规、地方性法规作变通规定的,在本自治地方适用自治条例和单行条例的规定。

第二,经济特区法规根据授权对法律、行政法规、地方性法规作变通规定的,在本经济特区适用经济特区法规的规定。

第三,部门规章之间、部门规章与地方政府规章之间具有同等效力,在各自的权限范围内施行。

第四,法律、行政法规、地方性法规、自治条例和单行条例、规章不溯及既往,但为了

更好地保护公民、法人和其他组织的权利和利益而作的特别规定除外。

此外,在一般规定与特别规定、新规定与旧规定发生冲突的情况下,应当遵循如下原则:同一机关制定的法律、行政法规、地方性法规、自治条例和单行条例、规章,特别规定与一般规定不一致的,适用特别规定;新的规定与旧的规定不一致的,适用新的规定。

法律之间对同一事项的新的一般规定与旧的特别规定不一致,不能确定如何适用时,由全国人民代表大会常务委员会裁决。

行政法规之间对同一事项的新的一般规定与旧的特别规定不一致,不能确定如何适用时,由国务院裁决。

地方性法规、规章之间不一致时,由有关机关依照下列规定的权限作出裁决:

(1) 同一机关制定的新的一般规定与旧的特别规定不一致时,由制定机关裁决;

(2) 地方性法规与部门规章之间对同一事项的规定不一致,不能确定如何适用时,由国务院提出意见,国务院认为应当适用地方性法规的,应当决定在该地方适用地方性法规的规定;认为应当适用部门规章的,应当提请全国人民代表大会常务委员会裁决;

(3) 部门规章之间、部门规章与地方政府规章之间对同一事项的规定不一致时,由国务院裁决。

根据授权制定的法规与法律规定不一致,不能确定如何适用时,由全国人民代表大会常务委员会裁决。

第十一章

制度运行与相关程序

本 章 导 读

  学习和研究经济法理论,不仅应关注静态的规则,也要重视制度的动态运行。经济法的制度运行,涉及经济法的立法、执法、司法、守法等各个环节,并由此构成了一个动态的运行系统。在经济法的制度运行过程中,主要受哪些因素的影响,其动态消长情况如何,很值得研究;此外,经济法的运行,同样要依循一定的程序,与这些程序相关问题,特别值得探讨。为此,本章将着重讨论影响经济法制度运行的各类因素,以及有关运行程序的重要问题。

第一节　制度运行的影响因素

经济法的制度运行,是由多个环节构成的动态系统,具体包括经济法的立法系统、执法系统、司法系统和守法系统等。整个经济法系统的运行,就是上述各子系统相互影响、相互作用的过程。

一般说来,影响经济法运行的因素包括经济、社会、文化、政治、法律等,其中,法律因素又可具体分解为立法因素、执法因素、司法因素和守法因素等。要分析经济法的运行,就要研究上述各类因素对各个运行环节的具体影响。

从以往的研究看,许多学者对经济法的制定和实施很重视,因此,有关经济法的立法和实施的探讨相对较多。例如,有的学者认为,经济法的立法,包括经济法的制定和经济法的认可;而经济法的实施,则是指经济法主体实现经济法律规范的活动,包括经济守法、经济执法和经济司法。[①] 有的学者认为,在国家整个立法制度中,凡适用于对经济法立法活动进行规制的有关法律制度,统称为经济法的立法制度,包括经济法的立法体制、立法程序和立法技术。而经济法的实施,则主要是指国家为使经济法在社会生活中得到贯彻实现,而建立的各种保障制度。[②] 诸多学者对于经济法的立法和实施等问题的探讨,都属于对经济法运行问题的探讨。

经济法的运行态势,可分为良性、中性和恶性三种。经济法的良性运行,有助于实现经济法的宗旨,是立法者、执法者、守法者所追求的基本目标。为此,应不断消除影响经济法良性运行的一些障碍或称负面因素。下面将着重围绕经济法运行系统的各个主要环节,探讨相关因素对经济法的制度运行的影响。

[①] 参见杨紫烜主编:《经济法》(第四版),北京大学出版社、高等教育出版社2010年版,第85—91页。

[②] 参见漆多俊:《经济法基础理论》,武汉大学出版社2000年版,第386页,第400页。

一、立法因素的基础影响

在经济法的制度运行方面,立法是整个经济法运行的起点,没有经济法的立法,就没有经济法的运行。由于在经济法领域强调调制法定原则,大量立法都要遵循"法律保留"原则,因此,在经济法领域,立法尤其重要。

从系统论的角度看,经济法的立法同执法等环节密切相关,表现为立法要从执法、司法、守法等环节发现问题,并通过多层次的信息反馈,形成完善立法的方略。经济法的法治实践,以及实践中所存在的诸多问题及其解决方案,是经济法立法的重要源泉。同时,经济法的立法又是进一步的执法和司法、守法等各个环节的基础,它对于经济法的制度运行具有基础影响。

在经济法的立法过程中,严格贯彻法定原则,是确保经济法有效运行的重要前提。为此,需要明确哪些实体问题和程序问题必须法定。依据经济法的法理,经济法主体的调制职权必须法定,其各类调制行为都应符合相关法定要件,为此,调制行为要件法定、调制行为内容明确、调制行为程序合法,是必须反复强调和申明的。在经济法各部门法领域,都应当强调具体宏观调控行为和市场规制行为符合法定要件,注意对调制主体权力的限定。

在立法方面,还应当注意立法模式的选择。通常,经济法的立法模式可有两种:一种是独享模式,一种是分享模式。在独享模式之下,立法权由立法机关独享,从而能够比较充分地体现法定原则。与此同时,由于经济领域的立法较为复杂,专业性、技术性很强,因而立法机关极可能授权政府部门进行相关立法,以满足市场经济迅速发展的现实要求,从而形成事实上的"分享模式"。在分享模式之下,尤其应注意防止行政机关滥用立法权的问题。

纵观经济法的运行现实,一个较为突出的问题就是行政机关立法过多、过滥。由于政府及其各个职能部门都在事实上行使着较为重要的法律解释甚至直接立法的权力,从而会影响经济法的生成,因此,经济法的重要渊源,从数量和实际应用的情况看,可能特别重要的,恰恰是政府及其职能部门的立法。这在财税法、金融法、竞争法等领域都有突出体现。尤其是相关政府规章,以及政府职能部门的解释、通知、批复等,往往会更直接地影响具体主体的权益,影响市场主体的公平竞争,以及经济法宗旨的实现。

此外,立法的数量、质量、协调性等问题也很值得关注。我国经济法立法的总体数量不少,但落实到各个具体法律领域,却还存在着很多不足,甚至在一些重要领域,还缺少基本的法律。例如,在国债领域,还没有《国债法》;在税收领域,还没有《税法通则》或《税法总则》;在财政收支划分或分税制方面,还没有一部基本法律;在计划方面,还没有《计划法》或《经济稳定增长法》,等等。这些都说明在立法数量上还是不够的。不仅如此,经济法的立法质量也有待提高。由于相关主体的认知能力等诸多问题,各类经济法的立法质量还有较大的改良空间。另外,由于调制主体的角色不同,其立法上的权力和内容各异,可能导致"部门立法"问题突出,如何提高立法的协调性,已成为经济法立法的一大问题。

上述问题都是影响经济法运行的消极因素。事实上,立法数量不足,就不能解决有法可依的问题,经济法的运行也就失去了应有的前提;立法质量欠佳,就会影响经济法的执法质量;立法的协调性差,本身就与立法的一般要求相背,无疑会直接影响经济法的有效运行。因此,必须强调立法因素作为影响经济法运行的基础因素所起的重要作用,解决好在立法环节存在的各类问题,为经济法的实施提供良好的制度基础。

二、执法因素的特殊重要性

"法律的生命在于实施",执法环节是法律运行的核心环节,执法因素对经济法运行的影响非常巨大。依据调制法定原则,调制主体必须依法办事,切实做到依法调制。

由于经济法的实施主体主要是政府,而不是法院,经济法的实施更侧重于积极的执法,而不是消极的执法,因此,政府是最主要的执法主体,在经济法的实施过程中,政府性的调制主体扮演着极为重要的角色,从而使执法因素在经济法运行中具有特殊的重要性。

政府性的调制主体在执法活动中,一般都拥有准立法权、准司法权,它不仅可自行制定或解释相关经济法,还可进行经济法的某些准司法活动,其执法行为会对经济法的运行产生十分重要的影响,为此,对其行为必须设定法律上的边界。

在经济法运行过程中,政府性调制主体超越职权或滥用职权的问题较为突出。要严格实行"调制法定原则",就必须明确哪些立法权应当完全由立法机关行使,而不能交由政府性的调制主体行使。同时,在执法主体对某些立法享有解释权的情况下,也必须对其进行限制,以免对经济法的良性运行产生负面影响。

在实践中,无论是财政部门、税收部门、中央银行、金融监管部门,还是市场监管部门，都需要注意依法调控，合法规制，全面贯彻依法调制原则。根据经济法上的行为理论，调制主体的行为可能既包括基础行为，也包括高层次行为，从而体现出一种层级二元结构。而一些基础行为，如预算支出、转移支付、政府采购、税收征纳、银行存贷等方面存在的不规范性或违法问题，会影响调制行为的合法性，从而影响经济法的有效运行。

上述基础行为在实践中往往被视为政府的具体行政行为，特别是税收征管、银行监管、价格规制、质量监管等，都可能被看作政府行为，这些行为能否依法实施，都会直接影响经济法的运行。

从总体上说，政府对于经济法的运行是非常重要的。在传统的民法、刑法、诉讼法等领域，政府的作用并不突出，这是由各个部门法所产生的时代、所要解决的问题等决定的。而在经济法的运行方面，政府性调制主体的作用是非常突出的。如果没有调制主体从事的基础行为，就不可能有高层次的调制行为，以及真正意义上的经济法运行。

在执法阶段，有一系列因素会影响经济法的运行，包括经济法的立法，以及相关经济政策、社会政策等。上述政策在一定时期，不仅可能成为未来立法的重要内容，还可能在现实中具体填补法律的立法空白或漏洞。事实上，财政政策对预算、国债、转移支付等调制行为的影响，税收政策对税收征管的影响，货币政策对金融调控的影响，竞争政策对市场规制的影响等，都是非常巨大的。这是经济法的现代性特征在经济法运行方面的重要体现。

此外，经济法的制定与实施有时还会存在很大的距离。学者的研究表明，美国1890年的《谢尔曼法》就是一种妥协的结果，小商人和普通的中产阶级公民要求对托拉斯采取行动，大企业则进行反抗，国会只是在纸面上使托拉斯成为非法，但在法规中却没有建立执行法律的任何机制。① 在这种情况下，自然会对反托拉斯法的实施产生负面影响。这也是对经济法运行产生负面影响的重要实例。

三、司法因素影响的弱化

对传统法的运行而言，司法环节是至为重要的，但对于经济法的运行而言，司法因素的影响却相对被弱化。这是因为市场失灵问题作为经济法所面对的基本问题，主要是在执法阶段通过依法实施宏观调控和市场规制来解决，这就

---

① 参见〔美〕弗里德曼：《法律制度：从社会科学角度观察》，李琼英、林欣译，中国政法大学出版社1994年版，第114页。

需要经济法领域的积极执法。此外,传统的法律纠纷主要是在法院解决,但在经济法等现代法领域却并非如此。一方面,在经济法领域存在的可诉性问题,可能会影响法院对相关案件的审理,另一方面,由于政府权力膨胀或基于效率的考虑,政府部门往往通过准司法权前置等制度安排,使司法因素的影响"缩水",从而使司法因素对经济法运行的影响相对弱化。

从总体上说,司法环节是整个经济法制度运行的重要一环。司法仍然是经济法领域的最终救济手段,没有法院等司法机构对经济法的适用,整个经济法的运行机制就是有问题的。由于立法、执法、司法的体制、认知能力等诸多原因,法院审理的经济法领域的案件相对较少。随着经济法立法的日益完备,特别是有关法律责任制度的日益完备,司法因素对经济法运行的影响必将越来越大。

如前所述,司法因素对经济法运行的影响相对弱化,是因为在经济法的某些领域存在可诉性问题。事实上,对于市场规制领域的调制受体和调制主体而言,经由诉讼而获得救济的渠道是畅通的,因而可诉性问题并不突出;相对说来,在宏观调控领域,针对宏观调控主体的抽象行为,往往存在可诉性不足的问题,但这并不是一种应然的状态。随着法治的发展,各类体制(特别是司法体制)的完善,调控主体的抽象行为可能会被逐渐纳入司法审查之列,对于调制主体的责任,也可能在司法领域展开全面的追究,那时,所谓经济法的可诉性问题,就能在很大程度上得到解决。

此外,基于效率等诸多方面的考虑,现代社会的纠纷解决,越来越多地会采用非诉讼的解决方式,如协商、复议、调解、仲裁等,从而使许多经济法上的纠纷,也可能在司法程序之外得以解决。由于在相关经济法领域立法中往往有大量程序性的规定,使相关调制主体可享有一定的纠纷处理权,从而更有可能使一些纠纷被解决于司法程序之外。上述各种因素的存在,都会导致司法因素对经济法运行的影响相对降低。

四、守法因素的特别效应分析

在影响经济法运行实效的各类因素中,守法因素的重要性日渐突出。事实上,经济法的运行状况或态势如何,与守法直接相关。守法因素对于经济法运行具有特别效应。

在守法因素中,需要关注的问题主要是守法主体的法律意识,以及对法律的遵从度,它们与经济法的合法性,特别是其实质意义上的合法性有关。

在法律意识方面,经济法主体的法律意识普遍有待提高。通常,调制主体往往有一定的行政法意识,但可能缺少宪法意识、经济法意识、民商法意识。此外,调制受体的民商法意识可能相对较强,但宪法意识、经济法意识、行政法意识等则相对较弱。因此,从总体上看,各类经济法主体都必须大力加强宪法意识和经济法意识,只有具备这些方面的法律意识,才可能在守法方面取得更好的经济法运行实效。

经济法的运行实效,在很大程度上取决于守法主体的遵从。如果相关主体不守法、不遵从,则经济法的运行实效就可能丧失殆尽。因此,必须有效解决主体的遵从问题,以提高经济法的运行实效。

经济法上的遵从,体现为多个方面,例如,税法上的纳税人遵从问题,金融法上的商业银行、证券公司或保险公司等金融机构的遵从问题,竞争法上的经营者遵从问题,等等,都是应关注的重要问题。

经济法主体对经济法的遵从,可能与文化因素等有关。为此,曾有学者关注诸如道德、良心、宗教等因素对遵从行为的影响。[①] 事实上,影响经济法主体遵从的因素有很多,其中,利益与合法性尤为重要。

经济法主体作为理性的"经济人",都有自己的利益追求。如果经济法的实施有利于其利益实现,则相关主体会乐于遵从;如果经济法的实施同其利益追求相左,则相关主体就可能从事逃避或其他的不遵从行为。可见,利益是非常核心的影响因素。经济法的实施,必须兼顾各类主体的利益,唯有如此,经济法的立法和实施,才可能因取得"合法性"而呈现"良性"。

经济法的运行必须符合合法性的要求,不仅要严格执行经济法的有关规定从而体现形式上的合法性,还要体现实质上的合法性,即真正平等地保护各类相关主体的利益,与宪法的基本精神保持一致。只有这样,经济法才能得到广泛遵从,经济法的实施效益也才会更好。

当然,除了经济法的立法、执法、司法、守法等因素外,法治体系的外部因素如经济因素、政策因素、社会因素等也很重要。要研究影响经济法制度运行的各类外部因素,需要对经济法进行更广阔的法律社会学分析。

---

① 参见〔美〕弗里德曼:《法律制度:从社会科学角度观察》,李琼英、林欣译,中国政法大学出版社1994年版,第142—147页。

第二节 运行程序的重要问题

如同其他部门法一样,经济法的制度运行,也离不开相应的程序。所谓程序,通常是一定的程式展开的顺序。从语义上说,程序通常被解释为"事情进行的先后次序"或"按时间先后依次安排的工作步骤"。程序可分为自然程序和社会程序两类,法律程序属于社会程序。但无论是哪类程序,其最基本的要素都包括时间和空间,并由此使时间因素和空间因素构成相关程序法要素。当然,在具体社会程序中,还涉及重要的主体因素,否则就不能称为"社会"程序。可见,时间、空间和主体这三个基本维度,不仅影响经济法的适用范围,也影响经济法的程序展开,从而使经济法运行论的各个部分形成紧密的内在关联。

程序对于复杂活动是非常重要的。人类的涉法活动是典型的复杂活动,因而应依照一定的程序进行。由于相关主体从事的具有法律意义的活动体现为按一定程式展开的动态过程,并且在法律上要求其"过程有序""程式合序",因而才有了"程序"和相应的"程序法"。

事实上,越是在现代社会,相关主体的活动越要遵循相关程序和程序法。程序和程序法对于确保主体实体法权利的有效实现,实现程序正义,提高当事人的自觉遵从度等,都具有重要作用。这些共识对于研究经济法上的程序问题也是适用的。

一、制度运行所涉及的程序

现代社会所涉及的程序和程序法问题要比过去复杂和广泛得多。经济法的制度运行所涉及的程序,不仅有诉讼程序,还包括许多非诉讼程序;不仅包括传统的非诉讼程序,还可能包括"调控和规制"的程序;不仅包括一些正式的程序,还可能包括一些非正式的程序,等等。可见,经济法领域所涉及的程序复杂而多样,这同传统部门法会有很大不同。

经济法领域涉及的程序有多种类型。如经济法的立法程序、执法程序与司法程序,以及调制程序与诉讼程序,等等。下面仅选取其中有代表性的程序类型,来说明经济法程序方面的特殊性。

(一) 诉讼程序与非诉讼程序

对传统的"三大诉讼",以及相应的诉讼程序,学界的研究相对较多。此外,人们对于非诉讼程序的关注也越来越多。例如,对于仲裁程序的深入研究,对于替代性纠纷解决方式(ADR)的全方位探讨,对于行政程序价值的关注,等等,上述有关非诉讼程序的研究,体现了人们对于程序认识的深化。

在经济法领域,上述两类程序都可能涉及。在诉讼程序方面,经济法领域的纠纷在诉诸法院后,所运用的往往是民事诉讼程序和行政诉讼程序。其中,涉及私益的可能要用到民事诉讼程序,涉及公益的可能要用到行政诉讼程序。由于经济法上的纷争,可通过传统的诉讼程序来解决,因此,有人认为经济法没有必要构建自己的诉讼制度。但也有人认为经济法的程序还有其特殊性,应当确立经济法的诉讼制度,或者构建经济法上的特别诉讼制度,以形成经济法特殊的诉讼程序。

经济法上的诉讼程序问题,与法院的受案范围直接相关。通常,经济法方面的哪些案件要由法院来受理,还涉及经济法的司法活动与执法活动之间的协调,以及司法权与调制权的界定和平衡,直接决定哪些纷争可进入司法程序,哪些行为具有可诉性等。

此外,在非诉讼程序方面,经济法领域的许多纷争,都是通过非诉讼程序来解决的,许多调制行为都是依循非诉讼程序来完成的。与传统部门法相比,经济法的一个重要特色,就是其实体法规范与程序法规范熔于一炉,且不可分割,从而具有突出的"自足性"。事实上,在经济法的执法环节,调制主体要进行调制行为,必须遵循基本的实体规范和程序规范,缺少程序规范,调制行为就无法有效进行。为此,计划法、预算法等有计划、预算(也是一种计划)的编制、审批、执行、调整、决算等程序;在税法领域有税收征收管理程序;在金融法领域有金融调控程序,等等。此外,在市场规制法领域,特别是在反垄断法、反不正当竞争法领域,相关执法机构也都有专门的执法程序,古今中外概莫能外。

由于调制主体都有特殊的职能和专属的调制权,这些调制权往往表现为一定领域或范围的立法权、执法权,其行使必须依据一定的调制程序来进行。当然,各类主体所依据的具体调制程序也各异,这不是一部《行政程序法》所能够解决的。可见,在经济法领域,不仅传统的诉讼程序很重要,非诉讼程序,特别是调制程序同样非常重要。这也是经济法在程序上的特殊之处。

总之,从诉讼程序与非诉讼程序的分类看,在经济法领域,不仅涉及诉讼程序,还涉及大量非诉讼程序,并且,非诉讼程序在各类具体程序中占据主导地位。由于规范调制行为是经济法调整的核心,因此,规定调制行为所需要遵循的程序,以实现"调制有序",自然会成为经济法的重要内容。上述调制程序都是非诉讼程序,且在经济法的各个部门法中都存在,因而在整个经济法领域,非诉讼程序的比重会更大,这也是经济法不同于民法、刑法等传统部门法的一个重要特点。

(二) 正式程序与非正式程序

所谓正式程序,通常是指法律上有严格规定的、关涉具体经济法主体权义的程序;正式程序以外的程序,即为非正式程序。

上述的两类程序,可贯穿于程序的其他分类之中。例如,在经济法的立法程序方面,如果法律规定经济法的立法草案必须进行"三读"审议,则该审议程序就是一种正式程序;如果法律并未规定立法要向社会公众征求意见,而立法机关根据具体情况不拘形式和范围地征求民意,则属于一种非正式程序。

其实,调制法定原则作为经济法的基本原则,本身就要求调制权的行使或调制行为的实施都要严格遵循法定程序——调制程序。调制程序大都属于正式程序。例如,预算的编制、审批程序,税收的减免程序,出口退税程序,计划的编制、审批程序,货币或股票的发行程序,等等,因相关法律一般都有明确规定,且需要严格执行,故一般被归入正式程序。至于用以解决经济法领域各类纠纷的仲裁程序、诉讼程序等,更是包含多种具体正式程序。要有效实施调制目标,必须严格遵循上述正式程序,体现程序的基本价值。

此外,经济法领域的各类非正式程序也很值得重视,如金融调控领域的道义劝告或窗口指导等。由于经济和社会的发展非常迅速,经济法的某些程序仍处于形成之中,这些程序在未被相关法律作出正式规定之前,主要以非正式程序的形式存在,它们不仅能成为正式程序的重要补充,还可成为正式程序的形成源泉。

总之,按照调制法定原则的要求,必须强调正式程序的重要性。当然,基于调制效益的考虑,在具体调制手段方面,也可灵活运用一些非正式程序。而无论是哪类程序,都应当有助于保障经济法的有效运行,保护相关主体的合法权益。

二、可诉性问题与救济程序的完善

在经济法的诸多程序中,有一类旨在保护主体的权益的救济程序。而权益能否得到有效救济,则与可诉性问题直接相关。从一般法理上说,法的可诉性,是指法律规范所具有的、可由一定主体请求法院或仲裁机构等法定机构通过一定的程序来判断和解决争议的属性。经济法上的可诉性问题,是指对于经济法主体行为的不满可否向法定机构倾诉(如提起诉愿或起诉),以使法益获得保障的问题。

经济法的可诉性问题在不同的领域有不同的体现。如前所述,在市场规制法领域,可诉性问题并不突出,因为相关主体可通过民事诉讼程序或行政诉讼程序,或者相关复议程序等实现自己的法益保护。在宏观调控法领域,由于对调控受体的义务和责任规定较多,因而调控主体对于调控受体的责任追究也是没有问题的。通常,只是调控受体对调控主体的责任追究方面,可诉性问题较为突出,因为客观上确实存在着经济、法律、政治等诸多方面的困难。据此,有人认为宏观调控行为不具有可诉性,也有人认为随着司法审查范围的逐渐扩大,随着民主、法治水平的提高,随着法院体制的改革,宏观调控法的可诉性问题,亦会不断得到解决。

经济法上的可诉性问题应当如何解决,究竟应当采取什么对策,确实应当仔细斟酌。从历史上看,我国自改革开放以来,真正从法律上赋予市场主体对政府的起诉权,最早是从税法开始的。① 它对于解决整个经济法领域的可诉性问题,也有一定的积极意义。

可诉性问题的解决与救济程序立法的完善直接相关。为此,就不仅应关注诉讼程序的立法,也应重视非诉讼程序制度的完善。但目前人们关注较多的仍是诉讼程序的立法,且尚未达成共识。例如,有人认为从经济法的发展看,应当有一部独立的诉讼法,也有人认为可有一部以民事诉讼法为基础的特别诉讼法,还有人认为完全没有必要搞一部独立的诉讼法或者特别诉讼法。事实上,经济法在不同的发展阶段,对诉讼程序的要求是不同的。在经济法的初步形成时期,相关规范还不完备,许多纠纷尚无法进入诉讼,能够进入诉讼的纠纷,一般通过传统诉讼程序也能解决,因此确无必要制定一部单独的诉讼法。随着经济法的进一步发展,大量的、复杂的、各具特色的经济法纷争可能进入诉讼,这时可能单靠既有程序规定已不敷其用,就需要考虑有一个特别的经济法程序制度,对经济法程序方面的特殊问题作特别规定。在经济法更进一步发展后,经济法是否要像行政法那样有一个专门的程序法,则需要根据那个时期的情况来

---

① 我国1980年颁布的《中外合资经营企业所得税法》和1981年颁布的《外国企业所得税法》曾专门规定:外国组织、公民对我国税务机关的行政行为不服或者纳税决定不服,可到法院提起诉讼。

综合判断。因此,确实应当从发展的角度加以认识。

研究可诉性问题,不仅要关注诉讼程序立法模式,还要关注其他一些问题。因为经济法可诉性问题的解决,不仅涉及诉讼阶段的问题,更涉及诉讼阶段之前的问题;不仅涉及程序问题,也涉及实体问题。要在经济法具体立法上解决可诉性问题,首先需要解决实体法上的问题,尤其应对相关主体的权利、义务与职权、职责等作出明确规定,同时,还要对其违反相关职责或义务的法律责任作出规定,以使这些责任可由相关法定机构依法追究,这样,才能解决可诉性方面的基本问题。如果没有实体法上的相关规定,对于相关主体行为的不满仍然难以向法定机构倾诉,则即使程序法的规定再完善,也无法启动相关程序,因而还是不能解决可诉性问题。

在经济法领域,由于纠纷的解决途径多样化,且较为特殊,因此,对于诉讼外的纠纷解决机制及相关救济程序要给予注意。此外,由于调制主体一般都具有化解相关不满或解决相关纠纷的职能,因此,对其解决纠纷的程序,应当作出全面规定,这有助于更好地解决经济法的可诉性问题。

三、经济法上的公益诉讼问题

为了更好地解决经济法上的可诉性问题,许多学者对公益诉讼给予了较多关注,并认为公益诉讼是解决经济法上的可诉性问题的重要途径。所谓公益诉讼,就是根据法律的授权,任何组织和个人都可针对侵犯公益的违法行为向法院提起的诉讼。

从历史上看,在古罗马时期,即有公益诉讼与私益诉讼之分。对于旨在保护公益的公益诉讼,除法律另有规定者外,任何市民均可依法提起;而对于旨在保护个人私利的私益诉讼,则只能由相关有利害关系的特定人提起。由于诸多原因,私益诉讼发展迅速,尤其在民事诉讼、行政诉讼中得到了充分巩固,而公益诉讼则未能像私益诉讼那样蓬勃发展,这也许与公益诉讼同公共利益、公共物品的密切关联有关。

公益诉讼,在不同国家的不同时期,又被称为公共诉讼、民众诉讼、罚金诉讼等。其中,公共诉讼(public law litigation),主要指那些在涉及大量利害关系者的公共政策问题上发生争议并要求法院作出司法判断的诉讼;而民众诉讼的称谓,更强调享有起诉权的主体的广泛性;罚金诉讼的称谓,则更强调对侵害公益行为的惩罚以及对起诉主体的褒奖。它们都体现了公益诉讼的基本精神。

从立法上看,公益诉讼不仅可能存在于宪法、行政法等传统公法领域,也可能存在于经济法等领域。例如,德国、法国、意大利等国家的反不正当竞争法、消费者保护法规定的"团体诉讼"等,就属于经济法意义的公益诉讼。此外,即使是英美法系国家,在市场规制法领域也存在公益诉讼。例如,美国著名的1890年《谢尔曼法》就规定,对于违法的公司,任何个人和团体都可提起诉讼;作为《谢尔曼法》的补充,美国1914年《克莱顿法》也规定,不只是受害人和检察官,任何组织和个人都可起诉要求违法者停止违法行为。这些属于有关公益诉讼或称公共诉讼的规定。当然,在美国的相关立法中还涉及其他类型的公益诉讼,如纳税人诉讼,即纳税人有权以私人身份,请求法院禁止违法支出公共资金行为的诉讼。上述各类公益诉讼,对于确保竞争法、财税法等调整目标的实现,具有重要意义。

对于公益诉讼,还有很多问题值得研究。例如,公益诉讼所涉及的"公益"是指什么?哪些是经济法应当保护的"公益"?哪些是需要经济法特别保护的"公益"?此外,公益诉讼作为一种特殊的诉讼形式,同传统的"三大诉讼"并非处于同一层面,它们的分类标准是不同的。由于公益诉讼主要强调法益保护的公共性,因此,其提起主体可能具有普遍性。但就具体公益诉讼而言,原告究竟由谁来担当更为合适?即使是排除了诉讼利益的相关性,突破传统的适格理论,从诉讼效率或实效的角度考虑,是否要对原告的身份作出具体区分或限定?①

除了上述的起诉目的、起诉主体等问题外,起诉的对象或内容也很重要,直接关系到经济法上的可诉性问题的解决。如前所述,对调控主体作出的抽象行为是否可起诉,会直接影响相关主体的权益保护。因此,扩大对宏观调控等抽象行为的司法审查权,应当是解决经济法上的可诉性问题的一个重要途径。

四、发展中的经济审判

经济审判是以经济法为重要依据的司法活动,它同经济法的诉讼程序、可诉性问题等密切相关,同时,也是影响经济法制度运行的重要环节。研究经济法的适用问题或运行程序问题,应关注经济审判及其未来发展的问题。

(一)经济法与经济审判的关系

我国的经济法与经济审判是伴随着改革开放的推进而产生和发展起来的。从历史上看,我国的经济改革、经济法、经济审判都是在摸索中前进。在其各自

---

① 我国《民事诉讼法》第55条第1款规定:"对污染环境、侵害众多消费者合法权益等损害社会公共利益的行为,法律规定的机关和有关组织可向人民法院提起诉讼。"可见,该条款对提起公益诉讼的主体是有限定的。即使后来最高法院作出的公益诉讼方面的司法解释,也仍然强调对起诉主体的限定。

的发展过程中,由于缺少明确的设计和全面的理论准备,使许多人以为凡标有"经济"字样的都是同一的,或在根本上是一体的。在经济法与经济审判的关系上也是如此。

在很长的一段时期,许多人都认为经济审判就是运用经济法进行的审判,法院的经济审判庭就是专门从事经济案件审判工作的机构。这种理解在经济庭设立之初是比较普遍的,那时人们对于经济法的界定、经济庭的职能等认识并不清晰,因而普遍对经济法、经济庭作广义理解。随着我国改革开放事业的迅猛推进,经济全球化、信息化的急遽发展,特别是经济法理论的重构和经济法制度的变迁,以往对经济法和经济庭的广义理解,对它们的应然状态和实然状态的认识,也必然要发生变化。人们逐渐认识到:经济法与经济庭并非"一一对应"的关系,经济审判并非全部依据经济法对案件进行审理和判决。

其实,随着经济法理论日益严谨,经济法不再被简单地看成"与经济有关的法",经济法并非直接调整平等主体之间的经济关系。但经济审判工作并未受到经济法理论迅速发展的影响,实际上仍然主要在解决平等主体之间的经济纠纷,并因而在大量适用民商法规范;同时,由于经济法领域存在着一定的可诉性问题,因而经济审判中真正的经济法性质的案件相对较少。

(二) 经济审判的发展

随着国际、国内经济法实践的发展,以及经济法理论的深化,经济审判也必须随之作适当的调适。

整个社会经济可分为私人经济和公共经济,相应的经济纠纷也可能在两种"经济"中发生,由此使经济审判在广义上也可包括"私经济审判"和"公经济审判"。随着市场经济制度的日益完善,以及经济全球化的迅速发展,随着人们对国家的作用、对公共物品的认识和需求不断提高,"公经济"领域的案件也相应增多,诸如垄断、不正当竞争和侵害消费者权益等方面的案件,以及财税、金融等方面的案件,都会不断增加,这些案件不仅关系到经济秩序和社会秩序,影响经济和社会的稳定和发展,甚至可能关乎国运和民族经济的兴衰,因而在经济审判方面必须有效保护公共利益,这本身也是法律精神的体现。为此,在经济审判中不仅要运用私法保护私权,也应注意运用公法保护公共利益。[1]

---

[1] 在这方面,需要关注司法体制改革的相关问题,特别是大量与经济法相关的专门法院、专门法庭的设置,并不断提炼经济法的司法理论。可参见张守文:《经济法司法理论之拓补》,载《法学论坛》2017年第5期。

本章小结

经济法的运行论侧重于从动态的角度来研究经济法的制度运行。对于经济法的制度运行问题,既可进行系统分析,考察影响系统运行的各类因素,也可从实体法和程序法的角度,分别研究运行过程中存在的各类问题。为此,本章着重进行了两个方面的探讨:

(1) 对影响经济法制度运行的各类因素的系统考察。在把整个经济法的制度运行视为一个动态系统的情况下,不仅要考虑经济法的生成(特别是立法的问题),还要考虑经济法的实施(特别是经济法的执法、司法和守法等问题);不仅要考虑上述各个系统之间的相互关联,还要考虑经济法的运行系统同外部的经济、社会、文化、政治等诸多因素的密切关联。

本章着重关注了影响经济法制度运行的各类主要因素,特别是立法、执法、司法、守法等因素,从中亦可发现在经济法制度运行过程中所存在的诸多问题,特别是立法权的缺位、行政权的膨胀和司法权的弱化,以及守法主体的逆法博弈等问题,从而可提出完善的对策,以提高经济法的运行实效。

从系统分析或结构分析的角度看,经济法的制度运行不仅直接受到相关法律因素的影响,而且同经济、社会、文化等诸多外部因素亦关联密切,因而还需要从法律经济学、法律社会学等角度进行研究。例如,经济体制对经济法的产生和发展的影响,儒家文化对调制适度方面的影响等,都会在立法乃至执法等活动中有所体现。

(2) 对经济法制度运行程序的重要问题的简要探讨。本章着重分析了经济法制度运行所涉及的主要程序、经济法上的可诉性问题与相关救济程序的完善、公益诉讼问题以及经济审判的发展问题等。经济法上的可诉性较弱的问题并非普遍存在,解决可诉性相对较弱的问题,不仅需要考虑诉讼制度的变革,也需要非诉讼程序的完善;不仅需要考虑程序法的完善,还需要考虑实体法的改进。

此外,在各国经济法制度中已有的一些涉及公益诉讼的规定,为探讨公益诉讼问题提供了重要的制度基础。对公益诉讼的研究,有助于推动经济法的可诉性以及诉讼制度改革等问题的研究。

另外,经济审判的变易同经济与社会的发展,以及对经济法理论认识的变迁等都有关联。本章对经济法理论与经济法审判实践的偏离及其原因略作解析,其中提到的"公经济审判"和"私经济审判"的划分,对于理解经济审判的变易,以及未来的经济审判的发展趋势,也许有一定的助益。

总之,研究经济法的制度运行,必须关注相关程序问题,而相关程序研究,则需要随着实体法和程序法的发展而不断深化。强调经济法上的实体法与程序法的有机结合,尤其有助于提高经济法理论和制度上的自足性,以及经济法的运行实效。

【延伸阅读】 外国的经济法院

经济法的有效实施,直接关系到经济与社会的良性运行和协调发展,但学界对于法院环节的经济法实施问题的研究却很不够。为此,应当努力发掘各国司法制度的合理性,探寻其中可为我所用的因素。

学界以往关注的法治较为发达的国家,如英、美、德、法之类,并无经济法院的设置。但仅仅局限于这些国家还是不够的。在北欧、东欧、南欧,在亚非、南美以及世界上的其他国家和地区,同样可能有一些值得借鉴的经济法实施的经验。例如,经济法院,就是原来的一些苏东国家设置较为普遍的一类法院,它在经济法或相关经济法律的实施方面发挥着重要的作用。

一、经济法院的设置

在白俄罗斯、乌兹别克斯坦、土库曼斯坦、塔吉克斯坦、摩尔多瓦等国家,最高法院、最高经济法院与宪法法院(或军事法院),是其法院体系中并列的几大支柱,其院长都要经总统提名并由议会批准。在俄罗斯广泛设立的仲裁法院,如果意译的话,同样应当称为经济法院。此外,在马其顿、克罗地亚等国家,也都设有专门的经济法院。历史文化及地缘上的密切关联、法律传统上的相近性,使这些国家在经济法院的设置上也存在着惊人的一致。这是很值得研究的现象。

俄罗斯等国家的经济法院的产生和发展,体现了市场经济发展的要求,体现了经济在国家和社会生活中地位的日益重要,这同我国改革开放初期的情况是类似的。我国在改革开放初期,虽然没有设置专门的经济法院,但在全国的法院系统,却普遍地设立了经济审判庭,以在法院的机构设置上回应对社会经济发展所产生的争议予以解决的现实需要。而这种法院机构设置的变化,客观上也在一定程度上促进了经济法学的发展,至少在一段时期使人们感到经济法或经济法学是非常重要的。尽管随着经济和社会的发展,以及理论的进化和人们认识的深化,经济审判庭在经济法实施方面的局限性日益受到关注,但人们对于这些局限性的成因和解决对策却研究得很不够。上述俄罗斯等国家的经济法院的相关制度,也许能够给关注或忽视此类问题的人们带来新的启发和思考。下面以俄罗斯经济法院的相关规定为例,来说明经济法院的相关问题。

二、经济法院的受案范围

根据《俄罗斯联邦宪法》第127条规定,"俄罗斯联邦最高经济法院是解决经济法院所审理经济争议和其他案件的最高审判机关,它以联邦法律规定的诉讼形式对经济法院的活动实行监督,并对审判实践问题作出解释"。此外,《俄罗斯联邦经济诉讼程序法典》①第1条规定,"在俄罗斯联邦,由依照《俄罗斯联邦宪法》和联邦宪法性法律组建的经济法院,根据经济法院诉讼程序立法的规则,通过审理经济争议和审理《俄罗斯联邦经济诉讼程序法典》和其他联邦法律规定属于经济法院管辖的其他案件,在经营活动和其他经济活动领域行使审判权"。可见,有关经济法院受案范围的规定,处于宪法以及法律的位阶,其层级是很高的。这对于保障经济法院依法独立行使审判权是非常重要的。

从总体上说,经济法院之称谓,是同国家和社会对经济的强调分不开的,也是与经济法律制度以及相关争议的经济性直接相关。这在受案范围或称管辖范围上就可得证。根据《俄罗斯联邦经济诉讼程序法典》第27条的规定,经济争议案件和其他与经济活动有关的案件,归经济法院管辖。从主体的角度看,经济法院不仅审理所有的经济争议,而且审理具有法人资格的组织以及虽不组成法人但从事经营活动的个体经营者参加的其他案件。此外,经济法院也有权按照法律规定,审理有俄罗斯联邦、联邦各主体、地方自治组织、国家机关等各类机关及其公职人员、不具有法人资格的组织和公民参加的案件。

从上述有关受案范围的规定可看出,经济法院的管辖范围非常广,它有权审理各类经济争议;同时,作为案件当事人的主体也几乎是无所不包的,因为根据法律的特别规定,经济法院还可审理有上述各类主体参加的案件。在这些案件中,当然包括了依据部门法性质所确定的经济法方面的案件;同时,也包括了我们通常所理解的某些民商事案件以及某些行政案件。如果说我国的法院系统前几年的改革是力图建立一个所谓的"大民事"格局的话②,那么,在俄罗斯等诸国,其经济法院的设立和运行,则在实质上是构建了一个"大经济"的格局。即只要是经济性的争议,不管主体是谁,都由经济法院来

---

① 学者通常将该法典的名称直译为《俄罗斯联邦仲裁程序法典》,这与其字面意思是完全符合的。但考虑到该法典的实际规定根本不涉及"仲裁程序",考虑到法院"仲裁"的实质是经济审判,而所规定的程序则主要是解决经济争议的诉讼程序和审判程序,因而在此按照通常对诉讼法或程序法的理解,结合该法的具体调整范围,意译为《俄罗斯联邦经济诉讼程序法典》,甚至也可考虑参照白俄罗斯的立法,径译为《俄罗斯联邦经济诉讼法》。

② 根据我国最高人民法院的说法,按照《人民法院五年改革纲要》的要求,司法改革的重要目标,就是通过建立所谓"大民事"格局,使刑事、民事、行政的区分及审判庭设置更清晰,以对应于刑事、民事和行政三种诉讼。但对于这种改革,许多学者提出了批评意见,有的学者认为所谓"大民事"的司法改革是一个方向性的错误。参见史际春、孙虹:《论"大民事"》,载《政法论坛》2002年第4期。

管。这种制度安排,凸显了这些国家在经济转型时期对经济的重视、对经济法律(包括经济法)的重视。尽管各国对经济法的认识尚有分歧,但对于治国不可或缺的基本的经济法律制度,则有很大共识;而各类经济法律制度的有效实施,则离不开法院的有效组织和有力执行。

三、公法性案件的管辖

在俄罗斯经济法院所审理的案件中,有一大类是所谓"基于公共法律关系所产生的经济争议",可简称为公法性案件。这些案件中有几类是较为重要的,例如:(1) 有关撤销影响当事人在经济活动中的合法权益的规范性法律文件的案件;(2) 有关撤销各级权力机关的非规范性法律文件,以及对相关机关及其公职人员作出的影响当事人在经济活动中的合法权益的决议和行为的案件;(3) 向从事经济活动的组织和公民追索必须交纳的款项的案件。①

从俄罗斯法学界目前的研究情况看,许多学者比较倾向于公法和私法的划分。在他们看来,上述案件无疑都属于公法性案件。其实,如果从部门法的角度看,其中有些案件可能是我国学者所认可的行政法领域的案件,也有一些是经济法领域的案件。在上述公法性案件中,可能包含我国所称的宏观调控法或市场规制法领域的案件。在俄罗斯的司法实践中,税收案件占有相当大的比重(近几年已经占到全部案件的50%以上)。这表明,在俄罗斯向市场经济体制转轨的过程中,税收关系已经成为国家与企业、个人之间的一类重要经济关系,税收已经成为影响各类主体利益的重要因素;同时,随着税收纠纷的大量涌现,有越来越多的纠纷被诉至法院。

四、经济法的可诉性问题

根据《俄罗斯联邦经济诉讼程序法典》第192条和第198条的规定,对于国家的各类机关及其公职人员通过的规范性法律文件,或者非规范性法律文件、决定、行为(包括不作为),如果公民、组织和其他人认为存在违反法律或具有更高效力的其他规范性法律文件,非法地要求其履行义务或对其从事的经营等经济活动设置障碍的情况,侵害了其在经济活动领域的权利和合法权益,则有权向经济法院提起诉讼,请求确认这些规范性法律文件或者非规范性法律文件、决定、行为无效。

上述规定表明,在俄罗斯,各类市场主体不仅可对非规范性法律文件、决定、行为等依法提起诉讼,而且对于那些违反上位法的规范性法律文件(包括国家级次的机关通过的规范性法律文件),只要存在侵害其经济权利或经济权益的情况,就有权起诉。由此可知,即使是对一些国家机关所从事的宏观调控或市场规制行为,包括为此而进行的一些抽象的立法行为,只要市场主体认为存在侵害其合法权益的情况,即有权依法起诉。从这个意义上说,在俄罗斯,经济法领域里的可诉性问题已经得到了很好的解决。

---

① 可参见《俄罗斯联邦经济诉讼程序法典》第29条。

总之,在俄罗斯等国家的经济法律(特别是经济法)的实施过程中,经济法院起到了十分重要的作用。从一些具体情况看,经济法院有些类似于我国法院系统存在过的经济庭,其受案范围、司法力度要比我国过去的经济庭大得多。相比较而言,我国在经济法实施的司法保障方面是退步的。俄罗斯等国家的经济法院的一些经验,很值得我们借鉴。

下 篇

分 论

第十二章

公共物品与财政调控

本章导读

从本章开始,本书进入到经济法分论部分。在这个部分,本书将结合导致市场失灵的各类主要问题,如公共物品问题、公平分配问题、币值稳定问题、经济失衡问题,以及妨害竞争问题、外部效应问题、信息偏在问题等,分别选取经济法体系中的重要调控制度和规制制度加以研讨,这有助于更好地理解相关调控原理与规制原理,并将经济法要解决的问题与经济法的相关原理、制度等紧密结合,从而有助于全面理解经济法。

从本章到第十五章的宏观调控法部分,将主要结合公共物品、公平分配、币值稳定、经济失衡等问题,着重讨论财政调控、税收调控、金融调控和计划调控方面的基本原理和主要制度。

从公共物品的角度看,整个经济法制度都与公共物品的提供直接相关。国家进行的宏观调控和市场规制,以及经济法领域的宏观调控制度和市场规制制度,本身就是公共物品。公共物品的提供,需要有财政的支持和财政法的保障。为此,本章着重以财政调控的原理和制度为例,来揭示其在保障公共物品提供,解决市场失灵问题方面的重要价值。

第十二章 公共物品与财政调控

第一节 财政调控的基本原理

一、财政与公共物品的关联

财政,从最广义上说,是指有关资财的收支管理的一切事务。但在财政学或财政法学上,财政是国家为了提供公共物品而取得、使用和管理资财的政务的总称。它包括中央财政和地方财政。这是一种狭义上的理解。

财政乃邦国之本、国之大计,因而在历史上也被称为"国计";同时,现代的财政不仅关乎国计,而且直接关涉民生。

财政在其长期的历史进程中,始终是国家经济的重要组成部分。财政对于国家历来非常重要,因为国家的职能就是提供公共物品,而提供公共物品必须有财政的支持,即"无财则无政"。国家(或政府)要实现其各个方面的职能,需要资财、经费予以支持,而国家作为非营利组织,本身并不创造财富,其所需资财只能从私人经济中取得,自古及今,莫不如此。

在现代市场经济条件下,由私人经济中产生的各类欲望汇集形成的公共欲望或称公共需求,是单靠任何个体的私人经济力量都无法予以满足的。而满足公共欲望,实现公共需求,提供公共物品,恰恰是国家的天职,并且,也只有国家才有能力、有必要去履行提供公共物品的职能。从历史上看,正是为了满足公共需要,提供公共物品,国家才需要做三个方面的工作:第一,取得资财,从而形成财政收入;第二,使用资财,从而形成财政支出;第三,管理资财,从而形成财政管理。上述三个方面所构成的连续的、有秩序的活动的整体,即为财政。

由财政定义及对其所作的说明不难得见,财政在总体上分为三大部分,即财政收入、财政支出和财政管理,这三类活动是依一定的程序有秩序地进行的;其活动主体是国家,而活动目标则是满足公共欲望,提供公共物品。

二、从公共物品的角度看财政的特征

财政的特征是财政不同于其他事物所特有的征象,它反映财政的本质,是财政本质特点的表征。作为旨在提供公共物品的公共经济,财政与私人经济中

的企业财务、家庭理财等有许多不同,具有如下基本特征:

首先,在主体方面,财政的主体是国家,财政的存在是国家实现其提供公共物品职能的需要,并以国家的强制力为保障,同时,财政活动也必须依国家法律规定的程序进行。

其次,在目的方面,财政的目的是满足公共欲望,提供公共物品。由于财政是公共经济,它体现国家的经济社会职能并超乎私人经济之上,因而它必须保障集中体现公共欲望的社会公众利益。这也是财政与私人家计的重要不同。

最后,在内容方面,财政包括财政收入、支出和管理三个方面,这些活动作用领域广阔,会波及整个私人经济部门,并且,都是围绕着提供公共物品这一中心展开的。这与上述国家主体性、公共目的性的特征是直接相关的。

财政与私人经济的上述不同较为明显,这些区别构成了财政最基本的特征。在此基础上,学者还对其加以引申,概括出财政的下述其他特征,此即财政的引申特征:

第一,单方强制性。人们一般认为,私人经济的主体是产权明晰的企业或个人,其相互间的资财转移依平等主体间的自由契约而定;而国家从私人经济中取得资财是依其主权地位和所有者地位,主体双方的地位往往是不平等的,并且,国家取得资财大都是以国家强制力为后盾,依强行法为之,而不是取决于双方的自愿,故财政具有强制性的特征。但随着财政收入和支出形式的日益多样化,如国债、政府采购等的发展,不宜一概而论地认为财政都具有强制性。因此,强制性的特征仅具有相对的意义。

第二,不求营利性。财政活动的目的是满足公共欲望,提供公共物品,而并非像私人经济那样以利润最大化为目标。国家进行财政收支和管理活动,主要是为了向社会提供公共物品,增加社会福祉,保障经济与社会的良性运行和协调发展,而并非为了营利。"取之于民,用之于民",正是财政活动的根本要义。

第三,永久连续性。财政是一种有秩序的、连续性的活动,在存续期间,同私人经济相比,具有一种永久连续性。因为私人经济主体会存在变更、消亡的情况,从而可能会中断其经营活动;而作为财政主体的国家,其存在通常被假定为具有永续性,从而使财政也具有了永续性的特征。据此,国家可长期、连续地举债,并且,一般说来,国家的财政信用是信誉最好的。

三、财政体系、财政职能与公共物品的提供

(一) 财政体系与公共物品提供

财政体系,是财政的各项内容或各项活动所构成的内在和谐统一的整体。

第十二章 公共物品与财政调控

如前所述,财政的内容包括三个方面,即财政收入、财政支出和财政管理,这三个方面都是为提供公共物品服务的,它们构成了财政体系三个主要组成部分:

第一,财政收入。

财政收入与财政支出密切相关,前者是后者的物质基础,后者要在很大程度上受制于前者。组织财政收入,是财政活动的重要组成部分,如何加强财政收入管理,历来都是财政工作需要特别关注的问题,因为它会直接影响国家和国民的切身利益。

财政收入的形式种类较多,通常较为重要的形式有税收、国债、收费、利润、捐赠等。它们都是财政收入体系的重要组成部分,特别是税收、国债、收费等,在整个财政体系中的地位亦很突出。

第二,财政支出。

财政支出也称政府支出或公共支出,同财政收入一样,在理论上和现实的预算制度上,都有不同的分类。这些分类对于理解财政体系是很重要的。在理论上,财政支出可分为购买性支出和转移性支出两大类。

所谓购买性支出,是政府用于购买商品和劳务而发生的财政支出,包括政府用于投资、消费等所发生的支出。由于此类支出有直接的商品或劳务回报,因而也称为有偿支出。其具体形式,包括国防支出、国家行政管理支出等。此外,随着财政管理法治化水平的提高,这种支出主要通过政府采购来实现。

所谓转移性支出,又称转移支付、无偿支出,是政府财政资金单方面的无偿转移,它主要用于解决政府间的财政失衡问题,尤其主要用于社会保障、财政补贴等领域。

此外,在理论上,财政支出还可分为可控支出和不可控支出。其中,可控支出是指政府部门可不受法律或契约约束而根据财政状况对预算作出增减调整的支出,也称柔性支出;而不可控支出,则是指依据法律或契约必须及时足额支付的支出,也称刚性支出,如债务利息支出、社会保障支出等。这种分类有助于从法律的角度研究预算问题,特别是赤字问题。

第三,财政管理——预算。

一个法治国家的财政收入与支出,都应当体现在相应的财政预算中。因为预算就是财政收支的计划,预算本身就是对财政收支进行管理的一种最基本的方式。

在法治化程度不高的国家,预算同财政收支是不完全一致的,因为有些收支活动没有纳入预算之中,并未受到严格的法律约束。例如,我国过去曾存在财政收入与政府收入不一致的情况,当时的政府收入不仅包括预算收入,也包括预算外收入,甚至还可能包括制度外收入。在支出方面,也存在预算约束软化的问题。上述问题都需要加强预算管理,在总体上管好财政收入和财政支出。

(二) 财政职能与公共物品提供

财政的职能是财政所内含的基本功能。在财政概念中,隐含着财政的如下三大职能:

1. 分配收入的职能

由于财政是为提供公共物品、实现公共需要而收支、管理资财的有秩序的活动,它是国家集中部分社会产品并进行分配的活动,因此,参与社会产品分配,并将集中起来的财政收入依一定程序进行再分配,便构成了财政原初的基本职能。

财政分配收入的职能,具体地体现为调节分配关系的职能,即财政能够调节各分配主体之间的物质利益关系,从而可提供公共物品、保障社会收入公平分配等目标。在这里,参加分配的主体包括国家、企业和居民,即财政分配包括了公共经济领域以及公共经济与私人经济之间的分配。

社会再生产包括生产、交换、分配、消费四大环节,分配是整个社会再生产过程中不可或缺的重要一环;分配取决于生产,但也是生产的目的,没有分配便无从谈及生产、交换与消费。由于财政具有分配收入的职能,从而使财政成为整个社会分配系统的重要组成部分之一。

财政分配活动包括两个阶段,其一是国家凭借主权地位或所有者地位参与部分社会产品分配的财政收入阶段;其二是国家按照一定的政治经济原则,将占有的社会产品进行再分配的财政支出阶段。在收支规模方面,财政收入的规模不仅受经济发展水平和生产技术水平的制约,同时,也受政府的分配政策和分配制度的制约;而财政支出的规模则与政府所承担的政治、经济和社会职能的变化密切相关。因此,财政收支规模及其活动领域的广狭,决定了财政分配收入职能影响的深度和广度。

2. 宏观调控的职能

宏观调控是市场经济条件下国家提供的重要公共物品。财政宏观调控的职能,就是通过资财的分配,引导人力和物力的流向,以实现资源的有效配置,进而在宏观层面实现调控目标。运用财政手段,能够把全社会的资源在政府部门和非政府部门(企业和居民)之间进行分配;同时,还能够根据国家的经济、政治原则,调节积累和消费等各种比例关系。

一般说来,税收、预算支出、国债、转移支付等财政手段都是宏观调控的重要手段,其运用过程就是通过间接手段对全社会的资源进行配置的过程和对经济、社会运行进行宏观调控的过程。

财政手段在各国都是用以进行宏观调控、实现资源有效配置的重要杠杆,这是由财政分配范畴与其他分配范畴的内在作用、财政与国家的内在联系等因素决定的,上述因素为运用财政手段进行宏观调控提供了可能性。财政自身的本质特征和职能,以及由此产生的与外界的密切联系和互动作用,使国家有可能更有效利用财政手段对经济运行进行宏观调控。

3. 保障稳定的职能

保障经济与社会的稳定发展,是国家的重要职责,也是国家需要提供的重要公共物品。财政的保障稳定的职能,是建立在分配收入职能和配置资源职能的基础之上的,并且是前述两种职能实现的结果。财政保障稳定的职能,可从以下两个层面来理解:(1) 在经济层面上,通过在各种经济主体之间有效分配收入,配置资源,有助于保障经济领域的公平和效率,从而有助于保障稳定物价、充分就业、国际收支平衡等稳定经济目标的实现,进而也有利于促进经济增长。(2) 在社会层面上,财政分配收入职能和配置资源职能的实现,不仅有助于保障经济公平,更有助于保障社会分配领域里的社会公平,保障基本人权,从而也有利于保障社会的稳定。

综上所述,上述财政的三类基本职能是层层递进的。其中,分配收入的职能是前提、基础;宏观调控的职能是建立在分配收入职能的基础之上的,并日渐受到重视;而保障稳定的职能则是以前两种职能为基础的。应当看到,财政分配的影响是广泛而深远的,因为一切收支活动都涉及各经济主体之间的利益关系;而宏观调控则是通过各有其自身利益的经济主体来实现的,所以依财政手段进行宏观调控的过程,也就是调整各主体经济利益的过程;有效的宏观调控有助于促进经济的稳定增长,保障经济与社会的稳定,而这又为更好地实现财政的职能提供了良好的基础。

四、财政政策与公共物品的提供

一国的财政政策对于提供公共物品、解决市场失灵问题具有直接而重要的影响。如何选择不同类型的财政政策及其政策目标和政策工具,对于宏观调控和公共物品的提供,对于财政立法,都会产生重要的影响。

(一) 财政政策的界定与类型

财政政策,是国家为了实现一定的宏观经济目标乃至社会目标而在财政收支和财政管理方面确定的行动方针和采取的各类措施。[①] 在现代国家,财政政策是国家进行宏观调控的重要工具。

上述定义中的宏观经济目标主要是指充分就业、稳定物价、经济增长和国际收支平衡;上述定义中的社会目标是同宏观经济目标密切相关的,主要是指社会公平、社会福利、保障基本人权、促进社会进步等目标,这些目标构成了财政政策目标体系的主要部分。

财政政策依据其在宏观调控方面的具体功用,可划分为不同的类型。其中,依据财政政策在调节国民经济总量方面的功能,财政政策可分为扩张性政策、紧缩性政策和中性政策,这种划分对于宏观调控非常重要。扩张性财政政策是指通过财政分配活动来增加和刺激社会总需求的政策,其主要手段是减税和增加财政支出规模,其实施结果一般会导致财政赤字;紧缩性财政政策是指通过财政分配活动来减少和抑制总需求的政策,其主要手段是增税和减少财政支出,在一定经济状态下,其实施有可能会导致财政盈余的出现;中性财政政策是指财政的分配活动对社会总需求的影响既不产生扩张效应,也不产生紧缩效应的政策,它一般要求财政收支要保持平衡,但是,使预算收支平衡的政策并不等于中性财政政策。

(二) 财政政策的目标与工具

1. 财政政策的目标

经济政策的目标主要是调控经济运行和促进经济发展。财政政策作为一种重要的经济政策,其目标是对经济政策目标的分解和具体化。此外,经济政策目标的多元化也决定了财政政策目标的多元化,但两种政策目标不可能完全等同。

财政政策目标体系由四类目标构成,它们是经济稳定目标、经济发展目标、公平分配目标和预算平衡目标。其中,前三类目标为高层次目标,后一类目标是低层次的中间目标。

第一,经济稳定目标。经济稳定目标包括内部稳定目标和外部稳定目标两类,前者以物价的稳定和产量或所得的稳定为目的,而后者则是以对外均衡,即

---

① 熊彼特认为,没有什么东西能像政府所采取的财政政策那样清楚地表明一个社会和一种文明的性质。参见〔美〕熊彼特:《经济分析史》,朱泱等译,商务印书馆1994年版,第26页。

以本国与外国对商品和劳务的需求保持平衡为目的,因而外部稳定目标主要是力求国际收支的平衡。可见,经济稳定目标主要是稳定物价、充分就业和国际收支平衡这三大目标。

第二,经济发展目标。经济发展包括了经济增长。经济增长目标同上述经济稳定目标中的三大目标一起,共同构成了宏观经济的四大目标。经济发展是一个综合的概念,它是指伴随经济结构、政治结构和社会结构的变革而发生的经济增长,它不仅包括量的扩大,也包括质的提高。财政政策中的经济发展目标主要包括提高经济增长率,防止经济周期波动和有效配置资源三大方面。

第三,公平分配目标。公平分配是财政政策力图实现的重要目标,国家通过财政政策及运用相应的财政手段,可提高社会成员收入分配的平均度。在这里,公平并非纯经济目标,而是经济、社会、伦理以及政治、历史的多种目标的综合体。在判断收入分配是否公平方面,存在着技术上和价值取向上的诸多困难,衡量分配公平程度的重要指标是洛伦茨曲线和基尼系数。

第四,预算平衡目标。预算平衡是指在一定时期内,国家的预算收支基本保持平衡。如前所述,在自由竞争占统治地位的近代市场经济阶段,各国均追求年度预算平衡,即力求每个财政年度的预算收支都保持基本平衡;而在现代市场经济阶段,随着国家干预的加强,许多国家只求周期预算平衡,即只求财政收支在一个经济周期内基本保持平衡。

2. 财政政策的工具

财政政策的工具是国家为实现财政政策目标而运用的各种财政手段,它可分为预算、财政支出和财政收入三大类。其中,财政支出包括购买支出和转移支付;财政收入包括税收和国债等。于是,财政政策工具也就主要包括预算政策、购买支出政策、转移支付政策、税收政策和国债政策。

第一,预算政策。预算是国家在财政年度内对财政收支的预先估算。预算政策作为一种财政政策工具,主要是通过年度预算的预先制定和预算执行中的收支增减变动,来实现其调控功能。预算政策可通过赤字预算、盈余预算和平衡预算三种形态来实现其调节作用。其中,赤字预算体现的是扩张性财政政策,盈余预算体现的是紧缩性财政政策,平衡预算体现的是中性财政政策。

第二,购买支出政策。购买支出是政府利用财政资金从私人经济部门购买商品和劳务的支出,其规模直接关系到社会总需求的增减。正因如此,国家可通过购买支出规模的变动来调节社会总需求及总量的平衡,从而使购买支出政策成为反经济周期、合理配置资源、稳定物价的重要工具。此外,政府的购买支出可分为政府投资和政府消费,两者均可对社会总需求产生较大影响。

第三,转移支付政策。转移支付是解决财政失衡并将财政收入最终转移到社会保障和财政补贴等领域的做法,其作用在于给企业和家庭提供购买力,使其有能力在市场上购买商品和劳务。转移支付依用途不同可分为两类,即社会保障支出和财政补贴支出,其中,前者所占比重较大,它是转移支付政策实现其收入公平分配和反周期波动目标的主要工具;后者所占比重较小,在缓和供需矛盾方面具有一定作用。

第四,税收政策。税收政策是诸多财政政策工具中最为重要的一种财政手段,其有效运用有助于实现经济稳定、资源合理配置和收入公平分配等诸多目标,对此本书在有关章节还将详加研讨和介绍。

第五,国债政策。国债是依国家信用而取得财政收入的一种手段,国债收入是财政收入的组成部分。国债政策是实现财政政策的经济稳定目标的重要工具,其经济杠杆作用主要体现为它的流动性效应和利率效应。其流动性效应是指通过改变国债的流动性程度,来影响整个社会的流动性状况,从而对经济产生扩张或抑制效应。其利率效应是指通过调整国债的利率水平和影响国债的供求情况,来影响金融市场利率的变化,从而对经济产生扩张或抑制效应。

五、财政法与公共物品的提供

(一) 对财政法的一般认识

财政法是调整在国家为了实现公共职能而取得、使用和管理资财的过程中所发生的社会关系的法律规范的总称。财政法作为经济法的重要部门法,在宏观经济调控和保障社会公平方面具有十分重要的作用,它在一国法律体系中的地位也甚为显要。

财政法的调整对象是在国家取得、使用和管理资财过程中发生的社会关系,亦即在财政收入、财政支出和财政管理过程中发生的社会关系,可统称为财政关系。财政关系是一种利益分配关系,它是在以国家为主体的社会产品分配和再分配活动中所形成的社会关系。

(二) 从公共物品的视角看财政法的职能

财政法的职能与前述财政的职能密切相关。由于财政具有分配收入、宏观调控和保障稳定的职能,相应地,财政法就具有了保障上述职能实现的职能,由此可对财政法的职能概括如下:

1. 保障分配的职能

财政活动的两个重要阶段是财政收入和财政支出,如果说财政收入是对社会产品的一次分配,而财政支出则是对财政收入的二次分配或称再分配,上述分配必须依法进行,才能得到财政法的保障,从而使财政法具有了保障财政分配的职能。此外,财政法在保障财政分配的过程中,必须体现公平、正义原则。

2. 保障稳定的职能

财政具有保障稳定的职能,但该职能的实现需要财政法加以保障,从而使财政法也具有了保障稳定的职能。财政的存在是为了满足公共欲望,如果公共欲望长期得不到满足,则会影响经济的稳定增长和社会稳定,甚至酿成政治问题。因此,财政活动必须在财政法的保障之下,以满足公共欲望、提供公共物品为宗旨,对社会产品进行公平分配;通过参与一次分配、主导二次分配、影响三次分配,来保障经济和社会的稳定,是财政法的重要职能。

3. 保障调控的职能

财政法能够保障财政调控职能的实现,此即保障调控的职能或宏观调控的职能。财政法保障调控的职能至为重要,主要体现为以下几方面:

第一,保障财政收支平衡。

所谓财政收支平衡,是指在财政年度内,财政收入和支出在总量上大体相当。否则,若财政结余过多,则表明资金没有得到充分有效的利用,从而会影响经济发展和居民生活质量;若赤字数额大,持续时间过长,则会助长物价上涨,导致通货膨胀,同样不利于经济发展和居民生活质量的提高。正因如此,必须依据财政法实施宏观调控,来保证财政收支的大体平衡,并进而实现经济总量的平衡。

第二,保障总量平衡。

所谓总量平衡,即社会总供给与总需求的平衡。财政法的宏观调控职能不仅体现为它有利于保障财政的收支平衡,还体现为它有利于保障财政、信贷、物资和外汇的综合平衡,亦即社会资金与物资的平衡,从而有利于保障社会总供给与总需求的平衡。在保障总量平衡方面,财政法的宏观调控虽然不是唯一手段,但却是非常重要的手段。

第三,保障结构调整。

经济结构,一般认为包括产业结构、产品结构、技术结构、地区经济结构等,需要通过不断调整实现合理化。经济结构的合理化,尤其是产业结构的合理化,是保障总量平衡极为重要的前提条件。而财政法能通过财政分配手段,引导投资和资金流向,并力求保障财政分配的公平合理,从而有助于调整产业结构和整个经济结构,使之日益合理化。可见,财政法也是调整经济结构的法律保障。

财政法的上述宏观调控职能,使财政法成为宏观调控方面的重要法律部门,并因而成为经济法的重要部门法。由于财政政策在各国均为重要的经济政策,并且,各国均注重运用财政手段对经济进行宏观调控,因此,把财政政策和财政手段加以法律化的财政法也在宏观调控中居于重要地位。财政法不仅具有调控范围的广泛性,而且具有鲜明的导向性。此外,由于国家的各种经济政策,基本上都在财政法中有所体现,因此,在保障经济总量平衡,协调经济运行方面,财政法具有十分重要的作用。

财政法的上述三大类职能是紧密联系、不可分割的,它们相辅相成,互为条件;其有效落实是财政法宗旨得以有效实现的前提。此外,上述三大类职能是财政法作为一个独立部门法所特有的职能,当然,它也具有法律所共有的职能,特别是规范职能和保障职能。

第二节 财政收支的调控制度

财政调控的主要制度,实际上就是财政收支的调控制度。狭义上的财政法体系(不含税法)主要包括预算法、国债法、政府采购法和转移支付法等部门法,这些部门法在宏观调控和提供公共物品方面具有重要作用。相应地,本章着重讨论的财政收支调控制度,具体包括预算调控制度、国债调控制度、政府采购调控制度和转移支付调控制度。

一、预算调控制度

(一) 预算和预算法

预算,或称国家预算,是指国家对会计年度内的收入和支出的预先计算。预算是政府的财政收支计划,由于会计年度通常为一年,因而预算的收入和支出也称为岁入和岁出。

国家预算在形式上体现为依一定标准将财政收支分类列出所形成的特定

表格,但在实质上,它反映的是国家进行预算的编制、议定和执行的一系列活动。由于预算的编制是政府对财政收支的计划安排;预算的执行是财政收入的取得和财政支出的使用过程;决算则是对国家预算执行情况的总结,因此预算反映了政府活动的范围、方向和政策,尤其反映了政府是如何运用预算手段进行宏观调控的。此外,由于预算要经过国家权力机关的审批才能生效,因此它又是一种立法文件,体现了对政府财政活动的监督,同时也是对宏观调控行为的监督。

上述预算活动必须按一定的规则进行,这些规则即构成了预算制度。预算制度通常包括预算体制、预算体系、预算收支、预算编制、预算议定、预算执行等内容,它们由各国的预算法加以规定。

预算法,是调整在国家进行预算资金的筹集、分配、使用和管理过程中所发生的社会关系的法律规范的总称。预算法的调整对象是在国家进行预算资金的筹集、分配、使用和管理过程中发生的社会关系,简称预算关系。预算法极为重要,没有预算法就相当于没有财政法,因此,各国都非常重视预算立法。我国在实行市场经济体制以后,为了强化预算的分配和监督职能,健全国家对预算的管理,加强国家宏观调控,保障经济和社会的健康发展,依据宪法,制定和颁布了《中华人民共和国预算法》(以下简称《预算法》)[①],它对于保障宏观调控目标的实现具有重要作用。

(二) 预算体系与宏观调控

预算体系,或称国家预算体系,是依据国家的政权结构形成的国家预算的协调统一的整体。预算是保证各级政权实现国家职能、在各自的职权范围内提供公共物品的物质基础;依据政权结构所形成的预算体系,则是划分各级预算管理权限和收支范围的前提条件,同时,它也为进行预算管理、实施宏观调控提供了重要保障。

依据财政法原理中的"一级政权,一级财政"原则,我国《预算法》规定,国家实行一级政府一级预算。上述各级各类政府预算包含本级各部门预算,各部门预算则包含所属各单位预算;而各单位预算则是指列入部门预算的国家机关、社会团体和其他单位的收支预算。

中央预算和地方预算的状况如何,直接影响着中央与地方的关系,也影响着宏观调控的力度和广度。国家所实施的相关宏观调控,正是通过一定的预算

---

① 该法于1994年3月22日由第八届全国人民代表大会第二次会议通过,自1995年1月1日起施行。该法由全国人大常委会于2014年8月31日、2018年12月29日作出了两次修正。

体系来实现的。预算体系是运用预算法进行宏观调控的前提和基础,没有预算体系的实际存在,预算法就失去了其调整预算关系、保障宏观调控的现实基础。

总之,我国的国家制度和政权结构决定了我国预算体系的组成;而我国预算体系的确立又决定了各预算主体的预算地位、职责划分、权利义务及预算活动程序,从而为预算宏观调控提供了重要的制度基础和保障。

(三) 预算管理体制与宏观调控

国家的预算管理是与预算体系相适应的,在一定的预算体系下会形成相应的预算管理体制。所谓预算管理体制,通常是指国家机关之间、中央和地方之间在预算管理方面的职权划分。

预算管理体制是财政管理体制的重要组成部分,其核心是对预算权进行分配。所谓预算权,简单地说,就是国家在预算方面的职权,包括预算的编制权、审批权、执行权、调整权等。通过上述预算权的行使,国家能够根据需要进行宏观调控,从而形成预算调控制度。依据财政法定原则,对各类主体的财政权都要依法作出规定,并应依法进行分配。上述预算权作为财政权的一种重要形式,也需要依法进行分配。

预算权的分配,包括横向分配和纵向分配两个方面。预算权的横向分配,是指预算权在相同级次的国家机关之间的分割和配置。如全国人大与国务院之间的预算权分配,就属于横向分配。预算权的纵向分配,是指预算权在不同级次的国家机关之间的分割和配置。如预算权在中央国家机关和地方国家机关的分配,就属于纵向分配。对于上述预算权的横向分配和纵向分配,我国的《预算法》都有规定,并主要体现为在权力机关与行政机关之间,以及不同级次的权力机关与行政机关之间的预算权分配。

通常,全国人大和地方各级人大及其常委会的预算权主要是预算审批权,包括对政府预算报告的审查权,对政府不同阶段、不同形式的预算的批准权;同时,人大系统还享有对预算违法或失当决策的撤销权。而国务院及地方各级政府所享有的预算权,则主要是预算的编报执行权,包括预、决算草案的编制权、报告权,以及预算的具体执行权等。上述各类预算权的分配,形成了我国基本的预算管理体制,正是通过这些预算权的行使,相关主体才能实现其宏观调控的目标。

(四) 预算收支的范围

1. 从预算类型看预算收支范围

按照《预算法》规定,预算包括一般公共预算、政府性基金预算、国有资本经营预算、社会保险基金预算。上述四类预算应当保持完整、独立,后三类预算应当与一般公共预算相衔接。

一般公共预算是对以税收为主体的财政收入,安排用于保障和改善民生、推动经济社会发展、维护国家安全、维持国家机构正常运转等方面的收支预算;政府性基金预算是对依照法律、行政法规的规定在一定期限内向特定对象征收、收取或者以其他方式筹集的资金,专项用于特定公共事业发展的收支预算;国有资本经营预算是对国有资本收益作出支出安排的收支预算;社会保险基金预算是对社会保险缴款、一般公共预算安排和其他方式筹集的资金,专项用于社会保险的收支预算。

一般公共预算收入包括各项税收收入、行政事业性收费收入、国有资源(资产)有偿使用收入、转移性收入和其他收入。此外,一般公共预算支出按照其功能分类,包括一般公共服务支出,外交、公共安全、国防支出,农业、环境保护支出,教育、科技、文化、卫生、体育支出,社会保障及就业支出和其他支出;一般公共预算支出按照其经济性质分类,包括工资福利支出、商品和服务支出、资本性支出和其他支出。

2. 从分税制看预算收支范围

我国从1994财政年度起实行中央和地方分税制,这有利于稳定中央与地方各级预算收入来源,明确各级预算管理的职责权限;有利于充分调动各级政府预算管理的积极性,克服以往权责不清的预算管理体制带来的弊端;有利于增强中央财政的宏观调控能力,克服条块分割、地区封锁、重复建设和盲目建设的现象,促进全国统一市场的形成。

依据分税制的预算管理体制的要求,预算收入分为中央预算收入、地方预算收入、中央和地方预算共享收入。所谓中央预算收入,是指按照分税制财政管理体制,纳入中央预算、地方不参与分享的收入。所谓地方预算收入,是指按照分税制财政管理体制,纳入地方预算、中央不参与分享的收入。所谓中央和地方预算共享收入,是指按照分税制财政管理体制,中央预算和地方预算对同一税种的收入,按照一定划分标准或者比例分享的收入。

上述预算收支范围,与宏观调控直接相关。通过在上述预算收入范围内安排相关收入,有助于进一步提高国家的财力。财力或汲取财政收入的能力,是国家有效实施宏观调控的重要基础。因此,规范预算收入,增强国家的财政实力,特别是增强中央的可支配财力,对于在一个大国全面进行宏观调控是非常重要的。此外,在预算支出方面,预算的支出范围直接影响国家的宏观调控范围,特别是调控的深度和广度;预算支出的投向,直接影响着市场主体的行为,本身就是一种重要的调控。因此,预算收支范围的确定,不仅影响着相关主体的实体权益,也影响着国家的宏观调控。

(五) 预算管理程序

预算管理程序是指国家在管理预算活动中的工作环节及由此构成的整个活动过程,包括预算的编制,预算的审查和批准,预算的执行和调整等,各个环节依次连续,同时,又各有其在一定期限内必须完成的任务。在进行预算调控时,也必须遵循上述预算管理程序。

1. 预算的编制

预算的编制,是指制定取得和分配使用预算资金的年度计划的活动。它是预算管理程序中的第一个环节和步骤,是一种基础的程序。预算的编制实质上是编制预算草案的过程。所谓预算草案,是指待经法定程序审查批准的财政收支计划。预算草案在未经权力机关批准之前,仍仅是一种草案,还不是具有法律效力的国家预算。

编制预算草案,就是制定基本的财政收支计划,这一计划反映着国家政策,体现着政府活动的范围和方向,以及宏观调控的目标和安排。预算草案一经审查批准,便成为人们进行预算活动、实施预算调控的重要依据。因此,预算的编制应具有科学性和严肃性,即预算的编制必须在大量的调查研究的基础上进行科学的预测和可行性分析,以力求反映客观规律的要求,同时,要严格依照法律规定的程序进行编制。

我国预算分为四类,按照复式预算编制。实行复式预算,有助于在预算收支项目之间建立较稳定的对应关系,并据此分析各种资金的使用效益,加强预算管理和监督,提高资金的使用效益;有利于清楚地反映预算的平衡情况,找到赤字的成因,从而能更好地为宏观调控提供准确的依据。

2. 预算的审查和批准

预算的审批,是指国家各级权力机关对同级政府所提出的预算草案进行审查和批准的活动。预算的审批是使预算草案转变为正式预算的关键阶段,只有经过审批的预算才是具有法律效力的、相关预算主体必须遵守的正式预算。为此,我国《预算法》专门规定,预算经本级人民代表大会批准后,按照批准的预算执行。中央预算由全国人民代表大会审查和批准;地方各级政府预算由本级人民代表大会审查和批准。各级政府预算草案经本级人民代表大会审查批准,即为具有法律效力的正式预算。

预算的审查和批准,是国家权力机关行使预算方面的宏观调控权的重要阶段,也是监督政府宏观调控行为的重要阶段。政府宏观调控的方向、力度及可能的影响,在预算草案的财政收支安排中会有诸多体现。因此,国家权力机关的审批对宏观调控目标的实现具有重要作用。

3. 预算的执行与调整

预算的执行,是指各级财政部门和其他预算主体组织预算收入和划拨预算支出的活动。它是整个预算管理程序中的重要环节,是将经过批准的预算付诸实施的重要阶段。

国家预算批准后,各预算主体都必须严格执行,保证国家预算的实现,保障宏观调控目标的实现。我国《预算法》明确规定,各级预算由本级政府组织执行,具体工作由本级政府财政部门负责。为了保障国家的财政收入,确保宏观调控目标的实现,预算收入征收部门和单位,必须依照法律、行政法规的规定,及时、足额征收应征的预算收入。不得违反法律、行政法规规定,多征、提前征收或者减征、免征、缓征应征的预算收入,不得截留、占用或者挪用预算收入;同时,在预算支出的组织执行方面,必须依照法律、行政法规和国务院财政部门的规定,及时、足额地拨付预算支出资金,加强对预算支出的管理和监督。

在预算执行的过程中,国库是非常重要的。所谓国库,是办理预算收入的收纳、划分、留解和库款支拨的专门机构,它分为中央国库和地方国库。国库是预算执行的中介环节,无论是预算收入还是预算支出,均须通过国库进行,因此国库在预算执行中非常重要,它是国家进行预算收支活动的出纳机关。

为了加强财政监督,提高资金使用效益,更好地发挥财政在宏观调控中的作用,我国实行国库集中收缴和集中支付制度,对政府全部收入和支出实行国库集中收付管理。各级国库应当按照国家有关规定,及时准确地办理预算收入的收纳、划分、留解、退付和预算支出的拨付。同时,各级政府应当按照国务院的规定完善国库现金管理,合理调节国库资金余额。此外,在预算执行过程中,还可能涉及预算调整问题。所谓预算调整,是因特殊情况而在预算执行中对原来收支平衡的预算作部分调整和变更。由于国家预算的编制、审批是在特定期限内完成的,而预算执行则是在预算年度内连续进行的,并且客观情况是经常发生变化的,在发生重大事件、进行方针政策调整或者经济情况发生重大变化,从而对预算执行产生较大影响时,就需要依据情势变更原则,进行预算调整。

依据我国《预算法》规定,经批准的各级预算,在执行中需要增加或者减少预算总支出,或者需要调入预算稳定调节基金,或者需要调减预算安排的重点支出数额,以及需要增加举借债务数额的,只要有上述情况之一,就应当进行预算调整。

(六) 决算制度

决算,在形式上是对年度预算收支执行结果的会计报告,在实质上则是对年度预算执行结果的总结。决算环节内容复杂,工作量大,属于一种具有监督性质的基础程序。

决算是国家经济活动在财政上的综合反映,从中亦可考察国家宏观调控政策和法律的实际执行情况,通过进行决算的编制和审批工作,有利于发现问题,纠偏匡谬、减少损失;也有利于总结经验,扬长避短,为今后的工作提供指导、参考;还有利于加强财政监督,完善财政法制。

决算制度主要包括决算草案的编制和审批两方面的内容。决算草案的编制主体是各级政府、各部门和各单位,各编制主体在每一预算年度终了后按照国务院规定的时间编制,且必须遵循合法原则、准确完整原则和报送及时原则。

决算草案的审批是对国家预算执行情况和宏观调控目标实现情况作出评价的重要环节,审批主体是各级权力机关。决算草案只有经过权力机关依法定程序予以审查和批准,政府在预算年度内的预算执行责任才能得以免除,一个预算年度的预算管理程序才告结束。

决算是对预算执行的总结,它已不是预算的编审和执行,只是因其与预算年度的预算执行相联系,并具有事后总结监督的性质,因而有时才把它作为一个完整的预算活动系统中的组成部分,而在事实上它是相对独立的。

二、国债调控制度

(一) 国债与宏观调控

国债,是指国家为实现其提供公共物品的职能而负有的债务,故又称国家公债或公债。它是国家信用最主要、最典型的形式,是国家筹集财政收入的重要手段。

国债作为一种国家债务,其举借需遵守一般的诚信原则,因而具有偿还性;同时,它一般还具有认购的自愿性。这些特点使其不同于税收和罚没收入等财政收入形式。

国债作为国家的债务,其举借目的是满足公共欲望和实现国家职能,因而它不同于民间的一般私人债务。国债举借目的的特殊性使其不仅成为国家筹集财政收入、弥补财政赤字的重要手段,而且成为国家用以进行宏观调控的重要手段。

国债的产生和发展晚于税收,其存续既以社会经济及信用制度的发展为前提,又与国家职能的扩展密切相关。随着国家职能日渐扩大,经费支出日益增加,仅靠税收已不足以保障国家职能的实现,因此,国家不得不以举债的方式来解决财政困难。但举债需要社会上有足够的闲置资金,并且要有商品经济和信用的充分发展,而这些条件则是晚近才具备的,由此使国家信用比其他信用形式出现得更晚,国债也比税收等财政收入形式出现得更晚。

一般认为,国债具有两项基本职能,即弥补财政赤字和进行宏观调控。

从弥补财政赤字的职能看,发行国债以弥补财政赤字,是发行国债的最初动因。其实质是把不属于国家支配的资金在一定时期内让渡给国家使用,它是社会资金的单方面转移。发行国债不会改变流通中的货币总量,因而一般不会导致通货膨胀;同时,它吸纳的是社会上的闲置资金,故对经济不会产生较大的不利影响。尽管如此,通过发行国债来弥补财政赤字亦会产生副作用,如果财政赤字过大,则过多发行国债会因还本付息的压力巨大而进一步导致财政状况的恶化。另外,社会上的闲置资金毕竟有限,若大量被发行国债所吸取,则有时会使市场主体筹资困难,从而降低社会的投资和消费水平。

从宏观调控的职能看,国债在客观上具有经济调节的功能,运用国债可进行宏观调控。一般认为,国债的发行体现了社会资源的重新配置,一方面,它能够使政府可支配的财力增加,使国债权利人的即时可支配财力减少;另一方面,国债收入投放方向的不同,对社会经济结构的影响也不同,它能够调节积累与消费的比例关系,从而有助于保障总供给与总需求的平衡。而除了上述两方面以外,在国债的使用、偿还和管理过程中,国家均可运用国债手段进行宏观调控,从而充分体现国债的宏观调控职能。

基于上述国债的宏观调控职能,国家可制定国债法,运用法律化的国债手段对经济运行进行宏观调控,从而调控投资方向,优化经济结构,促进总需求与总供给的平衡,以实现稳定物价、充分就业、经济增长、国际收支平衡等宏观经济目标。如果说用以弥补财政赤字是发行国债的早期动因,那么,运用国债进行宏观调控则是现代国家发行国债的又一个重要动因,它必然要体现为国债法的重要内容。

(二) 国债法与宏观调控

国债法是调整在国债的发行、使用、偿还和管理过程中发生的社会关系的法律规范的总称。

保障国债的宏观调控职能的实现,是国债法的基本职能。国债的发行、使用、偿还、管理既是国债活动的具体环节,又是国家进行宏观调控的重要手段。将国债手段法律化,有助于更好地运用国债手段进行宏观调控,实现国债法的重要职能。此外,国债法职能的有效实现,须以国债活动的有效进行为前提,为此,国债法必然要对国债的发行、使用、偿还和管理等各个环节作出相应规定,并在这些规定中体现其职能。而整个国债活动依法有序进行的过程,就是国债法有效实施的过程,也是国债法各项职能有效实现的过程。

(三) 国债调控制度的主要内容

由于国债法的调整对象是在国债的发行、使用、偿还和管理的过程中所发生的社会关系,国债调控制度相应包括四类基本制度,即国债发行制度、国债使用制度、国债偿还制度和国债管理制度。

在上述四类国债法律制度中,一般应包括以下主要内容:(1) 国债的分类与结构;(2) 国债的发行主体、发行对象与发行方式;(3) 国债发行的种类、规模或数额、利率;(4) 国债的用途、使用原则;(5) 国债市场的调控;(6) 国债还本付息的期限、偿还方式、方法;(7) 国债管理机构及其职权、职责;(8) 违反国债法的法律责任;(9) 争议的解决途径与救济手段。

为了有效实现宏观调控的职能,在国债立法中规定国债的合理分类和结构是非常重要的。一般说来,国家可根据不同时期的调控需要,发行不同种类的国债,主要有以下类型:(1) 短期国债、中期国债和长期国债;(2) 国内公债和国外公债;(3) 上市国债和非上市国债;(4) 赤字国债、建设国债、特种国债;等等。上述国债分类,体现了国债的不同形式,它们均与国债的宏观调控职能相关。宏观调控要求有多样化的、适当的国债形式,这需要国债法加以规定,并且,有关国债类型的规定正是国债法的重要内容,它关系到各类国债法主体的权利义务及法律责任。

上述的国债分类直接影响国债的结构。所谓国债的结构,是指国家各类国债的相互搭配以及各类国债收入来源的有机组合。它包括各类国债在国债体系中的地位、相互关系等问题,其中最为重要的是关于长、中、短期国债的搭配以及国债持有者结构的选择问题,因为它们直接关系到通过国债手段进行宏观调控的问题。对于国债结构,国债法也必须作出相应的规定,因为它是能够体现国债法进行宏观调控的宗旨和任务的重要内容。

一般认为,在国债结构方面主要存在以下问题:

第一,既然国家举债,使国家同债权人之间形成了契约关系,则两者在利益上必然存在着相反的意向。一方面,国家在国债发行上可能更倾向于长期化的国债期限结构,因为发行长期国债,或者长期国债比重较大,可使政府在较长时间内掌握大量资金,以便在较长时期内不断调整经济结构,调控经济的运行;而发行中短期国债则主要起弥补赤字的作用,它在资金投向上容易受到期限的限制,不便于国家进行宏观调控。另一方面,对于国债的债权人而言,则更愿意认购中短期国债,因为中短期国债的流动性和变现能力强,投资风险小,交易灵活;而长期国债则因其不具有上述优点,因而是债权人所不愿接受的。可见,在国债结构的选择方面,必须协调各方愿望的冲突,兼顾需要与可能,根据实际情况,确定各类期限不同的国债的比重及其发行规模。

第二,由于发行长期国债还要受到经济形势变化的影响,从而只有在经济形势较好的情况下,才可能发行长期国债,因此,世界各国的国债结构普遍趋向于中短期化。这种国债结构的选择考虑了上述投资者的愿望,有利于提高投资者的认购热情,增强国债筹资能力,也有利于减缓通货膨胀的冲击,因而是较为可取的,它更适应现代市场经济发展的要求,体现各国在国债结构方面的共识,应当在国债法中加以规定。

除了上述国债的分类与结构问题之外,国债的发行、偿还与管理也非常重要。所谓国债的发行,是指国债契约的订立过程,通常是指国债的售出或国债被企业和个人认购的过程,它是国债运行的起点和运用国债进行宏观调控的前提,也是国债法中极为重要的内容。所谓国债的偿还,是指国家依法定和约定,对到期国债支付本金和利息的过程。它是国债运行的终点。在国债的偿还方面,主要涉及两个问题,一个是国债偿还的方法,一个是国债偿还的资金来源。所谓国债的管理,是指一国政府通过国债的发行、使用、偿还等活动,对国债的总额增减、结构变化、利率升降等方面进行调控,以达到筹措财政资金与稳定经济的目的。

从国债调控的角度看,对国债的规模、结构、利率的管理非常重要,直接关系到国债法的功能和目标的实现,现分述之:

首先,国债的规模管理主要体现为对国债总额的调控。所谓国债总额,是指当年新债额与历年积累额的总和。通常,衡量国债规模的相对指标主要是国债的依存度(国债发行额与国家财政支出之比)、国债的负担率(国债余额与GDP之比)、国债的偿债率(国债的还本付息额与国家财政收入之比)等,政府通过其财政部或中央银行在市场上买卖国债,就能够实现对国债规模的调控。

其次,国债的结构调控也很重要。国债的结构调控具体包括国债的类型结构、所有权结构和期限结构的调控这三个方面,国家可在经济周期的不同阶段采取不同的措施,以求通过改变国债的结构来达到稳定经济的目的。

最后，国债的利率管理主要涉及对国债利息率的调控。本来利率管理也属于广义的国债结构管理的内容，只是因其较为重要，才予以单列。国债的利率，同样是调控经济运行的一个重要杠杆。一般认为，国债的利率不应定得太高。

三、政府采购调控制度

（一）政府采购的制度价值

所谓政府采购，也称公共采购，是指政府为了实现公共目的，按照法定的方式和程序，以购买者身份购进货物、工程和服务的行为。

政府采购是政府财政支出的重要形式，各国纷纷建立政府采购制度，是因为在市场经济条件下，政府是最大的消费者，其采购支出的数额十分巨大，会给多个领域带来重要影响，并由此使政府采购制度具有了多方面的价值：（1）它有助于强化对财政支出的管理，提高财政资金流向的透明度和财政资金的使用效率。（2）它是国家进行宏观调控的重要工具，表现为通过与相关经济政策和社会政策配合，能够调节国民经济运行，影响经济结构调整和经济总量平衡；有助于保护民族经济，提高国际竞争力；有助于通过存货吞吐来弥补市场缺陷，维护企业和消费者的合法权益；有助于促进充分就业和环境保护。（3）它有助于加强财政监督，促进反腐倡廉。

上述制度价值表明，政府采购是国家可用来进行宏观调控的重要手段，对于政府采购行为，同样要进行法律规制，因而需要有政府采购法。

（二）政府采购法与宏观调控

政府采购法，是调整在政府采购过程中所发生的社会关系的法律规范的总称。根据我国《政府采购法》的规定，所谓政府采购，是指各级国家机关、事业单位和团体组织，使用财政性资金采购依法制定的集中采购目录以内的或者采购限额标准以上的货物、工程和服务的行为。

值得注意的是，在形式意义的《政府采购法》[①]中，会涉及民法、行政法等多种部门法规范，而并非大量规定宏观调控法规范。政府采购法的出发点和归宿，是为了有效解决财政支出行为的规范问题，以及相应的支出效率问题；同时，由于政府采购所涉资金数额巨大，对相关企业、行业、领域等会产生重要的

---

① 《中华人民共和国政府采购法》（以下简称《政府采购法》）由全国人大常委会于2002年6月29日通过，自2003年1月1日起施行。该法由全国人大常委会于2014年8月31日修正。此外，财政部等还颁布了一系列配套规章。上述各个层次的立法，共同构成了我国的政府采购法律制度。

影响,从而使政府采购也涉及宏观调控,涉及国家利益和社会公共利益的保护等,因此,政府采购法不仅与政府行为、采购行为有密切关联,同样与宏观调控有着密切的关联。

(三) 政府采购法的基本原则

政府采购法的基本原则,在法理上同财政法的基本原则是一致的,同样也要强调法定原则、适度原则和绩效原则。首先,政府采购不同于私人采购,其政府性、公共性、公益性的特点,要求强调"法定"原则,以确保宏观调控基本目标的实现;其次,政府采购范围的确定、政府采购规模的大小、政府采购市场的开放度等,都要符合"适度"原则,这与宏观调控的具体安排有关;最后,政府采购制度存在的直接动因,就是提高财政资金的使用效率和效益,推进和规制相关产业的发展,这同宏观调控目标所要求的绩效也是一致的。因此,在确立政府采购法的基本原则时,不能仅限于《政府采购法》中所规定的保障公益原则、公平交易原则等具体原则,还应关注各类具体原则同宏观调控的内在关联。

(四) 政府采购法的主体

政府采购法的主体可分为两类,一类是从事政府采购活动的主体,一类是监管政府采购活动的主体。

所谓从事政府采购活动的主体,又称政府采购当事人,是在政府采购活动中享有权利和承担义务的各类主体,包括采购人、供应商和采购代理机构等。

此外,政府采购活动必须有专门的监管,这是其与私人采购的重要不同。由于政府采购直接涉及财政资金的使用,同时,采购活动主体的微观行为是否规范,会影响社会公益以及调控目标的实现,因此,我国《政府采购法》规定,各级人民政府财政部门是负责政府采购监督管理的部门,依法履行对政府采购活动的监督管理职责。各级人民政府其他有关部门依法履行与政府采购活动有关的监督管理职责。

(五) 政府采购法中的具体调控制度

我国《政府采购法》的一些具体规定与财政领域的宏观调控密切相关,例如:

(1) 在规范预算行为方面,负有编制部门预算职责的部门在编制下一财政年度部门预算时,应当将财政年度政府采购的项目及资金预算列出,报本级财政部门汇总。部门预算的审批,按预算管理权限和程序进行。政府采购应当严格按照批准的预算执行,这对于实现宏观调控的目标是很重要的。

(2) 在采购目录确定方面,政府采购实行集中采购和分散采购相结合。其中,属于中央预算的政府采购项目,其集中采购目录由国务院确定并公布;属于地方预算的政府采购项目,其集中采购目录由省级人民政府或者其授权的机构确定并公布。纳入集中采购目录的政府采购项目,应当实行集中采购。这些规定对于引导产业结构的调整和优化等,都很重要。

(3) 政府采购的主要采购方式为公开招标。采购人采用公开招标方式的,其具体数额标准,属于中央预算的政府采购项目,由国务院规定;属于地方预算的政府采购项目,由省、自治区、直辖市人民政府规定。

四、转移支付调控制度

(一) 转移支付与宏观调控

转移支付,又称补助支出、无偿支出,从广义上说,是中央政府或地方政府将部分财政收入无偿让渡给其他各种级次的政府、企业和居民时所发生的财政支出,它是进行宏观调控的一种重要手段。

转移支付不仅具有无偿性,在分税制的条件下,它也是强化财政职能和用以进行宏观调控的重要手段,具有明显的规制性特征,它能够配合其他财政政策、货币政策等经济政策,运用激励机制,实现鼓励或者限制主体行为或地域发展的目标。

广义上的转移支付,可分为政府间的转移支付,以及政府对国民的转移支付。其中,政府间的转移支付包括上级政府对下级政府的转移支付、下级政府对上级政府的转移支付以及同级政府之间的转移支付,因而转移支付又可分为纵向转移支付和横向转移支付。但人们通常最为关注的,是上级政府对下级政府的纵向转移支付,特别是中央政府对地方政府的转移支付,并且,往往把上级政府对下级政府的转移支付作为狭义的转移支付看待。我国《预算法》规定,国家实行财政转移支付制度,财政转移支付包括中央对地方的转移支付和地方上级政府对下级政府的转移支付。

为了规范转移支付行为,需要有转移支付法。转移支付法是调整在财政转移支付过程中发生的社会关系的法律规范的总称,它是财政法的重要部门法。转移支付法与国家的财政体制、经济社会政策等联系至为密切,它是国家进行宏观调控的重要工具,也是联结财政法与社会保障法、经济法与社会法的纽带。

通常,由于体制等诸多原因,一国内部各个地区的发展是不均衡的,由此必然导致同级政府或上下级政府财政收支的不平衡,即所谓"财政失衡"的问题,从而使相关政府提供公共物品的质与量受到影响。一般认为,同级地方政府过度的财政失衡是有害的,它不仅是严重的经济问题,而且会引发严重的社会问题乃至政治问题,阻碍经济与社会的良性运行和协调发展,影响国家与社会的安全与安定,因此,必须通过财政转移支付制度来解决财政失衡问题,从而缩小地区间财力差距,实现基本公共服务的均等化。我国《预算法》规定,财政转移支付应当规范、公平、公开,以推进地区间基本公共服务均等化为主要目标。

转移支付实质是将财政收入在相关政府及相关主体之间进行再分配。通过各种形式的转移支付,可进一步优化经济结构、增强民族地区和落后地区的发展后劲,这本身就是在进行宏观调控;同时,通过推进区域协调发展,优化产业结构和资源配置,经济发达地区也可从中获益,这对于构建现代化经济体系尤为重要。

(二) 转支调控制度的基本内容

我国尚未制定专门的《转移支付法》,有关转移支付的规范在《预算法》及其配套制度中有一定的体现。一般说来,转移支付法应主要包括以下基本内容:(1) 立法宗旨;(2) 法律的适用范围;(3) 法律的基本原则;(4) 转移支付的主体及其权利义务;(5) 转移支付的形式、方式和条件;(6) 转移支付数额的确定;(7) 转移支付的监督管理;(8) 违反法律规定应承担的法律责任。其中,转移支付的形式、数额确定等,与宏观调控关联最为密切,现着重予以介绍。

1. 转移支付的形式

中央政府对地方政府的转移支付的具体形式,直接关系到宏观调控的影响面和作用点,通常可归纳为以下两类:

(1) 一般性转移支付。

一般性转移支付,即按照现行的财政体制所实施的通常的、无条件拨款。由于各地区经济、社会发展水平和财力差异较大,各地政府提供公共物品的能力是不尽相同的。为了保证各地各级政府的正常运转和基本公共服务的提供,中央政府必须发挥财政的分配职能,对各地区的可支配财力予以适当调节,调剂余缺,从而形成一般性转移支付,这是政府间转移支付的最基本和最主要形式。

(2) 专项转移支付。

专项转移支付,是为了实现某一特定的政治经济目标或专项任务,而由中央财政向地方财政进行的专项拨款,或支付相应的配套财政资金。由于我国地域辽阔,人口众多,财政职能范围很宽,地方担负的任务繁杂,因而专项转移支付亦经常发生。尤其在遭遇自然灾害等非常情况,以及国家的重大政策调整影响地方财政利益,或者地方担负本应由中央承担的事务的情况下,由中央政府向地方政府进行专项拨款,确实非常必要。

对于上述两类转移支付,也有人从拨款的角度,将其分别称为均衡拨款和专项拨款。从国际经验看,均衡拨款由接受拨款的政府自主使用,上级政府不对其规定具体用途,所以是无条件的转移支付,其目的是实现基本公共服务均等化。而专项拨款则是附条件的、有特定使用范围的,因此又称附条件转移支付。专项拨款可具体分为委托事务拨款、共同事务拨款和鼓励或扶持性拨款。从拨款的目的、条件、用途方面,可进一步理解两类转移支付的差别。

依据我国《预算法》规定,为均衡地区间基本财力、由下级政府统筹安排使用的一般性转移支付,是财政转移支付的主体。同时,按照法律、行政法规和国务院的规定可以设立专项转移支付,用于办理特定事项。国家要建立健全专项转移支付定期评估和退出机制,凡市场竞争机制能够有效调节的事项不得设立专项转移支付。此外,上级政府在安排专项转移支付时,不得要求下级政府承担配套资金。但是,按照国务院的规定应当由上下级政府共同承担的事项除外。

2. 转移支付数额的确定

转移支付数额的确定,直接关系到宏观调控的力度。从上述转移支付形式的确定性看,最大量的是一般性转移支付。我国转移支付制度改进的重要目标是:建立以均衡性转移支付为主体、以老少边穷地区转移支付为补充的一般性转移支付体系。因此,均衡性转移支付的地位日益重要,对其数额的确定可以有量化的客观标准。

一般认为,对于一般性转移支付的数额采用相关因素法来计算是较为科学合理的。全面考虑各种相关因素,最大限度地体现科学、公平、合理的原则,应当是转移支付法在立法技术上特别予以注意的问题。目前,在转移支付实践中,均衡性转移支付资金数额,主要是选取影响财政收支的客观因素,按照各地标准财政收入和标准财政支出差额及转移支付系数计算确定。其中,标准财政收入根据工业增加值等客观因素及全国平均有效税率计算确定,用以反映地方收入能力;标准财政支出考虑人口规模、人口密度、海拔、温度、少数民族等成本差异计算确定,旨在衡量地方支出需求。

本章小结

本章主要从提供公共物品的角度,讨论了财政调控的一般原理,以及财政法体系中的预算、国债、政府采购和转移支付等方面的重要调控制度。

财政调控原理对于理解财政调控制度非常重要。从公共物品的视角来认识财政的概念和特征,有助于理解财政范畴的特殊性。财政是国家为了提供公共物品而取得、使用和管理资财的政务的总称,财政具有分配收入、配置资源(宏观调控)和保障稳定的职能,从人们对公共物品的需要看,财政的存在具有突出的必要性。财政政策、财政立法与公共物品理论存在着内在的关联,这些方面也影响着人们对财政法的基本原理的认识。

在各类财政调控制度中,预算法律制度居于核心地位。在预算法律制度中,预算管理体制、预算收支范围、预算管理程序是较为重要的内容,直接影响公共物品的提供。

国债调控制度、政府采购调控制度和转移支付调控制度,都是重要的财政调控制度。其中,国债调控制度和转移支付调控制度尚无法律层次的立法。在国债调控制度中,国债的分类与结构,国债的发行、偿还与管理,是较为重要的内容。在政府采购调控制度中,政府采购的基本原则,以及该制度所包含的财政法规范是更为重要的。由于转移支付的专门立法尚未出台,因而应当着重了解转移支付法通常会涉及的基本内容。

第十三章

公平分配与税收调控

本章导读

公平分配与经济法的各类制度都直接相关,其中,税收调控制度既涉及国家与国民之间的分配,也涉及国民相互之间的分配,因而对于公平分配影响重大。为此,本章主要以税收调控的原理和制度为例,来说明其在公平分配、解决市场失灵方面的重要作用。

第十三章 公平分配与税收调控

第一节 税收调控的基本原理

税收调控的基本原理,是理解整个税收调控制度的理论基础。了解和掌握税收调控的基本原理,有助于更好地理解税收和税法在促进公平分配和完善宏观调控方面的重要作用。

一、从公平分配看税收的概念和职能

(一)税收与公平分配

税收或称租税、赋税、捐税、税金等,简称税,是国家为实现其公共职能而凭借其政治权力,依法强制、无偿地取得财政收入的一种活动或手段。在现代市场经济国家,税收已经成为国家参与国民收入分配和进行宏观调控的重要手段,直接影响分配的公平性。

税收学界一般认为,税收的特征可概括为"三性",即强制性、固定性和无偿性,但对其理解不应绝对化。基于前述的税收概念,比较税收与其他财政收入形式的差异,可将税收的特征概括为以下几个方面:

(1)国家主体性。国家是税收的主体,征税权属于国家并由中央政府和地方政府来具体行使。国家或政府在税收活动中居于主导地位,在保障公平分配方面担负着重要的责任。这一特征是其他特征的基础。

(2)公共目的性。税收作为提供公共物品的最主要的资金来源,着重以满足公共欲望、实现国家的公共职能为直接目的。为此,税收必须根据纳税主体的负担能力依法普遍课征,并不具有惩罚性,国家必须公平分配税收负担。

(3)政权依托性。税收须以政权为依托,它所依据的是政治权力而不是财产权利或称所有者权利。税收作为把私人部门的部分收入转为国有的一种手段,只能以政权为依托才能有效实施,这与各类非强制性收入具有明显的不同。

(4)单方强制性。税收并不取决于纳税主体的主观意愿或征纳双方的意思表示,而只取决于征税主体的认识和意愿。由于税收的单方强制性可能会使纳税人利益受损,影响公平分配,因而征税必须依法进行,实行税收法定原则。

(5) 无偿征收性。国家征税既不需要事先向具体纳税人支付对价,也不需要事后对其直接偿还,两者之间不存在等价有偿的交换关系,同时,纳税人缴纳税款的多少与其可能消费的公共物品数量亦无直接关联。由此使税收收入有别于规费收入。

(6) 标准确定性。税收的征收标准是相对明确、稳定的,并体现在税法有关课税要素的规定之中。这与税收法定原则的普遍确立、强调对纳税人权利的保护以及保障公平分配等密切相关。

(二) 税收的职能与公平分配

与总体上的财政职能相一致,税收的职能具体体现为三个方面,即分配收入、宏观调控和保障稳定。上述三个方面的职能都与公平分配直接相关。

1. 分配收入的职能

税收是国家参与国民收入分配的重要手段,它与各类主体的利益攸关,直接影响公共经济部门与私人经济主体之间的收入分配。税收分配收入的职能包括两个方面,即获取财政收入和收入的再分配。税收是财政收入的主要形式,是国家获取财政收入的主要手段。获取财政收入是税收最原初、最基本的职能,但税收不仅是参与国民收入初次分配的手段,它同样可用于社会收入的再分配。由于存在市场失灵、分配不公等问题,国家适度介入经济生活,对社会收入进行再分配甚为必要。税收的分配收入职能,使税收调控成为促进公平分配的重要手段。

2. 宏观调控的职能

税收作为调节经济运行的重要经济杠杆,在宏观调控和促进公平分配方面具有十分重要的作用,已成为影响当代经济生活的经常性因素。国家通过征税,参与社会收入的再分配,可对各类主体的实际收入及其运用发生重大影响,从而会影响投资与储蓄,影响资产结构和产业结构的调整,影响各类资源的配置。

国家运用税收手段进行宏观调控的过程,也是资源配置的过程。税收本身具有"内在稳定器"的功能,可降低国民收入增减对经济波动反应的灵敏程度。

与此相联系,国家还可通过增税和减税措施来防止经济过热或过冷,从而有助于熨平经济周期,平衡经济波动。此外,国家还可通过税种的设置、征税范围和税率的调节、税收优惠政策的调整等进行宏观调控。

3. 保障稳定的职能

税收具有分配收入和宏观调控的职能,能够在一定程度上解决公共物品提供、市场失灵及社会分配不公等问题,因而它不仅有助于提高经济运行的效率,也有助于促进经济公平和社会公平,进而有助于保障经济和社会的稳定。

在保障经济稳定方面,由于税收具有"内在稳定器"的功能,加之各种税收手段可综合运用,因而能够有效发挥"反周期"的调控作用,有助于保障经济的稳定。此外,所得税、社会保障税等的税种的开征,使税收成为调节各类主体收入再分配的重要工具,从而有助于促进社会公平分配,保障社会稳定。在税收的上述三类职能中,分配收入的职能是最为基本的,宏观调控的职能次之,保障稳定的职能是以前两项职能为基础的。三项职能其实都与公平分配密切相关。从总体上说,随着现代市场经济的发展,税收的宏观调控职能日益重要,由此更有助于运用税法制度解决公平分配问题。

二、税收体系与公平分配

一国现行的税收体系(也称税制)通常是由多个税种构成的。从理论上说,税收体系是由各个税种构成的内在和谐、统一的整体,只有其内在结构和税种分工科学合理,才能有效发挥在公平分配和宏观调控方面的重要作用。

(一) 税收的分类与公平分配

不同类型的税收对于公平分配的作用不尽相同。依据不同的标准,可对税收作多种分类,依据这些分类优化税制设计,有助于公平分配问题的解决。

1. 商品税、所得税和财产税

依据征税对象的不同,税收可分为商品税、所得税和财产税,这是税收最重要、最基本的分类。由于征税对象可分为商品(包括劳务)、所得和财产,因而税收也可相应作出上述基本分类。

上述分类之所以重要,是因为征税对象是税制的核心要素,是区分不同税种的主要标准,由此有助于揭示和把握各税种的特征,并有针对性地发挥各税种在促进公平分配、进行宏观调控方面的不同作用。

2. 直接税与间接税

依据税负能否转嫁,税收可分为直接税和间接税。凡税负不能转嫁于他人,需由纳税人直接承担税负的税种,即为直接税,如各类所得税和一般财产税。凡税负可转嫁于他人,纳税人只是间接承担税负的税种,即为间接税,如各类商品税。

上述分类对于研究税法实效等问题具有重要意义,尤其对研究公平分配和宏观调控的效果等问题具有重要价值。

3. 中央税和地方税

依据税权归属的不同,税收可分为中央税和地方税。凡税收立法权和收入分配权归属于中央政府的税收,为中央税,简称国税;反之,上述税权归属于地方政府的税收,为地方税,简称地税。此外,某些税种的税收收入由中央政府和地方政府按分成比例共同享有,这些税种统称为中央与地方共享税,简称共享税。税收收入的归属直接影响中央政权的宏观调控能力,同时,也会直接影响税收收益的公平分配,从而影响中央和地方的关系。

4. 财政税与调控税

依据课税目的的不同,税收可分为财政税与调控税。凡侧重于以取得财政收入为目的而课征的税,为财政税;凡侧重于以实现经济和社会政策、加强宏观调控为目的而课征的税,为调控税。这种分类体现了税收的主要职能。

除上述分类以外,还有其他一些分类,如从价税和从量税、价内税和价外税、经常税和临时税、独立税和附加税、实物税和货币税等。无论是哪种分类,都会对公平分配产生重要影响。

(二) 税收体系的结构与公平分配

税收体系的结构,或称税制结构,与税种的分类联系甚为密切。一国的税收体系由哪些税种或税类构成,各税种或税类之间的数量比例关系及协调性、互补性如何等,都是税制结构方面的问题,它们直接影响整个税收体系在促进公平分配和宏观调控方面的功能的有效实现。

在税收体系的结构方面,首先面临的选择是应当实行单一税制还是复合税制。

所谓单一税制,是指仅由一个税种构成,或以一个税种为主并辅以其他个别税种的税收制度。其优点是纳税人负担轻,征税效率高。其缺点是:(1) 不利于足额获取财政收入;(2) 不利于资源的全面有效配置,会影响国民经济的均衡发展;(3) 不符合税收的普遍课征原则和平等原则,易导致税负不公和社会矛盾激化,从而影响公平分配。因此,尽管对于单一税制的探讨很多,但各国并未真正实施过。

所谓复合税制,是指由各个不同税种构成的、内在协调互补的税收制度。复合税制之所以被各国普遍采用,是因其具有以下优点:(1) 税源充裕,能保证财政需要并适应其变化;(2) 各税种互为补充,能全面发挥税收的调控功能;(3) 能够涵养税源,促进经济与社会的协调发展。复合税制的缺点是可能会导致税负分布不均、征收复杂等问题。因此,需要不断进行改革,以优化税种结构,建立各税种协调互补的税收体系,这样才能有效进行宏观调控和促进公平分配。

在明确实行复合税制的基础上,各国面临的又一个选择就是对主体税种的选择,即商品税、所得税、财产税,究竟应当以哪一类税作为本国的主体税种?这对于宏观调控和公平分配同样非常重要。由于各国一般都将财产税作为地方税的主要税种,而不作为本国的主体税种,因此,通常是将商品税或所得税中的一类或者两类作为主体税种,这与各国国情的差异,特别是税法制度的差异有关。例如,美国等发达国家的所得税更为重要;而欧盟等发达国家的商品税则很重要。此外,经济发展水平也是一个重要的影响因素。由于商品税有助于国家在国民收入水平不高的情况下大量获取收入,因而广大的发展中国家往往都以商品税作为主体税种。

三、从分配视角看税法的概念与体系

(一) 税法与公平分配

税收活动是一种分配活动,税法是调整在税收活动中发生的社会关系的法律规范的总称。由于税法是规范税收活动这种特殊的分配活动的法,在保障税收的公平分配和宏观调控等职能的实现方面具有重要作用,因而它被视为经济法的重要部门法,在经济法的宏观调控法中居于重要地位。

税法的调整对象是在税收活动中发生的社会关系,简称税收关系,可分为两大类,即税收体制关系和税收征纳关系。前者是指各相关国家机关因税收方面的权限划分而发生的社会关系,实质上是一种权力分配关系;后者是指在税收征纳过程中发生的社会关系,主要体现为税收征纳双方之间的关系。此外,税收征纳关系还可进一步分为税收征纳实体关系和税收征纳程序关系。

税法作为经济法的重要部门法,同样具有经济法的基本特征,即经济性和规制性。在这两大基本特征的基础上,税法还具有如下引申特征:

(1) 成文性。由于税法是规定国民纳税义务的法,是一种"侵权性规范",因而税法必须采取成文法形式,从而使税法具有成文性的特征。据此,依据税法分配收入或宏观调控,必须有明确的法律依据。

(2) 强制性。由于税收具有单方强制性,税法是公法、强行法,因而税法具有突出的强制性的特征。据此,依法进行的收入分配或税收调控,任何机关和个人不得擅自变更或任意排除其适用。

(3) 技术性。由于税法的规定既要确保税收收入,又要与私法秩序相协调;既要尽量减少对经济的不良影响,又要体现出适度的调控,因而税法具有较强的技术性。据此,税法在保障公平分配和税收调控方面必须作出适度的平衡。

(二) 从分配视角看税法体系

税法体系是各类税法规范所构成的协调统一的整体,构成该体系的诸多税法规范的分类,取决于税法的调整对象。一国税法的体系是否合理,对公平分配有直接影响。

依据前述对税法调整对象的认识,税法调整的税收关系可分为两类,即税收体制关系与税收征纳关系。与此相对应,调整上述税收关系的税法规范也可分为两类,即税收体制法与税收征纳法。此外,由于税收征纳关系还可分为税收征纳实体关系与税收征纳程序关系,因此,税收征纳法还可相应分为税收征纳实体法与税收征纳程序法。

上述税收征纳实体法依其所涉税种的不同,还可进一步分为商品税法、所得税法和财产税法,它们在整个税法体系中居于十分重要的地位,需要适时适度变动,以保障公平分配和宏观调控目标的实现。因此,税收征纳实体法是税法体系中最具活力的部分。

由上述分析可知,税法体系在结构上包括税收体制法和税收征纳法两大部分,并且,后者还包括税收征纳实体法和税收征纳程序法。其中,税收征纳实体法还包括商品税法、所得税法和财产税法。正是这些不同层次的税法规范的集合,构成了税法体系的整体。

在税法体系的各个组成部分中,税收体制法是有关税收权力分配的法律规范的总称,它在税法体系中居于基础和主导地位,没有税收体制法就不可能有税收征纳法。税收征纳实体法作为规定征纳双方实体权利义务的法律规范的集合,在税法体系中居于主体地位。税收征纳程序法作为规定税收征管程序及相关主体程序权利义务的法律规范的集合,对于保障税法主体的实体权利的实现具有重要意义,在税法体系中居于保障地位。

四、税法的基本原则与公平分配

税法的基本原则是在有关税收的立法、执法、司法等各个环节都必须遵循的基本准则,主要包括税收法定原则、税收公平原则和税收效率原则,这三大原则对于确保公平分配至为重要。

1. 税收法定原则

税收法定原则也称税收法定主义,是指税法主体的权利义务必须由法律加以规定,税法的各类构成要素都必须且只能由法律予以明确规定;征纳主体的权利义务只以法律规定为依据,没有法律依据,任何主体不得征税或减免税收。

税收法定原则起始于英国,它与"无代表则无税"的思潮和"议会保留原则"密切相关。税收法定原则具体包括以下三个原则,即课税要素法定原则、课税要素明确原则和依法稽征原则。

课税要素法定原则要求税法构成要素中的实体法要素必须由法律加以规定,税法主体、征税客体、计税依据、税率等课税要素以及与此相关征纳程序的立法权应由立法机关行使,行政机关未经授权,无权在行政法规中对课税要素作出规定。

课税要素明确原则要求课税要素必须由法律尽量作出明确的规定,有关创设税收权利义务的规范在内容、宗旨、范围等方面必须确定,以使纳税义务人可预测其负担。

依法稽征原则要求征税机关必须严格依据法律的规定征收,不得擅自变动法定课税要素和法定征收程序,因而该原则也称合法性原则。依据该原则,没有法律依据,征税机关无权决定开征、停征、减税、免税、退税、补税。

在现代法治国家,无论是税收参与国民收入分配,还是税收调控,都必须有法律依据,必须符合税收法定原则,唯有如此,才能确保税收分配与税收调控的合法性。

2. 税收公平原则

所谓税收公平原则,是指国家征税应使各个纳税人的税负与其负担能力相适应,并使纳税人之间的负担水平保持平衡。这一原则对分配公平具有直接的影响。

税收公平包括横向公平和纵向公平两个方面。前者是指经济能力或纳税能力相同的人应当缴纳数额相同的税收,亦即税法应以同等的课税标准对待经济条件相同的人;后者是指经济能力或纳税能力不同的人应当缴纳数额不同的税收,亦即税法应以不同的课税标准对待经济条件不同的人。这样,才能实现"量能课税"。

税收公平原则要求税收必须普遍课征和平等课征,税收负担必须在依法负有纳税义务的主体之间进行公平分配,在各种税收法律关系中,纳税主体的地位必须平等。唯有如此,才能通过税收调控,实现税收的横向公平和纵向公平,解决收入分配不公等问题,促进经济与社会的稳定发展。

3. 税收效率原则

所谓税收效率原则,即国家征税应有利于资源的有效配置和市场机制的有效运行,并有助于提高税务征收效率。它具体包括税收经济效率原则和税收行政效率原则两个方面。

税收的经济效率原则强调,国家征税应有助于提高经济效率,保障经济的良性、有序运行,实现资源的有效配置,而不应当给纳税人带来额外负担,否则就会影响公平分配。因此,国家在进行税收调控时,应尽量不影响市场对资源的配置,应把税收对经济活动产生的不良影响降至最低。好的税收调控有助于增进社会总福利,其对经济的影响是良性的、积极的,这与税收经济效率原则的要求是一致的。

此外,税收的行政效率原则,是指国家征税应以最小的税收成本去获取最大的税收收入,以使税收的名义收入与实际收入的差额最小。

上述税收成本,是指在税收征纳过程中发生的各类费用支出。狭义的税收成本专指征税机关为征税而花费的行政管理费用,也称税收征收费用。广义的税收成本还包括纳税人因纳税而支出的各种费用,如税务代理费、申报纳税的机会成本、交通费用,为税收逃避而花费的时间、精力、交际费,以及因逃税、避税未遂而受到的惩罚及精神损害等。纳税人因纳税而支出的上述费用也称税收奉行费用。

国家在进行宏观调控时,尤其应考虑是否会加大税收成本,特别是纳税人的奉行费用,这也是衡量税收调控优劣的一个重要指标。

五、课税要素与公平分配

所谓课税要素,或称课税要件,就是国家征税必不可少的要素,或者说,是国家有效征税必须具备的条件。只有在符合课税要素的情况下,国家才可征税。如果国家征税违反法定的课税要素,则一定会影响分配的公平性。

课税要素是判定相关主体的纳税义务是否成立,以及国家是否有权征税的标准。只有满足了税法上事先规定的课税要素,相关主体才能称为税法上的纳税人,才负有依法纳税的义务,国家才能依法对其征税。

依据不同的标准,可对课税要素进行多种分类。其中比较重要的是将其分为实体法要素和程序法要素,这两类要素对公平分配有直接影响。

所谓实体法要素,就是税收实体法必须规定的内容,是确定相关主体实体纳税义务成立所必须具备的要件,主要包括征税主体、征税对象、计税依据、税率、税收特别措施等,这些要素确定了征税主体和客体的范围,以及征税的广度和深度,与宏观调控直接相关。在各国所进行的税收调控中,主要是通过对这些课税要素的调整,来实现宏观调控的目标。

所谓程序法要素,就是税收程序法必须规定的内容,是纳税人具体履行纳税义务所必须具备的条件。其中,广泛规定的用于保障纳税人有效纳税的要件,主要是纳税时间和纳税地点。

(一) 税收实体法要素

1. 税法主体

税法主体是在税收法律关系中享有权利和承担义务的当事人,包括征税主体和纳税主体两类。

从理论上说,征税主体是国家。国家享有征税权,征税权是国家主权的一部分。在具体征税活动中,国家授权有关的政府机关来具体行使征税权。在我国,由各级税务机关和海关具体负责税收征管。其中,税务机关是最重要的、专门的税收征管机关,它负责各类内国税收的征管;海关负责进出口税收的征管,具体负责征收关税、船舶吨税,代征进口环节的增值税、消费税。

上述两类机关是代表国家行使征税权的具体、形式上的征税主体,同时,它们也是具体制定和执行税收调控政策的重要主体,是税法的主要执法主体。

纳税主体又称纳税人,是指依照税法规定直接负有纳税义务的自然人、法人和非法人组织。对纳税主体依不同的标准可作不同的分类。纳税主体在各类具体税法规定中不尽相同,因其直接影响征税的范围,各类税法均对其首先加以明确。同时,由于纳税主体如何确定,直接关系到相关主体的切身利益,因此,对于纳税主体范围的调整,其实也是一种重要的宏观调控措施。只不过对于主体范围的调整,往往同具体征税客体相关联。

2. 征税客体

征税客体,也称征税对象或课税对象,是指征税的直接对象或称标的,它说明对什么征税的问题。

征税客体在税法的构成要素中居于十分重要的地位,它是各税种间相互区别的主要标志,也是进行税收分类和税法分类的最重要依据,同时,它还是确定征税范围的重要因素。

如前所述,依征税对象性质的不同,可将其分为商品、所得和财产三大类。上述三类征税对象必须归属于具体纳税人,才可能使纳税义务得以成立。这种征税对象与纳税主体的结合,即为"征税对象的归属"或"课税对象的归属",对税收调控有着直接的影响。

另外,上述三类征税对象是从性质和抽象的意义上所作的分类,在具体税法中,它们还需要通过税目和计税依据加以具体化,这样才能使税收调控职能得到有效的法律保障。

3. 税目与计税依据

税目与计税依据是对征税对象在质与量的方面的具体化。所谓税目,就是税法规定的征税的具体项目。它是征税对象在质的方面的具体化,反映了征税的广度。所谓计税依据,也称计税标准、计税基数,或简称税基,是指根据税法规定所确定的用以计算应纳税额的依据,亦即据以计算应纳税额的基数。计税依据是征税对象在量的方面的具体化。由于征税对象只有在量化后才能据以计税,因而计税依据的确定是必不可少的重要环节,它直接影响纳税人的税负,影响分配的公平性。

税法通过对税目和计税依据的相关规定的调整,就能起到宏观调控的作用。我国在实践中大量运用调整税目和计税依据来实现宏观调控的目标。如消费税等税目的调整,个人所得税计税依据中的扣除额的调整,都产生了很大的影响。

4. 税率

税率是应纳税额与计税基数之间的数量关系或比率。它是衡量税负高低的重要指标,是税法的核心要素,它反映国家征税的深度,是极为重要的宏观调控手段,也是解决公平分配问题的重要工具。

税率可分为比例税率、累进税率和定额税率。其中,比例税率与累进税率,表现为应纳税额与计税基数之间的比率,适用于从价计征。定额税率也称固定税额,体现了应纳税额与计税基数之间的数量关系,适用于从量计征。

所谓比例税率,是指对同一征税对象,不论其数额大小,均按照同一比例计算应纳税额的税率。采用比例税率便于税款计算和征纳,有利于提高效率,但不利于保障公平。比例税率在商品税领域应用得比较普遍。

所谓累进税率,是指随着征税对象的数额由低到高逐级累进,适用的税率也随之逐级提高的税率,即按征税对象数额的大小划分若干等级,每级由低到高规定相应的税率,征税对象数额越大,适用的税率越高,反之则越低。累进税率可分为全额累进税率和超额累进税率。

所谓定额税率,是指按征税对象的一定计量单位直接规定的固定的税额,因而也称固定税额。定额税率不受价格变动影响,便于从量计征,因而多适用于从量税。适用定额税率有时也可能造成不公平的税负。

5. 税收特别措施

税收特别措施包括两类,即税收优惠措施和税收重课措施。前者以减轻纳税人的税负为主要内容,并往往与一定的政策诱导有关,因而也称税收诱因措施;后者是以加重税负为内容的税收特别措施,如税款的加成、加倍征收等。税收特别措施体现了税法的规制性,而这种规制性与税法保障宏观调控的职能是内在一致的。事实上,税收特别措施,特别是税收优惠措施,在各国早已成为重要的宏观调控措施,对于解决公平分配问题至为重要。

税收优惠在广义上包罗甚广,诸如优惠税率等亦可算作其中,这与税法的宏观调控职能密切相关。而狭义上的税收优惠措施则主要是指税收减免、税收抵免、亏损结转、出口退税等。这些税收优惠措施的实行会直接影响计税基数,从而会直接影响纳税人的具体纳税义务,因而对征纳主体的利益和相关宏观调控目标的实现,均会产生直接影响。

(二) 税收程序法要素

税收程序法要素,是保障税收实体法有效实施的必不可少的程序方面的要件。只有明确规定这些要素,保障税款的及时、足额缴纳,保障征纳双方的权利,才能更好地实现宏观调控的目标。

1. 纳税时间

所谓纳税时间,是指在纳税义务发生后,纳税人依法缴纳税款的期限,因而也称纳税期限。纳税期限可分为纳税计算期和税款缴库期两类。纳税计算期说明纳税人应多长时间计缴一次税款,反映了计税的频率。纳税计算期可分为按次计算和按期计算。税款缴库期说明应在多长期限内将税款缴入国库,它是纳税人实际缴纳税款的期限。税款缴库期不仅关系到纳税义务的实际履行,而且关系到国家能否及时、稳定地获取财政收入,关系到国家的宏观调控能力,以及宏观调控的绩效。

2. 纳税地点

纳税地点是纳税人依据税法规定向征税机关申报纳税的具体地点,它说明纳税人应向哪里的征税机关申报纳税以及哪里的征税机关有权实施管辖的问题。

在税法中明确规定纳税地点,对于纳税人正确、有效履行纳税义务,确保国家有效取得财政收入,实现宏观调控及保障公平分配的目标,均甚为重要。

六、税权与公平分配

(一) 税权的界定

税权是各类税法主体依法享有的税收权力或税收权利的统称,这是对税权的广义理解。在狭义上,税权是指国家所享有的税收权力,它是一国主权的重要组成部分,体现为国际法上的税收管辖权,以及国内法上的税收管辖权(征税权),与公平分配和宏观调控密切关联。

上述狭义的税权,具体包括税收立法权、税收征管权和税收收益权(或称税收入库权)。其中,税收立法权是其他税权的基础;税收征管权是征税机关大量行使的税权;税收收益权是影响各级政府税收利益的税权。

税收立法权主要包括税法的初创权、税法的修改权和解释权、税法的废止权。其中尤为重要的是税种的开征权与停征权、税目的确定权和税率的调整权、税收优惠的确定权等,它们都是税收调控权的具体体现,直接影响公平分配目标的实现。

税收征管权包括税收征收权和税收管理权,对于有效保障国家的税收利益和社会公益,实现宏观调控目标,具有重要的作用。税收收益权,也称税收入库权,是与税收征管权密切相关的权力,它涉及谁有权获取税收利益、已征收税款缴入哪个国库等问题。

在上述三类税权中,税收立法权和税收收益权主要是相关国家机关之间的分权问题,而税收征管权则主要涉及征税主体同纳税主体的关系。上述三类税权的有效配置和行使,对于确保宏观调控目标的实现,可谓极为重要。

(二) 税权分配的模式

国家税权的分配,是指国家税权在相关国家机关之间的分割与配置。只有有效配置税权,才能保障税收利益的公平分配。国家税权的分配,包括纵向分配和横向分配两个方面,不仅直接影响不同级次政府的财政收入的公平分配,还会影响纳税人的利益。

所谓税权的横向分配,是指税权在相同级次的不同国家机关之间的分割与配置。例如,在中央级次,税权至少要在议会与中央政府之间进行分配。所谓税权的纵向分配,是指税权在不同级次的同类国家机关之间的分割与配置。例如,税收立法权可能会在中央立法机关和地方立法机关之间进行分配。

在税权的横向分配方面,有两种模式:一种是独享模式,另一种是共享模式。由于税收征管权和税收收益权一般是由行政机关及其职能部门专门行使,因此,税收立法权的横向分配更令人关注,其中涉及税收调控的立法权分配问题。在独享模式下,依据严格的税收法定原则,应由立法机关独享税收立法权,当然,它也可能依法授权行政机关适量地行使税收立法权。此外,在共享模式下,税收立法权可能会被立法机关和行政机关共享。

在税权的纵向分配方面,也有两种模式,即集权模式和分权模式。它主要涉及中央与地方的关系,以及国家宏观调控的有效实施。其中,集权模式强调税收立法权要高度集中于中央政权;而分权模式则强调应按照分权的原则,将税收立法权在各级政权之间进行分配。

税权分配问题是税收体制法中最核心、最重要的内容,它是进行税收调控的基础。各国通常都是根据政治体制、法治水平及历史文化等具体国情来确定本国的税权分配模式,因而税收体制不可能完全相同。由于税收立法权对于税收调控极为重要,因而有必要关注我国的具体分配情况。

在税收立法权的纵向分配上,我国实行的是集权模式,税收立法权一直是高度上收中央政权,这同我国的国家结构、政治体制、财政压力、历史文化等都有密切关系。正因如此,在我国的税法和税收政策中反复强调:税收管理权要高度集中于中央,并要求不断解决税权在实践中被侵蚀和分解,致使财力分散等问题。

在税收立法权的横向分配上,我国实行的是分享模式,而且中央政府曾大量行使税收立法权。从严格的税收法定主义的角度说,即使在实行分享模式的情况下,也必须强调立法机关作为税收立法主体的地位,而不能由政府及其职能部门越俎代庖,否则与依法治国或依法治税的精神大异其趣。

由于我国《宪法》规定全国人大及其常委会、国务院均享有立法权,因而分享模式很难改变。但税收立法毕竟有其特殊性,因此,全国人大及其常委会应逐渐成为税收立法的重要主体,这既是税收法定主义的要求,也是确保税收调控合法性的要求。

第二节　税收体制与征纳调控制度

为了有效进行税收调控,保障公平分配,需要有一系列具体法律制度,包括税收体制制度和税收征纳制度。前者主要解决税收调控权的分配问题,包括税收调控立法权和税收调控执法权的分配;后者主要是为实现税收调控目标而规定的具体征纳制度,它们共同构成了税法领域的体制与征纳调控制度。事实上,税收征纳制度主要是规范征税机关与纳税主体的税收征纳行为的制度,相对较为微观,但从整体上看,它是实现宏观调控目标必不可少的微观基础,特别是大量的税收征纳实体制度,如商品税调控制度、所得税调控制度和财产税调控制度,对于保障公平分配非常重要,它们是税收调控制度的核心内容。

一、税收调控体制制度

(一) 分税制与税收调控

当今世界的许多国家,都实行分税制的财政体制。所谓分税制,简单说来就是按事权划分中央与地方的财政支出,依据事权与财权相结合的原则,按税种划分中央与地方的税收收入的制度。

依据国务院《关于实行分税制财政管理体制的决定》,我国从1994年1月1日起废止了原来实行的地方财政包干体制,对各省、自治区、直辖市以及计划单列市实行分税制财政管理体制,其目的是理顺中央与地方的财政分配关系,更好地发挥财政的职能作用,增强中央的宏观调控能力。

我国进行分税制改革的原则和主要内容是:按照中央与地方政府的事权划分,合理确定各级财政的支出范围;根据事权与财权相结合的原则,将税种统一划分为中央税、地方税和中央地方共享税,并建立中央税收和地方税收体系;科学核定地方收支数额,逐步实行比较规范的中央财政对地方的税收返还和转移支付制度。

由上述分税制改革的主要内容不难发现,分税制的核心内容是在各级政府之间分配财权或税权。财权主要包括财政收入权和财政支出权。而在财政收入权中,税权是最重要的。因此,分税制改革需要将税权分配作为其核心内容,明确在相关国家机关之间如何对税收立法权、税收征管权和税收入库权作出分配,从而确立税收调控体制。

(二) 我国的税收调控体制

我国的税收调控体制是在税收调控实践中逐渐形成的,其中涉及税收调控的立法体制和税收调控的执法体制。

1. 我国的税收调控立法体制

税收调控立法体制的核心,是税收调控立法权的分配。如前所述,从税收立法权的横向分配看,我国的国家立法机关和行政机关实际上都享有税收调控的立法权,并且,国务院制定的税收行政法规数量还曾远超全国人大及其常委会制定的税收法律的数量;财政部、国家税务总局等制定的部门行政规章,在实际的税收调控中甚至发挥着更为直接而巨大的作用。

随着税制改革的深化和法治观念的普遍提高,特别是对税收法定原则的强调,我国的税收立法已转向以全国人大及其常委会的立法为主;国务院主要负责制定有关税收法律的实施细则,或在国家立法机关授权范围内对税法作出解释;作为国务院的职能部门的财政部、国家税务总局等主要负责对税法适用过程中的一些具体问题作出解释和说明。

从税收立法权的纵向分配看,我国中央税、共享税以及地方税的立法权都要集中在中央,以保证中央宏观调控的政令统一,维护全国统一市场和企业公平竞争。各地区、各部门都要依法治税,不得超越权限擅自制定、解释税收政策。民族自治区域内的税收政策,也要与全国保持一致。① 这些都体现了税收调控立法权的高度集中。

2. 我国的税收调控执法体制

要有效实现税收调控的目标,不仅需要有完善的税收调控立法体制,还需要有健全的税收调控执法体制与之相配合。税收调控执法体制的核心内容,是在相关国家机关之间进行税收征管权的分割与配置,同时,还牵涉税收收益权的分割与配置。上述两类税权的分配,直接关系到税收调控法律规范的执行,影响税收调控的效果。

我国在实行分税制以后,对税收征管权的分配作出了较大调整。其中,税务机关主要负责内国税收的征管;海关主要负责涉外税收(包括关税、船舶吨

---

① 参见国务院于1998年3月下发的《关于加强依法治税严格税收管理权限的通知》。

税、进口环节的增值税、消费税)的征管。此外,由于税收被分成中央税、地方税和中央地方共享税,相应地,在2018年国家机构改革前,在税务系统内部也分设中央和地方两套税务机构分别负责征管,从而使税收征管权在税务机关内部又进行了一次再分配。2018年7月,省级和省级以下国税地税机构合并完成,具体承担所辖区域内的各项税收、非税收入征管等职责。国税地税机构合并后,实行以国家税务总局为主与省(区、市)人民政府双重领导管理体制,这是税收调控执法体制的重大变化。

二、商品税调控制度

在税收宏观调控方面,税收征纳实体法非常重要,而在税收征纳实体法中,商品税调控制度则最为重要,这与商品税对市场经济发展以及人民生活的重要性直接相关。

所谓商品税,是以商品为征税对象的一类税的总称,在国际上也通称为"货物与劳务税"。由于商品税的计税依据是商品的流转额,因而也有人称之为流转税。商品税主要包括增值税、消费税、关税等税种,这些税种征税范围广阔,对经济、社会生活影响大,直接影响税收利益在不同主体之间的公平分配,是国家用以进行宏观调控的重要工具。

我国现行的商品税调控制度,主要形成于1994年的税制改革,其后不断完善。在商品税领域里,早已解决了内外有别的两套税制的问题,从而为商品税调控的有效实施奠定了重要基础。

(一) 商品税调控的协调问题

为了更好地进行税收调控,必须增进商品税调控的协调。为此,在具体制度设计上,需要发现和建立商品税的各税种之间的有机联系,以编织成商品税调控的"税网",并覆盖商品的生产、交换、分配、消费等各个环节,使国家通过商品税的征收,不仅能获得大量的、稳定的税收收入,还能更好地实现宏观调控的目标,在税收调控上做到"税网恢恢,疏而不漏"。为此,应注意商品税调控方面的如下密切联系:

首先,从总体上说,所有的商品税都是广义上的销售税或消费税,关税也不过是对进出关境的商品或物品征收的销售税或消费税。可见,商品税的各个税种的征收均以商品销售或消费的行为或事实为前提,均以商品的销售额或消费额为计税依据,上述共性使商品税各税种的调控联系甚为密切。

其次,在税制设计上各个税种的联系也甚为密切,这在增值税、消费税等具体制度上体现得更为明显。例如，我国在"营改增"之前实行的增值税和营业税制度就是一种互补关系。当时的增值税和营业税都是对商品征税，而商品在广义上则可分为货物和劳务，又可分为有形资产和无形资产、动产和不动产，相应地在制度设计上，增值税侧重于以有形动产为征税对象，而营业税则侧重于以劳务、无形资产、不动产为征税对象。这样，两个税种制度就形成了一种互补的关系。直到2016年我国全面实行"营改增"以后，才确立了对货物和劳务统一征收增值税的制度。

再次，消费税与增值税之间则存在一种递进的关系。即消费税是在征收了增值税的基础上又加征的一种税，凡是征收消费税的商品，必定是征收增值税的，但反之则不尽然。

最后，增值税、消费税同关税之间存在着配合关系。一般说来，出口商品大都免征关税，与此同时，出口商品也大都免征增值税和消费税，或者将已征收的增值税、消费税予以退还。反之，进口商品大都征收进口关税，同时，也大都征收进口环节的增值税和消费税。增值税、消费税同关税的上述联系，有助于有效实施税收调控。

（二）主要的商品税调控制度

主要的商品税调控制度，包括增值税制度、消费税制度和关税制度等，这些制度的实施不仅使国家得以获取大量财政收入，对于社会财富的分配也具有重要影响。

增值税，是以商品在流转过程中产生的增值额为计税依据而征收的一种商品税。所谓增值额，是指生产者或经营者在一定期间的生产经营过程中新创造的价值。增值税在我国占有重要地位，其收入占全国税收收入的40%左右。增值税在理论上具有"道道课征，税不重征"的"中性"特点，其覆盖范围广，只有不断完善增值税的调控制度，才能有效实现增值税的价值和宏观调控的目标。

在增值税领域有重要的出口退税制度，即对出口货物实行零税率，以使本国产品以不含税的价格进入国际市场，提高本国产品的国际竞争力，这是国际上的通行做法。所谓实行零税率，就是使货物在出口环节的整体税负为零，因而不同于免税。免税仅是指在某一课税环节上免予课税，纳税人在这一环节不必纳税；而对出口货物适用零税率，则不仅在出口环节不必纳税，而且可退还前面纳税环节的已纳税款。近些年来，我国根据相关领域的产业发展和宏观调控需要，经常自觉调整出口退税率，从而使出口退税率亦成为税收调控的重要杠杆。

消费税,也称货物税,是以特定消费品的流转额为计税依据而征收的一种商品税。它是各国开征较为普遍的一个税种,有其特定的、不可替代的财政意义、经济意义和社会意义,在税收调控方面有其重要价值。

我国于1994年开征消费税的直接目的,是使消费税成为增值税的辅助税种,对某些消费品销售在征收增值税的基础上,再加征一道消费税。同时,也要发挥消费税的积极作用,使其既能对生产经营和消费进行特殊调控,又能保障财政收入的稳定增长,还能引导社会消费和促进良好社会风气的形成,使消费税成为实现国家经济政策和社会政策的重要工具。

关税是以进出关境的货物或物品的流转额为计税依据而征收的一种商品税。关税主要具有以下特点:(1)征税对象是进出关境的货物或物品;(2)课税环节是进出口环节,关系到涉外经济调控;(3)计税依据为关税的完税价格;(4)具有较强的政策性,与宏观调控关联密切。相关国家频繁发生的"贸易战",首先体现为"关税战"。在经济全球化的背景下,关税作为重要的调控手段,其作用越来越大。

依据不同标准,关税可有多种分类。例如,依据征税对象的流向,关税可分为进口税、出口税和过境税。这一分类直接影响关税调控制度的基本内容。此外,依据征税目的的不同,关税还可分为财政关税和保护关税,这一分类与税收调控密切相关。所谓财政关税,就是以增加财政收入为主要目的而课征的关税。其特点是税率较低,从而能够鼓励进口,达到增加进口税收收入的目的。所谓保护关税,就是以保护本国民族经济发展为主要目的而课征的关税。其主要特点是税率较高,从而可削弱进口商品在本国市场上的竞争力,以实现保护本国民族经济的目的。

由于关税调控制度与各类宏观调控措施联系密切,需要随国家各类经济政策的调整而不断作出调整,因此,其变化相对较大。为了适应市场经济发展的要求,实现相关调控目标,我国曾先后多次大幅度地自主降低关税税率,使我国关税总水平不断调低,不仅履行了"入世"承诺,也有助于促进对外经贸发展。

在关税调控制度中,反倾销税和反补贴税的征收,是关税调控的重要措施,在激烈的国际贸易竞争中,上述两类关税附加税的征收是各国经常采用的措施,它们实际上构筑了一种关税壁垒,与相关产业保护和宏观调控等密切相关。

根据我国《反倾销条例》和《反补贴条例》的规定,征收反倾销税和反补贴税,由商务部提出建议,国务院关税税则委员会根据其建议作出决定,由商务部予以公告。海关自公告规定实施之日起执行。

三、所得税调控制度

所得税是以所得为征税对象并由获取所得的主体缴纳的一类税的总称。由于所得税直接关系到相关主体的税后收益,无论是企业还是个人,对所得税都非常关注,因此,所得税在收入分配方面的调控作用非常突出,各国都把它作为配置资源和实现公平分配的重要调控工具。

所得税具有以下特点:(1) 征税对象是所得,计税依据是纯所得额,这是所得税能够成为宏观调控工具的基础;(2) 税基的确定较为复杂,国家可通过在税基方面的特殊规定来实施调控;(3) 比例税率与累进税率并用,使所得税不仅能够成为增进企业效率的重要工具,也能成为调控收入分配的重要杠杆;(4) 所得税是直接税,税负不易转嫁,由此使所得税的调控效果更为显著。可见,所得税的诸多特点都与税收调控密切相关,从而使其成为各国普遍采用的宏观调控的重要工具。

所得税主要可分为企业所得税(或称公司所得税)和个人所得税两类。

在企业所得税领域,我国过去长期实行内外有别的两套税制,内资企业所得税和涉外企业所得税的两套制度长期并存。直到2007年3月16日,十届全国人大五次会议才通过了《中华人民共和国企业所得税法》(该法自2008年1月1日起实施,2017年2月24日、2018年12月29日两次修改),实现了企业所得税法律制度的统一。

个人所得税是以个人所得为征税对象,并由获取所得的个人缴纳的一种税。它是各国开征较为普遍的一种税。个人所得税的征收不仅能增加财政收入,还有助于促进资源的有效配置,实现社会公平分配的目标,因此,它同样是税收调控的重要手段。随着经济和社会的发展,个人所得税的调控功能日显重要。我国的《个人所得税法》历经多次修改,自2019年开启了综合与分类相结合的所得税制,产生了巨大的社会影响。

四、财产税调控制度

财产税,是以财产为征税对象,并由对财产进行占有、使用或收益的主体缴纳的一类税。财产税的主要特点是:(1) 征税对象是财产,由此会对社会分配产生影响。(2) 属于直接税,税负不易转嫁。这使税收调控更有效。(3) 计税依据是占有、用益的财产额。财产税的计税依据不是商品流转额或所得额,而是纳税人占有、使用和收益(简称用益)的财产额,直接关系到纳税人的最终财富,因而直接影响税收调控的公平性。(4)属于辅助性的地方性税种,涉及区域经济的调控等。

依据征税范围的不同,财产税可分为一般财产税和特别财产税两类,前者是对纳税人的全部财产进行综合计征的财产税(但在现实中,并非以全部财产额为计税依据,而是要减去一定的宽免额或扣除额);后者是对纳税人的一种或几种财产单独或合并课征的财产税,如土地税、房产税或房地产税等。

此外,财产税也可分为静态财产税和动态财产税,前者是对在一定时期内权利未发生变动的财产征收的一种财产税,如房产税、土地税等;后者是对在一定时期权利发生移转变动的财产征收的一种财产税,如继承税(或遗产税和赠与税)、契税等。

我国长期征收的较为重要的财产税主要有房产税、土地税(包括城镇土地使用税、土地增值税、耕地占用税)、契税、车船税等。另外,从广义上说,财产税还包括资源税和环境税。上述各类税种,是国家进行房地产市场调控或相关领域调控的重要工具,对于促进经济的稳定增长,保护环境和有效利用资源等,都具有重要作用。

在财产税领域,房产税或房地产税对于宏观调控甚为重要。我国征收多年的房产税,是以房屋为征税对象并由对房屋拥有所有权或使用权的主体缴纳的一种财产税。为了更好地调控房地产市场,解决地方财政收入等问题,需要完善房产税立法,并系统推进城镇土地使用税、土地增值税、耕地占用税等制度的整合和完善,这也是落实税收法定原则的重要步骤。

除房产税制度以外,资源、环境方面的税制完善也非常重要,直接影响生态文明建设。其中,资源税是对在我国领域和我国管辖的其他海域开发应税资源的单位和个人征收的一种财产税。资源税的开征,不仅有利于获取财政收入、加强对资源开发的引导和监督,变资源的无偿使用为有偿使用,而且有利于调节相关企业之间因资源开采条件的不同所形成的级差收入,从而也有利于企业之间的公平竞争,进而更好地促进经济与社会的可持续发展。我国的《资源税法》自2020年9月1日起施行。

环境税是对在我国境内和我国管辖的其他海域,直接向环境排放应税污染物的法定主体征收的一种财产税。环境税与资源税密切相关,它们与广义的财产有关。从理论上说,环境被视为一种重要的共有财产或公共财产,向环境排污的行为,实质上是通过对环境这种公共财产的消极占有和使用来获取收益的行为。为了体现"寓禁于征"的精神,许多国家都对排污行为进行收费或征税,于是就有了普遍施行的排污费制度或环境税制度。我国的《环境保护税法》自2018年1月1日起实施,因其对相关市场主体有重要影响,因而在资源配置或宏观调控方面同样具有重要作用。

本章小结

公平分配是整个经济法制度需要着力解决的重要问题,税收调控是实现公平分配的重要手段。税收调控与财政调控密切相关,其基本原理同财政调控的基本原理是内在一致的。由于税收调控在保障公平分配方面有其特殊功用,因而本章着重从公平分配的角度,探讨了税收调控的基本原理和主要制度。

在税收调控的基本原理部分,本章结合公平分配,讨论了税收的概念、特征和基本分类,这有助于更好地理解税法的制度特点和体系结构,也有助于理解税法的概念、体系、课税要素等问题,从而有助于增进对税收调控制度的理论基础和现实问题的理解和把握。

税收调控制度主要体现为税收体制与征纳调控制度,它们作为宏观调控法的重要组成部分,对于确保国家财政收入,实施宏观调控,保障公平分配,确保社会稳定等,具有重要作用,尤其在解决公平分配问题方面作用更为突出。

依据经济法学的行为理论,从宏观调控的角度看,税法的宏观调控职能,是通过具体税收征纳活动来实现的。因此,税收调控行为要建立在其他基础行为的基础之上。无论是税收体制法,还是税收征纳法,都会对税收调控产生直接影响。

在税收调控制度的实施方面,税种的开征与停征、税目与税率的调整、税收减免等,都会对宏观调控和公平分配产生重要影响,因此,应特别强调坚持税收法定原则等基本原则,并将这些原则贯穿于税收体制法与税收征纳法的各项具体制度之中。

第十四章

币值稳定与金融调控

本章导读

币值稳定直接影响物价稳定和市场秩序，影响经济的稳定增长和民众的福祉，但保持币值稳定是市场机制本身所不能解决的，需要国家实施金融领域的宏观调控，因而各国都普遍重视金融调控。本章将以金融调控的基本原理和主要制度为例，来揭示其在保障币值稳定方面的重要作用。

第十四章 币值稳定与金融调控

第一节 金融调控的基本原理

一、币值稳定与金融调控

金融,简而言之,就是以信用为媒介的货币资金的融通。① 在商品经济条件下,资金的余缺调剂必不可少,货币资金的融通活动普遍存在,并且,经济越发展,金融便越重要。

金融活动,通常包括货币的发行与回笼,存款与贷款,货币的汇兑与结算,金银的买卖,以及证券、保险、信托等领域的各类融资活动。由于金融活动涉及面广,直接关涉国计民生,影响国家与社会经济的稳定和发展,因而各国都对其高度关注,不仅将金融运行状况作为衡量一国经济运行状况的重要"晴雨表",还在金融领域制定大量金融政策和法律,并对经济运行进行金融调控。

金融调控与财政调控、计划调控等一样,都是宏观调控的重要形式。金融调控主要是通过金融政策和金融法律来引导各类主体的金融活动,从而实现其调控目标。而金融调控最主要的目标,则是保障币值稳定。因此,币值稳定与金融调控是密不可分的,金融调控都是围绕币值稳定目标展开的。

二、金融政策、货币政策与币值稳定

金融政策,是一国为实现金融领域的经济目标而运用的各种政策工具和具体措施的总称。金融政策同财政政策一样,都是各国较为倚重的重要经济政策。由于金融涉及方方面面,关系到各类主体的经济利益,因而各国都将金融政策作为宏观调控的重要手段。

金融政策通常包括货币政策、信贷政策、外汇政策等与金融市场相关各种政策。其中,货币政策居于核心地位,以至于在许多文献中,多将金融政策与货

---

① 有学者考证,在《康熙字典》及其以前的工具书中一直无"金融"一词。最早列入"金融"条目的工具书是1915年初版的《辞源》;《辞源》与《辞海》均将"金融"解释为"金钱之融通状态"或"资金融通之形态"。此外,中文的"金融"与西文的"finance"也并非完全对应,且金融的内涵和外延仍在发展变化之中。参见黄达:《金融学》,中国人民大学出版社2004年版,第59—60页。

币政策混用,使货币政策在广义上被等同于金融政策。我国的中央银行所实施的货币政策就是在广义上使用的,包括了利率政策、汇率政策等。由于货币政策对于金融调控乃至整个宏观调控都至为重要,因此下面着重讨论货币政策的基本内容。

(一) 货币政策的界定

货币政策在广义上包括一国为实现其特定的经济目标而采用的各种调控货币供应量的方针、策略和措施的总称;在狭义上是指中央银行为调控货币供应量而采取的方针、策略和措施的总称。[1]

货币政策最基本的内容有两个方面,一个是政策目标,另一个是政策工具,或称政策手段。与这些内容相关,货币政策还涉及政策效应、监测等问题,这也与金融调控直接相关。

(二) 货币政策的目标

货币政策的目标,在各国不尽相同。例如,美国以宏观经济的四大目标作为货币政策目标;德国则以币值稳定作为货币政策目标;日本则将过去的多目标改为单一的稳定物价目标。可见,在货币政策目标选择上,有单一目标和多重目标之分。此外,也有学者将货币政策目标分为最终目标和中介目标。其中,货币政策的最终目标,就是实现宏观经济的四大目标,而货币政策的中介目标,则是调控货币供应量和信用规模,实现币值稳定。应该说,这样来确定货币政策的目标是更为可取的。

(三) 货币政策的工具

货币政策的工具可分为两大类:一类是一般性货币政策工具,一类是选择性货币政策工具。

1. 一般性货币政策工具

一般性货币政策工具是对整体的货币供应量和信用规模能够产生全面影响的普遍适用的金融调控手段,主要包括三类,即调整法定存款准备金率、调整再贴现率和公开市场操作,通称货币政策的"三大法宝"。这三种调控手段各有利弊,需要协调并用。

(1) 调整法定存款准备金率

存款准备金是为了保证客户提取存款和进行资金清算而由金融机构作出

---

[1] 参见黄达:《金融学》,中国人民大学出版社2004年版,第389—390页。

的资金准备,它有助于提高银行的清偿能力,保障银行信用和金融安全。如果金融机构向中央银行缴存的存款准备金比例高,则其可贷的资金就会较少,反之则较多。所谓调整法定存款准备金率,就是中央银行通过调整商业银行等交存中央银行的存款准备金比例,来调控商业银行的信贷规模,从而调控货币供应量的一种政策手段。在这个意义上,法定存款准备金率就是国家进行金融调控的重要杠杆。我国近年来经常运用法定存款准备金政策进行金融调控。

法定存款准备金率的调整可由中央银行来控制,其优点是调控迅捷有力,效果明显,但此种调控手段缺乏弹性和灵活性,对经济的震动和对商业银行的冲击较大,因而不宜频繁使用。

(2) 调整再贴现率

所谓贴现,就是用未到期票据到商业银行等金融机构贴息兑现的行为;所谓再贴现,就是商业银行等金融机构将通过贴现得到的票据再向中央银行贴现的行为。[1] 进行再贴现时,票据仍未到期,中央银行要按照一定的再贴现率扣除到期日之前的利息。由于再贴现率的高低会直接影响一般金融机构的融资成本,影响市场利率和货币供应量,因此,中央银行就可根据具体情况,通过调整再贴现率来影响货币供应量。当中央银行调低再贴现率,使其低于市场利率时,商业银行就会愿意进行再贴现,从而使货币供应量增加。反之,当需要紧缩时,中央银行就可调高再贴现率。因此,再贴现率同样也是进行金融调控的重要杠杆,再贴现政策同样是实现货币政策目标的重要手段。

调整再贴现率的好处是有利于中央银行发挥最后贷款人作用,维护金融系统稳定,促进结构优化,作用效果也较为和缓;其不足是中央银行要以商业银行进行再贴现为前提,其调控具有一定的被动性和依赖性。

(3) 公开市场操作

公开市场操作,也称公开市场业务、公开市场政策,是指中央银行在金融市场上公开买卖有价证券,通过证券的吞吐和货币资金的收发,来调控市场利率和货币供应量。公开市场操作是较为常用的政策工具,但此种手段对金融市场的要求较高。

公开市场操作的好处是决定权在中央银行,中央银行具有主动性,且调控弹性和灵活性较大,可经常连续地展开,其不足是操作的技术性强,告示作用较

---

[1] 在贴现时,商业银行等金融机构扣除从贴现日至票据到期日的利息,以票面余额付给持票人资金;商业银行等金融机构持通过贴现获得的票据到中央银行进行再贴现时,中央银行同样要按一定的利息率来扣除,此利息率即为再贴现率。

弱,要以发达、完善的有价证券市场的存在为前提。

2. 选择性货币政策工具

除了上述一般性货币政策工具以外,还有一类选择性货币政策工具,它们是对一些特殊领域的信用活动加以调节和影响的货币政策工具,因其并非普适于金融整体,且通常都是有针对性、有选择地使用,故称之为选择性货币政策工具,主要分为两大类,即信用直接控制工具和信用间接控制工具。

(1) 信用直接控制工具

信用直接控制工具,是中央银行为了对商业银行等金融机构的金融业务进行直接控制而采取的各类措施,主要包括信用分配、直接干预、利率限制、流动性控制等。

所谓信用分配,就是中央银行根据宏观调控的需要,对商业银行等金融机构的信用创造加以合理分配和限制的行为。所谓直接干预,是中央银行直接干预商业银行的业务范围和贷款政策的行为。所谓利率限制,是中央银行直接对商业银行的最高利率进行限制的行为。所谓流动性控制,是指中央银行通过规定商业银行流动性资产与存款的比率,来限制商业银行信用规模的行为。

上述选择性货币政策工具可用于某些特殊的经济领域,如证券领域、房地产领域和消费信用领域等,从而形成对证券、不动产和消费信用的控制。

例如,证券市场信用控制,就是中央银行对有关证券交易的各种贷款保证金比率进行限制,并随时根据证券市场的状况加以调整,目的在于抑制过度的投机。不动产信用控制,就是中央银行对金融机构在房地产贷款方面采取限制性措施,以抑制房地产投机和泡沫。消费者信用控制,就是中央银行对不动产以外的各种耐用消费品的销售融资予以控制。这三类信用控制非常重要,因而也有人认为这些措施才属于真正的"选择性货币政策工具",其他的信用控制工具应当归属于"其他货币政策工具"。

(2) 信用间接控制工具

信用间接控制工具,是中央银行通过对商业银行等金融机构进行指导、劝告、磋商,来间接控制信用规模的各类措施,主要包括窗口指导(windows guidance)和道义劝告(moral suasion)等。

所谓窗口指导,是指中央银行在日常业务往来中,对商业银行等金融机构的业务方针、融资计划和经营活动等进行具体指导,规定其贷款重点投向和贷款变动数量,以使其信贷规模控制在适当范围内的行为。所谓道义劝告,是中央银行通过发出通告、指示或进行谈话等方式,劝告商业银行等金融机构将其信贷限制在适当的投向和规模的行为。

除了上述限制性或控制性措施以外,中央银行还可运用优惠利率的手段,对国家鼓励发展的经济部门或产业,如出口工业、农业等,给予优惠利率,促进其发展。这样,把鼓励和限制结合起来,有助于更好地进行金融调控。

上述货币政策,需要经由以中央银行为主导的整个金融机构体系来实施,因此,下面有必要介绍一下金融机构体系。

三、金融机构体系与币值稳定

金融机构体系是指一国的各类金融机构所构成的统一整体。由于金融活动是由专门的金融机构来实施的,货币政策需要通过金融机构来贯彻,且金融机构自身具有很大的特殊性,因而确立结构和规模合理的金融机构体系对于保障币值稳定是非常必要的。在全球化迅速发展,金融创新扩展力日益增强的形势下,金融机构体系也日益呈现趋同的态势。各国的金融体系一般都由两部分构成,一部分是银行机构,另一部分是非银行机构。从行业形态上说,在分业经营、分业监管的情况下,也可将金融机构分为银行业金融机构、证券业金融机构、保险业金融机构等。

银行业金融机构可分为两类,即中央银行和一般银行。中央银行在整个金融机构体系中居于最重要的地位,是国家货币政策的制定和执行者,是最重要的金融宏观调控部门。一般银行包括商业银行和专业银行(或称政策性银行)。其中,商业银行是金融体系中最主要的部分,实力雄厚,规模宏大,是主要经营存贷款业务和其他中间业务的重要市场主体;专业银行作为一种政策性银行,是不以营利为目的的,它主要通过优惠的金融政策来扶持和推动特殊产业和部门(如农业、进出口、大型建设项目的开发等)的发展。

在我国的商业银行中,中国工商银行、中国农业银行、中国银行、中国建设银行四大国有商业银行都早已完成股份制改造,中国邮政储蓄银行也已于2007年挂牌成立;一些重要的股份制银行,如交通银行、招商银行、民生银行、中信银行、平安银行、广发银行、光大银行等,以及其他各类银行,都在发挥着重要作用。银行业的监管机构是中国银行保险监督管理委员会。

非银行金融机构,是指银行以外的其他各类金融机构。如在证券业,从事证券业的金融机构主要包括证券交易所(如上交所和深交所),以及期货交易所、各类证券公司、基金公司等。证券业的监管机构是中国证券监督管理委员会。

此外,保险业的金融机构也有很多,如各类保险公司、保险中介机构、再保险公司、保险资产管理公司等。目前我国已成为全球第二大保险市场,发展空间巨大。保险业的监管机构是中国银行保险监督管理委员会。

另外,非银行金融机构,还包括信托投资公司、财务公司等。这些机构在市场经济条件下也发挥着越来越重要的作用,已成为整个金融机构体系中日益重要的组成部分。

金融机构体系与一国的金融体制直接相关。金融体制是有关各类金融机构的设置、职能、权限划分等制度的统称。有效的金融体制对于保障币值稳定目标的实现具有重要作用。我国的金融体制经过多次改革,目前已基本形成以中央银行为主导,以国有商业银行为主体,多种金融机构并存的金融体系;实行中央银行独立执行货币政策职能,政策性金融与商业性金融相分离的金融体制。在我国现行的金融体制中,"一委一行两会"(国务院金融稳定发展委员会、中央银行、银保监会、证监会)发挥着重要作用。

四、金融法的概念与体系

金融法是调整金融关系的法律规范的总称。作为经济法的部门法,金融法主要调整两类金融关系,即金融调控关系、金融监管关系。对这两类金融关系的调整,直接影响着币值稳定目标的实现。此外,广义的金融关系,还包括金融交易关系。金融交易关系属于平等主体之间的经济关系,是民商法的调整对象。在现实的金融立法中,几类关系都需要调整。因此,在具体形式意义的金融法律中,既涉及经济法规范,也涉及非经济法规范。

与上述金融机构体系相对应,金融法的体系包括银行法和非银行金融机构法两大部分,其具体规范则主要用来调整金融调控关系和金融监管关系。

上述银行法在传统上是金融法最重要的组成部分,主要包括中央银行法、商业银行法、政策性银行法等;上述非银行金融机构法主要包括证券法、保险法、信托法等,是金融法发展非常迅速的领域。在传统的金融法体系中,银行法是核心;而在银行法中,中央银行法又是核心。这种核心地位,既与其宏观调控的职能直接相关,又使中央银行法成为金融调控法中最为重要的内容。

从立法情况看,在经济法领域,金融法的立法相对较为健全,且立法层次较高,多部重要的金融法律已经颁布,形成了较为完备的金融立法体系。

我国的全国人大及其常委会曾于1995年推出了一批金融立法,其中包括《中国人民银行法》《商业银行法》《保险法》等,1995年因而被称为"金融立法年"。此后,全国人大常委会又陆续制定了一系列金融法律,包括1998年通过的《证券法》,2001 年通过的《信托法》,2003 年通过的《证券投资基金法》和《银行业监督管理法》,2006 年通过的《反洗钱法》等。上述法律颁行后大都历经多次修正。

除了金融法律以外,金融领域的行政法规、部门规章更是数量众多,涉及金融业的各个领域,在此不一一列举。从总体上看,我国金融立法的成效显著,这对于加强金融调控和金融监管都是很重要的。

无论是从上述金融机构体系的角度,还是从金融立法的角度看,中央银行和中央银行法都是非常重要的:中央银行是进行金融调控的最重要的主体,中央银行法是进行金融调控的最重要的法律依据。因此,下面有必要讨论中央银行的调控原理,以明晰央行的调控为什么有助于保障币值稳定,这也有助于更好地理解中央银行的调控制度。

五、中央银行的调控原理

(一) 中央银行的概念、特征与职能

中央银行是一国制定和执行货币政策,进行金融调控和金融监管的专门机构。[①] 它在各国的金融体制中都居于主导地位,对于保障币值稳定负有重要责任。

一般认为,中央银行具有三大特征:发行的银行、政府的银行、银行的银行。

作为发行的银行,中央银行垄断国家的货币发行权,是唯一的发行法定货币的机构。作为政府的银行,中央银行代表政府管理金融事务,制定和执行货币政策,履行金融调控、监管等职能,为政府提供金融支持。作为银行的银行,中央银行为商业银行等金融机构提供金融服务,保管后者的存款准备金,为后者提供清算,是各类普通金融机构的最后贷款人。

上述三大特征,同时也是中央银行的三大职能。在此基础上,中央银行还具有两项重要职能,即金融调控职能和金融监管职能。

中央银行不同于普通银行的一个重要方面,是它具有金融调控的职能。中央银行主要是通过制定和实施货币政策,运用各种货币政策工具,包括利率、汇率、存款准备金率、再贴现率等,对货币供应量进行调控,从而保障币值稳定,实现总量的平衡。

---

① 对于中央银行的称谓,各国情况不尽相同。有的国家径称为"中央银行",有的国家则称为储备银行(如美联储),有的国家称为"国家银行"(如瑞典国家银行),有的国家称为人民银行(如中国人民银行),有的国家则前加国名(如日本银行、法兰西银行)。

中央银行不同于普通银行的另一个方面,在于它具有金融监管的职能。主要体现为对银行和非银行金融机构的监管,以及对金融市场的监管。其中,对金融机构的监管包括对金融机构的组织、活动、市场准入、市场退出等方面的直接监管。近些年来,我国尤其强调中央银行的宏观审慎监管,以有效防控金融风险。中央银行的上述职能,在历史上并非同时产生。早期中央银行的职能,主要是发行的银行和政府的银行,即垄断货币发行权和服务于政府财政;随着市场经济的发展,银行业务日益广泛和复杂,又产生了"银行的银行"的职能,即中央银行要更好地为普通银行提供清算、保存准备金等服务;当市场经济发展到垄断阶段以后,中央银行的调控职能和监管职能才日益凸显并日渐重要。

(二)中央银行的设立模式

在现代市场经济条件下,中央银行担负着非常重要的职能,因而各国普遍设立中央银行。但从历史上看,各国中央银行的设立和发展有不同的路径,从而形成了不同的设立模式。

一般说来,1656年创办的瑞典国家银行被认为是中央银行的最早萌芽,它是第一家发行银行券的银行;而1694年成立的英格兰银行,则被认为是中央银行的最早雏形。但它们最初都不是国家设立的,而是靠自身的不断发展壮大才取得了中央银行的一些职能。这与后世各国自觉地依法设立中央银行是不同的。

在中央银行普遍设立的今天,各国的设立模式不尽相同。其中,最主要的模式有两类,一类是单一制,另一类是复合制。

单一制的模式,就是一国只设立一个中央银行,在总行下再设立若干分支机构,作为总行的派出机构;总行独立、统一地制定货币政策。其优点是权力集中,反应迅速,便于调控和监管,因而世界绝大多数国家(特别是单一制国家)都采用该模式。

复合制模式,就是一国不仅在中央一级设立中央银行,在相对独立的地方也设立中央银行机构,并分别行使中央银行的职能;地方的中央银行并不是总行的分支机构,在业务上具有较大独立性。此种模式主要适用于联邦制国家。美国的中央银行就实行复合制模式。

上述两种模式,是最为基本的。除此以外,还有跨国制模式等。所谓跨国制,就是在区域经济一体化的背景下,由组成某个货币联盟的多个国家共同成立一个中央银行,统一履行中央银行的职能。此类模式的典型,是欧洲中央银行。

在不同的模式之下,中央银行进行金融调控的决策程序、方式、效率、影响范围等都可能有所不同,这是在金融调控立法和执法过程中要考虑的问题。

(三) 中央银行的独立性与币值稳定

与上述设立模式及金融调控密切相关的重要问题,是中央银行的独立性问题。中央银行独立性对于保障币值稳定至为重要,其强弱取决于中央银行的法律地位,同时也决定了央行在金融调控方面的作用和影响力。

中央银行的独立性,主要体现为它是否要独立于政府、独立于财政,是否要直接对国会或议会负责,对此始终存在着争论。强化中央银行独立性的肯定论认为,中央银行是负有社会责任的机构,其货币政策对保障币值稳定,促进经济和社会发展有重大影响,其金融调控举足轻重,而政府受任期目标的影响,往往可能急功近利,因而央行不应受政府短期行为的影响。否定论则认为,中央银行事实上不可能独立于政府。许多人认为,中央银行的独立性只能是相对的,其活动要与国家经济和社会发展的总体目标一致,同时还要符合金融活动的规律,努力保障币值稳定。

在实践中,各国立法对中央银行独立性的规定也不尽相同,主要可分为三种模式:

(1) 独立性较强模式,即中央银行可根据经济和社会的具体情况,独立地制定和执行货币政策,政府不能直接干预其政策的制定和执行,中央银行可直接对国会或议会负责。实行此类模式的代表主要是美联储、德意志联邦银行等。例如,美国《联邦储备法》规定,联邦储备系统直接对国会负责,可独立选择合理的政策目标、政策工具等,无须经联邦政府批准。而德意志《联邦银行法》则规定,德意志联邦银行独立于政府,政府不能对其直接发布命令和指示。

(2) 独立性次强模式,即中央银行在立法规定或名义上隶属于政府或政府的财政部门,但在实务操作中却保持较大的独立性。此类模式的典型代表是英格兰银行、日本银行等。在英国和日本的相关法律中,都曾规定政府的财政部门有权对中央银行发布命令,但同在1998年颁布的《英格兰银行法》和《日本银行法》则不约而同地在具体制度安排上进一步增强了本国中央银行的相对独立性。

(3) 独立性较弱模式,即中央银行较多地听命于政府,甚至与财政部门很难分开,其货币政策的制定和执行要得到政府甚至财政部门的同意。此类模式的典型代表是意大利的中央银行。

我国的中央银行过去的独立性相对较弱。但现行的《中国人民银行法》已明确,财政不得向银行透支,中央银行独立地制定和执行货币政策。这使我国中央银行的独立性已比过去至少在名义上有了很大提高,从而为更好地进行金融调控提供了重要法律保障。

(四) 中央银行的性质

从金融调控法的角度看,中央银行是进行金融调控的专门机构,是特殊的国家机关。中央银行的这一性质,使其能够更好地履行保障币值稳定的职责。

中央银行的主要职能是进行金融调控,该职能是通过其发行的银行、政府的银行、银行的银行这三大职能的具体履行来实现的。中央银行的金融调控,离不开整体的金融机构体系,以及中央银行与商业银行等金融机构的业务往来。但是,中央银行从事金融业务的目的,是有效进行货币供应量的调控,保障币值稳定,全面实现金融调控的各项目标,而不是为了同普通金融机构竞争。事实上,各国中央银行既不经营普通金融机构的业务(如它不对工商企业和个人企业办理业务,只对政府和普通金融机构办理业务),也不以营利为目的,因而它不是普通的金融企业,而是进行金融调控的专门机构;同时,它又不同于一般的行政管理机关,而是在业务、经费来源等方面均有其特殊性的专门的国家机关。

中央银行的上述性质,决定了它必然是金融调控的最重要主体;同时,也决定了金融调控的法律制度,必然围绕中央银行的权责等来构建,从而使中央银行法成为金融调控法的核心内容。

此外,由于中央银行的金融调控要同各类金融机构以及其他相关主体发生关联,因而金融调控法也会涉及金融法其他部分的相关内容。另外,金融调控与金融监管联系十分密切,因而有时论及金融调控制度也会涉及金融监管的内容,就像宏观调控法与市场规制法的紧密联系一样。同样,金融监管也为金融调控的有效展开奠定了重要基础,无论对各类金融机构的监管,还是对金融市场的监管,都有助于更好地进行金融调控。

(五) 中央银行的调控对象

中央银行是通过调控金融机构的行为,来调控整个金融市场,从而影响货币供应量,实现金融调控的各项目标。因此,中央银行的总体调控对象,是整个金融市场。

中央银行进行金融调控的目标,就是前述的货币政策目标;其进行金融调控的手段,就是广义的货币政策的各种工具。通过这些货币政策工具的运用,中央银行可以直接或间接地影响各类金融机构的金融行为,进而影响整个金融市场的货币供需或银根松紧,以保障金融运行的良性和有序。

金融市场包括货币市场、证券市场、保险市场等。对上述金融市场的监管职责,在我国分别由相关监督管理委员会(银保监会、证监会)来承担,但对这几类市场的综合调控,则是中央银行的职责。

第二节 中央银行的调控制度

由于金融调控是以中央银行为主体和主导的调控,因此,金融调控的主要制度,也是与中央银行的主体地位、职责履行等直接相关。我国以中央银行为中心的金融调控制度已经形成。

一、我国中央银行的地位、职责与独立性

(一) 我国中央银行的地位与职责

为了确立我国中央银行的地位,明确其职责,保证国家货币政策的正确制定和执行,建立和完善中央银行宏观调控体系,维护金融稳定,我国的全国人大于1995年3月18日通过了《中华人民共和国中国人民银行法》(以下简称《中国人民银行法》)。该法明确规定,中国人民银行是中华人民共和国的中央银行,在国务院领导下,制定和执行货币政策,防范和化解金融风险,维护金融稳定。这一规定既明确了中国人民银行的中央银行地位,也明确了它的总体职责。

中国人民银行作为我国的中央银行,从职能上说,它是我国发行的银行、政府的银行、银行的银行,同时,也是我国从事金融调控和金融监管的银行。按照《中国人民银行法》的规定,中国人民银行的具体职责包括:(1) 发布与履行其职责有关的命令和规章;(2) 依法制定和执行货币政策;(3) 发行人民币,管理人民币流通;(4) 监督管理银行间同业拆借市场和银行间债券市场;(5) 实施外汇管理,监督管理银行间外汇市场;(6) 监督管理黄金市场;(7) 持有、管理、经营国家外汇储备、黄金储备;(8) 经理国库;(9) 维护支付、清算系统的正常运行;(10) 指导、部署金融业反洗钱工作,负责反洗钱的资金监测;(11) 负责

金融业的统计、调查、分析和预测；(12)作为国家的中央银行，从事有关的国际金融活动。可见，上述法律规定，同中央银行应有的基本职能是完全一致的。

在上述各项法定的具体职能中，有多项职能与中央银行的金融调控职能密切相关，特别是制定和执行货币政策、发行和管理人民币、监管金融机构和金融市场、经管外汇储备、维持支付和清算系统、统计分析和预测、国际金融活动等。中国人民银行只有有效履行上述职能，才能更好地实现金融调控的目标。

(二) 我国中央银行的独立性

我国中央银行的独立性，对于货币政策的制定和执行，对于有效展开金融调控，保障币值稳定，都是非常重要的。根据《中国人民银行法》的规定，中国人民银行的重要职能，就是制定和执行货币政策。中国人民银行在国务院领导下依法独立执行货币政策，履行职责，开展业务，不受地方政府、各级政府部门、社会团体和个人的干涉。从立法规定上看，中国人民银行隶属于中央政府，但不隶属于财政部门。

此外，为了保证中国人民银行的独立性，《中国人民银行法》还特别规定，中国人民银行不得对政府财政透支，不得直接认购、包销国债和其他政府债券。同时，中国人民银行也不得向地方政府、各级政府部门提供贷款，不得向非银行金融机构以及其他单位和个人提供贷款，除非国务院决定中国人民银行向特定的非银行金融机构提供贷款。另外，中国人民银行不得向任何单位和个人提供担保。

分析中国人民银行的独立性问题，还需审视其与政府和人大的关系。由于金融调控工具的使用，直接影响市场主体的具体权益，需要特别慎重，因此，《中国人民银行法》规定，中国人民银行就年度货币供应量、利率、汇率和国务院规定的其他重要事项作出的决定，报国务院批准后执行。中国人民银行应当向全国人民代表大会常务委员会提出有关货币政策情况和金融业运行情况的工作报告。

二、我国中央银行的货币政策

(一) 货币政策的目标

对于货币政策的目标，各国规定并不完全一致。我国《中国人民银行法》规定，货币政策目标是保持货币币值的稳定，并以此促进经济增长。

上述法定的货币政策目标表明，我国货币政策首要的、直接的目标，就是保持货币币值的稳定。此外,我国货币政策在实现保持币值稳定目标的基础上,还有一个递进的目标,即通过稳定币值,来促进经济增长。可见,我国的货币政策的目标是有层次的、递进的双重目标,没有币值的稳定,就很难有经济的持续增长。

对于币值稳定,有的学者认为包括两个方面,一方面是本币的稳定,它直接影响本国物价的稳定;另一方面是本币对外币的币值稳定,这涉及汇率和国际收支平衡的问题。两个方面都需要通过有效的货币政策的制定和执行来实现。

实现币值稳定的目标,需要有一个中介,这就是货币供应量。所谓货币供应量,通常是指全社会在某一时点上的流通手段和支付手段的总和。狭义的货币供应量是指 M1(包括流通中的现金、企业活期存款、机关团体部队存款、农村存款、个人持有的信用卡类存款),广义的货币供应量是指 M2(除了上述 M1 以外,还包括城乡居民储蓄存款、企业存款中有定期性质的存款、外币存款、信托类存款、证券公司客户保证金等)。调控上述货币供应量,对于实现经济总量的平衡具有重要作用。

(二) 货币政策工具

为了调控货币供应量,保障币值稳定,根据我国《中国人民银行法》的规定,中国人民银行为执行货币政策,可运用下列货币政策工具:(1) 要求银行业金融机构按照规定的比例交存存款准备金;(2) 确定中央银行基准利率;(3) 为在中国人民银行开立账户的银行业金融机构办理再贴现;(4) 向商业银行提供贷款;(5) 在公开市场上买卖国债、其他政府债券和金融债券及外汇;(6) 国务院确定的其他货币政策工具。可见,货币政策工具涉及存款准备金制度、基准利率制度、再贴现制度、再贷款制度、公开市场操作制度等。上述制度都是金融调控的重要制度,对于保障币值稳定尤为重要。

1. 存款准备金制度

存款准备金制度,或称存款准备金政策,其核心是通过存款准备金率的调节,来实现金融调控的目标。我国的存款准备金制度自 1984 年实施以来,经过多次调整,到 2004 年 5 月,开始实行差别存款准备金率制度。其核心内容是依据金融机构的资本充足率、不良贷款比率、风险防范能力等,对不同的金融机构实行差别存款准备金率,即资本充足率高、不良贷款比例低的金融机构,所适用的存款准备金率也低,反之则高。这样,中国人民银行就可根据金融调控的需要,通过实行区别对待的办法,来分别适用不同的存款准备金率,从而在调控货币供应量的同时,确保金融安全和金融稳定。

目前，我国所有的吸收一般存款（非财政性存款）的银行业金融机构，都应按中国人民银行规定的存款准备金率交存存款准备金；存款准备金率由中国人民银行规定、调整和公布，并由其分支机构具体实施。

2. 利率调控与基准利率制度

利率是金融调控的重要杠杆，利率调控是实施货币政策的主要手段之一。中国人民银行通过对利率水平和利率结构进行调整，就能够影响社会资金供求状况，从而有助于实现货币政策的既定目标。

目前，中国人民银行采用的利率工具主要有：(1) 调整中央银行基准利率；(2) 调整金融机构法定存贷款利率；(3) 制定金融机构存贷款利率的浮动范围；(4) 对各类利率结构和档次进行调整。随着利率市场化改革的逐步推进，利率调控将逐步从对利率的直接调控转为间接调控，其调控方式将更加灵活，杠杆作用将更加突出。

上述作为利率工具的基准利率制度，只是整体的利率调控制度的重要组成部分。所谓基准利率，是在利率体系中具有基础、准据作用的利率。基准利率的变动会直接影响其他利率的变动，因而调整基准利率对于调控货币供应量，实现金融调控的目标具有重要作用。基准利率的确定与市场上的融资成本、货币供需情况、利率市场化程度等直接相关。① 在以往的实践中，一般将中国人民银行对各类金融机构的存贷款利率称为基准利率。目前，我国的基准利率包括：(1) 再贷款利率，即中国人民银行向金融机构发放再贷款所采用的利率；(2) 再贴现利率，即金融机构将所持有的已贴现票据向中国人民银行办理再贴现所采用的利率；(3) 存款准备金利率，即中国人民银行对金融机构交存的法定存款准备金支付的利率；(4) 超额存款准备金利率，即中央银行对金融机构交存的准备金中超过法定存款准备金水平的部分支付的利率。

基准利率的确定和调整，对金融调控具有重要意义。一般说来，上调基准利率，就会加大投资行为的融资成本，有助于调控全社会投融资行为和预期，防止贷款盲目扩张，促使各类投资主体更加趋于理性，从而有利于维护价格总水平基本稳定，促进国民经济的良性运行和协调发展。

3. 再贴现制度

再贴现制度作为货币政策工具中的"三大法宝"之一，在金融调控方面的

---

① 我国在1993年即已提出利率改革的长远目标是：建立以市场资金供求为基础，以中央银行基准利率为调控核心，由市场资金供求决定各种利率水平的市场利率体系的市场利率管理体系。其后又提出中央银行要按照资金供求状况及时调整基准利率，并允许商业银行存贷款利率在规定幅度内自由浮动。

作用较为突出,其核心是再贴现率的确定和调整。我国于1986年开办再贴现业务。1994年以来,中国人民银行陆续出台了一系列有关再贴现的规定,使再贴现制度不断完善。

贴现是指商业汇票的持票人在汇票到期日前,为了取得资金贴付一定利息将票据权利转让给金融机构的票据行为,是金融机构向持票人融通资金的一种方式。[①] 再贴现是指金融机构为了取得资金,将未到期的已贴现商业汇票再以贴现方式向中国人民银行转让的票据行为,是中央银行的一种货币政策工具。再贴现率由中国人民银行制定、发布与调整。

再贴现的对象是在中国人民银行及其分支机构开立存款账户的商业银行、政策性银行及其分支机构。对非银行金融机构再贴现,须经中国人民银行总行批准。

中国人民银行总行设立再贴现窗口,受理、审查、审批各银行总行的再贴现申请,并经办有关的再贴现业务。中国人民银行各一级分行和计划单列城市分行设立授权再贴现窗口,受理、审查、并在总行下达的再贴现限额之内审批辖内银行及其分支机构的再贴现申请,经办有关的再贴现业务。

中国人民银行根据金融调控和结构调整的需要,不定期公布再贴现优先支持的行业、企业和产品目录。中国人民银行对各授权窗口的再贴现实行总量控制,并根据金融宏观调控的需要适时调增或调减各授权窗口的再贴现限额。各授权窗口对再贴现限额实行集中管理和统一调度,不得逐级分配再贴现限额。

4. 再贷款制度

中央银行是银行的银行,是商业银行的最终贷款人。所谓再贷款,就是中央银行对商业银行等金融机构的贷款。中国人民银行通过再贷款,就能够对商业银行等金融机构的活动进行调控,从而调控整体上的货币供应量,实现金融调控的目标。

根据《中国人民银行法》的规定,中国人民银行根据执行货币政策的需要,可决定对商业银行贷款的数额、期限、利率和方式,但贷款的期限不得超过一年。为了使这些规定进一步具体化,中国人民银行还发布了一系列规章,从而使再贷款制度更具有可操作性。

需要注意的是,与一般贷款的对象不同,再贷款的对象只能是商业银行。根据《中国人民银行法》的规定,中国人民银行不得向地方政府、各级政府部门提供贷款,除国务院决定中国人民银行可向特定的非银行金融机构提供贷款的

---

① 可参见我国《商业汇票承兑、贴现与再贴现管理暂行办法》的相关规定。

以外,中国人民银行也不得向非银行金融机构以及其他单位和个人提供贷款。

此外,中国人民银行的再贷款作为执行货币政策的一种手段,其发放要考虑金融调控的目标和货币供应量的具体情况。由于再贷款是基础货币的投入,其规模和投向对整个银行系统的贷款规模和结构都会产生影响,因此,在进行金融调控时,再贷款是一个不可忽视的手段。

5. 公开市场操作制度

公开市场操作,是指中央银行在金融市场上公开进行有价证券和外汇交易的活动。通过公开市场操作,中央银行能够吞吐基础货币,调节市场流动性,从而实现金融调控的目标。公开市场操作是各国中央银行主要的货币政策工具,在我国也是如此。自1999年以来,公开市场操作已成为中国人民银行货币政策日常操作的重要工具,对于调控货币供应量、调节商业银行流动性水平、引导货币市场利率走势等,都发挥了积极的作用。

目前,我国的公开市场操作包括两类,即人民币操作和外汇操作。中国人民银行主要根据货币供应量和市场汇率等指标的变化情况,来决定公开市场操作的具体方向。公开市场操作主要以国债、政策性金融债券等作为交易工具,以一级交易商(即由中央银行评审确定的商业银行、证券公司等)为交易对象。

以上是中国人民银行所采行的主要货币政策工具。除此以外,中国人民银行近年来还将常备借贷便利(SLF)、中期借贷便利(MLF)等作为调控工具。另外,央行也可依法运用其他选择性的货币政策工具,如特种存款、道义劝告、窗口指导等。这些货币政策工具,对于中国人民银行有效行使其中央银行职能,全面实现金融调控目标,保障币值稳定,都具有重要作用。

三、货币发行与币值稳定

从理论上说,一国的货币发行权对于保障币值稳定非常重要。中国人民银行作为"发行的银行",是我国货币发行的主管部门。由于货币的发行,会直接影响货币供应量,因此,它同样是金融调控的重要手段。

我国的货币发行调控制度,由《中国人民银行法》《人民币管理条例》等法律、法规和规章中的相关规范构成。货币发行调控之重要,与人民币的法律地位、发行机关、发行原则等直接相关。

1. 人民币的法律地位

在我国,人民币是法定货币,货币发行指的就是人民币的发行。依据《中国人民银行法》规定,中华人民共和国的法定货币是人民币。以人民币支付中华人民共和国境内的一切公共的和私人的债务,任何单位和个人不得拒收。

正由于人民币是法定货币,具有无限清偿能力,是我国内地唯一的合法货币,因而其发行规模和投向会对经济生活产生巨大影响。基于人民币的重要法律地位,必须加强人民币的发行调控,以保障币值稳定。

2. 货币发行与货币发行权

所谓货币发行,在狭义上是指中央银行将本国货币发放到流通领域的行为;在广义上是指中央银行发行、投放、回笼、保管、调拨、销毁货币的活动的总称。中国人民银行发行人民币的行为,导致基础货币增加,其乘数效应会直接影响货币供应量和币值稳定,从而影响金融调控目标的实现,因此,货币发行必须考虑经济、社会、法律、政治等诸多因素,并对发行的规模进行有效调控。

货币发行权是国家在货币管理方面至为重要的权力,它是一种垄断权,通常归属于中央政府,并由中央银行具体行使。在我国,货币发行权集中于国务院,由国务院代表国家行使货币发行权;同时,货币发行权由国务院授权中国人民银行具体行使。货币发行权作为一种宏观调控权,是由中央银行行使的实现货币政策目标的重要权力。

中央银行具体行使垄断的货币发行权,与其执行货币政策的职责密切相关。由于货币发行量会直接影响货币供应量,中央银行垄断货币发行,有助于控制基础货币的投放量,从而保持币值的稳定。此外,中央银行垄断货币发行,独立行使货币发行权,有助于防止在多家银行发行货币的情况下所产生的币种不一、信用不足以及由于发行银行倒闭等可能引发的影响金融安全和金融秩序的问题。

3. 货币发行原则与币值稳定

为了保障币值稳定,有效进行金融调控,人民币的发行应遵循以下三项基本原则:

(1) 统一发行原则。根据《中国人民银行法》的规定,人民币由中国人民银行统一印制、发行。任何单位和个人不得印制、发售代币票券,以代替人民币在市场上流通。可见,人民币必须由中国人民银行统一发行,这是我国货币发行的基本原则,这一原则与中国人民银行垄断行使货币发行权是内在一致的。

(2) 计划发行原则。货币发行事关重大,必须根据经济发展的要求有计划地发行,因而应遵循计划发行原则。据此,中国人民银行每年要提出年度货币发行计划,报国务院批准后再按计划发行。强调计划发行原则,有利于保障币值的稳定,有助于实现金融调控的目标。

(3) 经济发行原则。经济发行原则,也称信用发行原则,即必须根据宏观经济运行和市场需求的情况,按照商品流通的实际需要来发行货币,使货币发行量与商品流通量基本相适应,使价值流和商品流基本相一致。经济发行原则体现了经济规律的要求,对于防止通货膨胀和通货紧缩都有一定的意义,因而有助于实现币值稳定等调控目标。

与经济发行原则相对应的是财政发行原则,即按照财政的需要而不是经济的实际来发行货币的原则。财政发行虽然有助于弥补财政赤字,但不利于币值稳定。因此,从保障经济可持续发展和增进政府合法性的角度,必须坚持经济发行原则。

四、金融调控的监督保障

为了更好地实现金融调控的目标,中国人民银行对银行业金融机构等主体加强监督检查,获取必要的信息资料,是非常必要的。事实上,中国人民银行的监管职能与金融调控职能紧密相连,加强金融监管有助于金融调控目标的实现。

为此,《中国人民银行法》规定了中国人民银行的一系列监督检查方面的权力,包括对行为和机构的督查权,对监管机构的督查建议权,以及对相关信息资料的获取权等,现简述如下:

(一) 对相关金融行为的督查权

中央银行对金融机构行使监督检查权的主要目的是保障金融调控的目标的实现。根据《中国人民银行法》的规定,中国人民银行有权检查监督金融机构以及其他单位和个人的一系列行为,例如:

(1) 执行有关存款准备金管理规定的行为。这直接关系到存款准备金制度的落实,关系到货币供应量的调控,从而关系到金融调控目标的实现。

(2) 与中国人民银行特种贷款有关的行为。所谓中国人民银行特种贷款,是指国务院决定的由中国人民银行向金融机构发放的用于特定目的的贷款。这些特种贷款,同样体现货币政策的基本精神,其规模和投向会在一定程度上影响金融调控目标的实现。

(3) 执行有关人民币管理规定的行为。中国人民银行享有人民币的统一印制权和统一发行权,为了保障中国人民银行的上述专属权,维护人民币的信誉,确保金融调控的基础,国家禁止伪造、变造人民币;禁止出售、购买伪造、变造的人民币;禁止运输、持有、使用伪造、变造的人民币;禁止故意毁损人民币;禁止在宣传品、出版物或者其他商品上非法使用人民币图样。为了有效调控货币供应量,任何单位和个人不得印制、发售代币票券,以代替人民币在市场上流通。

(4) 执行有关银行间同业拆借市场、银行间债券市场管理规定的行为。银行间同业拆借市场和债券管理市场,都会对市场上的信用规模等产生影响,从而会影响金融调控。为此,国家对上述两类市场也要加强管理,以确保调控目标的实现。

(5) 执行有关外汇管理规定的行为。在经济全球化的大背景下,外汇的汇率、规模、用途等,都会影响金融市场的货币供应量和宏观调控;此外,加强外汇管理,也有助于维护本国的企业以及相关产业的利益。因此,从金融调控的角度看,应当对执行外汇管理规定的行为加强检查和监督。

(二) 对金融监管机构的督查建议权

除了上述直接的监督检查权以外,为了实现金融调控的目标,中国人民银行还享有对相关金融监管机构监督检查的建议权。

例如,根据《中国人民银行法》的规定,中国人民银行根据执行货币政策和维护金融稳定的需要,可建议国务院银行业监督管理机构对银行业金融机构进行检查监督。国务院银行业监督管理机构应当自收到建议之日起30日内予以回复。

(三) 对银行业金融机构的特别督查权

对银行业金融机构的一般督查权,通常由专门的银行业监督管理机构行使。但在银行业金融机构出现支付困难,可能影响金融稳定时,中央银行可行使特别督查权。由于金融调控的一个重要目标就是保障经济的稳定,其中也包括金融稳定,因此,在涉及金融稳定的领域,中央银行要行使一定的特别督查权。为此,《中国人民银行法》规定,当银行业金融机构出现支付困难,可能引发金融风险时,为了维护金融稳定,中国人民银行经国务院批准,有权对银行业金融机构进行检查监督。

(四) 对银行业金融机构的信息资料的获取权

除了上述权力以外,中国人民银行根据履行职责的需要,有权要求银行业金融机构报送必要的资产负债表、利润表以及其他财务会计、统计报表和资料。这样,就能够根据金融机构的信息资料所反映的实际情况,更好地进行金融调控。

五、通过商业银行实施的金融调控

在金融调控的过程中,商业银行虽然不是调控主体,但却是宏观调控的重要承受主体和信号传递主体。没有商业银行,中央银行的金融调控就会受到很大影响。因此,应关注中央银行通过商业银行实施的金融调控。

事实上，中央银行的货币政策的实施，无论是利率政策、汇率政策、"三大法宝"，还是其他手段，都与商业银行的行为和利益直接相关。因此，在我国《商业银行法》中，也有金融调控的相关规定，主要体现在以下方面：

（1）有关存款利率调控的规定。我国《商业银行法》规定，商业银行应当按照中国人民银行规定的存款利率的上下限，确定存款利率，并予以公告。这一规定，强调了中央银行在存款利率调控方面的地位，以及商业银行的遵从义务。

此外，我国《商业银行法》还规定，商业银行不得违反规定提高或者降低利率以及采用其他不正当手段，吸收存款。这一规定有助于解决实践中存在的高息揽储以及侵害客户利益等问题。其实，违法提高或降低利率，不仅是不正当竞争行为，也是影响金融安全和金融秩序的行为，还是危害中央银行金融调控的行为，因此，必须对其加强规制。

（2）有关存款准备金的规定。存款准备金制度是中央银行进行金融调控的重要制度，但其有效实施同样离不开商业银行的遵从。为此，《商业银行法》规定，商业银行应当按照中国人民银行的规定，向中国人民银行交存存款准备金，留足备付金。

（3）有关支付保证（备付金）的规定。为了保护客户的利益，保障金融安全，确保金融调控的微观基础，商业银行应当保证存款本金和利息的支付，不得拖延、拒绝支付存款本金和利息。这有助于规范商业银行的行为，实现金融调控的目标。

（4）有关贷款应符合宏观调控要求的规定。存款和贷款，都是商业银行至为重要的业务，而贷款对投资和经济发展会产生重要影响。因此，贷款必须与宏观调控的要求，特别是宏观经济发展以及产业结构调整的需要等相一致。为此，《商业银行法》规定，商业银行应根据国民经济和社会发展的需要，在国家产业政策指导下开展贷款业务。

（5）有关贷款利率调控的规定。贷款利率的调整对市场主体的投资、消费乃至宏观经济都会产生重要影响，因而是金融调控必须关注的重要领域。中央银行作为贷款利率调控的主体，应当发挥重要作用；同时，商业银行在中央银行确定的调控幅度内确定利率，既有利于体现宏观调控的总体要求，又有利于在一定限度内发挥商业银行的积极性。为此，《商业银行法》规定，商业银行应当按照中国人民银行规定的贷款利率的上下限，确定贷款利率，即商业银行不得违背依据货币政策和金融调控精神所确定的贷款利率的上下限。

此外，《商业银行法》还规定，商业银行不得违反规定提高或者降低利率以及采用其他不正当手段,发放贷款。其原理与前述不得违法调整存款利率的原理相同。由于违法调高或调低贷款利率不仅会影响客户利益、金融秩序和金融安全,而且会给经济和社会发展带来诸多方面的负面影响,因此,对此类行为应予以特别规制。

(6) 有关资产负债比例管理的规定。资产负债比例涉及金融的安全性、流动性,同时,也涉及货币供应量等问题,是金融调控的微观基础。如果在资产负债比例方面存在问题,则金融调控的实效也会受到影响。因此,我国《商业银行法》规定,商业银行贷款,应当遵守下列资产负债比例管理的规定:第一,资本充足率不得低于8%;第二,流动性资产余额与流动性负债余额的比例不得低于25%;第三,对同一借款人的贷款余额与商业银行资本余额的比例不得超过10%。

(7) 有关同业拆借的调控规定。同业拆借,涉及资金的规模和投向问题,从而同样会影响金融调控。为了明确同业拆借的依据、资金投向等问题,我国《商业银行法》规定,同业拆借,应当遵守中国人民银行的规定。禁止利用拆入资金发放固定资产贷款或者用于投资。

此外,拆出资金限于交足存款准备金、留足备付金和归还中国人民银行到期贷款之后的闲置资金。拆入资金用于弥补票据结算、联行汇差头寸的不足和解决临时性周转资金的需要。

六、外汇领域的金融调控

在开放经济条件下,外汇领域的金融调控非常重要。通过加强外汇领域的金融调控,有助于促进国际收支平衡,促进经济的稳定增长,实现宏观调控的相关目标。因此,中央银行及具体的外汇管理部门,都对外汇领域的金融调控非常重视。我国早已制定和颁布了《外汇管理条例》①,在2008年修正以前的《外汇管理条例》中,对中央银行的金融调控规定较多;现行的《外汇管理条例》,对外汇管理部门的金融监管职能规定较多,同时,也涉及一些重要的有关外汇领域金融调控的规定,这对于保障国际收支的平衡是非常重要的。

所谓外汇,是指以外币表示的可用作国际清偿的支付手段和资产。外汇的具体形式主要有:(1) 外国货币(包括纸币、铸币);(2) 外币支付凭证(包括票据、银行存款凭证、邮政储蓄凭证等);(3) 外币有价证券(包括政府债券、公司

---

① 《中华人民共和国外汇管理条例》于1996年1月29日由国务院发布,根据1997年1月14日国务院《关于修改〈中华人民共和国外汇管理条例〉的决定》修订,2008年8月1日国务院再次修订。

债券、股票等);(4) 特别提款权以及其他外汇资产。在我国境内禁止外币流通,且不得以外币计价结算。

外汇管理直接影响金融秩序和金融安全,在外汇领域的金融调控,涉及汇率、外汇市场、外债管理以及国际收支等多个方面。对此,我国的《外汇管理条例》都有相关规定:

1. 对汇率的调控

汇率是本币与外币的兑换比率。汇率的变动直接影响国际收支,事关国家和相关市场主体的利益,从而影响金融稳定与金融安全,以及金融调控的绩效。因此,对汇率的调控是各国金融调控的重要内容。我国《外汇管理条例》规定,人民币汇率实行以市场供求为基础的、有管理的浮动汇率制度。

从 2005 年 7 月 21 日起,我国开始实行以市场供求为基础,参考一篮子货币进行调节、有管理的浮动汇率制度。人民币汇率不再盯住单一的美元,中央银行根据总体的金融形势,参考由多种主要货币组成的一篮子货币,对人民币汇率进行管理和调节,确保人民币汇率既有正常浮动,又能基本稳定,从而促进国际收支的平衡,实现金融调控的目标。

2. 对外汇市场的调控

外汇市场是由外汇的需求者、供给者以及中介机构构成的外汇交易场所。广义的外汇交易市场包括银行结售汇市场和银行间外汇交易市场,在狭义上则仅指后者。目前,银行间外汇市场包括即期外汇市场和远期外汇市场。对于各类外汇市场,不仅需要加强监管,也需要进行有效的调控。

依据我国《外汇管理条例》的规定,国务院外汇管理部门可根据外汇市场的变化和货币政策的要求,依法对外汇市场进行调节。外汇市场交易的币种和形式由国务院外汇管理部门规定。同时,国务院外汇管理部门依法监督管理全国的外汇市场。

3. 对外债的管理和调控

外债是以外币形式发行的政府债券,因而它与外汇直接相关。为了更好地进行外债领域的金融调控,我国《外汇管理条例》规定,国家对外债实行规模管理。借用外债应当按照国家有关规定办理,并到外汇管理机关办理外债登记。国务院外汇管理部门负责全国的外债统计与监测,并定期公布外债情况。

4. 对国际收支的管理和调控

国际收支平衡是宏观经济的四大目标之一,它与中央银行稳定币值的目标、调控货币供应量的手段是紧密相连的,因此,国家必须加强对国际收支的管理和调控。

为此,我国《外汇管理条例》规定,国家实行国际收支统计申报制度。国务院外汇管理部门应当对国际收支进行统计、监测,定期公布国际收支状况。

此外,国务院外汇管理部门依法持有、管理、经营国家外汇储备,遵循安全、流动、增值的原则。如果能够严格管理,有效经营,认真落实安全、流动和增值三原则,则无疑有助于保障国际收支的动态平衡。

另外,在国际收支出现或者可能出现严重失衡,以及国民经济出现或者可能出现严重危机时,国家可对国际收支采取必要的保障、控制等措施。这是结合经济全球化发展的新形势,《外汇管理条例》所作出的强调加强国际收支调控的新规定,同时,这也符合国际惯例。

本章小结

金融调控对于保障币值稳定至为重要,金融调控制度作为宏观调控法的重要组成部分,直接影响当代各国的经济发展。由于金融调控是以中央银行为主体和主导展开的,因此,本章讨论的金融调控的基本原理和主要制度,也主要围绕中央银行和中央银行法展开。

在金融调控的基本原理部分,本章着重从保障币值稳定的角度,讨论了货币政策的目标及其工具、金融机构体系、中央银行的调控原理等基本问题。上述有关原理的讨论,有助于更好地理解金融调控法的目标、调整手段、制度体系、权限分工以及调整机制等问题,因而是学习金融调控法律制度的基础。

在中央银行的调控制度部分,本章以中央银行法为中心,讨论了我国中央银行的地位、职责、机构、独立性问题,以及中央银行通过商业银行和外汇管理实施的调控,尤其重点讨论了中国人民银行的货币政策目标及其工具、货币发行调控,以及金融调控的监督保障等制度。这些制度对于有效实施金融调控,保障币值稳定,实现宏观经济的四大目标,至为重要。

第十五章

经济失衡与计划调控

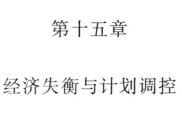

本章导读

　　市场失灵在宏观层面会导致经济失衡。经济失衡是诸多经济问题的集中体现,它与市场的盲目性直接相关,因而应适当增强整体经济的计划性和可预见性。此外,经济失衡也是产生经济波动或经济危机的直接原因,会严重影响经济的稳定增长,通过经济法各个部门法的调整会有助于解决经济失衡问题。为此,应当通过增强经济的计划性,尽量降低市场行为的盲目性,在整体上更加关注经济行为的合理性和有效性,同时,还要通过经济法的有效调整,在更高层次上加强计划调控,增进各类经济政策和调控措施的协调配合。

　　经济失衡与产业失衡、投资失衡等直接相关,旨在解决经济失衡问题的计划调控,也要涉及产业调控、投资调控、价格调控、外贸调控等多个方面,同时,上述领域的调控需要与前面的财政调控、金融调控密切配合,形成综合协调的调控网络。本章主要以计划调控的基本原理和主要制度为例,来说明经济法特别是计划调控法对解决经济失衡问题的重要作用,由此亦可加深对经济法学的均衡原理的理解。

第十五章　经济失衡与计划调控

第一节　计划调控的基本原理

一、经济失衡与计划

"凡事预则立,不预则废"。一国的经济失衡是由多方面复杂原因造成的,但导致经济失衡的直接原因,一定与行动者的盲目性有关,因而增强相关经济行为的预见性或计划性就显得非常重要。

计划通常是指人们在行动以前预先进行的设计、规划或筹划。它包括行动的具体内容和实施步骤等。计划是理性的体现。即使是一般的组织、个人的行动,也往往需要计划。对于国家而言,计划就更为重要。

国家计划是一国对其经济和社会发展所作出的预测及所希望实现的政策目标,以及为实现政策目标所需采取的相互协调的政策措施。它是一国进行宏观调控的重要手段,对于解决经济失衡问题具有重要作用。

"计划"一词往往在不同的意义上被使用。例如,它可能指上述通常意义上的计划,也可能指上述国家计划或计划活动,还可能是指作为宏观调控手段的计划手段、作为一种经济体制的计划体制等。因此,"计划"一词需要在具体语境中作具体分析。

从资源配置的角度说,计划是与市场相对应的概念,计划与市场的关系,是长期以来人们一直在讨论的问题。其中涉及究竟应以计划还是市场作为资源配置的基本方式,也涉及计划经济体制与市场经济体制的选择问题,还涉及计划的职能、地位以及计划法的宗旨、地位等问题。其中,对计划的职能和地位的认识甚为重要。

我国自实行市场经济体制以来,对于计划职能的认识也在不断深化。一般说来,计划的职能主要是:(1) 预测引导,即预测未来发展方向,引导市场主体遵从。(2) 政策协调,即在计划实施的过程中,协调各个方面的政策,以实现计划目标。(3) 宏观调控,即通过上述预测引导、政策协调,对经济与社会发展的主要方面进行宏观调控。

计划的上述主要职能表明,在现代市场经济条件下,计划在国家的经济和社会发展中,具有非常重要的地位,它在宏观上为国家和国民提供了行动的指针和目标,并为实现预期目标提供了具体政策协调和政策引导;它本身就是一种宏观调控的手段,还能够对其他宏观调控手段进行协调,因而计划调控是一种更高层次的调控。计划的上述职能,使其在防止和解决经济失衡方面能够发挥重要作用。

二、从经济失衡的视角看计划的内容与形式

当今世界各国,即使是最自由的市场经济国家,也在一定程度上存在着计划的成分。其中,包括法国、日本等一些发达国家和一些发展中国家,都曾有较为健全的计划制度。例如,日本实行市场经济基础上的诱导性计划,产业政策较为发达,法国实行混合经济体制基础上的指示性计划,等等。由于各国所实行的计划不尽相同,因而在计划的内容和形式上也存在着一些差别。

我国自改革开放以来,传统的计划经济体制日渐式微,并由原来的以指令性计划为主逐渐转为以指导性计划为主,从而使计划的内容和形式也随之发生了变化。与计划的职能相关,指导性计划的主要特点是预测性、政策性和协调性,其调节的对象不再是企业,而是市场。同时,计划也从过去重视微观经济任务和生产指标,转为更重视宏观的经济与社会的协调发展。正因如此,我国1982年的《宪法》将计划名称由"国民经济计划"易为"国民经济和社会发展计划",并从1983年开始使用这一名称,不仅扩大了计划的适用范围,也对计划的内容产生了重要影响。

1. 通过计划内容的安排防止经济失衡

通常,计划的内容主要是确定国家在一定时期经济和社会发展的主要目标,以及为实现计划目标所运用的政策工具。因此,计划的内容主要包括两大部分,即计划目标体系和政策工具体系。

计划的目标体系包括一系列重要指标,如经济增长率、货币供应量、通货膨胀率、国民收入、国际收支、就业率、人口增长率等。计划的政策工具体系包括:(1)综合性政策,如总量平衡政策、经济结构政策、收入分配政策、可持续发展政策、对外经济政策等,都是较为综合的政策。(2)具体政策,是实现综合性政策的重要工具,如财政政策、货币政策、投资政策、价格政策、国际收支政策、人口政策等。计划调控就是通过相关政策及其具体工具的变动,来解决经济失衡问题,实现宏观调控目标。因此,刘易斯认为,"发展计划中至关重要的不是数

字而是政策"。①

此外,在每个年度的具体计划中,相关指标会被具体分解,以与宏观经济四大目标相联系,具体包括:(1) 经济增长目标,涉及 GDP 增长率、财政收入量等指标。(2) 充分就业目标,涉及就业率、城镇登记失业率等指标。(3) 稳定物价目标,涉及城镇居民人均可支配收入、农村居民人均纯收入的增长率,以及 CPI、货币供应量等指标。(4) 国际收支目标,涉及汇率、进出口平衡等指标。

强调上述目标和指标,主要是为了更好地实现计划调控职能,在总体上加强和改善宏观调控,保持经济平稳运行,防止经济失衡。为此,财政政策和货币政策的协调运用是非常重要的。其中涉及中央财政赤字规模以及国债发行规模的问题、预算的收支平衡问题、货币供应量问题、价格总水平问题以及重要商品和服务价格问题等。

2. 经济失衡与计划的形式

上述"计划的内容"需要以"计划的形式"加以体现。计划的形式依据不同标准可作多种分类。例如,依据计划的适用范围,可分为综合性计划、行业性计划和专项计划;按计划的适用期限,可分为长期计划、中期计划和短期计划。其中,后一种分类更为重要。上述不同的计划形式,对于预防和解决不同类型的经济失衡,均有其积极意义。

一般说来,长期计划是期限在 10 年以上的计划;中期计划以 5 年为期,是国民经济和社会发展计划的基本形式;短期计划是为期 1 年的计划,因而也称年度计划。三种期限的计划相互联系,共同构成了一国的计划体系,以体现国家计划的远期、中期和近期目标。其中,年度计划是中长期计划的年度实施方案,主要用于进行短期宏观调控,它应当与中长期计划(或称中长期规划)相互协调。据此,也可将我国的计划分为两类,一类是年度计划,另一类是中长期规划。由于 5 年规划在时间或经济周期上较为适中,对于防止和解决经济失衡问题,保持国家和社会的持续、稳定发展非常重要,因此,5 年规划在我国的各类规划中占据重要地位。此外,许多国家对年度计划都较为重视。例如,德国、日本、印度、巴西等国都有年度计划或类似于年度计划的文件。但从长远发展看,应当更加重视中长期计划,以更好地引导长期资源的配置,尤其应当建立以综合性计划为龙头、以专项性规划为重点的中长期计划体系。

近些年来,我国强调建立以国家发展规划为统领,以空间规划为基础,以专项规划、区域规划为支撑,由国家、省、市县各级规划共同组成,定位准确、边界

---

① 参见〔美〕刘易斯:《发展计划》,何宝玉译,北京经济学院出版社 1988 年版,第 5—6 页。

清晰、功能互补、统一衔接的国家规划体系。因此,在实践中关注的主要计划形式,是国家发展规划、专项规划、区域规划和空间规划。

上述的国家发展规划,应阐明国家战略意图、明确政府工作重点、引导规范市场主体行为,它是政府履行经济调节、市场监管、社会管理、公共服务、生态环境保护职能的重要依据,在计划调控和解决经济失衡方面发挥着重要作用。

三、经济失衡与计划法

解决经济失衡问题,需要有较为完备的计划制度或计划法。计划法是调整在制定和实施国家计划过程中发生的社会关系的法律规范的总称。它是经济法中的宏观调控法的重要部门法,在宏观调控和解决经济失衡方面具有极为重要的作用。

计划法的调整对象是在制订和实施国家计划过程中发生的社会关系,简称计划关系,可分为计划实体关系和计划程序关系。计划法律关系是依据计划法而形成的计划主体之间的权利义务关系。随着指令性计划转为指导性计划,计划主体之间的权利义务也发生了变化。由于计划手段的运用主要是间接调控,因而实际上主要是通过经济政策、经济杠杆等进行间接调节,使受计划影响的市场主体能够趋利避害,并按照计划的指引作出理性的选择。计划法上的权利义务不像行政法、刑法等规定的权利义务那样刚性较强,而是相对较为柔和。

第二次世界大战以后,许多国家都加强国家干预,计划的推行也是其中的一个方面。为了防止和解决经济失衡问题,许多长期实行市场经济体制的国家也开始推行计划指导,编制中长期计划,并进行相关立法。例如,法国从1947年开始编制和执行5年计划,还制定了《计划改革法》(1982年颁布);此外,德国还专门制定了《经济稳定与增长促进法》(1967年颁布)。

我国曾长期实行计划经济体制,但计划立法却十分薄弱。至今尚无一部《计划法》,也无一部主要调整计划关系的法律。这主要是因为在计划经济体制时期,法律虚无主义盛行,当时的指令性计划就是行政命令,必须执行;而在从计划经济转为市场经济时期,虽然重视法制建设,但由于对计划的职能、地位尚缺少明确、统一的认识,因而计划法的草案也数易其稿。近些年来,已有许多人认识到,市场经济条件下仍然需要有国家计划,并且,只要有计划,就会有计划行为,就需要有法律对其进行规范,否则计划的科学性和合法性就无法保障,其指导作用也无法发挥,因此,必须加强计划立法。

随着计划观念的转变,对于计划法的认识也在逐渐深化。从部门法的角度说,不仅计划法不能与计划相等同,而且部门法意义上的计划法,作为实质意义上的计划法律规范的总称,与形式意义上的《计划法》尚有许多区别,并且,计划法的立法形式应当是多样的。

四、计划法的主要立法形式

计划法主要有两种立法模式,一种是分散立法,即不进行专门的计划立法,只是在相关立法中规定有关计划法的条款,如在产业法、投资法、价格法等相关立法中,都可有计划调控的规范;另一种是集中立法,即进行专门的计划立法。在集中立法模式下,计划法的立法形式可有以下几种:(1)法典形式的《计划法》;(2)《稳定法》;(3)《宏观经济协调法》。

首先,上述法典形式的《计划法》,在我国的全称就是《国民经济与社会发展计划法》,简称《计划法》,这是我国曾长期拟制定的一部法律。它主要应将有关国民经济与社会发展计划的一些基本制度、计划主体的权利和义务、计划活动的程序、计划法律责任等内容明确下来。一般认为,《计划法》应当包括的内容主要有:立法宗旨、计划的性质和任务、计划的职能、计划的内容和形式、计划的编制与审批、计划的实施、法律责任等。我国已于2015年将《发展规划法》列入全国人大常委会立法规划,这对于完善计划法的立法甚为重要。

其次,上述《稳定法》,全称为《经济稳定增长法》或《经济稳定与增长促进法》,主要是以反经济周期,保障宏观经济稳定、健康发展为宗旨的法律。例如,德国的《经济稳定与增长促进法》、美国的《充分就业与平衡增长法》等,都属于这一类型。2005年我国曾推动《经济稳定增长法》的立法。

最后,上述《宏观经济协调法》,或称《宏观经济调控法》,是协调各类宏观经济政策以及相关宏观调控立法的一部法律。它要明确计划、财政、金融制度之间相互配合和制约的机制,规定宏观调控的原则、任务、范围、目标,协调计划管理机关与有关经济综合部门的职责划分,确定宏观调控的方式、决策程序、监督检查、法律责任等。[①] 在立法上,《宏观经济协调法》的相关规定也可分解到上述《计划法》或《稳定法》的相关规定之中。

以上几种综合性的计划法立法,对于防控和解决经济失衡问题具有直接而重要的作用。此外,由于计划还涉及宏观经济的四大目标,并由此涉及诸多具体法律制度,特别是产业的优化以及价格总水平的调控,因此,相关产业调控

---

① 桂世镛等主编:《中国计划体制改革》,中国财政经济出版社1994年版,第247—248页。

法、投资调控法以及价格调控法的相关规定,也是计划法的重要表现形式,它们对计划调控制度的规定更为具体。

五、计划调控实体规范

上述几类综合性的计划立法,有的曾经酝酿过,有的还在制定中,为此,下面分别以应然的《计划法》和《经济稳定增长法》为例,从计划调控原理的角度,探讨计划立法中应当包含的重要计划调控实体规范。

(一)《计划法》中的计划调控实体规范

一般说来,在《计划法》中应规定计划调控的目标与手段、计划调控的领域、计划调控主体的职权与职责、计划调控受体的权利和义务,以及法律责任等内容。这些内容涉及计划管理体制、计划调控目标体系、计划调控政策工具、计划主体的权义结构及法律责任等。

在《计划法》中,对计划调控体制的规定非常重要。计划调控体制是有关计划调控权分配的各项制度的总称。计划调控权作为国家宏观调控权的重要组成部分,主要包括计划调控决策权和计划调控执行权,需要在权力机关和行政机关之间进行分配,这与其他宏观调控权的分配原理是一致的。其中,具体行使计划调控执行权的是法定的计划管理部门。由于宏观调控权要集中于中央,因此,国家层面的计划调控执行权不能在各级政府之间层层分配。

在我国,国家发改委是法定的计划管理部门,要负责拟订并组织实施国民经济和社会发展战略、中长期规划和年度计划;牵头组织统一规划体系建设,负责国家级专项规划、区域规划、空间规划与国家发展规划的统筹衔接。此外,地方政府的计划部门应贯彻执行中央统一的计划和经济政策,组织实施中央计划中与本地区相关的任务,围绕国家计划的实现开展具体计划工作。

(二)《经济稳定增长法》中的计划调控实体规范

《经济稳定增长法》的立法宗旨是通过各种法律化的经济政策的综合调控,来实现总体经济的平衡,防止经济失衡,以促进经济的持续稳定增长,实现宏观经济的四大目标,即稳定物价、充分就业、经济增长和国际收支平衡。

《经济稳定增长法》的基本功能是通过法律化的经济手段来促进经济平衡,熨平经济周期,防止或缓解经济波动。为了保障上述职能的实现,该法主要通过各类法律化的经济政策的综合运用,特别是法律化的财税政策、货币政策、投资政策、外贸政策的协调配合,来实现计划的调控目标。此外,该法不仅要规定专门的执法机关,还要规定一系列具体制度,如经济预测、监测、预警制度,经济信息发布制度①,重要商品的国家订货(政府采购)、储备、吞吐制度,最高限价制度,紧急状态的产业保护制度等,这些制度对于防控经济失衡,有效"反周期"具有特殊的价值。上述制度在与计划法相关的一些法律中也可能有具体规定。例如,在价格法领域有保护价制度,以及物资储备、投放制度的具体规定,在财政法领域有国家订货或政府采购的规定,等等。

在执行上述计划实体法律制度的过程中,相关主体负有相应的实体法上的义务,如果违反有关计划法上的义务,同样应当追究其法律责任。

六、计划调控程序规范

计划调控程序规范,主要包括计划的编制、审批、执行及调整等方面的规范。计划调控程序规范是计划活动合法性的重要保障。

计划的编制主体,是依法有权编制计划的中央和地方政府。在我国,国家计划由国务院编制和管理,并由国务院计划管理部门具体负责编制工作。地方计划由有权编制的地方政府及其职能部门负责编制。上述分工对于计划调控目标的落实至为重要。

计划编制是计划调控的起点,它尤其要体现战略性、宏观性、政策性、协调性。在编制的过程中应体现民主性和科学性,注意广泛听取意见,集思广益,要有理有据,科学论证,实事求是,尤其应符合规律,符合实际,符合发展的需要。计划的编制要经过掌握计划信息、实施计划预测、进行综合平衡、确定计划方案等一系列程序,这些程序都需要依法确定,以确保计划的编制质量,防止主观臆断和不切实际。

计划编制完毕后,便进入审批阶段,由负责编制工作的政府的同级人大及其常委会负责审议、批准。全国性的综合性计划和专项计划由全国人大审批;地方计划由地方同级人大审批。全国的和地方的行业计划和专项计划,分别由国务院及相应的地方政府批准。除上述有权审批计划的主体以外,任何单位或个人均无权审批计划。可见,国家层面的计划调控权要由全国人大和国务院行使。

计划经过审批后,便进入计划的实施阶段或称执行阶段。有义务执行计划

---

① 在信息发布方面,国家发改委主要发布宏观经济和计划工作方面的信息,包括:对国家宏观经济形势的监测、预测结果;国家宏观经济政策,包括经济总量政策、产业政策、地区布局政策、投资政策、收入分配政策;重要产业、行业发展趋势和市场运行态势,重要商品供求形势即价格动态,等等。

的主体必须依法执行计划。经过法定程序审批的计划具有法律效力,因而一般不得变更或调整。但是,计划毕竟是对未来的预测,因而可能会存在与实践发展相左之处,存在编制计划时未能预见的情势变更。在上述情况下,应根据实际需要,对计划作相应的修补或调整。这同前述预算调整的原理是一致的。

计划调控的实施,主要靠计划中所体现出的经济政策、经济杠杆、经济参数的诱导,使相关主体能够基于理性的选择,审时度势,趋利避害,以实现计划调控的预期目标。政府可通过相关经济信息的发布,国家政策未来走向的告知,税率、利率、汇率、保护价等经济杠杆的调节,来使计划调控目标得到更加圆满的实现。

为了保障计划调控的有效进行,还应当加强计划监督检查,及时发现违法问题,以便及时解决。同时,对于在计划调控活动中违反法定义务的,应追究其违反计划法的法律责任。

第二节　综合协调的调控制度

计划调控制度体现于许多具体法律规定之中,除了前述计划法的主要立法形式以外,在产业法、价格法、投资法等方面的法律中,都会有计划调控规范存在。因为计划调控包含了产业调控、投资调控、价格调控、外贸调控等诸多内容,并由此形成了产业调控制度和投资调控制度(涉及充分就业和经济增长等)、价格调控制度(涉及物价稳定等)、外贸调控制度(涉及国际收支平衡等)和规划调控制度(涉及上述各个方面)。上述制度涉及对整体经济的"综合协调",同时,上述制度相互之间也需要"综合协调",唯有如此,才能有效防控和解决经济失衡问题,实现宏观经济四大目标因此,可将上述制度统称为"综合协调的调控制度",下面分别加以介绍。

一、产业调控制度

(一) 产业调控制度的定位

产业调控制度,包括产业结构调控、产业布局调控等制度,是计划调控制度的重要组成部分。此类制度对于总体计划的具体贯彻和落实,对于充分就业和经济增长,提升产业竞争力,防止经济失衡,对于经济与社会、人与环境的协调发展,具有重要作用。为此,在计划调控方面,必须关注产业调控;在计划调控制度中,产业调控制度同样占据重要地位。

产业调控制度与产业政策密切相关,它是相关产业政策的法律化。一般说来,产业政策主要包括产业结构政策、产业技术政策和产业布局政策等,并且,后两者也可并入广义的产业结构政策之中。事实上,产业技术政策的重点是通过促进技术开发和科研成果转化,不断提高产业技术水平,从而提高产业竞争力;产业布局政策的重点是通过发挥地区经济优势,缩小地区差距,加强地区间产业的分工与协作,进而优化区域经济结构。可见,上述各类产业政策都与产业结构的调整密切相关。[①]

基于产业政策的法律化而形成的产业调控法,是为推进产业结构调整、实现产业结构合理化,从供给方面促进经济总量平衡的法,对防控和解决经济失衡问题具有重要作用。由于各国的产业政策,尤其是产业结构政策主要体现在计划之中,因而将产业调控法归入广义的计划法有其合理性。当然,如果考虑产业结构与产业组织、产业技术、产业布局等密切相关,并将其统称为产业法,也有一定的道理。考虑到产业调控制度与计划调控制度关联尤其密切,可将其视为计划调控制度的重要组成部分,因而有必要在计划调控制度中介绍产业调控制度。

从计划调控的角度看,在产业结构方面,无论是区域结构,还是技术结构等,都需要按照一定的计划安排进行调控,由此就形成了计划调控制度中的产业调控制度。我国国务院曾于1994年通过了《90年代国家产业政策纲要》,强调产业政策是国家加强和改善宏观调控,有效调整和优化产业结构的重要手段。此后,为了实现科学发展,加强和改善宏观调控,引导社会投资,促进产业结构优化升级,国务院又于2005年12月发布了《促进产业结构调整暂行规定》,该规定集中体现了经济法中的"促进法"的特点[②],使产业调控制度更趋完善。

(二) 产业调控的目标、重点

依据《促进产业结构调整暂行规定》,我国产业结构调整的目标是:推进产

---

① 目前,国家产业政策由国务院决定,国家发展和改革委员会是具体负责研究制定、协调产业政策的综合部门。各部门的产业政策草案要经发改委组织审查、协调,由相关各界进行科学论证和民主审议。

② 参见张守文:《论促进型经济法》,载《重庆大学学报(社会科学版)》2008年第5期。

业结构优化升级,促进一、二、三产业健康协调发展,逐步形成以农业为基础、高新技术产业为先导、基础产业和制造业为支撑、服务业全面发展的产业格局,坚持节约发展、清洁发展、安全发展,实现可持续发展。上述目标是产业调控的直接目标。

上述目标表明,我国的整体产业格局,主要包括基础产业(农业)、先导产业(高新技术产业)、支撑产业(能源等基础保障产业和制造业)以及服务业,在这样的产业格局之下,产业调控的目标,就是运用财税、金融等各种调控手段,不断推进产业结构的升级和优化,促进各个产业的节约发展、清洁发展、安全发展,以及整体上的协调发展和可持续发展,进而推进国民经济的增长和发展,推进经济与社会的良性运行和协调发展。

上述产业调控目标,有助于进一步明确我国产业调控的重点领域和主要方向。目前,产业调控需着重关注以下重要产业:

(1) 农业。主要应巩固和加强农业的基础地位,加快传统农业向现代农业转变。

(2) 基础保障产业。主要应加强能源、交通、水利和信息等基础设施建设,以增强对经济社会发展的保障能力。

(3) 制造业。主要应以振兴装备制造业为重点,发展先进制造业,以发挥其对经济发展的重要支撑作用。

(4) 高新技术产业。主要应增强高新技术产业对经济增长的带动作用。

(5) 服务业。主要应提高服务业比重,优化服务业结构,促进其全面快速发展。

为了推进上述各重要产业的升级和优化,在产业调控方面还需注意以下方面:(1) 应大力发展循环经济,建设资源节约和环境友好型社会,实现经济增长与人口资源环境相协调。为此,我国已颁布《循环经济促进法》。(2) 应注意优化产业组织结构,调整区域产业布局。一方面要加快大型企业发展,另一方面也要充分发挥中小企业的作用,推动中小企业与大企业形成分工协作关系,发挥各自的比较优势。(3) 应通过实施互利共赢的开放战略,提高对外开放水平,促进国内产业结构升级,加快转变对外贸易增长方式。

(三) 产业调控的导向分类

要有效实施产业调控,实现上述产业调控的目标,还需进行具体导向分类,以明确市场主体的哪类行为是国家所鼓励的、允许的,哪类行为是国家限制甚至禁止的,从而通过分类指导,来引导投资方向,体现政策导向。为此,我国制定了《产业结构调整指导目录》(以下简称《指导目录》)。①

《指导目录》是引导投资方向,政府管理投资项目,制定和实施财税、信贷、土地、进出口等政策的重要依据,它由鼓励、限制和淘汰三类目录组成。不属于鼓励类、限制类和淘汰类,且符合国家有关法律、法规和政策规定的,为允许类。《指导目录》由国家发展和改革委员会会同国务院有关部门依据国家有关法律法规制订,并随着现实情况的变化而作相应的修改,经国务院批准后公布。

《指导目录》对不同目录的上述分类安排,说明在产业调控方面,哪些是国家鼓励和促进的,哪些是国家限制或禁止的,体现了经济法的规制性特征。目前,各种分类适用的情况如下:

(1) 鼓励类,主要是对经济社会发展有重要促进作用,有利于节约资源、保护环境、产业结构优化升级,需要采取政策措施予以鼓励和支持的关键技术、装备及产品。

(2) 限制类,主要是工艺技术落后,不符合行业准入条件和有关规定,不利于产业结构优化升级,需要督促改造和禁止新建的生产能力、工艺技术、装备及产品。包括不符合行业准入条件,工艺技术落后,对产业结构没有改善的;不利于安全生产的;不利于资源和能源节约的;不利于环境保护和生态系统的恢复的;低水平重复建设比较严重,生产能力明显过剩的,等等。

(3) 淘汰类,主要是不符合有关法律法规规定,严重浪费资源、污染环境、不具备安全生产条件,需要淘汰的落后工艺技术、装备及产品。

对上述鼓励类投资项目,按照国家有关投资管理规定进行审批、核准或备案;各金融机构应按照信贷原则提供信贷支持;同时,还应依法给予税收优惠以及其他优惠。

对上述限制类的新建项目,禁止投资;同时,投资管理部门对其不予审批、核准或备案,各金融机构不得对其发放贷款,土地管理、城市规划和建设、环境保护、质检、消防、海关、工商等部门不得办理有关手续。可见,对限制类的新建项目的限制是多方面的。但对限制类项目的现有生产能力,允许企业在一定期限内采取措施改造升级,金融机构按信贷原则继续给予支持。国家有关部门要根据产业结构优化升级的要求,遵循优胜劣汰的原则,实行分类指导。

对上述淘汰类项目,禁止投资;同时,各金融机构应对其停止各种形式的授

---

① 国家发改委公布的《产业结构调整指导目录(2019年本)》,自2020年1月1日起施行。《产业结构调整指导目录》原则上适用于我国境内的各类企业,外商投资按照《鼓励外商投资产业目录(2019年版)》执行。

信支持,并采取措施收回已发放的贷款;各地区、各部门和有关企业要采取有力措施,按规定限期淘汰。在淘汰期限内国家价格主管部门可提高供电价格。对国家明令淘汰的生产工艺技术、装备和产品,一律不得进口、转移、生产、销售、使用和采用。

对不按期淘汰生产工艺技术、装备和产品的企业,地方政府及有关部门要依法责令其停产或予以关闭,并采取妥善措施安置企业人员、保全金融机构信贷资产安全等;其产品属实行生产许可证管理的,有关部门要依法吊销生产许可证;工商行政管理部门要督促其依法办理变更登记或注销登记;环境保护管理部门要吊销其排污许可证;电力供应企业要依法停止供电。

上述鼓励类、限制类、淘汰类的分类,不仅充分体现了经济法的规制性,也体现了产业调控制度的特殊性。此外,由于这些方面都与投资密切相关,因此,在关注产业调控制度的同时,还应当关注投资调控制度。

二、投资调控制度

投资历来对宏观经济影响重大,直接关系到经济的均衡发展。与产业调控一样,投资调控也是计划调控的重要组成部分,因为投资离不开计划,对投资的调控实际上也是一种计划调控,并且,没有投资调控,就很难有效进行产业调控。正因如此,投资调控制度也是计划调控制度的重要内容,对于防控和解决经济失衡问题具有重要作用。

我国自改革开放以来,经过一系列改革,打破了传统计划经济体制下高度集中的投资管理模式,初步形成了投资主体多元化、资金来源多渠道、投资方式多样化、项目建设市场化的格局。但是,对投资的宏观调控还很不够,投资过热(或过冷)及其引发的经济问题时有发生,如果不加强投资调控,就会给整体的经济运行、产业结构优化等造成负面影响。

为了健全投资调控体系,改进调控方式,完善调控手段,加强投资监管,维护规范的投资和建设市场秩序,国务院于2004年7月发布了《关于投资体制改革的决定》,其目标是通过深化改革和扩大开放,最终建立起市场引导投资、企业自主决策、银行独立审贷、融资方式多样、中介服务规范、宏观调控有效的新型投资体制。此外,我国近年来还强调要"调整优化投资结构,完善投资体制机制,明确界定政府投资范围,规范国有企业投资行为,鼓励扩大民间投资"。基于上述《决定》以及"放管服"改革的导向,可将我国的投资调控制度的主要内容概括为以下方面:

（1）企业投资的主体地位与投资调控的间接性。

我国的投资调控主要是间接调控，必须强调转变政府管理职能，确立企业的投资主体地位。为此，应改革项目审批制度，落实企业投资自主权。对于企业不使用政府投资建设的项目，一律不再实行审批制，而是区别不同情况实行核准制和备案制，即政府仅对重大项目和限制类项目从维护社会公共利益角度进行核准，其他项目无论规模大小，均改为备案制。至于投资项目的市场前景、经济效益、资金来源和产品技术方案等均由企业自主决策、自担风险，并依法办理环境保护、土地使用、资源利用、安全生产、城市规划等许可手续和减免税确认手续。对于企业使用政府补助、转贷、贴息投资建设的项目，政府只审批资金申请报告。

（2）政府投资的重要地位与投资调控的计划性。

在新的投资体制之下，并不是不要政府投资，而是要合理界定政府投资的范围。事实上，政府投资具有重要地位，它主要用于关系国家安全和市场不能有效配置资源的经济和社会领域，包括加强公益性和公共基础设施建设，保护和改善生态环境，促进欠发达地区的经济和社会发展，推进科技进步和高新技术产业化等领域。

由于政府投资非常重要，主要用于提供公共物品，因此，应当强调政府投资的计划性，以更好地规范政府投资行为。为此，应当编制政府投资的中长期规划和年度计划，统筹安排、合理使用各类政府投资资金，全面提高投资调控的水平。

依据《政府投资条例》[①]的规定，政府投资资金应当投向市场不能有效配置资源的社会公益服务、公共基础设施、农业农村、生态环境保护、重大科技进步、社会管理、国家安全等公共领域的项目，以非经营性项目为主。

国务院投资主管部门对其负责安排的政府投资编制政府投资年度计划，国务院其他有关部门对其负责安排的本行业、本领域的政府投资编制政府投资年度计划。

县级以上人民政府应当根据国民经济和社会发展规划、中期财政规划和国家宏观调控政策，结合财政收支状况，统筹安排使用政府投资资金的项目，规范使用各类政府投资资金。

（3）投资调控的体制与方式。

在投资调控体制方面，国家发展和改革委员会要在国务院的领导下，会同

---

① 该条例于 2018 年 12 月 5 日由国务院通过，自 2019 年 7 月 1 日起施行。

有关部门,按照职责分工,密切配合、相互协作、有效运转、依法监督,调控全社会的投资活动,以保持合理的投资规模,优化投资结构,提高投资效益,促进国民经济协调发展和社会全面进步。

在投资调控方式方面,国家强调要综合运用经济的、法律的和必要的行政手段,对全社会投资进行以间接调控方式为主的有效调控。国务院有关部门要依据国民经济和社会发展中长期规划,编制教育、科技、卫生、交通、能源、农业、林业、水利、生态建设、环境保护、战略资源开发等重要领域的发展建设规划,包括必要的专项发展建设规划,明确发展的指导思想、战略目标、总体布局和主要建设项目等。按照规定程序批准的发展建设规划是投资决策的重要依据。

此外,各级政府及其有关部门要努力提高政府投资效益,明确国家鼓励、限制和禁止投资的项目。另外,应建立投资信息发布制度,及时发布政府对投资的调控目标、主要调控政策、重点行业投资状况和发展趋势等信息,引导全社会投资活动。通过建立科学的行业准入制度,来规范重点行业的环保标准、安全标准、能耗水耗标准和产品技术、质量标准,防止低水平重复建设。

(4) 投资调控的手段和依据。

根据国民经济和社会发展计划以及宏观调控的需要,合理确定政府投资规模,保持国家对全社会投资的积极引导和有效调控。为此,投资调控要灵活运用多种手段,主要是投资补助、贴息、价格、利率、税收杠杆等,引导社会投资,优化投资的产业结构和地区结构。通过适时制定和调整信贷政策,引导中长期贷款的总量和投向。同时,还要建立严格规范的土地使用制度,充分发挥土地供应对社会投资的调控和引导作用。

为了使上述投资调控手段能够更加有效发挥作用,还需要加强和改进投资信息、统计工作,以及时、准确、全面地反映全社会固定资产存量和投资的运行态势,并建立各类信息共享机制,为投资宏观调控提供科学依据。同时,还应建立投资风险预警和防范体系,加强对宏观经济和投资运行的监测分析。

总之,投资调控对于宏观经济运行和微观经济发展,对于有效进行产业调控均有重要意义。而无论是进行产业调控还是投资调控,都与价格调控密切相关。

三、价格调控制度

稳定物价是宏观经济的四大目标之一,也是在年度计划和中长期规划中必不可少的重要内容。由于价格关系到经济生活的方方面面,与经济增长、国际收支平衡等宏观经济目标直接相关,同时,也与国家财政收入、国民日常生活、企业营业收入等不可分割,因此,价格事关国计民生,直接影响着国家经济的均衡发展和社会的和谐稳定,由此使价格调控显得非常重要。

价格调控是计划调控的重要组成部分;价格调控制度是整个计划调控制度中的重要内容,对于防控和解决经济失衡问题具有重要作用。事实上,在形式意义的《价格法》中,既涉及对微观市场主体价格行为的规制,也涉及对价格总水平的宏观调控,两者的联系非常密切,但又相对独立。

1. 价格的类型与价格调控

依据我国《价格法》[①]的规定,价格包括商品价格和服务价格两类。其中,商品价格是指各类有形产品和无形资产的价格;服务价格是指各类有偿服务的收费。按照政府在价格形成方面的作用,我国的价格分为三种类型,即市场调节价、政府指导价和政府定价。

所谓市场调节价,是指由经营者自主制定,通过市场竞争形成的价格。所谓政府指导价,是指依法由政府价格主管部门或者其他有关部门,按照定价权限和范围规定基准价及其浮动幅度,指导经营者制定的价格。所谓政府定价,是指依法由政府价格主管部门或者其他有关部门按照定价权限和范围制定的价格。由于市场调节价是市场调节的结果,是市场主体的自主定价,因此,在价格调控方面不是掌握在政府手中的价格工具,而恰恰是价格调控要影响的对象;而政府指导价和政府定价,则可成为政府进行价格调控的重要工具。

目前,国家注重完善在宏观调控下的市场形成价格的机制,强调价格的制定应当符合价值规律,因而对大多数商品和服务价格实行市场调节价,只对极少数商品和服务才实行政府指导价或者政府定价。我国《价格法》规定,国家支持和促进公平、公开、合法的市场竞争,维护正常的价格秩序,对价格活动实行管理、监督和必要的调控。这一规定为价格调控提供了重要的法律依据。

2. 政府指导价和政府定价的范围

在市场经济条件下,定价主要是市场主体自己的事,但在某些情况下,也存在政府定价行为。政府定价和政府指导价的适用范围主要包括:与国计民生关系重大的极少数商品价格、重要的公用事业价格、重要的公益性服务等。

依据我国《价格法》的规定,下列商品和服务价格,政府在必要时可实行政府指导价或者政府定价:(1) 与国民经济发展和人民生活关系重大的极少数商

---

① 《中华人民共和国价格法》自 1998 年 5 月 1 日起实施。

品价格;(2)资源稀缺的少数商品价格;(3)自然垄断经营的商品价格;(4)重要的公用事业价格;(5)重要的公益性服务价格。可见,政府行使定价权主要是基于公共利益的考虑①。

政府指导价、政府定价的定价权限和具体适用范围,以中央的和地方的定价目录为依据。商品价格和服务价格,除上述适用政府指导价或者政府定价的情形外,实行市场调节价,由经营者依法自主制定。经营者定价的基本依据是生产经营成本和市场供求状况。明确界定政府指导价和政府定价的范围,有助于更好地明确价格调控的目标和手段。

3. 价格调控体制

国务院价格主管部门统一负责全国的价格工作。国务院其他有关部门在各自的职责范围内,负责有关的价格工作。县级以上地方各级人民政府价格主管部门负责本行政区域内的价格工作。县级以上地方各级人民政府其他有关部门在各自的职责范围内,负责有关的价格工作。

为了更好地进行价格调控,必须明确价格确定权或称定价权。由于定价目录是行使政府指导价和政府定价的定价权的依据,对于价格调控非常重要,因此,我国《价格法》规定,中央定价目录由国务院价格主管部门制定、修订,报国务院批准后公布②。地方定价目录由省、自治区、直辖市人民政府价格主管部门按照中央定价目录规定的定价权限和具体适用范围制定,经本级人民政府审核同意,报国务院价格主管部门审定后公布。

在定价目录的基础上,相关主体可依法定价,具体包括:(1)国务院价格主管部门和其他有关部门,按照中央定价目录规定的定价权限和具体适用范围制定政府指导价、政府定价;其中重要的商品和服务价格的政府指导价、政府定价,应当按照规定经国务院批准。(2)省级人民政府价格主管部门和其他有关部门,应当按照地方定价目录规定的定价权限和具体适用范围制定在本地区执行的政府指导价、政府定价。(3)市、县人民政府可根据省级人民政府的授权,按照地方定价目录规定的定价权限和具体适用范围制定在本地区执行的政府指导价、政府定价。

4. 价格总水平调控

价格调控之所以会成为计划调控的重要组成部分,价格总水平调控目标之

---

① 具体讨论可参见张守文:《定价权分配与行使的法律规制》,载《法学》2016年第10期。
② 现行的《中央定价目录》于2019年12月由国家发改委审议通过,并经国务院批准,自2020年5月1日起施行。

所以会列入国家计划,是因为价格总水平的调控直接关系到物价稳定,从而影响经济的稳定增长以及宏观经济总体目标的实现。

为此,我国《价格法》规定,稳定市场价格总水平是国家重要的宏观经济政策目标。国家根据国民经济发展的需要和社会承受能力,确定市场价格总水平调控目标,列入国民经济和社会发展计划,并综合运用货币、财政、投资、进出口等方面的政策和措施来予以实现。

可见,稳定价格总水平是法定的宏观经济目标,价格总水平的调控目标同时也是国家计划的重要目标,需要综合运用财政、货币、投资、进出口等多种调控手段来保障实现。此外,我国《价格法》还规定了如下多种价格调控制度,以保障价格总水平的稳定:

(1)差价调控制度。

为了保障价格总水平的稳定,在制定政府指导价、政府定价时,应当依据有关商品或者服务的社会平均成本和市场供求状况、国民经济与社会发展要求以及社会承受能力,实行合理的购销差价、批零差价、地区差价和季节差价。差价调控制度是以购销、批零、地区、季节等多方面的差异为基础的,基于成本和供求等市场因素,基于社会发展和社会承受力等社会因素,确立合理的差价,有助于解决价格不稳定的问题。

(2)垄断价格调控制度。

目前,关系国计民生的许多重要商品,都由具有垄断地位的大企业或公用事业提供,其垄断价格对于价格总水平的影响较大,因而对此类垄断价格的调控无疑非常重要。为此,我国《价格法》规定,制定关系群众切身利益的公用事业价格、公益性服务价格、自然垄断经营的商品价格等政府指导价、政府定价,应当建立听证会制度。同时,政府指导价、政府定价的具体适用范围、价格水平,应当根据经济运行情况,按照规定的定价权限和程序适时调整。

(3)储备调控制度。

为了保障价格总水平的稳定,对于一些关系国计民生的重要商品,如粮食、石油等,有必要建立重要商品储备制度,以在供求发生剧烈变化影响价格剧烈波动时,平抑物价。此外,为了防止价格剧烈波动,不仅可进行实物储备,还可进行资金储备,即可通过建立价格调节基金,来更好地调控市场价格。

我国《价格法》规定,政府可建立重要商品储备制度,设立价格调节基金,调控价格,稳定市场。目前,我国已建立了粮食等重要商品的储备制度,许多地方政府已经设立了价格调节基金。① 下面仅以中央储备粮制度为例,来简要说明储备调控制度的重要意义。

从储备调控的角度说,为了加强对中央储备粮的管理,维护粮食市场稳定,有效发挥中央储备粮在平抑物价和整个宏观调控中的作用,国务院于2003年8月公布施行了《中央储备粮管理条例》(2011年、2016年修订)。所谓中央储备粮,是指中央政府储备的用于调节全国粮食供求总量,稳定粮食市场,以及应对重大自然灾害或者其他突发事件等情况的粮食和食用油。在管理体制上,国务院发展改革部门及国家粮食行政管理部门会同国务院财政部门负责拟订中央储备粮规模总量、总体布局和动用的宏观调控意见,对中央储备粮管理进行指导和协调;国务院财政部门负责安排中央储备粮的贷款利息、管理费用等财政补贴,并保证及时、足额拨付;中国农业发展银行负责按照国家有关规定,及时、足额安排中央储备粮所需贷款,并对发放的中央储备粮贷款实施信贷监管。

在计划调控方面,中央储备粮的储存规模、品种和总体布局方案,由国务院发展改革部门及国家粮食行政管理部门会同国务院财政部门,根据国家宏观调控需要和财政承受能力提出,报国务院批准。中央储备粮的轮换应当遵循有利于保证中央储备粮的数量、质量和储存安全,保持粮食市场稳定,防止造成市场粮价剧烈波动,节约成本、提高效率的原则。

(4) 价格监测制度。

为了保障价格总水平的稳定,需要对整个经济运行情况进行监测、预警,尤其需要建立价格监测制度,这是价格调控的重要基础。为此,我国《价格法》规定,为适应价格调控和管理的需要,政府价格主管部门应当建立价格监测制度,对重要商品、服务价格的变动进行监测。

例如,我国的《中央储备粮管理条例》规定,国务院发展改革部门及国家粮食行政管理部门,应当完善中央储备粮的动用预警机制,加强对需要动用中央储备粮情况的监测,适时提出动用中央储备粮的建议。当出现全国或者部分地区粮食明显供不应求或者市场价格异常波动,发生重大自然灾害或者其他突发事件需要动用中央储备粮时,可以动用中央储备粮。

(5) 保护价格制度。

我国《价格法》规定,政府在粮食等重要农产品的市场购买价格过低时,可

---

① 原国家计委于1997年1月曾下发《关于完善价格调节基金制度的通知》(2016年废止),认为价格调节基金在抑制通货膨胀,保持人民生活必需品价格稳定,平抑重大节日和灾区市场物价波动等方面作用明显,是政府运用经济方式调控价格的有效手段。

在收购中实行保护价格,并采取相应的经济措施保证其实现。实行保护价格制度,对某些重要农产品按保护价收购,对于保障农民的利益和生产积极性,保障农产品供应,防止农产品价格的大幅度波动,保护国民的生活和利益,具有重要意义。

(6) 价格干预制度。

在广义上,各类价格调控都属于价格干预,但在狭义上,还有一类价格干预制度,即在价格有剧烈波动或可能发生剧烈波动时,由政府采取各类价格限定等措施的制度。

我国《价格法》规定,当重要商品和服务价格显著上涨或者有可能显著上涨时,国务院和省、自治区、直辖市人民政府可对部分价格采取限定差价率或者利润率、规定限价、实行提价申报制度和调价备案制度等干预措施。这些价格干预措施,实质上都是对价格的限定,意在保障物价总水平的稳定。例如,在2007年年末和2008年年初,因物价上涨较快,国家启动了价格干预措施,施行了提价申报制度和调价备案制度,这就是为了保障价格总水平的稳定,防止经济过热而采取的重要价格调控举措。

此外,当市场价格总水平出现剧烈波动等异常状态时,国务院可在全国范围内或者部分区域内采取临时集中定价权限、部分或者全面冻结价格的紧急措施。这些紧急措施实质上也属于价格干预措施。

上述实行干预措施、紧急措施的情形消除后,应当及时解除干预措施、紧急措施,以使市场的定价机制更好地发挥作用,这本身也是价格调控的重要目标,即只有当市场机制出现问题的时候,才能采取相关干预措施。

四、外贸调控制度

在计划调控方面,国际收支平衡是一个重要目标。而外贸调控则对于保障国际收支平衡、防控和解决经济失衡问题具有重要作用。事实上,在经济全球化的背景下,外贸调控对于经济增长、稳定物价、充分就业等其他宏观经济目标的实现,对于相关产业保护、环境保护、经济安全等方面,亦具有重要价值。

我国的外贸调控制度也体现在诸多法律、法规规定之中。其中,我国《对外贸易法》[1]的规定相对较为集中,这些规定充分体现了经济法的规制性特征,为有效进行外贸调控提供了重要的制度基础。

---

[1] 《中华人民共和国对外贸易法》于1994年5月12日由第八届全国人民代表大会常务委员会第七次会议通过,2004年、2016年修改。

对外贸易,通常包括货物进出口、技术进出口和国际服务贸易。对外贸易在各国都不是纯粹的自由贸易,都会有国家基于国家利益、社会公益的考虑而进行的调控或管制,都会有基于经济发展水平和社会稳定等而对外贸活动实施的促进或限制甚至禁止,这些措施对于防止和解决经济失衡问题都非常重要。

1. 外贸调控中的"限制与禁止"

在我国,为了更好地实现外贸调控的目标,我国《对外贸易法》规定,国家基于下列原因,可限制或者禁止有关货物、技术的进口或者出口:

(1) 为维护国家安全、社会公共利益或者公共道德,需要限制或者禁止进口或者出口的;

(2) 为保护人的健康或者安全,保护环境,需要限制或者禁止进口或者出口的;

(3) 为实施与黄金或者白银进出口有关的措施,需要限制或者禁止进口或者出口的;

(4) 国内供应短缺或者为有效保护可能用竭的自然资源,需要限制或者禁止出口的;

(5) 输往国家或者地区的市场容量有限,需要限制出口的;

(6) 出口经营秩序出现严重混乱,需要限制出口的;

(7) 为建立或者加快建立国内特定产业,需要限制进口的;

(8) 对任何形式的农业、牧业、渔业产品有必要限制进口的;

(9) 为保障国家国际金融地位和国际收支平衡,需要限制进口的。

上述国家限制或禁止进出口的情况,有的体现了计划调控的国际收支平衡目标,有的与产业调控、价格调控或投资调控等有关。

同产业调控等计划调控的情况类似,在外贸调控方面,也可采取"目录引导"的形式。我国《对外贸易法》规定,国务院对外贸易主管部门会同国务院其他有关部门,可依法制定、调整并公布限制或者禁止进出口的货物、技术目录。同时,经国务院批准,还可依法临时决定限制或者禁止上述目录以外的特定货物、技术的进出口。

除了上述目录引导以外,国家对限制进口或者出口的货物,实行配额、许可证等方式管理;对限制进口或者出口的技术,实行许可证管理。这些都是较为直接的外贸调控手段。凡实行配额、许可证管理的货物、技术,应当经国务院对外贸易主管部门或者经其会同国务院其他有关部门许可,方可进口或者出口。

2. 外贸调控中的"鼓励与促进"

我国《对外贸易法》规定,国家制定对外贸易发展战略,建立和完善对外贸易促进机制。所谓对外贸易发展战略,就是对外贸易发展计划,在该发展计划中要综合运用多种手段,促进外贸发展,形成"促进"机制,以更好地进行外贸调控。依据我国《对外贸易法》的规定,国家鼓励和促进对外贸易发展的手段主要包括如下方面:

(1) 国家根据对外贸易发展的需要,建立和完善为对外贸易服务的金融机构,设立对外贸易发展基金、风险基金。

(2) 国家通过进出口信贷、出口信用保险、出口退税及其他促进对外贸易的方式,发展对外贸易。

(3) 国家建立对外贸易公共信息服务体系,向对外贸易经营者和其他社会公众提供信息服务。

(4) 国家采取措施鼓励对外贸易经营者开拓国际市场,采取对外投资、对外工程承包和对外劳务合作等多种形式,发展对外贸易。

(5) 国家通过对外贸易经营者依法成立和参加的协会、商会,维护其成员和行业的利益,获取有关对外贸易的建议,开展对外贸易促进活动。

(6) 国家扶持和促进中小企业开展对外贸易,同时,扶持和促进民族自治地方和经济不发达地区发展对外贸易。

五、规划调控制度

规划是计划的一种重要形式,它是中长期的计划,因而反映计划的中远期目标。上述某个领域的具体计划调控形式,如产业调控、投资调控、价格调控等,都可在规划中得到反映。因此,规划调控是更为综合的一种计划调控,对于防控和解决经济失衡问题具有重要意义。

1. 规划的功能定位

在规划调控方面,涉及国家发展规划、国家级专项规划、国家级区域规划和国家级空间规划,每类规划都有其特定的功能定位。

国家发展规划,即国民经济和社会发展五年规划纲要,要着重阐明国家战略意图、明确政府工作重点、引导规范市场主体行为;它是政府履行经济调节、市场监管、社会管理、公共服务、生态环境保护职能的重要依据。

国家级专项规划是指导特定领域发展、布局重大工程项目、合理配置公共资源、引导社会资本投向、制定相关政策的重要依据;国家级区域规划是指导特定区域发展和制定相关政策的重要依据;国家级空间规划以空间治理和空间结构优化为主要内容,是实施国土空间用途管制和生态保护修复的重要依据。

除上述国家级规划以外,在整个规划体系中还有省级规划、市县级规划。省级规划、市县级规划依据国家发展规划制定,既要加强与国家级专项规划、区域规划、空间规划的衔接,形成全国"一盘棋",又要因地制宜,符合地方实际,突出地方特色。上述三类规划,形成了我国三级规划管理体系,该体系则是国家进行规划调控的基础。

2. 规划的编审与宏观调控

在宏观调控方面,国家级规划的编制和审批非常重要,需要明确其编审主体。其中,国家发展规划由国务院组织编制,经全国人民代表大会审查批准,居于规划体系最上位,是其他各级各类规划的总遵循。

此外,国家级专项规划、区域规划、空间规划,均须依据国家发展规划编制。国家级专项规划要细化落实国家发展规划对特定领域提出的战略任务,由国务院有关部门编制,其中国家级重点专项规划一般报国务院审批;国家级区域规划要细化落实国家发展规划对特定区域提出的战略任务,由国务院有关部门编制,报国务院审批;国家级空间规划要细化落实国家发展规划提出的国土空间开发保护要求,由国务院有关部门编制,报国务院审批。国家级专项规划、区域规划、空间规划,规划期与国家发展规划不一致的,应根据同期国家发展规划的战略安排对规划目标任务适时进行调整或修编。国家级空间规划对国家级专项规划具有空间性指导和约束作用。

本章小结

由市场失灵导致的经济失衡问题,是经济法需要着力解决的重要问题,它与经济法的各个部门法都直接相关。而计划调控和计划调控制度,则是保障经济均衡发展的重要手段。为此,本章结合经济失衡问题,着重探讨了计划调控的基本原理和主要制度。

在计划调控基本原理部分,本章着重结合经济失衡问题,讨论了计划的概念与职能、内容与形式,计划法的概念及其主要立法形式、计划法的实体与程序规范等方面的问题,这有助于更好地区分计划与市场、计划与规划、计划的目标与指标,等等,同时,也有助于更好地理解计划的类型、计划法的类型、结构、计划权的分配与协调,以及计划法与其他法的关联,等等。另外,本章关于运用计划调控制度防止和解决经济失衡问题的讨论,还有助于进一步理解经济法学的均衡原理。

计划调控的主要制度,体现为各类"综合协调的调控制度",它们是宏观调控法的重要组成部分,涉及多种经济政策的综合协调和经济政策的法律化问题,直接影响国家宏观经济目标的实现。为此,本章着重讨论了相对比较成熟且有密切关联的几类制度,即产业调控制度、投资调控制度、价格调控制度、外贸调控制度和规划调控制度。这些制度都是计划调控制度的重要内容,与宏观经济四大目标的实现密切相关,对于防控和解决经济失衡问题,具有十分重要的作用。

第十六章

妨害竞争与垄断规制

本章导读

从本章开始,本书进入经济法分论中的市场规制法部分,将着重结合妨害竞争、外部效应、信息偏在等导致市场失灵的问题,讨论有关垄断规制、竞争规制、消费规制的基本原理和主要制度。

在市场经济条件下,维持市场机制的有效运作,确保自由的、正当的、公平的、有效的竞争是非常重要的。如果没有公正的、自由的竞争,没有市场机制的正常运作,就会发生市场失灵的问题。而垄断行为或垄断状态,则会严重妨害竞争。因此,为了有效解决妨害竞争的市场失灵问题,必须加强垄断规制。本章将着重以垄断规制的基本原理和主要制度为例,来说明其对于解决妨害竞争问题的重要作用。

第十六章 妨害竞争与垄断规制

第一节 垄断规制的基本原理

一、从妨害竞争的视角看垄断规制

所谓垄断,通常是指排除或限制竞争的行为或状态。垄断会直接妨害竞争,影响资源配置的效率,带来市场失灵问题。在市场经济发展过程中产生的垄断,是自由竞争带来的副产品。一个国家要维持市场机制的有效运作,确保"来自竞争的繁荣"[①],必须对垄断依法进行有效规制,以解决垄断所产生的负面效应。为此,要解决妨害竞争所导致的市场失灵问题,就必须进行垄断规制,就需要有反垄断法。

尽管垄断规制制度旨在解决妨害竞争的问题,但现实中的垄断是非常复杂的,各种垄断的成因也多种多样,既包括市场结构方面的原因,也包括市场行为方面的原因,还包括政府不当干预方面的原因,等等。因此,对垄断的规制要根据垄断的成因,分别采取相应的对策。

要加强垄断规制,需要对垄断进行类型化的研究,这有助于在各国难以形成统一的垄断定义的情况下,更好地理解和把握垄断的问题。

二、垄断规制所关注的垄断分类

要排除妨害竞争的垄断,有效进行垄断规制,就需要对垄断进行分类。在经济学领域,按照市场竞争程度的高低,将市场结构分为四种状态,即完全竞争、垄断竞争、寡占和独占。其中,完全竞争强调完全不存在垄断、竞争非常充分的状态;垄断竞争则是既有一定的垄断,又有一定的竞争的状态;寡占是指少数主体占据大部分市场的情况;独占则强调一个主体独自占有市场。独占状态是绝对的垄断,寡占所产生的垄断则相对较弱,而完全竞争中的垄断就更弱。从垄断竞争(有一定垄断的竞争)到独占状态,垄断的程度是不断提高的,对这几类程度不同的垄断,应根据特定时空条件下的具体情况,来决定反垄断的范

---

① 德国的路德维希·艾哈德曾在其名著《来自竞争的繁荣》中,强调在社会市场经济的目标之下,国家要通过反垄断来恢复市场的自由与竞争。

围和强度,以实现对垄断的有效规制。

通常,为了有效排除妨害竞争的行为,实现规制垄断的目标,需要着重关注以下几种垄断分类:

1. 经济垄断和行政垄断

从垄断的主体和成因上看,垄断可分为经济垄断和行政垄断。经济垄断,或称经济性垄断、市场垄断,实施此类垄断行为的主体是市场主体,其垄断地位是在市场竞争过程中通过市场行为形成的。行政垄断,或称行政性垄断、政府垄断,实施此类垄断行为的主体并非市场主体,而是政府,其垄断地位是与其行政权、行政行为等直接相关。经济性垄断通常与市场主体的竞争权的滥用有关;行政性垄断一般与行政权的滥用有关。

从表现形式上看,经济性垄断较为典型的组织形式包括卡特尔、辛迪加、托拉斯、康采恩等。

卡特尔主要是市场主体通过协议的方式来划分市场范围、统一销售价格、产品产量等。卡特尔的突出特点是通过垄断协议的方式来限制竞争,它是反垄断法的规制重点。中国、德国、日本等许多国家的反垄断法对此都有较多的规定。

此外,辛迪加主要是同行企业协议建立的共同的销售商品或采购原料的联盟,其主要目的是控制市场流通,获取垄断利润;托拉斯是生产同类产品或联系密切的企业之间形成的从生产到销售的全面联合,对自由竞争危害较大,因而也是美国最早制定反垄断法时的规制重点;康采恩通常是指为消除内部竞争获取垄断利润而组成的企业集团。

上述各类垄断组织形式,是经济性垄断的重要形式。在各国不同的历史发展阶段,垄断规制的重点和严格程度都是不尽相同的。某种经济性垄断是否为一国的反垄断法所禁止,是需要具体考察的。

2. 好的垄断和坏的垄断

从价值判断上看,垄断可分为好的垄断和坏的垄断。从反垄断法的调整或对垄断的规制看,反垄断法并非反对一切垄断。对那些好的垄断,即正当的、合理的、合法的垄断,反垄断法是予以肯定评价的。例如,对于法律允许的公用企业的自然垄断、依据知识产权所形成的垄断、在规模上具有垄断地位但并未滥用其市场支配地位的企业,反垄断法并不予以禁止和处罚。此外,对那些坏的垄断,即不正当、不合理、不合法的垄断,因其妨害竞争的,反垄断法要予以否定的评价。例如,对于通过垄断协议谋求垄断利益,以及滥用市场支配地位的行为等,反垄断法都要予以禁止。区分好的垄断和坏的垄断,有助于增强垄断规制的针对性,有助于结合经济、社会的发展,结合不同发展阶段的不同需要,对垄断作出适当的区分,并进行有效的规制。这也是经济法规制性原理的要求和体现。

3. 合法的垄断和违法的垄断

作为好的垄断与坏的垄断的具体化,从合法性的角度,可将垄断分为合法的垄断和违法的垄断。合法的垄断属于好的垄断,违法的垄断属于坏的垄断。从合法性的角度进行分类,对于反垄断的立法、执法、司法等都非常重要。由于在各个市场经济国家,对于市场机制的保护,对于市场失灵问题的解决,是普遍的、共同的需求,因此,各国的反垄断法有其共性;同时,各国的经济体制、经济发展水平、市场成熟程度、市场开放程度等又有诸多不同,因此,各国的反垄断法又有其个性。体现在反垄断的立法上,各国对于某些垄断的合法性可能存在不同认识,甚至在一国的不同历史时期,对于同类垄断的合法性的认识也可能不同。因此,在立法和法律实施过程中作出恰切的判断,对于实现法治,推进经济和社会的发展,都很重要。

三、垄断规制的经济理论基础:产业组织理论

自从世界上第一部反垄断法——美国的《谢尔曼法》诞生以来,特别是第二次世界大战以来,各国相继进行了大规模的反垄断立法。一般认为,这些立法的重要经济学基础,就是产业组织理论,或称厂商理论。

产业组织理论产生于20世纪30年代,着重研究特定产业内部的市场结构、市场行为和市场绩效及其内在联系。它对于产业组织政策的制定,对于反垄断法、反不正当竞争法、产业法等领域的法制建设和法学研究,均具有重要影响。

产业组织理论经由著名经济学家马歇尔、张伯伦、罗宾逊夫人、贝恩、克拉克、斯蒂格勒等人的发展,已经成为系统化的理论,并形成了哈佛学派、芝加哥学派以及新产业组织理论等多种流派。其前后相继的脉络大略如下:

19世纪末期,主要西方国家的市场经济从自由竞争阶段进入垄断阶段,马歇尔等新古典经济学的代表人物,虽然认为垄断会影响资源的有效配置,但又认为市场机制可解决垄断的问题。20世纪30年代,张伯伦和罗宾逊夫人提出了"垄断竞争理论",认为由于产品存在差别,典型的市场结构并非完全竞争,而是垄断竞争,厂商具有一定的决定价格的"市场力量",单靠市场机制的自发作用不能解决垄断的问题,必须通过政府干预来确保市场的适度竞争。上述研

究推进了产业组织理论的产生和发展。

20世纪50年代,哈佛大学的梅森(E. Mason)和贝恩(J. Bain)系统提出了产业组织理论,哈佛学派(Harvard School)正式形成,并产生了重大而深远的影响。哈佛学派以垄断竞争理论为基础,认为市场结构、市场行为和市场绩效之间存在着因果联系,即市场结构会影响市场行为,而市场行为又会影响市场绩效,这就是产业组织理论中著名的"结构—行为—绩效"(structure-conduct-performance,SCP)分析范式。该学派主张反垄断应当以市场结构为重点,强调"结构主义"的规制路径。

哈佛学派提出的产业组织理论,涉及市场结构、市场行为和市场绩效三个方面的相互关系,对于反垄断法的制度建设有较大影响,其基本原理主要是:

1. 市场结构

市场结构反映的是市场上的主体构成,涉及市场上的企业之间、企业与消费者之间基本的交易地位和交易关系,包括买方之间、卖方之间以及买方与卖方相互之间的关系,以及市场内外的主体之间的关系等。市场结构的状态包括垄断(一人独占)、寡占(少数人控制)、垄断竞争(竞争者之间存在产品差别)、完全竞争(竞争者之间不存在产品差别)等情形,衡量是否存在垄断以及垄断程度的指标,主要是市场集中度、产品差别度和市场进入壁垒。

首先,市场集中度是反映市场垄断程度的最基本的概念和指标,通常指卖方集中度,它通过企业的生产规模、销售额、市场占有率、资产数额等指标,来反映市场上占重要地位的企业的数量,从而体现集中的程度。如果仅有一个或少数几个企业占有市场的绝大部分份额,则说明市场集中度较高,在这种情况下,其他企业难以与之竞争,即可能存在垄断。

其次,与上述市场集中度类似,产品差别度也是确定市场结构特征的一个指标。形成产品差别的原因主要是:卖方产品的物理差异、地理差异、服务差异等,以及买方的主观偏好差异、知识偏差等。在市场上的前位企业可利用产品差别保护市场占有率,提高集中度;后位企业也可通过形成新的产品差别来提高自己的市场占有率。因此,产品差别也是形成市场进入壁垒的重要因素。

最后,所谓市场进入壁垒,是市场上已有企业对于准备进入和刚刚进入市场的新企业所占据的优势或形成的阻碍。上述市场集中度和产品差别度主要反映的是市场内企业之间的关系,而市场进入壁垒则不同,它涉及市场内外的主体之间的关系。市场进入壁垒通常包括:政策法律壁垒、经济规模壁垒、资源占有壁垒、产品差别壁垒等。这些壁垒都会在一定程度上影响充分、自由的竞争。

可见,市场集中度、产品差别度、市场进入壁垒之间存在着密切的联系,特别是市场集中度和产品差别度,都会构成市场进入的壁垒,影响市场结构的状态,因而是限制竞争或导致垄断的重要原因。

2. 市场行为

市场行为是企业为获得市场利益而采取的垄断或竞争行为,具体包括价格行为、非价格行为和组织调整行为(如企业合并、集团化等行为),这些行为对市场秩序影响巨大,现分述如下:

价格行为是市场主体至为重要的市场行为,主要包括价格竞争行为和价格协调行为。价格竞争行为主要包括降价竞争行为,以及防止新企业进入市场的阻止价格行为;价格协调行为又称共谋行为、串通勾结行为,主要包括卡特尔和暗中配合。

非价格行为对于市场主体也很重要,它通常包括两类,即产品和技术开发行为、营销行为,其核心是制定和实行产品差别政策,而不是涨价或降价等价格行为。

无论是价格行为还是非价格行为,都可能构成对其他市场主体的排挤行为。排挤行为可能是正当的,也可能是不正当的。这对于把握反垄断立法和执法的"度"是很重要的。

3. 市场绩效

市场绩效,是以市场结构为基础,由企业的市场行为形成的资源分配和利益分配的状态。其衡量标准主要是:利润率的高低、技术进步和市场效率等。

上述三个部分的关系是:市场结构是决定后两者的基础,市场行为受制于市场结构,但对后者也具有反作用,是市场结构与市场绩效的中介;市场绩效则同时受制于市场结构与市场行为,并会对它们产生影响。

上述哈佛学派的理论曾长期占据统治地位。但从20世纪70年代后期开始,以斯蒂格勒(J. Stigler)为代表的"芝加哥学派"(Chicago School)开始异军突起。该学派认为:作为哈佛学派理论基础的垄断竞争理论还存在着一些缺陷和不足,SCP的分析范式过于简单,市场结构、市场行为和市场绩效之间存在着复杂的交互影响关系。芝加哥学派以"可竞争市场理论"(contestable market theory)为依据,认为不能以市场集中度的高低和规模的大小来判断是否构成垄断,企业的市场绩效是更为重要的,因而应当放松对大企业的不必要管制。芝加哥学派所强调的"绩效主义"和放松管制,同哈佛学派所强调的"结构主义"和加强管制的思路明显不同,在一定时期对美国的产业组织政策产生了重大影响。

自20世纪80年代以来,以威廉姆森为代表的新产业组织理论(new industrial organization)或称"后芝加哥学派"形成。该理论既反对哈佛学派强调的对市场集中度或市场结构的特别关注,也反对芝加哥学派减少政府干预的必要性的分析,认为用"可竞争市场理论"替代完全竞争市场理论也不尽合理。新产业组织理论以交易费用理论、博弈论等新的理论和方法为基础,强调无论是市场机制还是政府管制,都是有成本的,企业的内部组织能够在一定程度上替代市场机制的作用;交易者的行为会直接影响交易费用的大小,并由此影响企业规模和市场结构,因此,反垄断应当关注的是市场行为,从而提出了垄断规制方面的"行为主义"路径。

以上各个学派在产业组织理论方面各持己见,在不同的阶段,都对产业组织政策产生了一定的影响。

所谓产业组织政策,就是政府制定的用以指导和干预企业市场行为和产业市场结构,协调企业关系的公共政策,其实质是政府通过协调竞争与垄断的矛盾,来排除妨害竞争的行为,防止市场失灵,促进有效竞争。产业组织政策包括禁止垄断、鼓励竞争的市场秩序政策,以及鼓励规模经济、防止过度竞争的产业合理化政策。这些政策对反垄断法和产业法的形成和发展具有重要影响,由此使产业组织理论、产业组织政策、反垄断法之间存在着内在的关联。

四、垄断规制的法律保障:反垄断法

(一)反垄断法的界定

反垄断法,是调整在国家规制垄断的过程中发生的社会关系的法律规范的总称。简单地说,反垄断法主要是规制垄断的法。既然是规制垄断,就需要对垄断进行具体分析和区别对待,这样才能体现反垄断法的规制性。从总体上说,由于反垄断法所禁止的只是那些限制有效竞争的"坏的垄断",而对于符合规模经济要求的、不限制竞争的"好的垄断"并不禁止,因而反垄断法并非禁止一切垄断。

一般说来,反垄断法所禁止的垄断应符合两个条件,即危害性和违法性。

所谓危害性,是指垄断必须使相关市场主体的竞争受到实质性的限制和损害,如果某类行为并未实质性地限制竞争,则并不构成法律所禁止的垄断。

所谓违法性,是指只有违反法律规定的垄断行为或垄断状态,才是反垄断法所禁止的。有些形式的垄断,如果法律并不禁止,则不能对其适用反垄断法。

(二) 反垄断立法的国际比较

反垄断立法在国际上存在差别,有的国家实行合并立法,有的国家实行单独立法,等等。这主要同各国的法律文化传统和法治发展阶段等相关。

美国最早的反垄断立法,是 1890 年通过的《保护贸易和商业免于非法限制和垄断之害的法律》,即《谢尔曼法》(Sherman Act),该法通常也被认为是反垄断法乃至经济法的最早立法。此后,到 1914 年,为了弥补《谢尔曼法》的不足,美国又通过了《克莱顿法》(Clayton Act)和《联邦贸易委员会法》(Federal Trade Commission Act)。上述三部法律,是美国反垄断法的主体法,它们构成了美国反垄断法律体系的基本框架。此后,美国还先后制定了《罗宾逊—帕特曼法》(Robinson-Patman Act, 1908)、《惠勒—李法》(Wheeler-Lea Act, 1938),等等①,从而使其反垄断立法日臻完善。

其实,不只是美国,许多国家都比较重视反垄断方面的立法,特别是第二次世界大战以后,反垄断立法更加普遍而迅速。例如,日本于 1947 年制定了《禁止私人垄断及确保公正交易法》,德国于 1957 年制定了《反对限制竞争法》(或称卡特尔法),英国于 1948 年制定了《垄断和限制性行为调查和管制法》,等等。这些国家的反垄断立法都曾经进行过多次修订。此外,一些转型国家如俄罗斯等,也制定了反垄断法,并且,其立法的修改也较为频繁,目的是更好地促进经济和社会发展。

(三) 如何认识反垄断法的规制性

反垄断法是垄断规制的法律保障,由于垄断问题非常复杂,在各国不同时期对垄断的认识和态度并不完全一致,因而垄断规制具有很强的政策性,从而使反垄断法具有突出的规制性。这种规制性体现在:对于某些垄断,反垄断法要严格禁止,但对于某些垄断,反垄断法则允许其存在,甚至可能对其不予适用。

反垄断法所具有的规制性,是其作为市场规制法重要部门法的突出特征之一,也使其成为不同于传统法的重要现代法。对于垄断进行法律规制,是现代法律发展的新问题。垄断本身就是复杂的,对垄断进行法律规制,则是更为复杂的问题,它要求相关执法机构或司法部门要全面理解和把握法律,同时,还能

---

① 相关反垄断立法还有:1976 年生效的《哈特—斯科特—罗迪诺反托拉斯改进法》(Hart-Scott-Rodino Antitrust Improvement Act),1982 年生效的《对外贸易反托拉斯改进法》(Foreign Trade Antitrust Improvement Act),以及 1994 年发布的《国际反托拉斯执行协助法》(International Antitrust Enforcement Assistance Act)等。

够较为准确地理解经济社会发展的现实,审时度势地进行有效规制。为此,需要把法学和经济学很好地结合起来,全面兼顾不同时期的效率与公平,这样才能实现对垄断的有效规制。

总之,反垄断法的规制性与垄断规制实践中的政策性是一致的,反垄断法的具体适用需要依据不同时期的具体情况,对规制的宽严进行适度调整。由于相对于传统的规则性较强的法,反垄断法的实施要把握具体时机、条件和标准,以体现区别对待的精神,因而被认为具有一定的"政策性"或"不确定性",这也是经济法的现代性的重要体现。

五、反垄断法的基本内容

反垄断法包括实体法和程序法两个方面,体现了制度构成上的"自足性"。其中,实体法制度主要包括:(1) 规制垄断协议的制度,或称禁止卡特尔、禁止联合限制竞争制度;(2) 规制滥用市场支配地位的制度,或称禁止滥用优势地位制度;(3) 规制经营者集中的制度,或称禁止经济力过度集中制度。此外,还可能包括规制行政性垄断的制度,以及适用除外制度等。程序法制度主要包括反垄断法的执法程序制度以及对违法行为的处理程序制度等。

(一) 实体法制度的基本内容

各国反垄断实体法制度的基本内容,一般都包括有关规制垄断协议的制度、规制滥用市场支配地位的制度、规制经营者集中的制度等。此外,为了进一步体现反垄断法律制度的规制性或政策性,体现区别对待的精神,一般还设有除外适用的制度。

1. 规制垄断协议的制度

(1) 对垄断协议的界定

垄断协议,是企业为了在一定的领域排除或限制竞争,而就产量、价格和市场划分等所达成的正式或非正式的协议。垄断协议作为市场主体之间的一种合谋、安排或协同行动,其内容主要涉及划分市场、固定价格、限制其他经营者进入市场等。垄断协议通常也被称为卡特尔。"卡特尔"最早在德国成为专有名词,主要用以指限制竞争的协调行为。随着实践的发展,卡特尔已成为一个多义词,既可指意在联合限制竞争的协议行为,也可指联合限制竞争的协议本身,还可指通过协议共谋行为而成立的垄断组织。

诸如卡特尔之类的垄断协议,在各国的反垄断法中都是法律规制的重点。尽管英美国家一般不将其称为卡特尔,而是用共谋、安排、贸易限制之类的称谓,但其实质内容是一致的。由于卡特尔具有突出的反竞争的性质,对竞争的危害较大,因而各国对卡特尔的制裁也较为严厉。当然,基于规制的考虑,对那些有利于社会公共利益,有利于经济社会发展的不具有危害性或违法性的卡特尔,各国的反垄断法一般均予以豁免。

(2) 垄断协议的分类

垄断协议依据不同标准可作出多种分类。学者通常将卡特尔分为有文字协议的卡特尔和无文字协议的卡特尔,以及横向卡特尔和纵向卡特尔,等等。从总体上说,垄断协议主要可分成两大类,即横向垄断协议和纵向垄断协议。

横向垄断协议,或称横向联合限制竞争行为,通常指处于同一经济环节的企业为了排除或限制竞争而达成的有形的或无形的协议。其具体形式有很多,例如:(1) 固定交易条件行为,即企业通过明示或默示的协议将商品的价格等交易条件加以统一的行为。(2) 协议划分市场行为,即企业之间通过划分购销的市场区域,来消除竞争的行为。(3) 联合排挤行为,即企业之间通过协议,或者采取暗中配合,将竞争者排挤出相关市场的行为。(4) 限制投入产出行为,即对相关企业的产销、投资、研发等进行横向联合限制,以实现限制竞争的目的的行为。上述限制价格、限制产量、限制销售、限制发展的各类限制行为,实质都是限制竞争。因此,横向联合限制竞争行为是各国反垄断规制的重中之重。

纵向垄断协议,或称纵向的联合限制竞争行为,它通常指处于不同经济环节的企业之间为了排除或限制竞争而达成的有形的或无形的协议。在生产商与批发商之间,以及批发商与零售商之间,可能会达成纵向的垄断协议,其具体形式也是多样的,例如:(1) 固定转售价格行为,即通过协议来要求相关环节的销售者必须按固定价格转售其商品的行为。(2) 附加不当约束条件行为,即在交易过程中附加不当约束条件作为额外义务并要求交易对方接受的行为。(3) 排他交易行为,即在交易过程中要求交易对方排除与竞争对手进行经济往来,从而限制竞争的行为。

(3) 垄断协议的法律责任

对于垄断协议,各国的法律规制均较为严格。无论是英美法系国家的贸易限制,还是大陆法系国家的卡特尔,一般都会受到否定的法律评价。

例如,美国《谢尔曼法》第 1 条就规定,任何契约、以托拉斯形式或其他形式的联合、共谋,用来限制州际或国际贸易的行为,都是非法的。任何人签订上述契约或从事上述联合或共谋,均属于严重犯罪。此外,德国的《反对限制竞争法》第 1 条也规定,存在竞争关系的企业之间达成的协议、企业联合组织作出的决议以及联合一致的行动,如以阻碍、限制或扭曲竞争为目的,或使竞争受到阻碍、限制或扭曲，则是禁止的。在对待垄断协议的态度上，其他国家和地区的相关规定也与上述美国、德国大同小异，均较为严格。

2. 规制滥用市场支配地位的制度

（1）对滥用市场支配地位的界定

所谓市场支配地位，或称市场控制地位，通常是指市场主体在相关市场上所具有的对其他市场主体足以产生影响的客观状态。具有市场支配地位的市场主体，在相关市场内具有控制交易条件，从而能够阻止或限制其他市场主体进入相关市场的垄断力，因而实际上具有垄断地位。

对于企业是否具有市场支配地位，需要结合市场结构、市场行为、市场绩效等作综合判断，尤其要以市场份额为主，兼顾市场行为等因素来确定。市场支配地位，作为市场主体在市场上具有的举足轻重的地位，往往是市场竞争的客观结果。拥有市场支配地位的企业，如果是进行公平的、正当的竞争，而不是滥用其经济支配力，则反垄断法不加禁止。

所谓滥用市场支配地位，是指大企业为了排除或限制竞争，而凭借自身的经济实力，对其他企业施加影响和控制的行为。它实质上是拥有垄断地位的企业滥用垄断优势地位的行为，对于此类滥用行为，各国反垄断法一般均予以禁止。

对于滥用市场支配地位行为的规制，尤其需要处理好规模经济与反垄断之间的关系。从反垄断法的角度看，并不是企业规模大、有垄断优势地位就要禁止。规模经济在经济上是有合理性的，为了提高本国企业的国际竞争力，各国对规模经济实际上是持肯定态度的。但是，如果滥用这种规模优势来限制或排除竞争，获取高额垄断利润，则为反垄断法所不容。对于滥用市场支配地位的行为，德国的《反对限制竞争法》、日本的《禁止私人垄断及确保公平交易法》、英国的《公平交易法》等都有具体规定。此外，《罗马条约》等国际条约也有相关规定。

（2）滥用市场支配地位的具体类型

滥用市场支配地位的行为，核心是经济权力（或称经济力、垄断力）的"滥用"。依据行为直接目的的不同，可将滥用分为两类：一类是以阻遏竞争为直接目的的滥用行为，即经营者为了阻止、遏制竞争对手的竞争，而滥用自己的市场支配地位进行限制、排挤的行为。此类行为主要针对同业竞争者。另一类是以获取高利为直接目的的滥用行为，即经营者为了获取超额垄断利润，滥用市场支配地位进行不公平交易的行为。此类行为主要针对交易相对人。

上述两类行为只是在直接目的上的大略区分，但有时两者的界限并不明显,因为阻遏竞争往往也是为了获取超额垄断利润,而要获取超额垄断利润,也往往需要通过阻遏竞争来实现。因此,在各国的法律规定中,往往区分并不明显。通常,各国规定的滥用市场支配地位行为往往包括但不限于如下行为:压价排挤行为、独家交易行为、强制交易行为、拒绝交易行为、限定交易行为、价格歧视行为,等等。

上述各种形式的滥用市场支配地位的行为,是市场主体基于其垄断力或垄断地位,来控制和影响交易条件,进行不公平、不正当的交易行为。这些行为既会影响同业竞争者以及交易相对人的利益,也会影响消费者的利益,可能对多种主体的利益产生损害。此外,滥用市场支配地位行为影响了通过竞争形成的公允市场价格,行为人通过垄断地位实施价格控制来获取垄断利益,因此,对于滥用市场支配地位的行为必须依法进行规制。

3. 规制经营者集中的制度

(1) 经营者集中的界定

所谓经营者集中,是指经营者通过合并、持股等方式实现的在规模、控制力上的集中。经营者集中的重要途径是企业合并、收购等,因而也有人将经营者集中等同于企业并购,但其实两者并不完全相同。

经营者集中的结果体现在两个方面:一方面,它扩大了企业的规模,从而有助于实现企业的规模经济效益;另一方面,它也可能提高经营者的市场支配地位,从而可能对竞争产生不利的影响。基于经营者集中可能产生的积极效应和消极效应,对其具体影响要作具体分析,并不是一概都要加以禁止。因此,在对经营者集中行为进行垄断规制方面,尤其要注意区别对待,以充分体现其规制性。

(2) 经营者集中的分类

经营者集中通常分为三类,即横向集中、纵向集中、混合集中。所谓横向集中,就是具有竞争关系的同行业的同类企业之间进行的整合集中;纵向集中是具有交易关系的不同类型的上下游企业之间进行的集中;混合集中是分属于不同行业、处于经济链条不同环节的企业所进行的集中。

纵观上述各类集中,横向集中最为引人注目。因为横向集中是有竞争关系的同类企业的集中,它会增加相关企业的市场份额,从而会改变市场结构,影响充分竞争。而纵向集中,特别是混合集中,则对市场竞争的影响相对较小。因此,横向集中是反垄断法规制的重点。

(3) 经营者集中的申报与审批

经营者集中既有提高规模经济效益的积极方面,又可能存在限制竞争的消极方面。因此，对经营者集中不能一概否定，而应根据情况作具体分析。这就需要有经营者集中的申报制度和审批制度。

所谓经营者集中申报制度，是为了使反垄断执法机构能够事先对经营者集中计划的合法性作出判断，而由经营者在进行集中之前申报有关文件和资料的制度。通常，各国一般会根据本国的经济发展水平、市场发育程度等因素，从总销售额、交易额、资产额等角度，确定经营者集中的申报标准。同时，随着竞争政策、产业政策等相关经济政策的调整，对申报标准也会作出相应的调整。

所谓经营者集中审查制度，是反垄断执法机构基于申报材料而对经营者集中的行为进行审查，决定是否应予禁止的制度。由于各国反垄断法对经营者集中行为并不一概禁止，因此，进行专门审查非常必要。通常，在进行审查时要考虑多种因素，如经营者的市场份额和市场支配地位，相关市场的基本结构，经营者集中是否构成市场壁垒，经营者集中在相关市场内排除、限制竞争的可能性，是否严重损害有效竞争，等等。

4. 适用除外制度

（1）对适用除外制度的界定

反垄断法的适用除外制度，是指国家基于相关政策考虑，对某些领域或某些事项不适用反垄断法中的禁止性规定的制度。由于适用除外制度体现的是例外，因而是对反垄断法适用范围的限制。

反垄断法规定适用除外制度，主要考虑两个方面：一个是经济合理性，另一个是社会公益性。从经济合理性看，有些垄断是有其积极意义的，尤其在规模经济、提高国际竞争力、促进技术进步等方面更为突出；同时，从社会公益性看，在某些行业或领域保持一定的垄断并由国家加以控制，有时可能对消费者利益以及社会整体利益的保护，也有一定的积极意义。因此，为了防止过度竞争增加社会成本，更好地实现国家的产业政策和其他经济政策，保护国家利益和社会公共利益，需要对具有经济合理性和社会公益性的行为排除反垄断法禁止性规定的适用。

基于上述考虑，反垄断法需要禁止的只是那些不具有经济合理性的、违反社会公益的、限制竞争并产生弊害的垄断。而自然垄断、公用事业、知识产权等领域的垄断行为，虽然在一定范围内限制竞争，但因其符合公共利益和国家政策，具有公益性，因而各国反垄断法通常对其不予禁止。例如，基于对经济规律和社会公益的考虑，日本对铁路、电力、煤气等自然垄断实行适用除外。此外，许多国家对不景气卡特尔、出口卡特尔、中小企业卡特尔等也都不加禁止。

可见，在判断是否适用反垄断法时，尤其应考虑两类因素，即是否存在垄断弊害,以及是否合理有益。如果一个企业的行为仅具有限制竞争的垄断弊害(如通过垄断协议、滥用市场支配地位等来限制竞争),则应当通过反垄断法加以禁止。如果一个企业的行为虽具有一定的垄断性,但其行为目的并非为了垄断,其垄断状态的存在具有经济上的合理性,符合国家利益和社会公共利益,具有突出的公益性,则需要对其垄断行为进行政策考量和法律判断,并且,在上述情况下,往往可能排除反垄断法的禁止性规定的适用。

(2) 适用除外制度的适用范围

对于适用除外制度的适用范围,各国在具体反垄断法中一般都有具体规定,以防止该项制度被滥用。通常,适用除外制度主要适用于符合条件的以下领域:

第一,具有一定的自然垄断特点的公用企业、事业。如铁路、邮政、电力、煤气、自来水等行业的企业,有些国家从规模经济和社会公益的角度,仍然坚持由国家经营,对于此类企业不适用反垄断法的禁止性规定。

第二,涉及国家利益的一些重要产业或领域。如某些军工、航天等企业,有些国家同样实行国家垄断经营。对于这些企业基于国家安全和社会公益而从事的垄断行为,不适用反垄断法的有关规定。

第三,知识产权领域。知识产权是一种特殊的垄断权,具有合法性;同时,知识产权法所保护的对特定知识财产的垄断,与反垄断法上的垄断还是有所不同的。[①] 因此,知识产权垄断不适用反垄断法。

第四,符合条件的涉外横向联合。通常,出口卡特尔、外贸卡特尔等多种卡特尔形式,都属于此种类型。如美国1918年的《韦布—波默林法》即规定在出口方面划分市场,或在出口价格等方面达成一致的协议,只要不限制国内贸易或国内其他竞争者的出口,美国反托拉斯法就不予禁止。

第五,体现特定经济政策的联合。如体现对中小企业扶持政策的中小企业卡特尔或中小企业合作社,体现共同抵御风险或危机的联合行为,如危机对策卡特尔、农业合作社、消费生活合作社,等等。

(二) 程序法制度的基本内容

反垄断法在实施过程中所涉及的程序是多方面的,因而其程序法制度的基本内容也较为丰富,主要涉及反垄断执法机构从事各类具体执法活动时所遵循的各类程序。其中,反垄断执法机构对垄断行为的查处程序最为引人关注。

[①] 参见〔日〕根岸哲、舟田正之:《日本禁止垄断法概论》,王为农等译,中国法制出版社2007年版,第391页。

由于各类程序的展开都与反垄断执法机构直接或间接相关,因此,有必要先介绍反垄断法的执法机构,其后再介绍相关程序,这有助于更好地理解程序法制度的基本内容。

1. 反垄断法的执法机构

各国一般多设置专门的反垄断执法机构。如美国的联邦贸易委员会和司法部的反托拉斯局,日本的公正交易委员会,德国的联邦卡特尔局,英国的公平贸易署,等等。它们作为规制主体,一般都享有广泛的权力。

相对于实体法制度而言,各国反垄断执法程序制度的差异更大,但仍有一些共同之处。例如,各国反垄断执法机构独立性相对较强,有的国家也称之为独立规制机构。美国联邦贸易委员会隶属于总统,日本的公正交易委员会则隶属于首相,德国、英国、法国的反垄断执法机构一般都隶属于相应的经济或商业部门的部长;此外,各国的反垄断执法机构大多实行委员会制,它们不仅享有行政权,还享有准立法权和准司法权。这些权力具体体现为规则制定权(包括反垄断方面的命令、指南以及其他规范性文件的制定权)、事实调查权(包括对各类垄断行为是否存在的事实进行调查的权力等)、违法制裁权(包括对违法者进行告诫、罚款、拆分、解散、没收等各类制裁的权力)、提起诉讼权(包括对某些特定垄断行为向法院提起诉讼的权力等)。

各国有关反垄断执法机构的规定,有助于更好地理解反垄断法的各类具体程序制度。事实上,在各国的反垄断法中,对执法程序的专门规定一般都是围绕执法机构展开的。

2. 反垄断法的相关程序

反垄断法涉及多种程序,包括执法机构自身的议事程序、对竞争状况进行监控的程序、对违法行为进行查处的程序,等等。其中,违法查处程序一直是人们较为关注的,在反垄断执法程序中居于十分重要的地位,其中涉及的主要程序有:

(1) 启动程序。对违法行为查处程序的启动,主要基于以下原因:第一,基于受害人的控告或申请;第二,基于第三人举报;第三,基于主管机构的具体职权,即主管机构可依职权启动。

(2) 调查程序。反垄断执法机构启动查处程序后,即可依法对垄断行为是否存在等事实情况展开调查,获取相关证据。

(3) 审议程序。基于对调查情况的掌握,反垄断执法机构对案件进行审议。在审议过程中,经营者享有阅卷权、陈述权和申辩权。

(4) 裁决程序。在审议的基础上,由执法机构最终作出相应的裁决。在裁决中要说明经营者是否构成违法,对于构成垄断或限制竞争,且不可豁免的,要依法予以制裁;对于不属于违法行为的,也要予以说明。

(5) 救济程序。为了充分保护经营者的利益,对于执法机构作出的裁决,经营者如果不服,可向上级机关提起复议或者向法院提起诉讼。

总之,从许多国家的规定看,违法行为的查处程序往往被认为具有准司法性质,执法机构在启动程序后,可进行必要的调查,依法取证、询问、谈判、扣押,经过审议后作出裁决。此外,有些国家还规定了一些特殊的程序制度,如:(1) 刑事责任的专属告发制度。如日本规定,必须由公正交易委员会向检察长告发,由检察官起诉,才能由法院科以刑罚;没有专门机构的告发,检察官就不能起诉。这既考虑了垄断的特殊性,又考虑了司法分工的基本原则。(2) 私人的三倍赔偿诉讼。在美国,因违法的垄断行为而受到损害的私人,可依法向法院起诉,从而可得到相当于损害数额三倍的赔偿。这是在救济程序方面广受关注的重要制度。

六、反垄断法原则的发展

(一) 本身违法原则与合理原则

反垄断法经历了从本身违法原则到合理原则的发展过程。所谓本身违法原则,又称"当然违法"原则、"当然禁止"原则,即只要存在结合或共谋等垄断行为,该行为本身就当然属于违法行为,就当然要加以禁止。在反垄断法发展的早期,该原则备受重视。所谓合理原则,即强调对垄断行为并非一概要加以禁止,只是在结合与共谋等垄断行为确实限制了竞争,造成垄断弊害时,才应加以禁止,而对于那些具有合理性的垄断,则不加禁止,因而该原则也被称为"弊害禁止原则"。从总体上看,合理原则是对本身违法原则的发展,合理原则比本身违法原则更具有灵活性,同时也往往更具有合理性,只有把上述两类原则有机地结合起来,才更能体现对垄断进行"规制"的精神。

(二) 行为规制原则与结构规制原则

这两类原则同反垄断理论中经常涉及的"行为主义"与"结构主义"是相对应的。"行为规制"原则强调,反垄断法应以那些形成垄断和限制竞争的市场行为为规制重点。"结构规制"原则强调,反垄断法应当通过控制市场结构来控制垄断发生的条件,从而规制垄断。如前所述,对于反垄断法究竟应侧重于行为,还是侧重于结构,不同学派的观点并不一致。目前有许多学者强调应更加重视行为规制，但也有学者认为结构规制仍有其重要作用。

七、反垄断法的外部关系

反垄断法的外部关系，是指反垄断法作为一个部门法与其他部门法的关系，或者作为一类法律制度与其他法律制度的关系。由于反垄断法是市场规制法的重要组成部分，因此，它同市场规制法中的反不正当竞争法、消费者保护法都会存在密切关联。即使从法律制度的角度看，反垄断法与产品质量法、价格法、知识产权法等也都有密切关联。

（一）反垄断法与反不正当竞争法的关系

反垄断法与反不正当竞争法联系非常密切，它们都是规制竞争行为、保障竞争秩序的重要部门法，都是市场规制法的重要组成部分。因此，在理论上和实践中，两者又往往被合称为"竞争法"。在立法上，也有国家将两类规范集中规定于一部法律，足见两者关联之密切，以及互补性之突出。两者的重要区别在于，反垄断法直接影响公平竞争的外部环境，其规制重点是保障公平竞争、公平交易，防止垄断行为给竞争效率和竞争秩序带来负面影响；而反不正当竞争法则更强调竞争本身的正当性或道德性。此外，从现实情况看，在反垄断法领域，尤其在滥用市场支配地位以及经营者集中方面，大企业往往是需关注的重要主体；而在反不正当竞争法领域，从事不正当竞争行为的主体往往是中小企业，因而对中小企业应予特别关注。当然，上述对不同主体的侧重只是一种大略的区分。事实上，有的行为还可能兼具限制竞争和不正当竞争的特点，因而需要反垄断法和反不正当竞争法的共同规制，这也进一步说明两类法律之间存在着密切的关联。

（二）反垄断法与消费者保护法的关系

反垄断法与消费者保护法同为市场规制法，是因为它们都涉及对市场主体的市场行为的规制。其中，反垄断法要对经营者的经济垄断行为等进行规制，消费者保护法则要对经营者向消费者提供商品和服务的行为进行规制，因此，两者是分别从不同侧面对经营者的行为进行规制。两者之间的重要区别在于：从表象上看，反垄断法主要通过规制经营者的垄断行为，来间接保护消费者的权益；而消费者保护法则主要通过规制经营者的交易行为，来直接保护消费者的权益。尽管对垄断是否会侵害消费者利益还有不同认识，但一般认为，对垄断行为进行规制，在总体上是有利于消费者保护的。尤其对卡特尔行为和滥用市场支配地位行为的规制,更有利于保护消费者的利益。

(三) 反垄断法与价格法的关系

反垄断法与价格法分别从不同角度规制价格行为,因此,两者之间的联系非常密切。反垄断法所要规制的卡特尔,相当多的都是价格方面的卡特尔,同时,在滥用市场支配地位方面的许多行为,也都直接或间接地与价格有关,即使是经营者集中的行为,也与价格行为直接关联。而价格法对于价格行为的规制,则与反垄断法既有相近的一面,又有不同的一面。在价格法中,除了包含价格总水平调控等宏观调控制度以外,还包含许多规范市场主体价格行为的制度,这些制度属于市场规制制度。价格法侧重于对价格行为作出直接规制,而反垄断法对价格行为的规制则与垄断相关,即只有当市场主体的价格行为是以垄断为目的,或者价格行为的结果可能产生垄断弊害时,才需要反垄断法进行规制。价格法所规范的价格行为,可能与垄断有关,也可能与不正当竞争、侵害消费者权益的行为有关,因而对价格行为的规范更为直接而细致,且不以是否与垄断有关为取舍,这是价格法与反垄断法在价格规制方面的一个重要不同。

(四) 反垄断法与知识产权法之间的关系

反垄断法与知识产权法,都涉及垄断规制的问题,只不过知识产权法更侧重于对垄断权的直接保护,而反垄断法则涉及对垄断权的隐含保护。事实上,知识产权本身就是一种垄断权,只有给知识产品的创造者、合法拥有者以一定时期的垄断权,才能更好地解决独占和共享、隐秘与公开以及与此相关个体营利性和社会公益性的矛盾,才能更好地实现对私人利益、社会公益和国家利益的均衡保护,推进经济和社会的进步。正因如此,对于知识产权之类的垄断权,不仅知识产权法要予以保护,诸如反垄断法等其他相关法律也要予以协调保护。当然,像其他各类权利一样,知识产权也不能滥用。例如,不能以垄断为目的,不正当地拒绝许可他人利用其知识产权,或者在许可他人利用其知识产权时附加不合理的限制竞争条款等。如果滥用凭借知识产权所形成的市场支配地位,反垄断法同样要予以规制。

八、我国反垄断立法的相关问题

1980年10月,国务院发布了《关于开展和保护社会主义竞争的暂行规定》,在改革开放初期,首次提出了反垄断的问题,强调"除国家指定由有关部门和单位专门经营的产品外,其余的不得实行垄断","开展竞争必须打破地区封锁和部门分割",这对于我国在从计划经济向市场经济转轨阶段打破各类垄断特别是行政垄断,具有重要意义。与上述精神相一致,我国在确立实行市场经济体制之初的1993年,就颁布了《反不正当竞争法》,该法在制定《反垄断法》条件不成熟的情况下,对行政垄断等也作出了多项规定。此外,在《价格法》《产品质量法》等法律中,也都有规制垄断的具体规范。

可见,我国的反垄断制度,是随着改革开放的发展,随着市场经济体制的确立而逐步发展起来的;反垄断的规范散见于多个法律、法规之中,说明我国在那一时期虽然没有统一的反垄断立法,但反垄断制度或反垄断规范是存在的,即已经存在实质意义上的反垄断法。

2007年《中华人民共和国反垄断法》(以下简称《反垄断法》)的通过,是对反垄断法制建设的重大推动,在中国反垄断制度的发展史上具有里程碑意义。从市场化、信息化、法治化、全球化的发展要求看,我国现行的《反垄断法》还存在一定的不足,需要结合竞争政策的基础地位、公平竞争的普遍要求和数字经济的发展,不断细化和完善相关具体法律制度,并进一步加强与《反不正当竞争法》等相关法律的协调。在我国反垄断法律制度的形成和发展过程中,有许多问题引起了人们的关注。除了《反垄断法》与相关立法协调等问题以外,值得探讨的问题有很多,例如:

(1) 反垄断法的地位问题。

反垄断法在市场经济国家非常重要,有的国家称之为"经济宪法"。一些国家的学者过去曾认为它是经济法的核心法。但是,随着各国宏观调控法的迅速发展,它是否可继续作为经济法的核心法,人们的看法并不一致。同时,一些国家受到"芝加哥学派"的影响,在反垄断领域放松管制的情况曾一度比较突出,并影响了人们对反垄断法地位的认识。尽管如此,反垄断法始终是经济法的重要部门法。

(2) 反垄断法的双重规制对象问题。

反垄断法的规制对象,究竟是单一的经济垄断,还是再加上行政垄断,从而形成双重的规制对象?对此曾经有过分歧意见。从国外成熟市场经济国家的立法看,似乎主要规制的都是经济垄断,但也有学者认为西方国家实质上也规制行政垄断。在我国,由于长期的计划经济体制等多种原因,行政机关滥用权力,参与微观经济活动,排除和限制竞争的行政垄断问题较为突出,因此,对行业垄断、部门垄断和地区垄断等,也需要通过立法加以规制。这样,我国的反垄断法就有了双重规制对象,即在规制经济垄断的同时,还要规制行政垄断。双重规制对象的存在,对反垄断制度的具体构成和实施都会产生一定影响。

(3) 反垄断法对公平竞争的强调问题。

通过促进和保障自由竞争,确保竞争机会公平,使竞争机制或整体的市场机制充分发挥作用,从而提高经济效率,维护公平竞争的市场秩序,进而保护消费者利益和社会公共利益,是反垄断法的基本目标。其中,公平竞争是需要特别强调的。围绕公平竞争,形成了反垄断法的基本理论和制度。包括我国着重强调的竞争政策的基础地位、竞争中立原则、公平竞争审查制度、优化营商环境等,都与公平竞争直接相关。因此,公平竞争是贯穿反垄断法理论和制度的重要线索和基本问题。

(4) 数字经济对反垄断法的影响问题。

数字经济的发展对反垄断法乃至整个经济法制度的完善有重要影响。互联网、大数据、人工智能的迅速发展及其对相关经济领域的融入,使新经济、新业态的企业影响力远超传统企业,导致其经济力或垄断力大幅提升;同时,平台经济、算法合谋等给反垄断法带来了许多新问题,致使传统的反垄断规则不敷其用。由于工业革命时代形成的反垄断制度难以完全适应信息革命时代的发展要求,因而针对数字经济时代的新问题,需要不断完善反垄断法的相关规则,这是亟待解决的重要问题。

第二节 公平竞争的制度保障

反垄断法是公平竞争的制度保障。我国自实行改革开放以来,随着对垄断问题重要性认识的不断提高,在相关立法中已经形成了规制垄断的一系列具体制度。特别是在1993年,基于当时《反垄断法》尚未出台,而相关垄断行为又需要法律规制的具体情况,我国在《反不正当竞争法》等法律、法规中对一些垄断行为也作出了相应的规定①,这些规定客观上起到了一定的积极作用。但是,随着市场经济的快速发展,人们对于垄断弊害的认识日益深刻,原来规制垄断的分散立法已经不敷其用,要求制定专门的《反垄断法》的呼声日益高涨。

---

① 如我国的《反不正当竞争法》《价格法》等,都有相关规定。

在这种情况下,历经多年的准备,2007年8月30日,第十届全国人大常委会第二十九次会议终于通过了《反垄断法》,该法自2008年8月1日起施行。《反垄断法》对于垄断规制的具体制度有大量规定,下面将结合这些规定,对垄断规制的主要制度作进一步讨论。

一、立法宗旨和适用范围

(一) 立法宗旨

为什么要规制垄断行为?各国的反垄断法一般通过其立法宗旨来作出回答。我国《反垄断法》的立法宗旨是:预防和制止垄断行为,保护市场公平竞争,提高经济运行效率,维护消费者利益和社会公共利益,促进社会主义市场经济的健康发展。

上述立法宗旨表明,我国《反垄断法》直接的规制对象是垄断行为,并且,通过法律的调整,不仅要制止垄断行为,还要预防垄断行为的发生。由于垄断行为会危害市场主体之间的公平竞争,并因而会影响经济运行的效率,同时,还会影响消费者利益和社会公共利益,因此,只有预防和制止垄断行为,才能促进市场经济的健康发展。

(二) 适用范围

对于我国《反垄断法》的适用范围,可从该法规制的垄断行为以及从事垄断行为的主体这两个维度来理解。

1. 垄断行为的范围

由于《反垄断法》规制的直接对象就是垄断行为,因而对垄断行为的界定非常重要。我国的《反垄断法》分别从空间和内容(事项)两个方面对垄断行为进行了界定。

从空间的界定看,中华人民共和国境内经济活动中的垄断行为,适用《反垄断法》;中华人民共和国境外的垄断行为,对境内市场竞争产生排除、限制影响的,也适用《反垄断法》。由此可知,我国《反垄断法》具有"域外适用"的效力,并且,按照域外适用的"效果理论",凡对我国境内的市场竞争产生垄断弊害效果的垄断行为,都应依法受到规制。

从内容的界定看,我国《反垄断法》规定的垄断行为包括各国普遍规制的三大类垄断行为,即(1)经营者达成垄断协议;(2)经营者滥用市场支配地位;(3)具有或者可能具有排除、限制竞争效果的经营者集中。对于这三类经济垄断的规制,是我国《反垄断法》的核心内容。此外,对于因行政机关滥用行政权形成的行政垄断,我国《反垄断法》亦有专门规定加以规制。

2. 从事垄断行为的主体范围

垄断行为是经营者所从事的违反《反垄断法》规定的行为。所谓经营者,是指从事商品生产、经营或者提供服务的自然人、法人和其他组织。在整个市场规制法领域,无论是反垄断法、反不正当竞争法,还是消费者保护法,经营者都是重要的调制受体,作为市场规制法领域的重要主体,经营者既依法享有许多权利,又要依法承担相应的法律义务。

依据经济法学的相关原理可知,经营者作为调制受体,享有竞争权,但应公平竞争、正当竞争,通过合法的竞争来提高自己的竞争优势。为此,我国《反垄断法》规定,经营者可通过公平竞争、自愿联合,依法实施集中,扩大经营规模,提高市场竞争能力。由此可见,同其他国家的相关规定一样,我国《反垄断法》并不反对规模经济,也并非单纯地反对企业的市场支配地位或竞争优势,而是强调经营者应通过公平的、自由的竞争,来实现规模的扩大和竞争能力的提高。规制受体的竞争能力,是在研究主体能力问题时应当关注的一个重要问题。

在我国《反垄断法》规定的调制受体中,经营者是最重要、最大量的。此外,能够成为调制受体的还有行业协会,以及滥用行政职权的行政机关及其授权的组织。如果行业协会、行政机关等从事垄断行为,同样要受到反垄断法的规制。

需要注意的是,行业协会作为行业自律组织,并不属于前述的垄断规制主体,而应归属于调制受体。因此,我国《反垄断法》规定,行业协会应当加强行业自律,引导本行业的经营者依法竞争,维护市场竞争秩序。行业协会不得组织本行业的经营者搞垄断协议。此外,我国《反垄断法》对行政机关及其授权组织的垄断规制也有专门规定。

3. 不适用《反垄断法》的情况

我国《反垄断法》明确规定不适用该法的情况有两类:一类是"三农"领域的联合或协同行为,另一类是依法行使知识产权的行为。

"三农"领域的联合或协同行为,是指农业生产者及农村经济组织在农产品生产、加工、销售、运输、储存等经营活动中实施的联合或者协同行为,此类行为不适用《反垄断法》。

依法行使知识产权的行为,是指经营者依照有关知识产权的法律、行政法规规定行使知识产权的行为,此类行为受知识产权法保护,不属于反垄断法所禁止的垄断行为,因而不适用《反垄断法》;但是,如果经营者滥用知识产权,从事排除、限制竞争的行为,则不属于依法行使知识产权的行为,应适用《反垄断法》。

二、《反垄断法》上的规制主体

有竞争就要有竞争规则,就要有相应的竞争法制,就要有具体规制主体,这样才能不断健全市场体系和法律体系。现代市场经济体系建设,要求有统一、开放的市场,同时,也要求市场的竞争更加有序、公平和自由,为此,需要国家以及具体规制主体提供公共物品,营造好的市场竞争环境。从我国《反垄断法》的立法精神看,制定和实施竞争规则,是国家的重要义务;同时,由于市场规制与宏观调控密切相关,因此,《反垄断法》规定,完善宏观调控,健全统一、开放、竞争、有序的市场体系,都是国家的重要义务。

正由于国家在垄断规制方面负有重要义务,因而相关国家机关,包括反垄断的立法机关、执法机关等,都是重要的规制主体。

为了加强垄断规制,必须对规制主体的权力分配作出明晰规定,以使市场规制更有成效。为此,在反垄断的体制法方面,我国实行设立专门的反垄断委员会与具体反垄断法执法机构相结合的制度,从而使规制主体的制度更加完备。

根据我国《反垄断法》规定,国务院设立反垄断委员会,负责组织、协调、指导反垄断工作,其主要职责是:(1) 研究拟订有关竞争政策;(2) 组织调查、评估市场总体竞争状况,发布评估报告;(3) 制定、发布反垄断指南;(4) 协调反垄断行政执法工作;(5) 国务院规定的其他职责。

我国的反垄断委员会已于2008年8月1日正式成立,它主要是一个协调机构,其主要职责是竞争政策、竞争状况和反垄断指南的研究和发布,以及对于反垄断执法工作的协调。至于具体反垄断执法工作,它并不负责。

根据《反垄断法》的规定,国务院规定的承担反垄断执法职责的机构(以下统称国务院反垄断执法机构)依照《反垄断法》的规定,负责反垄断执法工作。我国反垄断执法机构曾包括国家发改委、商务部和国家工商行政管理总局,它们是具体规制主体。2018年国家机构改革后,反垄断执法机构统一为国家市场监督管理总局。

此外,国务院反垄断执法机构根据工作需要,可授权省、自治区、直辖市人民政府相应的机构,依照《反垄断法》规定负责有关反垄断执法工作。可见,在授权的情况下,反垄断法规制主体的级次不能低于省级政府的相应执法机构。

三、对垄断协议的规制

垄断协议作为排除、限制竞争的协议、决定或者其他协同行为,是各国反垄断法都予以规制的重要垄断行为。由于垄断协议的目的或效果是排除、限制竞争,是公认的反竞争行为,其弊害较大,因此,只要是旨在排除、限制竞争的联合一致的行为或共同行为,就具有了垄断协议的性质,必须依法严格禁止。

由于具有竞争关系的经营者之间,以及经营者与交易相对人之间,都可能达成垄断协议,因此,对两类不同主体之间达成垄断协议的法律规制问题都应当加以关注[①]:

1. 对经营者之间的垄断协议的禁止

我国《反垄断法》规定,禁止具有竞争关系的经营者达成下列垄断协议:(1) 固定或者变更商品价格;(2) 限制商品的生产数量或者销售数量;(3) 分割销售市场或者原材料采购市场;(4) 限制购买新技术、新设备或者限制开发新技术、新产品;(5) 联合抵制交易;(6) 国务院反垄断执法机构认定的其他垄断协议。

上述垄断协议,是相关主体联合作出的限制竞争的行为,主要涉及联合限制商品价格、产量和销量,以及分割市场、限制求新、抵制交易等方面。我国《反垄断法》作出上述禁止性规定,至少有如下考虑:第一,在市场经济条件下,竞争主要通过价格竞争来体现,并且,价格应反映供需,并通过充分的竞争来形成,人为地通过协议来固定或变更价格,实际上就是排除价格竞争,是违反市场经济的基本原理和基本规则的;第二,商品的产量和销量的变更本身就是竞争的手段,应当根据市场供需和各自独立的经营策略来确定,而不应人为限制;第三,市场经济要求统一市场,促进商品的自由流动,而不能人为地分割市场、阻碍竞争,分割销售市场或原材料采购市场的做法违反上述要求,是典型的限制竞争的行为;第四,要充分竞争,就不能限制交易,尤其不能限制购买或开发新技术、新设备、新产品,那些限制求新、阻碍竞争的行为会阻碍技术的进步,对整体经济的发展和消费者权益保护等,都是不利的;第五,联合抵制交易同样是典型的不公平的、限制竞争的行为,也必须加以禁止。

2. 对经营者与交易相对人之间的垄断协议的禁止

依据我国《反垄断法》规定,禁止经营者与交易相对人达成下列垄断协议:

[①] 对于垄断协议的具体形式,《禁止垄断协议暂行规定》有更为具体的规定。该《暂行规定》已于 2019 年 6 月 18 日经国家市场监督管理总局审议通过,自 2019 年 9 月 1 日起施行。

(1) 固定向第三人转售商品的价格;(2) 限定向第三人转售商品的最低价格;(3) 国务院反垄断执法机构认定的其他垄断协议。

上述垄断协议,是涉及第三人利益的协议,是经营者基于自身利益考虑而采取的限制竞争的做法。本来,在与交易相对人的交易中,是不应限制交易相对人的转售行为的,经营者规定固定的转售价格,限定转售的最低价格,虽有利于谋取垄断利益,但却在限制竞争的同时损害了第三人的利益,甚至可能损害社会公共利益。因此,对于这些垄断协议,必须予以禁止。

3.《反垄断法》不予禁止的协议

《反垄断法》要禁止的是垄断协议,而垄断协议一定要以垄断为目的,对于那些没有垄断意图的协议,《反垄断法》就不应加以禁止。因此,在反垄断法领域,对于行为目的的把握很重要。在这方面,经济法学行为理论中有关影响行为的主观要素的分析是值得关注的。

依据我国《反垄断法》的规定,经营者能够证明所达成的协议属于下列情形之一的,不予禁止:(1) 为改进技术、研究开发新产品的;(2) 为提高产品质量、降低成本、增进效率,统一产品规格、标准或者实行专业化分工的;(3) 为提高中小经营者经营效率,增强中小经营者竞争力的;(4) 为实现节约能源、保护环境、救灾救助等社会公共利益的;(5) 因经济不景气,为缓解销售量严重下降或者生产明显过剩的;(6) 为保障对外贸易和对外经济合作中的正当利益的;(7) 法律和国务院规定的其他情形。

上述各种协议情形,如果都作为卡特尔看待的话,则可分别大略称为创新卡特尔、标准化卡特尔、中小企业卡特尔、社会公益卡特尔、不景气卡特尔、出口卡特尔。上述卡特尔在经济或社会层面上都有其合理性和积极意义,且并非以排除、限制竞争为直接目的,因而反垄断法才不予禁止。

此外,上述协议虽然不以垄断为直接目的,但在客观上也可能产生限制竞争或损害消费者利益的后果,因此,反垄断法并非绝对排除适用。对此,我国《反垄断法》规定,属于上述第一项至第五项情形的协议,经营者还应当证明所达成的协议不会严重限制相关市场的竞争,并且能够使消费者分享由此产生的利益。

四、对滥用市场支配地位的规制

市场支配地位是经营者在相关市场内具有能够控制商品价格、数量或者其他交易条件,或者能够阻碍、影响其他经营者进入相关市场能力的市场地位。

要确定经营者是否具有市场支配地位,需要首先界定"相关市场"。

(一) 相关市场的界定

所谓相关市场,是指经营者在一定时期内就特定商品或者服务(以下统称商品)进行竞争的商品范围和地域范围。从这个定义可看出,相关市场的界定涉及三个要素:一个是时间,一个是地域,还有一个是商品。由于竞争总是一定时间、空间范围内的商品的竞争,因此,通过时空、商品要素,有助于界定经营者所在的特定市场,从而有助于确定该经营者在这个特定的相关市场上是否具有市场支配地位。

通常,在经由时空、商品要素确定相关市场后,经营者在该相关市场上的份额的多少,或者市场占有率的大小,即构成衡量该经营者是否具有支配地位的重要因素。此外,经营者在购销、财务、技术等方面的能力以及对其他经营者的影响力、市场进入壁垒等,也是衡量市场支配地位的重要因素。

(二) 滥用市场支配地位的具体表现

经营者的市场支配地位是在竞争过程中客观形成的,其本身并不具有违法性。因此,在通常情况下,虽然经营者具有规模等方面的优势,并在市场上占据支配地位,但只要不滥用经济力,不凭借其优势地位从事垄断行为,排除或限制其他主体的竞争,则各国的反垄断法是不予禁止的。同理,我国《反垄断法》所着力规制的,也是市场支配地位的滥用。

依据我国《反垄断法》的规定,禁止具有市场支配地位的经营者从事下列滥用市场支配地位的行为:(1) 以不公平的高价销售商品或者以不公平的低价购买商品;(2) 没有正当理由,以低于成本的价格销售商品;(3) 没有正当理由,拒绝与交易相对人进行交易;(4) 没有正当理由,限定交易相对人只能与其进行交易或者只能与其指定的经营者进行交易;(5) 没有正当理由搭售商品,或者在交易时附加其他不合理的交易条件;(6) 没有正当理由,对条件相同的交易相对人在交易价格等交易条件上实行差别待遇;(7) 国务院反垄断执法机构认定的其他滥用市场支配地位的行为。

以上列举的各类行为,都是强调"没有正当理由",以及交易的"不公平"①,这是竞争优势被"滥用"的重要体现。上述各项行为,涉及购销价格不公、低价

---

① 对于相关"正当理由"和"不公平"的考量因素的具体规定,可参见《禁止滥用市场支配地位行为暂行规定》,该《暂行规定》已于2019年6月18日经国家市场监督管理总局审议通过,自2019年9月1日起施行。

倾销、拒绝交易、限定交易主体、附加不合理交易条件、交易上的差别待遇等,都是各国普遍禁止的垄断行为。

总之,滥用市场支配地位的各类行为都是影响公平交易的行为,都与拥有竞争优势地位企业的足以排除或限制竞争的能力有关。在市场支配地位被滥用的情况下,交易相对人因明显不具有足够的竞争能力,无法与占据优势地位的经营者展开平等的、自由的、公平的竞争,在利益等方面自然会受损,因而对滥用市场支配地位的行为必须依法禁止。

(三) 滥用市场支配地位的认定

要有效规制滥用市场支配地位的行为,其前提条件是能够有效认定市场支配地位。为此,我国《反垄断法》规定,认定经营者是否具有市场支配地位,应当依据下列因素[①]:

(1) 该经营者在相关市场的市场份额,以及相关市场的竞争状况;
(2) 该经营者控制销售市场或者原材料采购市场的能力;
(3) 该经营者的财力和技术条件;
(4) 其他经营者对该经营者在交易上的依赖程度;
(5) 其他经营者进入相关市场的难易程度;
(6) 与认定该经营者市场支配地位有关的其他因素。

上述各项标准,其实同市场结构、市场行为等都有关。其中,市场份额和竞争状况,涉及市场集中度等结构问题;控制市场的能力与市场支配地位直接相关;经营者的财力和技术,直接影响其在市场中的地位;交易依赖度,更是反映经营者的影响力;市场进入难度正是进入壁垒的直接体现,它与经营者的市场支配地位呈正相关。

此外,认定互联网等新经济业态经营者是否具有市场支配地位时,可以考虑相关行业竞争特点、经营模式、用户数量、网络效应、锁定效应、技术特性、市场创新、掌握和处理相关数据的能力及经营者在关联市场的市场力量等因素。

另外,市场份额在确定经营者的市场支配地位方面具有重要作用,在确定经营者市场份额时,可以考虑一定时期内经营者的特定商品销售金额、销售数量或者其他指标在相关市场所占的比重。基于市场份额,我国《反垄断法》规定,有下列情形之一的,可推定经营者具有市场支配地位:

(1) 一个经营者在相关市场的市场份额达到1/2的;

[①] 对于各类因素需考虑的具体内容,《禁止滥用市场支配地位行为暂行规定》有更为细致的规定。

（2）两个经营者在相关市场的市场份额合计达到2/3的；

（3）三个经营者在相关市场的市场份额合计达到3/4的。

有上述第（2）项、第（3）项规定的情形，其中有的经营者市场份额不足1/10的，不应当推定该经营者具有市场支配地位。

尽管如此，由于上述按照市场份额所作出的判断毕竟只是推定，因此，我国《反垄断法》规定，被推定具有市场支配地位的经营者，有证据证明不具有市场支配地位的，不应当认定其具有市场支配地位。

（四）对于特殊行业的法律规定

我国《反垄断法》已明确规定，具有市场支配地位的经营者，不得滥用市场支配地位，排除、限制竞争。事实上，在我国，有些行业直接影响国家安全，关乎国家的经济命脉，有些行业实行的是专营专卖，这些行业都是国家高度重视的特殊行业，都是关系国计民生和国家长治久安的重点行业，并且，这些行业一般都是由极少数国有企业掌控，其市场支配地位或垄断性是很突出的。因此，对于上述行业的经营者的市场行为必须加以有效监管，实施专门规制，而不能放任其滥用市场支配地位，这样才能更好地保护公共利益，保护消费者权益。

为此，我国《反垄断法》对这些特殊行业作出了特殊规定，即国有经济占控制地位的关系国民经济命脉和国家安全的行业以及依法实行专营专卖的行业，国家对其经营者的合法经营活动予以保护，并对经营者的经营行为及其商品和服务的价格依法实施监管和调控，以维护消费者利益，促进技术进步。

此外，我国《反垄断法》还规定，上述行业的经营者应当依法经营，诚实守信，严格自律，接受社会公众的监督，不得利用其控制地位或者专营专卖地位损害消费者利益。这就是强调其不得滥用市场支配地位。

五、对经营者集中的规制

（一）经营者集中的类型

如前所述，经营者集中是可能导致垄断的重要原因之一，但经营者集中并非全部为反垄断法所禁止。只有"排除、限制竞争的经营者集中"，才是需要加以禁止的。因此，对经营者集中需要针对具体情况加以规制。在这个领域，政策性更强，涉及竞争政策与产业政策等相关政策的多重协调。

经营者集中一般包括企业合并，以及通过各种方式取得对其他经营者的控制权的情况。其中，取得对其他经营者控制权的方式，主要有两类，一类是股权式取得,另一类是契约式取得,这两种类型在我国《反垄断法》中也有体现。依据该法规定,经营者集中是指下列情形:(1)经营者合并;(2)经营者通过取得股权或者资产的方式取得对其他经营者的控制权;(3)经营者通过合同等方式取得对其他经营者的控制权或者能够对其他经营者施加决定性影响。

(二)经营者集中的申报

经营者集中是企业扩大规模、增加市场份额、改变市场结构的重要手段。为了防止规模扩张产生垄断弊害,需要在法律上规定基本的申报审批制度。为此,我国《反垄断法》规定,经营者集中达到国务院规定的申报标准的,经营者应当事先向国务院反垄断执法机构申报,未申报的不得实施集中。[①]

此外,经营者集中有下列情形之一的,可不向国务院反垄断执法机构申报:(1)参与集中的一个经营者拥有其他每个经营者50%以上有表决权的股份或者资产的;(2)参与集中的每个经营者50%以上有表决权的股份或者资产被同一个未参与集中的经营者拥有的。

(三)经营者集中的审查

对经营者集中的审查,包括初步审查、进一步审查和延期审查等情形,不同的情形对经营者集中会有不同的影响。此外,在经营者集中审查方面,需要考虑相关因素,并基于这些因素作出审查决定。[②]

1. 初步审查

国务院反垄断执法机构应当自收到经营者提交的符合规定的文件、资料之日起30日内,对申报的经营者集中进行初步审查,作出是否实施进一步审查的决定,并书面通知经营者。国务院反垄断执法机构作出决定前,经营者不得实施集中。如果国务院反垄断执法机构作出不实施进一步审查的决定或者逾期未作出决定的,经营者可实施集中。

2. 进一步审查

国务院反垄断执法机构决定实施进一步审查的,应当自决定之日起90日内审查完毕,作出是否禁止经营者集中的决定,并书面通知经营者。作出禁止经营者集中的决定,应当说明理由。在审查期间,经营者不得实施集中。

3. 延期审查

有下列情形之一的,国务院反垄断执法机构经书面通知经营者,可延长审

---

① 具体标准可参见国务院2018年9月18日修订的《关于经营者集中申报标准的规定》。
② 具体可参见商务部发布的《经营者集中审查办法》,该办法自2010年1月1日起施行。

查期限,但最长不得超过60日:(1)经营者同意延长审查期限的;(2)经营者提交的文件、资料不准确,需要进一步核实的;(3)经营者申报后有关情况发生重大变化的。国务院反垄断执法机构逾期未作出决定的,经营者可实施集中。

4. 影响审查的因素

根据我国《反垄断法》的规定,审查经营者集中,应当考虑下列因素:(1)参与集中的经营者在相关市场的市场份额及其对市场的控制力;(2)相关市场的市场集中度;(3)经营者集中对市场进入、技术进步的影响;(4)经营者集中对消费者和其他有关经营者的影响;(5)经营者集中对国民经济发展的影响;(6)国务院反垄断执法机构认为应当考虑的影响市场竞争的其他因素。

此外,对外资并购境内企业或者以其他方式参与经营者集中,涉及国家安全的,除依照《反垄断法》规定进行经营者集中审查外,还应当按照国家有关规定进行"国家安全审查"。可见,国家安全是一个不容忽视的重要因素。

5. 审查决定的作出

在综合考虑上述因素的基础上,如果认为经营者集中具有或者可能具有排除、限制竞争效果的,国务院反垄断执法机构应当作出禁止经营者集中的决定。但是,经营者能够证明该集中对竞争产生的有利影响明显大于不利影响,或者符合社会公共利益的,国务院反垄断执法机构可作出对经营者集中不予禁止的决定。对不予禁止的经营者集中,国务院反垄断执法机构可决定附加减少集中对竞争产生不利影响的限制性条件。

国务院反垄断执法机构应当将禁止经营者集中的决定或者对经营者集中附加限制性条件的决定,及时向社会公布。

六、对行政垄断的规制

上述有关垄断协议、滥用市场支配地位以及经营者集中的规制制度,都是针对经济垄断确定的反垄断制度。此外,在我国还存在一种较为突出的垄断形式,在理论上一般称为行政垄断或行政性垄断,其实质是相关主体滥用行政权力排除、限制竞争的行为。

依据我国《反垄断法》的规定,行政机关和法律、法规授权的具有管理公共事务职能的组织不得滥用行政权力,从事排除、限制竞争的行为,这些行政垄断行为主要有以下表现:(1)限定市场主体经营、购买、使用其指定的经营者提供的商品;(2)妨碍商品在地区之间的自由流通;(3)排斥或限制外地经营者参加本地招标投标活动;(4)排斥或者限制外地经营者在本地的投资活动;

(5)强制经营者从事违反法律规定的垄断行为;(6)制定含有排除、限制竞争内容的规则。现分述如下①:

(一)限定市场主体经营、购买、使用其指定的经营者提供的商品

此类滥用行政权的行政垄断行为,主要有如下表现形式:

(1)以明确要求、暗示、拒绝或者拖延行政审批、重复检查、不予接入平台或者网络等方式,限定或者变相限定经营、购买、使用特定经营者提供的商品;

(2)通过限制投标人所在地、所有制形式、组织形式等方式,限定或者变相限定经营、购买、使用特定投标人提供的商品;

(3)没有法律、法规依据,通过设置项目库、名录库等方式,限定或者变相限定经营、购买、使用特定经营者提供的商品;

(4)限定或者变相限定单位或者个人经营、购买、使用其指定的经营者提供的商品的其他行为。

(二)妨碍外地商品在本地的自由流通

依据我国《反垄断法》规定,行政机关和法律、法规授权的具有管理公共事务职能的组织不得滥用行政权力,妨碍商品在地区之间的自由流通。具体说来,上述实质享有行政权的机关和组织不得为妨碍外地商品在本地自由流通而实施下列行为:

(1)收费、价格上的歧视。包括对外地商品设定歧视性收费项目、实行歧视性收费标准,或者规定歧视性价格。

(2)技术措施上的歧视,即对外地商品规定与本地同类商品不同的技术要求、检验标准,或者对外地商品采取重复检验、重复认证等歧视性技术措施,限制外地商品进入本地市场。

(3)行政许可上的歧视,即采取专门针对外地商品的行政许可,限制外地商品进入本地市场。

(4)商品运输上的歧视,即设置关卡或者采取其他手段,阻碍外地商品进入或者本地商品运出。

(5)妨碍商品在地区之间自由流通的其他行为。

---

① 对于各类行政垄断行为,《制止滥用行政权力排除、限制竞争行为暂行规定》还有更为具体的规定,该《暂行规定》已于2019年6月18日经国家市场监督管理总局审议通过,自2019年9月1日起施行。

第十六章 妨害竞争与垄断规制

（三）排斥或限制外地经营者参加本地招标投标活动

在市场经济条件下，公正的招标投标是促进竞争，进而促进资源有效配置的重要手段。因此，在招标投标方面，不能画地为牢，排斥或限制外地的经营者，而恰恰应当确保本地经营者与外地经营者能够在招标投标方面展开公平竞争。因此，任何排斥或限制外地经营者参与竞争的滥用行政权的行为都是应当予以禁止的。

为此，我国《反垄断法》规定，行政机关和法律、法规授权的具有管理公共事务职能的组织不得滥用行政权力，以设定歧视性资质要求、评审标准或者不依法发布信息等方式，排斥或者限制外地经营者参加本地的招标投标活动。

（四）排斥或限制外地经营者的投资活动

在市场经济条件下，贸易、投资的自由，或者说商品、资本的自由流动是非常重要的，它们同竞争的公平和自由紧密地结合在一起，对于资源配置具有非常直接而重要的作用。因此，当外地经营者到本地来投资时，应当平等相待，一视同仁，不应因本地和外地的不同而内外有别，厚此薄彼，这样才能促进公平的竞争，更好地推进经济和社会的发展。

为此，我国《反垄断法》规定，行政机关和法律、法规授权的具有管理公共事务职能的组织不得滥用行政权力，采取与本地经营者不平等待遇等方式，排斥或者限制外地经营者在本地投资或者设立分支机构。

（五）强制经营者从事违反法律规定的垄断行为

经营者不得从事法律所禁止的垄断协议、滥用市场支配地位、经营者集中等垄断行为，但有时享有行政权的机关和组织为了本地区、本部门、本行业、本系统的利益，以及其他局部利益，可能会强制相关经营者从事上述垄断行为，包括订立垄断协议等，以排除和限制竞争，这同样是滥用行政权的行政垄断行为。

为此，我国《反垄断法》规定，行政机关和法律、法规授权的具有管理公共事务职能的组织不得滥用行政权力，强制经营者从事该法规定的垄断行为。

（六）滥用权力制定排除、限制竞争内容的规则

政府机关可依法制定各类规则。在上述规则的制定过程中，政府负有保护公平竞争的义务。因此，在制定相关规范性文件的过程中，在各类具体规则的形成过程中，不得滥用其制定规则的行政权力，来排除或限制竞争。

为此，我国《反垄断法》特别规定，行政机关不得滥用行政权力，制定含有排除、限制竞争内容的规定。具体说来，行政机关尤其不得滥用行政权力，以规

定、办法、决定、公告、通知、意见、会议纪要等形式,制定、发布含有排除、限制竞争内容的市场准入、产业发展、招商引资、招标投标、政府采购、经营行为规范、资质标准等涉及市场主体经济活动的规章、规范性文件和其他政策措施。

七、对涉嫌垄断行为的调查

对于经营者或政府机关以及相关组织是否存在经济垄断或行政垄断行为,需要先进行调查,然后才能作出相应的判断并决定是否追究其相关责任。为此,我国《反垄断法》设专章,从程序的角度规定对涉嫌垄断行为的调查制度,此即反垄断调查制度。

(一)调查的启动

启动涉嫌垄断行为的调查程序,通常包括两种方式:一种是反垄断执法机构依职权启动,另一种是反垄断执法机构依举报启动。前者是反垄断执法机构根据自己掌握的信息,依据法定职权启动的调查;后者是反垄断执法机构根据社会公众的举报信息启动的调查。

反垄断执法机构可依法对涉嫌垄断行为进行调查,享有对涉嫌垄断行为的调查权。此外,对涉嫌垄断行为,任何单位和个人都有权向反垄断执法机构举报,反垄断执法机构应当为举报人保密。

(二)调查中的权义配置

一般说来,反垄断执法机构可行使的调查权包括实地检查权、询问求证权、查阅复制权、证据查扣权、账户查询权等。这些调查权在我国《反垄断法》中均有相应体现。根据该法规定,反垄断执法机构调查涉嫌垄断行为,可采取下列措施:(1)进入被调查的经营者的营业场所或者其他有关场所进行检查;(2)询问被调查的经营者、利害关系人或者其他有关单位或者个人,要求其说明有关情况;(3)查阅、复制被调查的经营者、利害关系人或者其他有关单位或者个人的有关单证、协议、会计账簿、业务函电、电子数据等文件、资料;(4)查封、扣押相关证据;(5)查询经营者的银行账户。

反垄断执法机构在进行反垄断调查时,需遵守相关程序规定,履行相关法定义务,尤其应注意不能一人办案,查询过程要有笔录,并应保守商业秘密。

被调查者的权利主要是陈述权。我国《反垄断法》规定:被调查的经营者、利害关系人有权陈述意见。反垄断执法机构应当对被调查的经营者、利害关系人提出的事实、理由和证据进行核实。

此外，被调查者的义务主要是配合调查。我国《反垄断法》规定，被调查的经营者、利害关系人或者其他有关单位或者个人应当配合反垄断执法机构依法履行职责，不得拒绝、阻碍反垄断执法机构的调查。

(三) 调查的终止、中止与恢复

在调查的终止方面，一般说来，反垄断调查结束，对于涉嫌垄断的行为是否构成垄断已经可作出判断时，调查程序终止，反垄断执法机构可依据调查的事实依法作出处理决定。这是调查程序终止的一般情况。为此，我国《反垄断法》规定，反垄断执法机构对涉嫌垄断行为调查核实后，认为构成垄断行为的，应当依法作出处理决定，并可向社会公布。

在调查的中止方面，对反垄断执法机构调查的涉嫌垄断行为，被调查的经营者承诺在反垄断执法机构认可的期限内采取具体措施消除该行为后果的，反垄断执法机构可决定中止调查。中止调查的决定应当载明被调查的经营者承诺的具体内容。

反垄断执法机构决定中止调查的，应当对经营者履行承诺的情况进行监督。经营者履行承诺的，反垄断执法机构可决定终止调查。上述规定构成了一个重要的制度，即经营者承诺制度，该制度有助于降低反垄断法的实施成本。

在调查的恢复方面，如果经营者未履行承诺，或者作出中止调查决定所依据的事实发生重大变化，或者中止调查的决定是基于经营者提供的不完整或者不真实的信息作出，只要具有上述情形之一，反垄断执法机构即应当恢复调查。

八、法律责任

违反我国《反垄断法》的法律责任，从不同的角度可有多种分类。例如，从主体的角度，可分为经营者的法律责任、行业协会的法律责任、政府部门的法律责任等；从垄断的形式看，可分为经济垄断的法律责任和行政垄断的法律责任；从垄断行为的类型看，可分为垄断协议的法律责任、滥用市场支配地位的法律责任、经营者集中的法律责任、滥用行政权的法律责任等；从责任的部门法性质看，可分为经济法责任、行政法责任、民法责任、刑法责任等；从具体责任承担形式看，有罚款、没收违法所得，等等。

从具体规定看，我国《反垄断法》规定的法律责任，可分为违反实体法规范的法律责任和违反程序法规范的法律责任。其中，违反实体法规范的法律责任，主要是按照垄断的类型、行为、主体、责任性质、责任形式的顺序加以规定的。

(一) 从事经济垄断的法律责任

在经济垄断方面的法律责任,可依据垄断行为的具体类型分为如下三大类:

1. 违法的垄断协议的法律责任

从事垄断协议行为的主体,主要是经营者及作为其代表的行业协会,两类主体在利益上是同一的,都会维护经营者的利益。同时,由于两类主体毕竟略有不同,因而虽然在承担责任的性质上都要承担经济法责任,但在具体责任承担形式上,还会略有不同。

(1) 经营者达成并实施垄断协议的责任

根据我国《反垄断法》的规定,经营者违反该法规定,达成并实施垄断协议的,由反垄断执法机构责令停止违法行为,没收违法所得,并处上一年度销售额1%以上10%以下的罚款;尚未实施所达成的垄断协议的,可以处50万元以下的罚款。可见,对经营者追究责任的主要形式是停止其违法行为,没收其违法所得,并根据垄断协议是否实施而处以数额不等的罚款。

此外,经营者主动向反垄断执法机构报告达成垄断协议的有关情况并提供重要证据的,反垄断执法机构可酌情减轻或者免除对该经营者的处罚。这实际上是对违法者的一种"宽恕",因而此类制度也被称为"宽恕制度"。该制度有利于打击违法的垄断协议行为,降低反垄断的执法成本。

(2) 行业协会组织达成垄断协议的责任

行业协会在组织本行业的经营者达成垄断协议方面往往具有重要作用,因此,必须明确其法律责任。为此,我国《反垄断法》规定:行业协会违反该法规定,组织本行业的经营者达成垄断协议的,反垄断执法机构可处50万元以下的罚款;情节严重的,社会团体登记管理机关可依法撤销登记。

可见,对行业协会的处罚是相对较重的,只要其组织达成垄断协议,其所承担的罚款责任的上限,就相当于经营者实施垄断协议所要承担的罚款责任的上限。另外,更为严重的是,行业协会违法行为情节严重的,还会被依法撤销登记,从而丧失主体资格。

2. 滥用市场支配地位的法律责任

经营者滥用市场支配地位的法律责任,同经营者达成垄断协议(而不是实施垄断协议)所应承担的法律责任是类似的,对此,我国《反垄断法》规定,经营者违反该法规定,滥用市场支配地位的,由反垄断执法机构责令停止违法行为,没收违法所得,并处上一年度销售额1%以上10%以下的罚款。可见,上述规定同经营者达成垄断协议所应承担的责任在具体形态、数额上是一致的。

3. 违法的经营者集中的法律责任

对于违法的经营者集中行为,一般可责令其停止违法行为、限期恢复原状、处以罚款等。为此,我国《反垄断法》也规定:经营者违反该法规定实施集中的,由国务院反垄断执法机构责令停止实施集中、限期处分股份或者资产、限期转让营业以及采取其他必要措施恢复到集中前的状态,可处50万元以下的罚款。可见,凡是经营者正在实施集中行为的,应当停止违法行为;凡是经营者已经实施了集中行为,并具有集中后果的,则应当由反垄断执法机构责令其限期解决,主要通过处分股份或资产、转让营业等措施,实现恢复原状的目标。对于经营者集中行为的罚款上限,同滥用市场支配地位、实施垄断协议的罚款上限是一致的。

4. 经济垄断行为违法责任的共性问题

对于经济垄断行为的违法责任的追究,在责任主体(经营者)、责任性质(经济法责任)、责任形式(罚款、停止违法行为等)、责任量化(如50万元的罚款上限)等方面,存在诸多共性,对此前已述及。此外,我国《反垄断法》还有其他方面的共性要求:

第一,经营者实施垄断行为,给他人造成损失的,依法承担民事责任。由此可知,上述对三类垄断行为所追究的责任,主要是基于垄断行为对市场竞争秩序、对公共利益、对消费者权益所造成损害的角度,所追究的经济法(具体是反垄断法)上的责任,强调通过对其追究责任来起到警示、震慑、弥补社会成本等诸多作用,并未涉及对其他第三人(广大的竞争者、其他市场主体)的补偿。因此,从对各类法益全面保护的角度,同样应要求经营者承担损害赔偿的民事责任。

第二,在罚款数额的确定方面,对于上述三类违法的经济垄断行为的罚款,反垄断执法机构确定具体罚款数额时,应当考虑违法行为的性质、程度和持续的时间等因素。

(二) 从事行政垄断行为的法律责任

对于从事行政垄断行为的主体,一般应当由其上级机关对其违法行为作出纠正,并对相关主管人员和直接责任人员给予行政处分。对此,我国《反垄断法》规定,行政机关和法律、法规授权的具有管理公共事务职能的组织滥用行政权力,实施排除、限制竞争行为的,由上级机关责令改正;对直接负责的主管人员和其他直接责任人员依法给予处分。反垄断执法机构可向有关上级机关提出依法处理的建议。

此外,法律、行政法规对行政机关和法律、法规授权的具有管理公共事务职能的组织滥用行政权力实施排除、限制竞争行为的处理另有规定的,依照其规定。

(三) 违反程序规范的法律责任

上述对经济垄断和行政垄断行为追究的法律责任,主要是违反实体法规范所应承担的法律责任,对违反程序法规范的责任追究也应高度重视,因为它直接影响对上述违反实体法规范行为的责任追究。

为此,我国《反垄断法》规定:对反垄断执法机构依法实施的审查和调查,拒绝提供有关材料、信息,或者提供虚假材料、信息,或者隐匿、销毁、转移证据,或者有其他拒绝、阻碍调查行为的,由反垄断执法机构责令改正,对个人可处2万元以下的罚款,对单位可处20万元以下的罚款;情节严重的,对个人处2万元以上10万元以下的罚款,对单位处20万元以上100万元以下的罚款;构成犯罪的,依法追究刑事责任。

可见,违反调查、审查等程序规定的行为应承担的法律责任是相对较重的。由于被调查人能否配合调查和审查,直接影响对相关事实的认定,关系到反垄断执法的实效,因此,在责任的具体承担方面,规定了较高的罚款上限,甚至规定了刑事责任。

(四) 反垄断执法机构工作人员的违法责任

在《反垄断法》中,不仅要规定从事经济垄断的经营者、行业协会的责任,也要规定从事行政垄断的行政机关以及其他组织的责任;不仅要规定上述各类主体违反实体法规范的责任,也要规定其违反程序法规范的责任。此外,《反垄断法》不仅要明确规制受体的责任,也要明确反垄断执法机构工作人员的责任。

为此,我国《反垄断法》规定:反垄断执法机构工作人员滥用职权、玩忽职守、徇私舞弊或者泄露执法过程中知悉的商业秘密,构成犯罪的,依法追究刑事责任;尚不构成犯罪的,依法给予处分。

九、救济制度

对垄断行为的法律责任的追究,会直接影响相关主体的利益,因此,应当规定相应的救济制度,以有效保护相关主体的合法权益。通常,反垄断法上的救济途径包括复议和诉讼等,有些国家的救济制度还较为复杂。

相对而言,我国《反垄断法》的规定较为简单。例如,该法规定:经营者集中具有或者可能具有排除、限制竞争效果的,国务院反垄断执法机构应当作出禁止经营者集中的决定。此外,对不予禁止的经营者集中,国务院反垄断执法机构可决定附加减少集中对竞争产生不利影响的限制性条件。对反垄断执法机构依据该法作出的上述决定不服的,经营者可先依法申请行政复议;对行政复议决定不服的,可依法提起行政诉讼。该规定有些复议前置的意味,但又并非强制性的。

另外,除了上述有关经营者集中的禁止或不予禁止的决定以外,经营者对反垄断执法机构作出的其他决定不服的,可依法申请行政复议或者提起行政诉讼。这一规定直接允许当事人可自行选择复议或诉讼,并没有复议前置的要求。

本章小结

垄断是妨害竞争并导致市场失灵的重要原因,对垄断必须加强规制,由此形成了各国普遍存在的垄断规制制度。由于垄断规制的核心是反垄断,因而垄断规制制度也主要体现为各国的反垄断法律制度。

反垄断法是市场规制法的重要组成部分,在有的国家甚至被称为"经济宪法",对于确保市场秩序,保障公平竞争,具有重要的作用。本章着重讨论了垄断规制的基本原理和主要制度。

在垄断规制的基本原理部分,本章主要讨论了垄断的定义与分类、垄断规制的经济学理论基础与法律保障、反垄断法的基本内容、原则与外部关系等。垄断可分为经济垄断与行政垄断、好的垄断与坏的垄断、合法的垄断与违法的垄断,这些分类对于垄断规制是非常重要的。此外,产业组织理论各个流派的主要思想与反垄断法的规制性理论有着内在的联系,这也有助于理解规制垄断协议、滥用市场支配地位、经营者集中的制度、适用除外制度,以及反垄断法的原则。另外,掌握反垄断法的外部关系,也有助于更好地理解我国反垄断立法的历程,以及具体垄断规制制度。

在垄断规制的主要制度部分,本章强调反垄断法是公平竞争的制度保障,并依据我国《反垄断法》的规定,讨论了《反垄断法》的立法宗旨和适用范围、规制主体与受制主体等,并重点讨论了有关经济垄断中的垄断协议、滥用市场支配地位、经营者集中行为的规制制度。此外,本章还探讨了行政垄断的规制制度、反垄断调查制度、法律责任制度和救济制度。这些制度是我国反垄断法律制度的主要内容。

第十七章

外部效应与竞争规制

本章导读

　　外部效应作为导致市场失灵的重要原因，在经济法的各个领域均有体现。只要经济法主体的行为给其他主体带来负面影响，使自己的私人成本外化，导致社会成本增加，就需要加强经济法的规制。由于经济法主体的行为所产生的外部效应非常普遍，因而经济法的各类制度都应当关注外部效应问题。

　　市场经济需要正当的竞争，从事不正当竞争行为的主体会给其他竞争者、消费者带来负的外部效应，且很难通过市场主体之间的协调来解决，从而会导致市场失灵。为了解决此类市场失灵问题，国家需要制定专门的反不正当竞争制度来加强竞争规制。

　　事实上，无论是垄断行为还是不正当竞争行为，都具有突出的负的外部效应，都需要加强竞争规制，只是由于前面已从妨害竞争的角度对垄断规制的原理和制度作出过探讨，因而本章着重以竞争规制的基本原理和主要制度为例，来说明其对于消除不正当竞争所带来的外部效应的重要作用。

第十七章　外部效应与竞争规制

第一节　竞争规制的基本原理

在市场经济条件下,有效的竞争对于资源配置效率的提高具有重要作用。要使竞争有效率,不仅要解决排除、限制竞争的垄断问题,还要解决违反商业道德的不正当竞争问题;不仅要解决竞争不足的问题,还要解决竞争过度的问题;不仅要解决公平参与竞争机会的均等性问题,还要解决在参与竞争情况下竞争手段的正当性问题。

据此,无论从经济的角度,还是从法律的角度,都应当鼓励正当竞争,反对不正当竞争。由此在法律领域就形成了一套反不正当竞争的制度。在实践中,对正当竞争的保护主要是通过对不正当竞争的规制来体现的,因此,许多国家都制定了《反不正当竞争法》或类似的法律。

为了进一步认识竞争领域的外部效应以及加强竞争规制的必要性,需要先理解有关竞争、正当竞争、不正当竞争的基本原理,在此基础上,还需要了解反不正当竞争制度的基本原理和主要内容。

一、不正当竞争与外部效应

竞争是无所不在、无时不有的。从一般的经济意义上说,竞争就是主体对稀缺资源的竞相争夺,只要有竞争,就会产生外部效应。事实上,只是对那些稀缺资源,人们才有动力去竞相争取,并进而实现利益最大化等目标。从法律的意义上说,竞争是指两个或两个以上的市场主体在一定范围内,向同一需求者提供同种或类似的商品或劳务,或者接受同一供给者的同种或类似的商品或劳务的行为及状态。

在市场竞争过程中,不仅会出现与竞争相对立的垄断,也会伴生大量的不正当竞争。不正当竞争行为导致的"负的外部效应"非常突出,对公序良俗以及相关市场主体的利益都会产生负面影响,直接影响市场的秩序、公平和效率,因而需要对不正当竞争行为特别加以规制。

通常,法律对竞争的规制主要体现在两个方面,一方面是促进和保护公平、有效的竞争;另一方面是对限制竞争的垄断和影响正当竞争的不正当竞争加以禁止。因此,竞争规制既包括垄断规制,也包括不正当竞争规制(这是本章讨论的重点)。要实现上述两个方面的规制,需要有专门的反垄断法和反不正当竞争法。由于上述两类法律是规制竞争的最为重要的法律,因而通常也合称为"竞争法"。

为了有效保护正当竞争,需要有效规制不正当竞争行为。所谓不正当竞争,通常是指违反公平合理、诚实信用、公序良俗原则,违背商业道德和市场竞争规则的行为。例如,《巴黎公约》曾最早规定,"凡在工商业活动中违反诚实经营的竞争行为即构成不正当竞争行为"。

市场主体都享有竞争权,但该权利必须正当行使,否则滥用权利不仅会直接或间接地损害竞争者、消费者的利益,而且会破坏市场竞争秩序,损害公共利益。因此,不正当竞争行为作为一种滥用竞争权利的行为,不能完全等同于一般的侵权行为,其侵害的社会关系更复杂,负的外部效应更加突出,因而更应通过反不正当竞争法加以规制。

二、正当竞争与不正当竞争

不正当竞争是与正当竞争相对的概念,从正当竞争的角度入手,有助于反向认识不正当竞争。通常,与正当竞争密切相关概念还有合理竞争、合法竞争、公平竞争、有序竞争、适度竞争、有效竞争,等等。了解这些概念,有助于更好地理解不正当竞争的概念。

所谓正当竞争,是指竞争者运用正当手段所进行的竞争活动,它是符合经济规律、市场道德和法律规定的。正当竞争是合理的竞争和合法的竞争,合理性与合法性是其正当性的基础。

所谓合理竞争,是指公平、适度、符合经济规律的竞争。竞争如果不公平,就是不合理的;同时,竞争如果不适度,即竞争过多、过乱、过度,就可能导致资源的浪费和效率的损失,影响资源的有效配置,这本身就是不符合经济规律的。不正当竞争是违背经济规律的不合理的竞争,因而是法律应予禁止的。

所谓合法竞争,是指合乎法律以及公认的市场规则和商业道德的竞争。竞争要合乎法律规定,包括要遵守竞争法以及其他各类法律,这样才能形成有序竞争。此外,在广义上所说的合法竞争,还包括要合乎公认的市场规则和商业道德,因为公认的市场规则和商业道德其实是市场主体共同遵守的规范,违背这些规则和道德,就不具有广义上的合法性。事实上,不正当竞争正是因其违反法律、公认的市场规则和商业道德，才不具有合法性，才需要法律予以禁止。

合理竞争与合法竞争，都是正当竞争的应有之义。正当竞争是包括反垄断法、反不正当竞争法在内的各类竞争法都予以鼓励和支持的。因此，在垄断规制方面，同样要保护合理竞争，强调公平竞争、适度竞争、有效竞争，只不过在反垄断法领域，更关注主体参加竞争的机会和地位的平等，重视竞争的外部条件和法律环境，力求避免限制竞争引起的竞争不足给有效竞争造成的负面影响。与反垄断法略有不同的是，反不正当竞争更关注竞争手段的正当性，关注竞争过度、过乱给有效竞争带来的负面影响。

垄断与不正当竞争并非处于同一层面。如果存在垄断，则各类竞争都难以展开，正当的和不正当的竞争都难以实施。因此，反垄断对于确保各类竞争的存续是十分重要的。在竞争能够展开的情况下，要保护正当竞争，防止和禁止不正当竞争，就需要有相应的反不正当竞争的法律制度。在立法上对不正当竞争作出界定，明确其特定的含义，不仅有助于廓清法律的调整范围，也有助于把反垄断法与反不正当竞争法区别开来。尽管反垄断法与反不正当竞争法联系非常密切，但两者的具体宗旨、定位、调整范围等也确有不同。

三、反不正当竞争法的发展

反不正当竞争法是调整在规制不正当竞争行为过程中发生的社会关系的法律规范的总称，作为着重规范不正当竞争行为的法，它是市场规制法的重要组成部分，是经济法的重要部门法。在市场经济条件下，反不正当竞争法同反垄断法一样，都是不可或缺的。因此，尽管各国未必都有名为"反不正当竞争法"的立法，但一定要有规制不正当竞争行为的法律规范，并且，这些规范所构成的部门法意义上的反不正当竞争法，是其经济法体系中的重要部门法。

与反垄断法一样，反不正当竞争法在国内和国际层面亦发展迅速。在形式意义的立法上，各国采取的立法模式并不相同，法律渊源也有差别。在国内法层面，反不正当竞争法最早是在欧洲产生和发展起来的。起初，不正当竞争行为只是被作为侵权法或商法的规制对象，直到1896年德国制定世界上第一个专门的《反不正当竞争法》，才使反不正当竞争法律制度获得了更加独立的发展，也使市场规制法获得了长足进步。从时序上说，德国的《反不正当竞争法》与美国的《谢尔曼法》处于同一时期，它们都旨在解决垄断和不正当竞争等所导致的市场失灵问题。上述立法的出现，突破了传统民商法的立法格局，开启了与垄断阶段的市场经济相适应的市场规制法的发展阶段。

随着经济全球化的迅速发展,特别是贸易、投资自由化以及由此带来的人、财、物等方面的大规模跨国流动,国际层面的不正当竞争也日益突出,反不正当竞争立法不再只是一国的内部问题。针对国际层面的不正当竞争行为,许多国家注重通过国家之间的协调,加强对影响市场经济发展的不正当竞争行为的规制。因此,在许多国际条约中,早已存在有关反不正当竞争的规范。例如,著名的《保护工业产权巴黎公约》《制裁虚假的或易误解的商品来源标记马德里协定》《国际贸易组织宪章》《罗马条约》《保护原产地名称及其国际注册里斯本协定》等,都有关于反不正当竞争的规定。这些国际条约对于规范国际层面的不正当竞争行为,都起到了重要作用。

其实,在经济全球化迅速发展的今天,各类竞争会更加激烈,大量的国际层面的不正当竞争行为也会层出不穷。从本质上说,国际层面与国内层面的不正当竞争并无不同,只是发生的地域、适用法律等有时可能有所不同,其在基本原理和规则方面,有许多是相通的。国内层面与国际层面的反不正当竞争立法是相互促进的。

在反不正当竞争法的立法模式上,各国存在一定差异,主要有三种模式:

(1) 专门立法模式,即制定专门的《反不正当竞争法》的模式。如德国1909年制定的《反不正当竞争法》就历经多次修改沿用至今,并且,希腊(1914年)、奥地利(1925年)、日本(1934年)等国均以该法为样板,制定本国的反不正当竞争法。

(2) 合并立法模式,即将反不正当竞争法与反垄断法进行合并,制定统一的《竞争法》的模式。例如,匈牙利1996年颁布的《禁止不正当市场行为和限制竞争法》,即属此种模式。

(3) 传统立法模式,即既不进行专门的反不正当竞争法的立法,也不与反垄断法进行合并立法,而是沿用传统立法,通过传统民商法等立法来解决不正当竞争问题的模式。例如,法国、西班牙、葡萄牙等国,并不进行反不正当竞争的专门立法,而主要是通过各自的侵权法、商标法等对不正当竞争行为进行规制。

可见,由于各国的历史文化和法律传统的不同,各国反不正当竞争的立法模式选择并不相同。我国采取的就是专门立法模式,而且在《反垄断法》颁布以后,专门立法模式的倾向更加明晰。

四、反不正当竞争法的基本内容

作为由各类旨在规制不正当竞争行为的法律规范所构成的一个法律部门,

反不正当竞争法调整的范围是相当广泛的,而并非仅限于一国《反不正当竞争法》的具体规定。通常,从整体的反不正当竞争法的角度看,其基本内容主要包括立法宗旨、基本原则、行为类型、规制体制、规制程序、法律责任等。由于包含反不正当竞争法律规范的各类制度难以一一尽述,因而下面将对反不正当竞争法的基本内容作概要讨论。

(一) 立法宗旨

在市场经济条件下,市场秩序是非常重要的,市场主体能否诚实守信,能否按照普遍的商业惯例和公认的商业道德从事经营活动,能否防止或避免市场主体之间的尔虞我诈、以邻为壑、诚信缺失等问题,事关竞争的效率,以及整体公共利益,因此,对于影响市场秩序的不正当竞争行为,必须通过有效规制,切实保护各类主体的合法权益。

基于上述考虑,反不正当竞争法的立法宗旨主要是:规范市场主体的竞争行为,保护和支持正当竞争,保障良好的市场秩序,保护正当竞争的经营者权益和消费者权益,促进市场经济的健康发展。

(二) 基本原则

反不正当竞争法的基本原则,在总体上同整个经济法是一致的,都应当强调法定原则、适度原则和绩效原则。

依据法定原则,反不正当竞争法的法律主体的权义必须法定。其中,从规制主体的角度看,应当强调规制主体法定、规制权法定、规制程序法定;从规制受体的角度看,应强调经营者在正当竞争方面的权利义务法定,典型不正当竞争行为的类型法定。上述各类权义的法定,构成了反不正当竞争法律制度的重要内容。

依据适度原则,国家对不正当竞争行为的规制应当适度,因而在不正当竞争行为的界定方面,在规制的方向、力度、范围等方面,都要适度。适度原则与有效竞争的要求是内在一致的,与对不同主体的适度保护、对市场行为适度规制的思想是契合的。此外,适度原则也体现了公平价值,对正当竞争的经营者以及消费者的保护同样要公平适度。

依据绩效原则,国家对不正当竞争行为的规制应当有助于提高经济效率,增进总体效益。因此,在不正当竞争行为的界定、规制程度等方面,在考虑公平原则的同时,也要考虑效率原则。此外,绩效原则也强调规制主体对不正当竞争行为的规制要关注效率,要有成本—收益分析。

上述原则作为反不正当竞争法的基本原则,其实还隐含着一些重要的原则,需要相关法律主体遵守。例如,由上述三大原则,可推出反不正当竞争法的保护正当竞争原则,即保护合理竞争原则和保护合法竞争原则。合理竞争、合法竞争与诚实信用等商业道德的遵守直接相关。其中,诚实信用要求公平交易、童叟无欺,它是公认的商业道德;同时,不做虚假宣传、不搞商业贿赂、不诋毁竞争对手等,也都是公认的商业道德。由于商业道德非常重要,因而在具体立法中,遵守商业道德,特别是诚实信用原则,也被规定为反不正当竞争法的重要原则,这尤其有助于规制经营者的行为,保护消费者的权益等。

(三) 行为类型

由经济法学的行为理论可知,现代法律调整的重要特征,就是注重对行为的规制,因此,行为类型的确定对于法律的调整非常重要。反不正当竞争法也是如此,其突出特点,就是直接对不正当竞争行为进行规制,因而确定不正当竞争行为的类型非常重要。

为了有效保护正当竞争,各国在立法过程中,往往通过定义、列举等方式,对不正当竞争行为作出规定,这有助于增强规制不正当竞争行为的针对性。由于以各种不正当方式从事的不正当竞争行为种类繁多,而实践中新的不正当竞争行为层出不穷,因此,在立法上只能作出一般性的界定或列举。通常,对不正当竞争行为的规定有三种方式:

(1) 直接定义的方式,即在立法上直接规定什么是不正当竞争。如瑞士规定,凡以欺诈或其他违反善意原则之方式,滥用经济竞争权利者,即为不正当竞争。上述直接给出定义的规定,也被称为不正当竞争行为的一般条款。

(2) 分项列举的方式,即在立法上不直接规定什么是不正当竞争,而是分别列举不正当竞争行为的各种具体形态,来说明哪些行为属于不正当竞争。如日本的立法即如此。这种列举的方式有助于市场主体明晰哪些行为属于不正当竞争行为,从事哪些行为将被法律禁止。

(3) 定义兼列举的方式,即将以上两种方式相结合,先规定什么是不正当竞争,再列举不正当竞争行为的具体形态。我国的《反不正当竞争法》即采取此种方式。

无论是上述分项列举,还是定义兼列举,在所列举的行为类型中,通常涉及在生产经营方面影响竞争者和消费者的产品品牌、质量、价格、信息等方面的欺诈行为,以及在市场交易方面影响竞争者和消费者的贿赂行为、排挤行为、搭售行为、奖售行为、诋毁行为等。上述行为采取的是不正当的竞争方式,违反诚实信用原则,违背商业道德,因而需要法律规制。

对于各类不正当竞争行为的规制,是反不正当竞争法的核心问题。在一些国际公约中,对具体不正当竞争行为亦有规定。例如,《保护工业产权巴黎公约》规定,需要特别禁止的不正当竞争行为,概而言之,主要包括:(1)采用任何手段对竞争对手的企业、商品或工商业活动造成混乱的一切行为;(2)在经营活动中利用谎言损害竞争的信誉的;(3)在经营活动中使用使公众对商品的相关信息发生混乱的表示或说法。

与上述规定类似,在一些国家的国内立法中,对不正当竞争行为的类型也有具体规定。例如,德国的《反不正当竞争法》所列举的不正当竞争行为主要包括:擅用他人商业标记的行为、引人误解的广告行为、商业贿赂行为、诋毁他人商业信誉行为、侵犯商业秘密行为等。又如,日本的《不正当竞争防止法》规定的不正当竞争行为包括:与知名商品或营业相混淆的行为、商品原产地或制造地等信息的虚假标示行为、诋毁竞争对手的行为,等等。

上述国际公约和国内立法,对不正当竞争行为基本类型的规定有相似之处,这表明对不正当竞争行为具体形态的认识已有不少共识。对此,我国的相关立法也有具体体现。

(四)规制体制与规制程序

在经济法的各个部门法中,体制法始终是重要内容;在市场规制法中,则涉及规制体制问题。规制体制的核心问题,是规制机构及其规制权的分配问题。

为加强对不正当竞争行为的规制,在反不正当竞争法中一般会规定专门的执法机构,并赋予其专门的规制权。在反垄断法与反不正当竞争法合并立法的国家,反垄断的执法机构一般也就是反不正当竞争法的执法机构;在两法分立的国家,虽然两部法律是独立的,但并不影响执法机构的同一性。从各国的规定看,有的国家是同一个机构同时作为反垄断法和反不正当竞争法的执法机构,如日本的公正交易委员会等。此外,由于反不正当竞争所涉范围非常广泛,因此,也可能由多个政府机构作为执法机构,这取决于一国的规制体制。

在一定的规制体制之下,规制程序也很重要。特别是具体反不正当竞争法的执法程序,直接影响相关主体的权益保护。其中,反不正当竞争执法过程中的监督检查程序、对违法行为的责任追究程序等,都需要着重关注。

(五)法律责任

反不正当竞争法的宗旨是有效规制不正当竞争行为,因而对违法者的责任追究非常重要。在责任性质方面,因违反反不正当竞争法,违法者可能会承担多种责任:

首先，由于不正当竞争行为侵害了市场秩序，侵害了社会公益，因而要承担经济法上的责任。通常的责任形式是停止侵害、罚款、没收非法所得等。

其次，由于从事不正当竞争的行为侵害了相关经营者或消费者的利益，因而要承担相应的民商法责任。通常的责任形式是损害赔偿、赔礼道歉等。

最后，由于不正当竞争行为有时会造成很大的负面影响，社会危害性较大，因而可能演变成犯罪行为，在这种情况下，违法者还可能承担刑事责任。

从承担责任的主体看，承责主体主要是从事不正当竞争行为的市场主体。此外，相关其他主体，以及规制主体等如果违反了反不正当竞争法的规定，同样应承担相应的法律责任。

五、反不正当竞争法的外部关系

竞争法的成文法化，是世界各国的共同趋势。但如前所述，作为经济法的部门法的反不正当竞争法，并非仅指以反不正当竞争法命名的法典或相关法规。作为实质意义上的部门法，反不正当竞争法与许多法律制度都存在密切关联，尤其与反垄断法、消费者保护法、知识产权法、合同法、侵权法、环境法等联系密切。此外，反不正当竞争法的规范不仅体现在《反不正当竞争法》中，还体现在其他相关立法中，包括《价格法》《产品质量法》《广告法》等。

在反不正当竞争法的诸多外部关系中，它与反垄断法、消费者保护法的关系是最为重要的，现简述如下：

1. 反不正当竞争法与反垄断法的关系

反不正当竞争法与反垄断法联系十分密切，对此在反垄断法的部分已论及，两者同为市场规制法的重要组成部分，是规制市场主体竞争行为的主要部门法。两者互补性突出，对于规范竞争行为，保障市场秩序，均具有重要的作用。

反不正当竞争法与反垄断法都涉及公平竞争、有效竞争的问题，从具体行为看，垄断行为在理论上也被称为广义上的不正当竞争行为，滥用市场支配地位中的不公平交易行为，与不正当竞争行为存在一定的共通性。另外，在现实的立法中，基于两法之间以及垄断行为与不正当竞争行为之间的密切联系，一些国家已采取合并立法的模式，在执法机构上也选择同一机构，这些都使反不正当竞争法与反垄断法的关系非常密切。

此外，还应注意两者之间的区别。一般说来，反不正当竞争法着重解决因市场道德缺失而导致的竞争失序问题，它往往与竞争过度有关；而反垄断法则主要解决因竞争受限而导致的竞争不足问题。无论是竞争过度还是竞争不足，都会影响竞争秩序，影响竞争的公平和效率，危害竞争者和消费者的利益，以及社会公共利益，因此，应当加强反不正当竞争法与反垄断法的协调配合，共同解决竞争领域的问题。

2. 反不正当竞争法与消费者保护法的关系

反不正当竞争法与消费者保护法同属于市场规制法的重要组成部分，都是经济法的重要部门法。两者的共性尤其体现在对消费者权益的保护方面。由于不正当竞争行为不仅会侵害同业竞争者的利益，也往往会侵害消费者权益，因此，对不正当竞争行为的规制，本身也是对消费者权益的保护。例如，反不正当竞争法对假冒行为、虚假宣传行为的禁止，都是对消费者权益的保护。

反不正当竞争法与消费者保护法的重要不同是：反不正当竞争法主要是规制不正当竞争行为，保护有效竞争的市场秩序，保护社会公益，它是通过对不正当竞争行为的规制，规范经营者的竞争行为，来间接地保护消费者权益；而消费者保护法则是通过直接规定消费者权利和经营者义务，来直接保护消费者权益，两法在定位上有所不同。反不正当竞争法所解决的核心问题仍然是竞争秩序的问题，它通过规制不正当竞争行为，促进良好市场秩序的形成，来保护消费者权益；而消费者保护法所要解决的核心问题则是消费者权益保护，重点不在竞争秩序，它着重通过规范经营者对消费者的义务，来实现对消费者权益的保护。因此，有关质量、价格、广告、计量的许多法律规定，在反不正当竞争法与消费者保护法的具体制度中都会涉及。

除了上述两类关系以外，反不正当竞争法与知识产权法的关系也很重要。一般认为，在专利法、商标法等知识产权法不能提供保护，而且在实践中又需要法律保护的领域，往往可用反不正当竞争法予以保护。因此，反不正当竞争法又往往被认为是知识产权保护的"兜底法"，它对知识产权法有着重要的补充作用。

另外，在具体《产品质量法》《价格法》《广告法》《对外贸易法》《政府采购法》《电子商务法》等立法中，也有不少涉及反不正当竞争的规范，这些规范也应归入反不正当竞争法之中。

六、我国的反不正当竞争立法

反不正当竞争立法与商品经济、市场经济紧密相关。在没有市场竞争的产品经济时代，在不正当竞争行为并不显著的时期，不需要反不正当竞争立法。

我国在计划经济时期,由于没有真正的市场竞争问题,不存在不正当竞争问题,也就不可能有与市场经济相对应的反不正当竞争法。

我国在改革开放之初,就强调对商品经济发展所带来的竞争问题应加以引导。在1982年颁布的《广告管理暂行条例》中,首次采用了"不正当竞争"的概念。在1992年确立实行市场经济体制后,全国人大常委会于1993年9月2日通过了《中华人民共和国反不正当竞争法》(以下简称《反不正当竞争法》)①,该法自1993年12月1日起施行。《反不正当竞争法》首次在法律中正式确立了不正当竞争的概念。此时距1883年《保护工业产权巴黎公约》提出"不正当竞争"的概念已整整110年。

但是,我国的反不正当竞争立法并非仅限于《反不正当竞争法》。如前所述,反不正当竞争行为所涉领域非常广阔,单靠一部《反不正当竞争法》难以囊括无遗。尤其在与市场主体的市场行为密切相关重要领域,在经营者竞相争夺竞争优势的许多领域,尚需有多个其他方面的法律、法规作出具体规定。事实上,在《产品质量法》等许多立法中,都有反不正当竞争的法律规范;此外,在各类行政法规、规章、地方性法规等立法形式中,反不正当竞争规范亦大量存在。因此,要全面了解反不正当竞争制度,需要了解多个立法的相关规定。这也是为什么要把反不正当竞争法作为一个部门法加以认识,以及为什么反不正当竞争法在市场规制法中能够居于重要地位的重要原因。

第二节　正当竞争的制度保障

反不正当竞争法是正当竞争的制度保障。如前所述,各国在立法上主要通过规制不正当竞争行为,来实现对正当竞争的保护,从而形成了各国反不正当竞争的法律制度。我国目前已制定了《反不正当竞争法》,同时,在《产品质量法》《广告法》《价格法》等多部法律中,也有许多反不正当竞争法律规范,它们共同构成了我国的反不正当竞争法律制度。考虑到在诸多立法中,《反不正当竞争法》最为基本,为此,下面主要以该法为主,以其他相关法律为辅,来探讨

---

① 全国人民代表大会常务委员会于2017年11月4日、2019年4月23日对该法作出修改。

反不正当竞争制度方面的重要问题,这有助于更好地理解为什么反不正当竞争法是正当竞争的制度保障。

一、反不正当竞争法的立法宗旨和基本原则

我国《反不正当竞争法》的立法宗旨是:鼓励和保护公平竞争,制止不正当竞争,保护经营者和消费者的合法权益,促进市场经济的健康发展。就具体《反不正当竞争法》而言,其最直接的调整目标是通过制止不正当竞争来保护正当竞争,保护各类市场主体的合法权益,维护市场秩序。

为了实现上述宗旨,各类主体必须遵循一系列基本原则,包括法定原则、适度原则和绩效原则。

首先,依据法定原则,反不正当竞争法的所有主体的权义都要法定。其中,规制主体要依法规制不正当竞争行为,其职权与职责严格法定,不得越权和滥用权力,其查处不正当竞争行为的程序也要法定;规制受体要依法竞争、正当竞争,不得从事不正当竞争行为,否则要依法承担责任。

为此,我国《反不正当竞争法》第2条第1款规定:经营者在生产经营活动中,应当遵循自愿、平等、公平、诚信的原则,遵守法律和商业道德。事实上,只有市场主体有效遵循上述自愿原则、平等原则、公平原则、诚信原则,遵守法律和商业道德原则,其从事的市场交易和竞争行为也才是正当的、合法的。

其次,依据适度原则,国家对竞争行为的规制应当适度,既要防止竞争不足,又要防止竞争过度,以实现有效竞争。因此,对不正当竞争行为的界定、查处等,都要适度,对经营者、消费者等各类主体的权益保护都要均衡。

最后,依据绩效原则,对不正当竞争的规制,应当考虑市场秩序对效率和效益的影响,尤其应关注社会整体的效率和效益。同时,规制不正当竞争行为也要考虑规制成本,既要考虑规制的经济效率,也要考虑规制的行政效率。

可见,我国《反不正当竞争法》直接规定的原则,主要是经营者在市场交易中应当遵循的原则,这是平等主体在经济交往中应遵循的基本原则,但不能将其简单地等同于《反不正当竞争法》的基本原则,还要在总体上考虑国家规制不正当竞争行为应当遵循的原则,这样才能全面体现上述立法宗旨,才能全面引领反不正当竞争法的具体规则。

二、对不正当竞争的界定

我国《反不正当竞争法》第2条第2款规定:不正当竞争行为,是指经营者

在生产经营活动中,违反本法规定,扰乱市场竞争秩序,损害其他经营者或者消费者的合法权益的行为。这一规定非常重要,它直接涉及对不正当竞争的界定,直接关系到某类行为是否构成不正当竞争。

依据上述的法律定义,对不正当竞争的理解应注意以下几个方面:

首先,从事不正当竞争行为的主体是经营者。所谓经营者,是指从事商品生产、经营或者提供服务的自然人、法人和非法人组织。但是,对于经营者以外的其他主体可否成为不正当竞争行为的主体,也存在不同的看法。

其次,不正当竞争是损害其他经营者合法权益的行为。不正当竞争不仅会直接影响竞争对手的利益,还可能影响竞争对手以外的其他经营者的利益,其外部效应会给竞争秩序和社会公益造成负面影响,因此,不能把不正当竞争行为等同于一般的侵权行为。

再次,不正当竞争是扰乱社会经济秩序的行为。不正当竞争行为对社会的经济秩序会造成负面影响,其对市场秩序产生的负面影响,会使市场机制在配置资源方面无效或低效,从而导致市场失灵。基于不正当竞争行为对社会经济秩序的影响,它不只在相关经营者之间产生外部效应,并由此增加私人成本,还会侵害消费者权益,损害社会公共利益,加大社会成本,因此,不能把反不正当竞争法归属于民商法。

最后,不正当竞争是一种违法行为。《反不正当竞争法》规定,不正当竞争是"违反本法规定"的行为。这里的违反"本法"是指违反整个《反不正当竞争法》,还是仅仅指违反该法第二章所规定的各种违法情形?对此也有不同的理解,从而直接影响对不正当竞争类型的界定。此外,把不正当竞争仅仅限定为违反《反不正当竞争法》的行为是否合适?违反其他反不正当竞争法规范的行为是否也应当确定为不正当竞争行为?这些都是应予关注的问题。

其实,就不正当竞争的界定而言,仅仅说明不正当竞争是损害其他经营者合法权益、扰乱社会经济秩序的行为还是不够的,真正体现不正当竞争的特殊性,是对其主体的界定,以及对"违反本法规定"的界定。只有把违反平等自愿、诚实信用、商业道德等具体要素界定清楚,才能把不正当竞争行为同其他一般违法行为区别开来,才能在不正当竞争行为的界定方面,把原则性和灵活性结合起来,更有效规制不正当竞争行为。

考虑到仅给出不正当竞争的定义过于抽象,我国和其他一些国家在对不正当竞争给出概括定义的基础上,还列举了若干种不正当竞争行为,这就是所谓的"定义兼列举"的模式。因此,下面将着重讨论不正当竞争行为的主要类型。

三、不正当竞争行为的主要类型

在反不正当竞争立法中,不正当竞争行为的主要类型如何确定,是十分重要的问题。因为反不正当竞争法的核心,就是规制各类不正当竞争行为,只有在立法上准确界定这些行为,才能更有针对性地、适度有效规范不正当竞争行为,才能形成公平与效率兼顾的市场秩序。

我国的《反不正当竞争法》采取"定义兼列举"的方式来规定不正当竞争行为的范围。对于上述不正当竞争的定义条款是否属于"一般条款",学界存在着不同的看法。有人认为,对于不正当竞争行为的界定,应该遵循严格的法定主义原则,即只有《反不正当竞争法》明确列举并加以禁止的行为,才属于不正当竞争行为,这样,才能有助于防止相关机构随意界定不正当竞争行为;但也有人认为,上述不正当竞争的定义,应当视为一般条款,即除了《反不正当竞争法》明确列举的不正当竞争行为外,只要符合不正当竞争定义,或者违反《反不正当竞争法》甚至其他不正当竞争法律规范的行为,都属于不正当竞争行为,这样才能随着实践的发展与时俱进地界定新型的不正当竞争行为,从而更好地保护正当竞争,维护市场秩序。

上述两种观点均有一定的合理性。强调严格法定主义的观点,考虑到了在实践中对不正当竞争行为的恣意界定可能给市场主体带来的危害;而赞同不正当竞争的定义属于一般条款的观点,则考虑到了实践发展的需要。因此,应将两者结合起来,既考虑法定原则,又考虑发展需要,实现原则性与灵活性的有机统一。

事实上,随着市场经济的飞速发展,各种类型的不正当竞争行为层出不穷,完全固守立法规定的几类行为,确实会存在对不正当竞争打击不力,从而影响市场秩序和相关主体权益的问题。因此,有必要承认上述不正当竞争定义的一般条款功能,可在符合该定义以及反不正当竞争法基本原则的情况下,对新出现的不正当竞争行为进行法律规制,但应作出严格限制,即必须保证行为确实违反《反不正当竞争法》以及其他法律中规定的反不正当竞争法律规范。这样,在不正当竞争行为类型的确定上,就可以把稳定性与变易性结合起来。

据此,可以将不正当竞争行为的类型分为两大类:一类是《反不正当竞争法》明确规定的不正当竞争行为,如混淆误导行为、商业贿赂行为、虚假宣传行为、侵犯商秘行为、不当奖售行为等,这类行为可称为"有名的"或"法定的"不正当竞争行为;另一类是《反不正当竞争法》虽然没有明确规定,但确实违反该法的宗旨和基本原则,按照不正当竞争的定义应当确定为不正当竞争的那些行为,相对于前一类行为,它们是"无名的"和"释定的",这类行为已经得到了最高人民法院司法解释以及其他相关规定的确认。

可见,不正当竞争行为的主要类型,首先可分为法定的(立法明确规定的)和释定的(通过法律解释来确定的)两大类。其中,法定的不正当竞争行为最受关注,对竞争秩序的危害也最大,因此,下面分别介绍法定的几类不正当竞争行为。

四、法定的不正当竞争行为

法定的不正当竞争行为,就是立法上明确规定的经营者在市场竞争中通过采取欺骗性、误导性手段,获取交易机会和竞争优势,谋求经济利益的行为。这些典型的不正当竞争行为如混淆误导行为、商业贿赂行为、虚假宣传行为、侵犯商秘行为、不当奖售行为等。

(一)混淆误导行为

所谓混淆误导行为,或称混淆行为,即擅自使用其他市场主体或商品的名称、品牌等信息,通过混淆的手段以引人误解、损害竞争对手的不正当竞争行为。这种不正当竞争行为具有突出的欺骗性,因而要严加禁止。

为此,我国《反不正当竞争法》规定,经营者不得实施下列混淆行为,引人误认为是他人商品或者与他人存在特定联系:

(1)擅自使用与他人有一定影响的商品名称、包装、装潢等相同或者近似的标识;

(2)擅自使用他人有一定影响的企业名称(包括简称、字号等)、社会组织名称(包括简称等)、姓名(包括笔名、艺名、译名等);

(3)擅自使用他人有一定影响的域名主体部分、网站名称、网页等;

(4)其他足以引人误认为是他人商品或者与他人存在特定联系的混淆行为。

上述行为会直接影响市场竞争秩序、消费者利益和竞争者利益,不仅侵害商标法以及民商法所保护的法益,而且直接侵害反不正当竞争法所保护的法益,因此,我国《反不正当竞争法》将其作为典型的不正当竞争行为加以禁止。

(二)商业贿赂行为

商业贿赂行为,是经营者采用财物等手段贿赂相关单位或者个人,以谋取交易机会或竞争优势的行为。在市场竞争中,经营者应当通过正当的市场手段和非市场手段,通过公平竞争来获取交易机会,由此形成的市场秩序才有利于资源配置,才不会产生市场失灵问题。如果经营者采取贿赂手段,就会违反市场经济的基本原理,影响其他主体的正当竞争,破坏应有的市场竞争秩序,导致市场失灵,因此是应予禁止的。

经营者的贿赂行为,直接影响其他竞争者的正当竞争,具有突出的负外部效应,是在整顿市场竞争秩序方面需重点打击的一类违法行为。但是,如果经营者以折扣等方式公开给交易对方一定的让利,而不是暗中贿赂,则是具有合法性的。因此,法律所禁止的是经营者暗中给回扣的行为,但从营销的角度,法律并不禁止经营者以公开的方式给对方折扣。

为此,我国《反不正当竞争法》规定,经营者不得采用财物或者其他手段贿赂下列单位或者个人,以谋取交易机会或者竞争优势:(1)交易相对方的工作人员;(2)受交易相对方委托办理相关事务的单位或者个人;(3)利用职权或者影响力影响交易的单位或者个人。

经营者在交易活动中,可以以明示方式向交易相对方支付折扣,或者向中间人支付佣金。经营者向交易相对方支付折扣、向中间人支付佣金的,应当如实入账。接受折扣、佣金的经营者也应当如实入账①。

此外,经营者的工作人员进行贿赂的,应当认定为经营者的行为;但是,经营者有证据证明该工作人员的行为与为经营者谋取交易机会或者竞争优势无关的除外。

(三) 虚假宣传行为

虚假宣传行为,是经营者对商品的相关信息进行虚假或者引人误解的商业宣传的不正当竞争行为。在市场经济条件下,商品的相关信息对于交易机会的获取、对于经营者的获利,都会产生很大影响。经营者对商品的相关信息作引人误解的虚假宣传,是普遍存在的不正当竞争行为,不仅会影响同业竞争者的利益,还会影响消费者的权益,以及市场秩序和社会稳定,必须在法律上严格禁止。

为此,我国《反不正当竞争法》规定,经营者不得对其商品的性能、功能、质量、销售状况、用户评价、曾获荣誉等作虚假或者引人误解的商业宣传,欺骗、误导消费者。

---

① 为了有效禁止商业贿赂行为,原国家工商行政管理局曾于1996年发布了《关于禁止商业贿赂行为的暂行规定》,对《反不正当竞争法》的相关规定作出了细化的解释和补充。

此外,经营者不得通过组织虚假交易等方式,帮助其他经营者进行虚假或者引人误解的商业宣传。

近些年来,虚假广告等虚假宣传行为屡禁不止,严重影响了市场竞争秩序和消费者权益保护,其社会危害性较为突出。因此,在我国《反不正当竞争法》之外的一些法律(如《广告法》),也对虚假广告作出了禁止性规定。

另外,最高人民法院的司法解释认为,经营者具有下列行为之一,足以造成相关公众误解的,可认定为"引人误解的虚假宣传行为"[①]:

(1) 对商品作片面的宣传或者对比的;

(2) 将科学上未定论的观点、现象等当作定论的事实用于商品宣传的;

(3) 以歧义性语言或者其他引人误解的方式进行商品宣传的。

对引人误解的虚假宣传行为的认定,应当考虑日常生活经验、相关公众一般注意力、发生误解的事实和被宣传对象的实际情况等因素。那些以明显的夸张方式宣传商品,不足以造成相关公众误解的,不属于引人误解的虚假宣传行为。

(四) 侵犯商秘行为

侵犯商秘行为,是经营者通过不正当手段,违法获取、披露、使用他人商业秘密的行为。商业秘密的拥有和使用是市场主体的重要权利,侵犯相关市场主体的商业秘密,会使权利人在市场竞争中处于非常不利的境地,因此,不正当地获取、披露、使用他人的商业秘密,是一种典型的不正当竞争行为。

所谓商业秘密,是指不为公众所知悉、具有商业价值并经权利人采取相应保密措施的技术信息、经营信息等商业信息。一般说来,商业秘密具有经济性、秘密性和实用性三个特征。这里的经济性是指商业秘密能为权利人带来经济利益,有助于权利人在市场竞争中保持优势;实用性指商业秘密是能够实际应用于生产经营活动中的技术信息和经营信息;秘密性强调商业秘密不为公众所知悉,并且权利人采取了保密措施而并未将其公开。

为了更好地保护商业秘密,我国《反不正当竞争法》规定,经营者不得实施下列侵犯商业秘密的行为:

(1) 以盗窃、贿赂、欺诈、胁迫、电子侵入或者其他不正当手段获取权利人的商业秘密;

(2) 披露、使用或者允许他人使用以前项手段获取的权利人的商业秘密;

[①] 可参见最高人民法院《关于审理不正当竞争民事案件应用法律若干问题的解释》,该司法解释于 2006 年 12 月 30 日通过,自 2007 年 2 月 1 日起施行。

（3）违反保密义务或者违反权利人有关保守商业秘密的要求，披露、使用或者允许他人使用其所掌握的商业秘密；

（4）教唆、引诱、帮助他人违反保密义务或者违反权利人有关保守商业秘密的要求，获取、披露、使用或者允许他人使用权利人的商业秘密。

此外，经营者以外的其他自然人、法人和非法人组织实施前款所列违法行为的，视为侵犯商业秘密。

第三人明知或者应知商业秘密权利人的员工、前员工或者其他单位、个人实施上述违法行为，仍获取、披露、使用或者允许他人使用该商业秘密的，视为侵犯商业秘密。

在现实生活中，侵犯商业秘密的不正当竞争行为屡屡发生，具体情况又相当复杂，为此，最高人民法院在其司法解释中对上述《反不正当竞争法》的相关问题作出了进一步解释，涉及对"不为公众所知悉"的认定、对"经济性"和"实用性"的认定，以及对"采取保密措施"的认定等重要问题。

（五）不当奖售行为

所谓不当奖售行为，是经营者采取模糊信息、欺骗公众或奖金超标等不正当手段实施的有奖销售行为，具体包括因信息模糊而影响兑奖的奖售行为、谎称有奖或者故意让内定人员中奖的欺骗性奖售行为，以及抽奖式有奖销售中最高奖金额超过法定金额的奖售行为。在市场竞争中，国家鼓励经营者通过提供优质的商品和服务，通过改进技术和商品性能，节约成本等手段来展开竞争；同时，允许经营者为了推销商品而适当展开有奖销售，但有奖销售必须真实，且符合市场经济的基本原理，要符合投入产出的基本要求，切实保护购买者或消费者的利益，否则，如果只是为了同竞争者争夺顾客而从事虚假的或高额的奖售，或者罔顾社会公益而推销质次价高的商品，则不能认为属于正当的市场营销，对于上述影响市场竞争秩序的不正当的竞争行为，反不正当竞争法同样要予以有效禁止。

为此，针对上述三种类型的有奖销售，我国《反不正当竞争法》规定，经营者进行有奖销售不得存在下列情形：

（1）所设奖的种类、兑奖条件、奖金金额或者奖品等有奖销售信息不明确，影响兑奖；

（2）采用谎称有奖或者故意让内定人员中奖的欺骗方式进行有奖销售；

（3）抽奖式的有奖销售，最高奖的金额超过5万元。

(六) 诋毁商誉行为

诋毁商誉的行为,是经营者采取编造、传播虚假信息或者误导性信息的手段,损害竞争对手的商誉的不正当竞争行为。由于诋毁商誉的行为是经营者用有关竞争对手的虚假信息或误导性信息来欺骗或影响世人,并以此削弱竞争对手的竞争力,因而是反不正当竞争法应予禁止的不正当竞争行为。

在市场经济条件下,经营者的商誉(包括商业信誉和商品声誉),是非常重要的无形资产,好的商誉会给经营者带来巨大经济利益。如果一个经营者的商誉因受到诋毁而减损,会给经营者造成重大负面影响,其竞争地位会明显下降。因此,对诋毁竞争对手商誉的不正当竞争行为,应当严格加以禁止。

为此,我国《反不正当竞争法》规定,经营者不得编造、传播虚假信息或者误导性信息,损害竞争对手的商业信誉、商品声誉。

(七) 网络妨害行为

网络妨害行为,或称网络干扰行为,是指经营者利用技术手段,通过影响用户选择等方式,妨碍、破坏其他经营者合法提供的网络产品或者服务正常运行的不正当竞争行为。随着互联网经济和互联网产业的发展,信息技术广泛应用于诸多领域,通过技术手段妨碍、破坏其他经营者的网络经营活动的不正当竞争行为层出不穷,且日益复杂,影响巨大,对此,迫切需要加强反不正当竞争法的规制,以维护市场竞争秩序,保护消费者权益,保障经济的良性发展。

为此,我国《反不正当竞争法》规定,经营者利用网络从事生产经营活动,应当遵守该法的各项规定。经营者不得利用技术手段,通过影响用户选择或者其他方式,实施下列妨碍、破坏其他经营者合法提供的网络产品或者服务正常运行的行为:

(1) 未经其他经营者同意,在其合法提供的网络产品或者服务中,插入链接、强制进行目标跳转;

(2) 误导、欺骗、强迫用户修改、关闭、卸载其他经营者合法提供的网络产品或者服务;

(3) 恶意对其他经营者合法提供的网络产品或者服务实施不兼容;

(4) 其他妨碍、破坏其他经营者合法提供的网络产品或者服务正常运行的行为。

总之,上述几类行为,是我国《反不正当竞争法》明确规定的"法定的不正当竞争行为",在反不正当竞争执法和司法中是"重中之重"。除了上述几类行为以外,随着市场化、信息化、数字化、全球化的发展,各类新形式的不正当竞争行为还会不断涌现,因此,对"无名的"或"释定的"不正当竞争行为也要认真对待,以全面发挥反不正当竞争法的重要作用。

五、我国其他法律对不正当竞争行为的规定

对各类不正当竞争行为,不仅在《反不正当竞争法》有集中规定,在其他法律中也有分散的相关的规定。了解其他法律中有关反不正当竞争的规定,有助于更全面地理解保护正当竞争的法律体系。例如:

(一)《产品质量法》的相关规定

在《产品质量法》[①]中,有涉及混淆误导行为的相关规定,例如:

(1)禁止伪造或者冒用认证标志等质量标志;禁止伪造产品的产地,伪造或者冒用他人的厂名、厂址;禁止在生产、销售的产品中掺杂、掺假,以假充真,以次充好。

(2)生产者、销售者不得伪造产地,不得伪造或者冒用他人的厂名、厂址,不得伪造或者冒用认证标志等质量标志。

(二)《广告法》的相关规定

对商品和服务的宣传尤其应当强调真实,不能用虚假宣传的手段来从事不正当竞争。依据我国《广告法》[②]规定,广告主、广告经营者、广告发布者从事广告活动,应当遵守法律、法规,诚实信用,公平竞争。该法有涉及虚假宣传行为的具体规定,例如:

(1)广告不得含有虚假或者引人误解的内容,不得欺骗、误导消费者。

(2)广告中对商品的性能、功能、产地、用途、质量、成分、价格、生产者、有效期限、允诺等或者对服务的内容、提供者、形式、质量、价格、允诺等有表示的,应当准确、清楚、明白。广告中表明推销的商品或者服务附带赠送的,应当明示所附带赠送商品或者服务的品种、规格、数量、期限和方式。

(3)广告使用数据、统计资料、调查结果、文摘、引用语等引证内容的,应当真实、准确,并表明出处。引证内容有适用范围和有效期限的,应当明确表示。

(4)广告中涉及专利产品或者专利方法的,应当标明专利号和专利种类。未取得专利权的,不得在广告中谎称取得专利权。禁止使用未授予专利权的专

[①] 我国《产品质量法》于 1993 年 2 月 22 日由全国人大常委会通过,2000 年 7 月 8 日第一次修正,2009 年 8 月 27 日第二次修正,2018 年 12 月 29 日第三次修正。

[②] 我国《广告法》于 1994 年 10 月 27 日由全国人大常委会通过,2015 年 4 月 24 日、2018 年 10 月 26 日作出修改。

利申请和已经终止、撤销、无效的专利作广告。

此外，与诋毁商誉行为相关，《广告法》还规定，"广告不得贬低其他生产经营者的商品或者服务"。

(三)《价格法》的相关规定

价格行为是非常基本的市场行为，不正当价格行为与垄断和不正当竞争均密切相关，为此，我国《价格法》规定，经营者不得有下列不正当价格行为：

(1) 相互串通，操纵市场价格，损害其他经营者或者消费者的合法权益。

(2) 为了排挤竞争对手或者独占市场，以低于成本的价格倾销，扰乱正常的生产经营秩序，损害国家利益或者其他经营者的合法权益。

(3) 捏造、散布涨价信息，哄抬价格，推动商品价格过高上涨。

(4) 利用虚假的或者使人误解的价格手段，诱骗消费者或者其他经营者与其进行交易。

(5) 提供相同商品或者服务，对具有同等交易条件的其他经营者实行价格歧视。

(6) 采取抬高等级或者压低等级等手段收购、销售商品或者提供服务，变相提高或者压低价格。

(7) 违反法律、法规的规定牟取暴利。

可见，《价格法》有关不正当价格行为的规定，与修订前的《反不正当竞争法》中规定的多项不正当竞争行为，以及《反垄断法》中规定的涉及价格的垄断行为联系更为密切，有必要在整个竞争法层面理解上述不正当价格行为。

(四)《对外贸易法》的相关规定

无论是内贸还是外贸，只要存在市场交易，就可能存在不正当竞争。在对外贸易领域，由于主体、地域、利益等多方面因素，市场主体之间的不正当竞争是不可避免的。

为此，我国《对外贸易法》规定，在对外贸易经营活动中，不得实施以不正当的低价销售商品、串通投标、发布虚假广告、进行商业贿赂等不正当竞争行为。在对外贸易经营活动中实施不正当竞争行为的，依照有关反不正当竞争的法律、行政法规的规定处理。

(五)《政府采购法》的相关规定

在政府采购市场，同样可能存在不正当竞争，为此，我国《政府采购法》作出了如下规定：

（1）政府采购应当遵循公开透明原则、公平竞争原则、公正原则和诚实信用原则。

（2）任何单位和个人不得采用任何方式，阻挠和限制供应商自由进入本地区和本行业的政府采购市场。

（3）政府采购当事人不得相互串通损害国家利益、社会公共利益和其他当事人的合法权益；不得以任何手段排斥其他供应商参与竞争。

（4）供应商不得行贿或者采取其他不正当手段谋取中标或者成交。

（5）采购代理机构不得以向采购人行贿或者采取其他不正当手段谋取非法利益。

（六）《电子商务法》的相关规定

随着市场化、信息化、数字化的发展，我国的电子商务蓬勃发展，相关的不正当竞争问题也日益突出，为此，《电子商务法》对不正当竞争亦有相关规定，例如：

（1）电子商务经营者从事经营活动，应当遵循自愿、平等、公平、诚信的原则，遵守法律和商业道德，公平参与市场竞争，履行消费者权益保护、环境保护、知识产权保护、网络安全与个人信息保护等方面的义务，承担产品和服务质量责任，接受政府和社会的监督。上述规定与《反不正当竞争法》的立法宗旨、原则等是非常一致的。

（2）电子商务经营者应当全面、真实、准确、及时地披露商品或者服务信息，保障消费者的知情权和选择权。电子商务经营者不得以虚构交易、编造用户评价等方式进行虚假或者引人误解的商业宣传，欺骗、误导消费者。

（3）电子商务经营者违反该法规定，销售的商品或者提供的服务不符合保障人身、财产安全的要求，实施虚假或者引人误解的商业宣传等不正当竞争行为，滥用市场支配地位，或者实施侵犯知识产权、侵害消费者权益等行为的，依照有关法律的规定处罚。

上述列举的多部法律的相关规定，涉及《反不正当竞争法》规定的多种不正当竞争行为。上述法律的相关规定与《反不正当竞争法》的具体制度相互协调，都是整体的反不正当竞争法体系的重要内容。其实，对不正当竞争行为作出禁止性规定的法律还有很多。例如，我国《商业银行法》规定，商业银行与客户的业务往来，应当遵循平等、自愿、公平和诚实信用的原则。商业银行开展业务，应当遵守公平竞争的原则，不得从事不正当竞争。此外，在《证券法》《保险法》《中小企业促进法》《商标法》《农业法》等多部法律中，均有关于禁止不正当竞争的规定。

列举上述立法例,意在强调不正当竞争行为涉及领域很广,并非仅是《反不正当竞争法》所规定的那些内容。反不正当竞争法作为经济法的一个重要部门法,作为一类重要的法律制度,涉及多个法律、法规中的相关法律规范,因此,在理解反不正当竞争法律制度的相关问题时,需要打通相关法律规定,认识到在规制主体、规制受体以及具体行为确认和判断上的复杂性。

六、对不正当竞争行为的监督检查

(一) 监督检查的类型

监督检查的类型主要有两类,一类是政府监督,另一类是社会监督。

1. 政府监督

保护正当竞争,防止不正当竞争,是政府的重要职责,也是政府为市场竞争创造公平的外部环境所需要提供的公共物品。为此,我国《反不正当竞争法》规定,各级人民政府应当采取措施,制止不正当竞争行为,为公平竞争创造良好的环境和条件。

此外,在监督主体方面,我国《反不正当竞争法》规定,县级以上人民政府履行工商行政管理职责的部门对不正当竞争行为进行查处;法律、行政法规规定由其他部门查处的,依照其规定。

2. 社会监督

不正当竞争行为影响广泛,单靠政府监督还是不够的,因此,应当强调社会监督。为此,我国《反不正当竞争法》规定,国家鼓励、支持和保护一切组织和个人对不正当竞争行为进行社会监督。国家机关及其工作人员不得支持、包庇不正当竞争行为。行业组织应当加强行业自律,引导、规范会员依法竞争,维护市场竞争秩序。

(二) 监督检查权的分配问题

对不正当竞争行为的监督检查权如何分配,是反不正当竞争执法体制中的核心问题。从理论上说,监督检查权应当相对集中,以避免权力过于分散而产生的交叉、冲突等不协调的问题。

依照我国现行法律规定,县级以上人民政府履行工商行政管理职责的部门对不正当竞争行为进行查处,据此,市场监管部门应当是对不正当竞争行为行使监督检查权的主要主体。但是,由于不正当竞争行为涉及的主体非常广泛,许多法律对相关领域的监管权(如对银行、证券、保险等领域的监管权)有特殊规定,对于不正当竞争的管辖权具体由哪个机关行使,有时会有不同理解,因而造成了执法主体分散、多头规制等问题,这对于有效规制不正当竞争行为是不利的。

为了解决人们对监管权等规定的认识分歧,有关部门需要经常作出协调和解释。例如,对于商业银行等金融企业的不正当竞争管辖权,原国家工商行政管理总局认为:由于《银行业监督管理法》对金融机构的不正当竞争行为没有具体规定,不能排除工商部门依法对金融机构不正当竞争行为的管辖权,因此,除《商业银行法》明确规定由银行业监督管理机构查处的不正当竞争行为外,工商部门对金融机构的其他不正当竞争行为和限制竞争行为,包括金融机构的不正当有奖销售、商业贿赂、虚假宣传等不正当竞争行为,具有监督检查权。[1]

此外,对于保险公司的不正当竞争行为的监督检查权的行使主体,最高人民法院认为,《保险法》未规定对保险公司的不正当竞争行为由金融监督管理部门实施监督检查,故人民法院审理行政案件涉及对保险公司不正当竞争行为实施监督检查的主体时,应当适用《反不正当竞争法》的有关规定,即仍应以工商部门为监督检查权的主体。[2]

(三) 监督检查权的行使

监督检查权作为市场监管部门等执法主体在监督检查不正当竞争行为时行使的重要职权,主要包括现场检查权、询问取证权、资料查询权、查封扣押权、账户查询权等。上述监督检查权的有效行使,对不正当竞争行为的确认和查处是非常重要的。

依据我国《反不正当竞争法》规定,监督检查部门调查涉嫌不正当竞争行为,可以采取下列措施:(1) 进入涉嫌不正当竞争行为的经营场所进行检查;(2) 询问被调查的经营者、利害关系人及其他有关单位、个人,要求其说明有关情况或者提供与被调查行为有关的其他资料;(3) 查询、复制与涉嫌不正当竞争行为有关的协议、账簿、单据、文件、记录、业务函电和其他资料;(4) 查封、扣押与涉嫌不正当竞争行为有关的财物;(5) 查询涉嫌不正当竞争行为的经营者的银行账户。

---

[1] 参见原国家工商行政管理总局公平交易局《关于商业银行等金融企业不正当竞争管辖权问题的请示的答复》(工商公字[2008]7号)。

[2] 最高人民法院行政审判庭《关于对保险公司不正当竞争行为如何确定监督检查主体的答复》(2000年4月19日,法行[2000]1号)。

采取上述措施,应当向监督检查部门主要负责人书面报告,并经批准。采取查封扣押和账户查询措施,应当向设区的市级以上人民政府监督检查部门主要负责人书面报告,并经批准。

监督检查部门调查涉嫌不正当竞争行为,应当遵守《中华人民共和国行政强制法》和其他有关法律、行政法规的规定,并应当将查处结果及时向社会公开。

七、法律责任与权利救济

(一)《反不正当竞争法》规定的法律责任

我国《反不正当竞争法》对违反该法的责任作出了集中的规定,依据这些规定,从事不正当竞争行为可能承担的法律责任既包括赔偿性责任,也包括惩罚性责任;既包括经济性责任,也包括非经济性责任。

依据经济法的责任理论,赔偿性责任主要适用于违法行为对市场主体的损害的赔偿,而惩罚性责任的承担则导因于违法行为对市场秩序和公共利益的侵害;赔偿性责任体现的是对私人成本的弥补,惩罚性责任体现的是基于社会成本而作出的处罚。这些原理对于不正当竞争行为的责任追究也都是适用的。

此外,同经济法的其他部门法一样,对不正当竞争行为的责任追究也是以经济性责任为主,并且惩罚性责任更多,其具体形式如罚款、没收违法所得等;非经济性责任主要是主体资格方面的处罚,以及自由刑等方面责任的承担。下面主要依据我国《反不正当竞争法》的规定,分析相关责任类型。

1. 赔偿性责任

根据《反不正当竞争法》的规定,因不正当竞争行为受到损害的经营者的赔偿数额,按照其因被侵权所受到的实际损失确定;实际损失难以计算的,按照侵权人因侵权所获得的利益确定。经营者恶意实施侵犯商业秘密行为,情节严重的,可以在按照上述方法确定数额的1倍以上5倍以下确定赔偿数额。赔偿数额还应当包括经营者为制止侵权行为所支付的合理开支。

经营者从事混淆误导行为和侵犯商业秘密行为,权利人因被侵权所受到的实际损失、侵权人因侵权所获得的利益难以确定的,由人民法院根据侵权行为的情节判决给予权利人500万元以下的赔偿。

2. 惩罚性责任

(1)混淆误导行为的法律责任。经营者实施混淆误导行为的,由监督检查部门责令停止违法行为,没收违法商品。违法经营额5万元以上的,可以并处违法经营额5倍以下的罚款;没有违法经营额或者违法经营额不足5万元的,可以并处25万元以下的罚款。情节严重的,吊销营业执照。

(2) 商业贿赂行为的法律责任。经营者从事商业贿赂行为的,由监督检查部门没收违法所得,处10万元以上300万元以下的罚款。情节严重的,吊销营业执照。

(3) 虚假宣传行为的法律责任。经营者对其商品作虚假或者引人误解的商业宣传,或者通过组织虚假交易等方式帮助其他经营者进行虚假或者引人误解的商业宣传的,由监督检查部门责令停止违法行为,处20万元以上100万元以下的罚款;情节严重的,处100万元以上200万元以下的罚款,可以吊销营业执照。经营者的虚假宣传行为属于发布虚假广告的,依照《中华人民共和国广告法》的规定处罚。

(4) 侵犯商秘行为的法律责任。经营者以及其他自然人、法人和非法人组织侵犯商业秘密的,由监督检查部门责令停止违法行为,没收违法所得,处10万元以上100万元以下的罚款;情节严重的,处50万元以上500万元以下的罚款。

(5) 不当奖售行为法律责任。经营者从事不当有奖销售行为的,由监督检查部门责令停止违法行为,处5万元以上50万元以下的罚款。

(6) 诋毁商誉行为的法律责任。经营者损害竞争对手商业信誉、商品声誉的,由监督检查部门责令停止违法行为、消除影响,处10万元以上50万元以下的罚款;情节严重的,处50万元以上300万元以下的罚款。

(7) 网络妨害行为的法律责任。经营者妨碍、破坏其他经营者合法提供的网络产品或者服务正常运行的,由监督检查部门责令停止违法行为,处10万元以上50万元以下的罚款;情节严重的,处50万元以上300万元以下的罚款。

此外,经营者从事上述不正当竞争行为,有主动消除或者减轻违法行为危害后果等法定情形的,依法从轻或者减轻行政处罚;违法行为轻微并及时纠正,没有造成危害后果的,不予行政处罚;构成犯罪的,依法追究刑事责任。

经营者从事不正当竞争行为受到行政处罚的,由监督检查部门记入信用记录,并依照有关法律、行政法规的规定予以公示。记入信用记录并予以公示,是经济法多部法律规定的法律责任的新形式,体现了经济法具体责任形态的新发展。

(二) 其他法律对法律责任的相关规定

对于不正当竞争行为的责任追究,我国《反不正当竞争法》以外的相关法律也有相关规定,现举例如下:

1. 《产品质量法》的相关规定

对于混淆误导行为应承担的法律责任,我国《产品质量法》规定,伪造产品产地的,伪造或者冒用他人厂名、厂址的,伪造或者冒用认证标志等质量标志的,责令改正,没收违法生产、销售的产品,并处违法生产、销售产品货值金额等值以下的罚款;有违法所得的,并处没收违法所得;情节严重的,吊销营业执照。

2. 《广告法》的相关规定

我国《广告法》规定,违反该法规定,发布虚假广告的,由市场监督管理部门责令停止发布广告,责令广告主在相应范围内消除影响,处广告费用3倍以上5倍以下的罚款,广告费用无法计算或者明显偏低的,处20万元以上100万元以下的罚款;两年内有三次以上违法行为或者有其他严重情节的,处广告费用5倍以上10倍以下的罚款,广告费用无法计算或者明显偏低的,处100万元以上200万元以下的罚款,可以吊销营业执照,并由广告审查机关撤销广告审查批准文件、一年内不受理其广告审查申请。

此外,有该法规定的违法行为的,由市场监督管理部门记入信用档案,并依照有关法律、行政法规规定予以公示。

3. 《价格法》的相关规定

依据我国《价格法》规定,经营者有前述不正当价格行为之一的,责令其改正,没收其违法所得,可并处违法所得5倍以下的罚款;没有违法所得的,予以警告,可并处罚款;情节严重的,责令停业整顿,或者由市场监管部门吊销营业执照。有关法律对不正当价格行为的处罚及处罚机关另有规定的,可依照有关法律的规定执行。在违法行为的法律责任追究方面,其他法律没有规定的,应依据《价格法》的规定处理。

此外,对于诸多价格违法行为,《价格违法行为行政处罚规定》[①]有许多具体规定,这些规定更为具体,需要特别注意。

4. 《对外贸易法》的相关规定

依据我国《对外贸易法》的规定,在对外贸易经营活动中,凡从事不正当的低价销售商品、串通投标、发布虚假广告、进行商业贿赂等不正当竞争行为,并危害对外贸易秩序的,国务院对外贸易主管部门可采取禁止该经营者有关货物、技术进出口等措施消除危害。

---

① 该规定于1999年7月10日由国务院批准,1999年8月1日国家发展计划委员会发布,根据2006年2月21日国务院《关于修改〈价格违法行为行政处罚规定〉的决定》第一次修订,根据2008年1月13日国务院《关于修改〈价格违法行为行政处罚规定〉的决定》第二次修订,根据2010年12月4日国务院《关于修改〈价格违法行为行政处罚规定〉的决定》第三次修订。

5. 《政府采购法》的相关规定

依据我国《政府采购法》的规定,采购人、采购代理机构及其工作人员有下列情形之一,构成犯罪的,依法追究刑事责任;尚不构成犯罪的,处以罚款,有违法所得的,并处没收违法所得,属于国家机关工作人员的,依法给予行政处分:

（1）与供应商或者采购代理机构恶意串通的;

（2）在采购过程中接受贿赂或者获取其他不正当利益的。

此外,供应商有下列情形之一的,处以采购金额5‰以上10‰以下的罚款,列入不良行为记录名单,在1至3年内禁止参加政府采购活动,有违法所得的,并处没收违法所得,情节严重的,由工商行政管理机关吊销营业执照;构成犯罪的,依法追究刑事责任:

（1）提供虚假材料谋取中标、成交的;

（2）采取不正当手段诋毁、排挤其他供应商的;

（3）与采购人、其他供应商或者采购代理机构恶意串通的;

（4）向采购人、采购代理机构行贿或者提供其他不正当利益的;

（5）在招标采购过程中与采购人进行协商谈判的。

6. 《电子商务法》的相关规定

依据《电子商务法》规定,电子商务经营者违反该法规定,销售的商品或者提供的服务不符合保障人身、财产安全的要求,实施虚假或者引人误解的商业宣传等不正当竞争行为,滥用市场支配地位,或者实施侵犯知识产权、侵害消费者权益等行为的,依照有关法律的规定处罚。此外,电子商务经营者有该法规定的违法行为的,依照有关法律、行政法规的规定记入信用档案,并予以公示。

总之,在上述各类法律中,均涉及对不正当竞争行为的法律责任的相关规定,这些规定与《反不正当竞争法》中的法律责任规范相互补充,共同构成了反不正当竞争法的责任体系。

本章小结

市场经济需要市场主体展开正当竞争,但不正当竞争的大量存在,具有突出的负的外部效应,严重影响了正当竞争。为了保护正当竞争,必须加强竞争规制,建立反不正当竞争制度,并有效实施反不正当竞争法。

在竞争规制的基本原理部分,本章着重对竞争、正当竞争、不正当竞争,以及正当竞争中的合理竞争、合法竞争等进行了辨析,概述了反不正当竞争法的地位、立法模式、基本内容、外部关系,以及我国反不正当竞争法的立法发展。其中,反不正当竞争法的立法模式、基本原则、规制体制、法律责任,以及不正当竞争行为的类型等,对于理解我国反不正当竞争法律制度尤为重要。

在竞争规制的主要制度部分,本章强调反不正当竞争法是正当竞争的制度保障,并且,反不正当竞争法作为一个部门法,不仅包含《反不正当竞争法》的相关规范,也包含其他法律中规制不正当竞争行为的规范。因此,保障正当竞争的主要制度,并非仅限于《反不正当竞争法》所确立的相关制度。为了更好地保护正当竞争,需要对不正当竞争行为作出准确界定并加以有效规制,无论对于典型的不正当竞争行为,还是对于非典型的不正当竞争行为,抑或其他法律规定的不正当竞争行为,都应当依法严格规制,并通过加强监督检查,及时追究违法者的法律责任,这样才能有效维护市场竞争秩序,保护正当竞争。

第十八章

信息偏在与消费规制

本章导读

　　信息偏在是导致市场失灵的重要原因,需要在经济法的各类制度中加以回应和解决。为此,在经济法的各类制度中,既要保护相关主体的获取信息权或称知情权,又要强调相关主体的信息披露义务,这尤其有助于经济法主体更好地防控风险,保障其经济活动的安全和合法权益。

　　从市场规制的角度看,不仅要对妨害竞争的垄断行为进行垄断规制,还要对具有突出外部效应的不正当竞争行为进行竞争规制,更要对影响消费者市场秩序、侵害消费者利益的行为进行专门规制,此类规制可简称为"消费规制"。本章以消费规制的基本原理和主要制度为例,来说明其对于解决信息偏在问题和保护消费者权益的重要价值。

第十八章　信息偏在与消费规制

第一节　消费规制的基本原理

一、信息偏在与消费规制

在市场经济条件下,充斥着大量重要信息,如商品的质量信息和价格信息、公司的经营管理信息、市场的投资信息等,各类信息可谓不胜枚举。但在大量信息存在的情况下,对于具体市场主体而言,信息偏在或信息不对称的问题却非常突出,并由此导致了大量市场失灵问题。为此,在市场规制领域必须强调信息披露、信息真实、诚实信用,即市场主体应依法公开的信息必须真实、准确、完整,市场主体在从事市场交易等市场行为过程中,一定要诚实守信。而强调诚实信用,实质上也是要求相关信息真实。有关信息方面的上述要求,对于实现市场规制的目标至为重要。

各国在市场规制方面之所以对信息偏在问题高度重视,是因为当代社会既是信息社会,也是风险社会,信息直接关系到相关主体的风险。信息与风险、不确定性直接相关。如果信息偏在或信息不对称问题突出,相关主体的不确定性就会加大,风险也就随之增加。无论是市场主体普遍关注的市场风险,还是消费者关注的质量风险、价格风险等,都应通过制度安排加以防控。

风险与信息的多少相关联。市场主体掌握的有效信息越多,就越能有效防范和化解风险。在市场经济条件下,无论是投资者,还是经营者、消费者等,都希望减少不确定性,以使风险尽可能小,收益尽可能大,这就需要掌握更多的真实、准确、有效的信息,同时也需要相关主体及时有效披露信息。为了有效解决信息偏在问题,防范和化解相关主体的风险,在市场规制领域要特别重视相关主体的信息获取权或知情权。其实,无论对"竞争者市场"的竞争规制,还是对"消费者市场"的消费规制,都要特别关注并努力解决信息偏在问题,这对于保障相关市场的秩序、效率和公平非常重要。

在现实的市场环境中,面对某些实力强大的厂商,特别是那些唯利是图的经营者,消费者在经济实力、信息能力等方面都处于弱势地位。加强消费规制,使消费者能够获取真实有效的信息,对于保护消费者的消费安全、消费选择和消费救济等权利,切实保障消费者的利益,具有特别重要的意义。因此,非常有必要从消费者权益保护的角度,来研究消费规制的原理及其制度存在问题。

二、消费者与消费规制

消费作为社会再生产的一个重要环节,是生产、交换、分配的目的和归宿,它包括生产消费和生活消费两大方面。其中,生活消费与基本人权直接相关。在盛倡"消费者主权"和基本人权的今天,生活消费作为人类的基本需要,自然成为法律必须加以规制的重要领域,加强消费规制日显重要。

在经济学领域,消费者是与政府、企业相并列的参与市场经济运行的三大主体之一,是与企业相对应的市场主体;在法学领域,消费者是各国消费者保护法最重要的主体,也是经济法的重要主体。尽管不同学科对于消费者研究的角度各有不同,但无论是经济学还是法学,无论是立法规定还是法律实践,一般都将消费者限定为从事生活消费的主体。

例如,日本学者竹内昭夫认为,所谓消费者,就是为生活消费而购买、利用他人供给的物资和劳务的人,是供给者的对称。[①] 而国际标准化组织(ISO)认为,消费者是以个人消费为目的而购买或使用商品和服务的个体社会成员。这是国际标准化组织的消费者政策委员会于1978年5月在其首届年会上对"消费者"所作的定义。泰国《消费者保护法》则规定,所谓消费者,是指买主和从生产经营者那里接受服务的人,包括为了购进商品和享受服务而接受生产经营者的提议和说明的人。可见,学者、相关国际组织和国外立法都存在着类似的界定。

综合上述各类观点,可以认为,所谓消费者,或称消费主体,就是为了满足个人生活消费的需要而购买、使用商品或者接受服务的居民。这里的居民是指自然人或称个体社会成员。在我国,消费者是经营者的对称,而经营者则是向消费者出售商品或提供服务的市场主体。

上述消费者与经营者进行交易所形成的市场,即为消费者市场。所谓消费规制,就是对消费者市场的规制。只是基于消费者的特殊地位和身份,在消费规制方面,对消费者的权益保护强调更多,而对经营者的义务则强调更多。对消费者权益的保护,无论在规制竞争者市场方面,还是在规制消费者市场方面,都是非常重要的主题。

---

① 参见〔日〕金泽良雄:《经济法概论》,满达人译,中国法制出版社2005年版,第460页。

所谓消费者权益,是指消费者依法享有的权利以及该权利受到保护时给消费者带来的利益,其核心是消费者权利。没有消费者及消费者权益,消费规制也就失去了其赖以存在的根基。旨在保护消费者权益的消费规制必须依法进行,其最为直接而重要的法律依据是消费者权益保护法。

三、消费者权益保护法的概念与归属

消费者权益保护法,或称消费者保护法,是调整在保护消费者权益过程中发生的经济关系的法律规范的总称。它是经济法的重要部门法,在市场规制法中占有重要地位。

上述概念表明,消费者权益保护法有其独特的调整对象,即在保护消费者权益过程中发生的经济关系。由此可知,消费者权益保护法中最重要的主体是消费者,而保护的核心则是消费者权益。

在消费者权益保护法的归属方面,有人认为它仍是传统民商法的一部分,也有人认为它属于经济法的部门法。事实上,在形式意义的消费者权益保护立法中,确有一些调整平等主体之间交易关系的规范,但同时,也有不少旨在规制市场主体行为的市场规制法规范。因此消费者权益保护法在立法基础、调整对象、法域、调整方法等诸多方面,已大大突破了传统的私法体系。尽管它在形式意义的立法中既涉及私法的原则,也涉及市场主体,但其宗旨、所保护的法益、对私法主体交易行为的规制,使其超越了传统民商法,并成为解决因信息偏在、外部性等导致的市场失灵的重要手段。由于它与经济法中的市场规制法有共同的产生基础和宗旨等,因而它应当是经济法的组成部分。

此外,消费者权益保护法既具有鲜明的经济性,也具有突出的社会性。其实,社会就是由消费者组成的,消费规制也是一种社会性规制,消费者权益保护法的有效实施,会对整个社会产生巨大影响。加强消费者权益保护,有助于维护市场秩序和社会秩序,防止社会经济出现严重的"无序"或"失范"状态。正由于消费者权益保护法对经济和社会发展都非常重要,因此,有必要进一步探究其理论基础问题。

四、消费者权益保护法的理论基础

对于消费者权益保护法的理论基础,可从多个角度加以说明,例如:

从人权理论看,消费者权利作为一项基本人权,是生存权的重要组成部分。既然人类的一切活动都是为了人类自身的存续和发展,而人类的生活消费,无

论是物质消费还是精神消费,又都是实现人权的必经方式,因此,对于人类在生活消费中应享有的权利,法律必须予以有效保障,以使消费者的基本人权从应然状态的权利转化为法定的权利或实际可享有的权利。有鉴于此,各国为了保障消费者权利,普遍制定了保护消费者的法律规范,从而形成了各国的消费者保护制度。

从经济理论上说,企业或称厂商通常以利润最大化为基本目标;而消费者通常以效用最大化为目标。两类市场主体在目标追求上存在冲突。企业为了营利,极可能置诚实信用等商业道德于不顾,通过非法的、不正当的手段去侵害消费者权益。其中最为突出的是向消费者隐瞒有关商品或服务的质量、价格等方面的信息,从而导致"信息偏在"或"信息不对称"问题,以及垄断、不正当竞争等问题,并由此进一步导致"市场失灵"。由于"信息偏在"问题是市场本身不能有效解决的,因此,需要国家加强制度供给,推出专门的消费者政策和消费者立法。

从法学理论上看,近代市场经济的发展,是与传统民商法的发展相适应的,它促进了私法的发达;而现代市场经济的发展,导致了一系列新型经济关系的产生,传统民商法难以对其进行全面、有效的调整,因此,必须由经济法等弥补其调整的不足,从而使经济法、社会法等现代法日益受到重视,并成为当代法律体系中不可或缺的重要组成部分。在现代市场经济条件下,由于市场本身不能有效解决"信息偏在"问题,并且,强调形式平等的民商法也难以对处于弱势地位的消费者给予倾斜性保护,因此,只能在传统民商法之外,通过消费者权益保护的专门立法加以解决。在这个意义上,消费者权益保护法是对传统民商法的重要突破。

五、消费者权益保护法的立法体例

消费者权益保护法的立法体例可分为两大类:一类是专门立法,另一类是在其他立法中加入有关消费者保护方面的法律规定,例如,在民商法等传统法律中作出规定。从总体上说,无论是英美法系还是大陆法系国家,消费者保护法都主要以制定法为主。例如,美国和英国都制定了消费者保护方面的成文法,美国早在1906年就颁布了《联邦食品和药品法》,英国则在1987年制定了专门的《消费者利益保护法》;日本则于1968年公布施行了《保护消费者基本法》等。除了有关消费者保护的专门立法之外,各国还在诸如反垄断法、反不正当竞争法、产品质量法、广告法等经济法的法律中规定对消费者的保护;同时,在民商法、行政法、刑法等领域亦存在有关保护消费者的实质性规范。为此,需要明晰消费者权益保护法同其他部门法的协调问题。

在经济法体系中,消费者权益保护法是市场规制法的重要部门法。它与反垄断法、反不正当竞争法存在着紧密关联。事实上,消费者权益保护法更强调直接保护消费者的权益,而反垄断法、反不正当竞争法则更强调从规范企业市场行为的角度来间接地保护消费者的权益。

此外,在整个法律体系中,还涉及消费者权益保护法与传统民商法等部门法的关系。在民商法理论中,曾有人提出将合同分为商人合同和消费者合同,在商人合同中,商人的地位、行为能力都是平等的,而在消费者合同中,消费者与商人的地位,特别是注意能力、信息能力、交涉能力等存在差别。因此,确有必要把两类合同加以区别,以体现加强消费者保护的必要性。此外,20世纪50年代爆发的"消费者权利运动",也促使各国制定相应的消费者政策和专门的消费者立法,从而使消费者权益保护法在立法的宗旨、基础等方面,有别于传统民商法。但由于民商法毕竟涉及对交易关系的调整,因此,在形式意义上的消费者权益保护立法中,也会存在民商法规范。这更说明在消费者权益保护方面需要多个部门法的综合调整。

我国在实行市场经济体制之初,就进行了消费者保护方面的专门立法。1993年10月31日,第八届全国人民代表大会常务委员会第四次会议通过了《中华人民共和国消费者权益保护法》(以下简称《消费者权益保护法》,该法于2009年8月27日,2013年10月25日进行了两次修改),这是我国制定的第一部保护消费者权益的专门法律,也是我国消费者保护立法方面的核心法、骨干法。此外,为了更好地保护消费者权益,维护社会经济秩序,促进市场经济的健康发展,全面实现《消费者权益保护法》的立法宗旨,我国还在《反不正当竞争法》《产品质量法》《价格法》《广告法》等许多法律中作出了大量有关消费者权益保护的规定。上述集中的专门立法与相关分散立法一起,共同构成了我国消费者权益保护法的规范体系。

六、消费者权益保护法的原则

消费者权益保护法的基本原则,在总体上同经济法的基本原则是一致的。从调制法定原则的角度说,在消费者保护领域的有关规制权以及消费者权利等,都应当法定;从调制适度原则的角度说,在消费者权益保护与经营者权益保护之间也要注意均衡,即对消费者权益的保护也要适度,在保障公平的同时也要兼顾效率;从调制绩效原则的角度说,消费者权益保护同样应考虑局部的和整体的效益,这与保护的适度直接相关。

此外,基于消费者权益保护法的宗旨,尤其是消费者保护的特殊性,从理论或应然的角度说,该法应当包括以下原则:一是依法交易原则;二是尊重和保障人权原则;三是保障社会经济秩序原则。这三项原则密切相关,通过依法交易,实现对人权的保障,并保障社会经济秩序。上述原则需要在具体的立法中加以落实。

在现时的实然立法中,我国《消费者权益保护法》规定了四项原则:一是经营者应当依法提供商品或者服务的原则;二是经营者与消费者进行交易应当遵循自愿、平等、公平、诚实信用的原则;三是国家保护消费者的合法权益不受侵犯的原则;四是一切组织和个人对损害消费者合法权益的行为进行社会监督的原则。

在上述法律规定的四项原则中,第一项原则和第二项原则,同前述应然的"依法交易原则"是一致的。事实上,交易是连接经营者和消费者的纽带,也是消费者权益保护法的调整基础。因为没有交易,就不会存在消费者权利受到经营者侵害的问题,也就没有消费规制的必要。"依法交易原则"包括《消费者权益保护法》规定的第一项原则即"依法提供商品或者服务的原则",只不过这里的"依法",并不仅限于民事法律,而是同样包括《反不正当竞争法》《产品质量法》《广告法》《价格法》等经济法方面的法律。此外,"依法交易原则"也包括《消费者权益保护法》规定的第二项原则,即"交易应当遵循自愿、平等、公平、诚实信用的原则"。自愿原则、公平原则、平等原则、诚信原则等,是各类交易都应当遵循的法律原则,在许多涉及交易的立法中都有相应规定,它们与消费者的公平交易权、自主选择权、获取信息权等消费者权利直接相关,是形成消费者保护具体规则的基础的、本原性的规则,对于形成和完善具体消费者权利保护制度有重要的指导作用。

消费者权益保护法应当包含的另外两项原则,即"尊重和保障人权原则""保障社会经济秩序原则",是更高层次的原则。为了具体体现和落实这两项原则的精神,我国《消费者权益保护法》规定了第三项原则,即"国家保护原则",以及第四项原则,即"社会监督原则"。这些原则突出了国家和社会在保护消费者合法权益方面的责任,不仅在具体消费者保护法领域里具有重要意义,而且在宪法层面亦具有重要价值。

上述各类原则也说明,消费者的保护需要站在经济、社会的总体立场之上,而并非仅是调整消费者与经营者之间的个体关系,国家要从人权、经济与社会秩序等高度,切实保护消费者权益,从而不只是在微观的个体方面保护消费者权利,而且能够在宏观上、整体上保护消费者利益。

七、消费者权益的国际保护

随着市场经济的发展,各国的消费者问题日益突出,保护消费者权益日显重要。为此,各国消费者权利的保护范围逐步扩大,这在国际立法层面亦有体现。例如,国际消费者组织联盟曾提出消费者应享有的八项权利,这有助于消费者权益的国际保护能够与各国的具体保护更趋一致,也使国际层面的立法更具有可操作性。

在消费者权益的国际保护方面,已经有一批关于消费者保护的规范,较为重要的有:(1)《保护消费者准则》。它由国际消费者组织联盟倡导制定[①],并经联合国大会决议通过,是国际消费者保护方面影响最大的综合性立法。其主要目标是协助各国加强消费者保护,鼓励企业遵守道德规范,协助各国限制不利于消费者的商业陋习;鼓励消费者组织的发展,推进消费者保护的国际合作等。(2)《消费者保护宪章》。它由欧洲理事会制定,影响亦较大。其权利保护范围较为广泛,对消费者的援助保护权、损害赔偿权、知悉真情权、接受教育权、依法结社权、获得咨询权等都有相关规定。

第二节　消费主体的制度保障

消费者权益保护法作为消费规制领域的主要制度,为消费主体提供了重要的制度保障。在具体消费者权益保护立法中,涉及消费者权利与经营者义务的分配,涉及国家与社会在消费者保护方面的义务,以及对侵害消费者权益行为的责任追究等问题,这些问题都非常值得研究。

---

① 国际消费者组织联盟(International Organization of Consumers Unions,IOCU),由美国、英国等五国的消费者联盟或消费者协会于1960年在海牙发起设立。中国消费者协会已于1987年被接纳为正式会员。

一、消费规制与权义分配

(一) 消费者与经营者的权义分配制度

从消费规制的角度看,对消费者的权利保护应更加重视,同时,对经营者以及其他相关主体的义务应更加强调。在保护消费者权利方面,经营者、国家、社会均负有相应的义务,其中,经营者义务更为直接也更为具体。要有效保护消费者的权利,必须使经营者能够全面履行其相应的义务。有关消费者权利和经营者义务的规定,历来是消费者权益保护法的核心内容,并由此形成了消费者与经营者的权义分配制度。

在权义分配方面,我国《消费者权益保护法》首先在总体上规定:消费者为生活消费需要购买、使用商品或者接受服务,其权益受该法保护;经营者为消费者提供其生产、销售的商品或者提供服务,应当遵守该法;对于上述具体情况该法未作规定的,应当适用其他有关法律、法规的规定。另外,农民购买、使用直接用于农业生产的生产资料,亦应参照该法执行。消费者权利保护具有较大的国际共通性。从历史上看,最早明确提出消费者权利的是美国总统约翰·肯尼迪。他在1962年3月15日向国会提出的"关于保护消费者利益的特别国情咨文"中,提出了消费者应享有的四项权利,即获得商品的安全保障的权利;获得正确的商品信息资料的权利;对商品的自由选择的权利;提出消费者意见的权利。[①] 肯尼迪的"四权论"提出以后,渐为各国广泛认同并在实践中加以发展,并相继增加了获得合理赔偿的权利、获得有益于健康的环境的权利和受到教育的权利,以作为上述"四权论"的补充。

在信息偏在普遍存在的情况下,经营者极可能为私利侵犯消费者权益,为了保障上述消费者权利的实现,有必要在法律中专门规定经营者的义务,并通过规制经营者的行为来保护消费者。为此,我国《消费者权益保护法》对消费者权利和经营者义务的分配均有具体规定。

(二) 消费者的具体权利

我国《消费者权益保护法》专门规定了消费者的具体权利,这些权利至为重要,主要包括以下几类:

---

① 肯尼迪于1962年3月15日提出的"四权论"影响深远,因此,国际消费者组织联盟于1983年作出决定,将每年的3月15日定为"国际消费者权益日"。

1. 保障安全权

随着经济活动和社会生活的日益复杂,人们面临的各类风险也越来越多。于是,人们不仅关注国家的经济安全、金融安全等宏观问题,也关注更为具体的人身安全、财产安全、交易安全等问题,从而使保障安全成为相关法律调整的重要目标之一。一般认为,公平、效率、秩序、安全都是法律调整所追求的价值目标,没有安全就没有秩序,没有安全也没有效率,没有安全,公平和正义也无法实现。安全直接关系到人身和财产的状态,直接影响人身权、财产权的保障,因而是非常基础的。正是在这个意义上,消费者的保障安全权,也就显得尤为重要。

保障安全权是消费者最基本的权利,它是消费者在购买、使用商品和接受服务时所享有的保障其人身、财产安全不受损害的权利。由于消费者取得商品和服务是用于生活消费,因此,商品和服务必须可靠,经营者必须保证商品和服务的质量不会损害消费者的生命与健康,切实保障消费者的消费安全。

在这个充满了不确定性的高风险的时代,在这个强调以人为本、关注基本人权的时代,在这个"消费者主权"的时代,必须在法律上确立消费者最基本的保障安全权,使消费者能够依法要求经营者提供真正可以保障人身、财产安全的商品和服务,以维护良好的经济秩序和社会秩序,促进社会成员在和谐中提高效率,在高效率中实现公平,从而全面实现法律的总体价值目标。

2. 知悉真情权

在当今信息社会,信息的重要性人所共知。对于企业而言,信息直接关系到其经营业绩;对于消费者而言,信息直接关乎其生活质量。但是,信息过滥与信息不足的问题却同时困扰着人们。因信息偏在带来的市场失灵以及对消费者权益的损害,已受到普遍关注。如何确保相关信息的真实、准确,如何确保相关主体在信息沟通上的诚实信用,以有效保护相关主体的知悉真情权及其合法权益,是从宪法到民法,从行政法到经济法等各个法律领域都必须关注的问题。同理,在消费者保护法领域,尤其要保护消费者的知悉真情权。知悉真情权对于消费者其他权利的实现具有非常重要的意义。

知悉真情权,或称获取信息权、知情权,是消费者享有的知悉其购买、使用的商品或者接受的服务的真实情况的权利。据此,消费者有权根据商品或者服务的不同情况,要求经营者提供商品的价格、产地、生产者、用途、性能、规格、等级、主要成分、生产日期、有效期限、检验合格证明、使用方法说明书、售后服务,或者服务的内容、规格、费用等有关情况,唯有如此,才能保障消费者在与经营者签约时做到知己知彼,并表达其真实的意思。

3. 自主选择权

市场经济是一种由独立的市场主体自主决策、自主选择的经济,消费者作为与经营者相对立的市场主体,同样是独立的、自主的。作为生活消费的主体,消费者最清楚自己的生活中是否需要购进商品和服务,以及需要什么、需要多少,对于商品和服务的品质、数量、价格等,消费者都应当有权自主地作出判断、决策,并自主地作出选择。因此,在消费者权益保护法中,应当确立消费者的自主选择权。

自主选择权,是指消费者享有的自主选择商品或者服务的权利,该权利包括以下几个方面:(1)自主选择提供商品或者服务的经营者的权利;(2)自主选择商品品种或者服务方式的权利;(3)自主决定购买或者不购买任何一种商品、接受或者不接受任何一项服务的权利;(4)在自主选择商品或服务时所享有的进行比较、鉴别和挑选的权利。

在市场经济发展的初期,会存在强买强卖、欺行霸市等破坏市场经济秩序的行为,同时,也会存在大量伪劣假冒产品充斥市场、各类欺诈行为层出不穷等"市场失序"的问题,在这种情况下,尤其应当确立和保护消费者的自主选择权,同时,还应当确立和保护消费者的公平交易权。

4. 公平交易权

消费者作为生活消费的主体,存在着纷繁复杂的私人欲望,这些私人欲望需要通过在市场上购买私人物品来得到满足,并由此促进整个市场经济的发展。交易是市场经济的核心,公平交易是市场经济持续发展的保障。在消费者与经营者的关系中,交易是否公平,直接影响消费者的得失,也影响市场的秩序和效率。因此,与上述自主选择权直接相关,消费者还应当享有公平交易权。

公平交易权,是指消费者在购买商品或者接受服务时所享有的获得质量保障和价格合理、计量正确等公平交易条件的权利。为了保障消费者公平交易权的实现,必须依反垄断法和反不正当竞争法等对劣质销售、价格不公、计量失度等不公平交易行为加以禁止。此外,消费者还有权拒绝经营者的强制交易行为,这与前述消费者权益保护法基本原则的要求也是一致的。

5. 依法求偿权

致人损害要赔偿,是法律上的一般理念和规则。消费者在购买商品或接受服务,从事其生活消费时,可能会由于质量、价格、信息、计量等方面的原因,而受到人身或财产方面的损害。从损害赔偿的一般法理上说,当然要补偿受损者,惩戒致害者,保障基本人权,维护市场秩序。据此,应当在法律上确立和保护消费者的求偿权,使其可依法求偿。

依法求偿权,是指消费者在因购买、使用商品或者接受服务受到人身、财产损害时,依法享有的要求并获得赔偿的权利。它是弥补消费者所受损害的必不可少的救济性权利。确立和保护这一权利,有助于解决实践中大量存在的侵害消费者权益的问题,也有助于惩戒不法经营者,维护市场秩序,保障基本人权。

6. 依法结社权

消费者团结起来,依法成立自己的社团,有助于使消费者从分散、弱小走向集中和强大,通过集体的力量来改变自己的弱势地位,以与实力雄厚的经营者相抗衡,并与全球范围内的第三部门蓬勃发展的形势相呼应。消费者的结社问题,无论在宪法、行政法层面,还是在经济法、社会法等层面,都要予以关注,并应确立消费者的依法结社权。

依法结社权是指消费者享有的依法成立维护自身合法权益的社会组织的权利。政府对合法的消费者团体不应加以限制,并且,在制定有关消费者方面的政策和法律时,应当向消费者团体征求意见,以更好地保护消费者权利。

7. 接受教育权

在当今知识爆炸的时代,不断接受教育以获取新知,已成为人们生活的一部分。接受教育首先是一项宪法性权利,并具体体现在相关法律领域。在保护消费者的立法中,应当把接受教育之类的宪法性权利予以具体化,从而形成消费者权益保护法中的接受教育权。

接受教育权,也称知识获取权,它是消费者所享有的获得有关消费和消费者权益保护方面的知识的权利。只有保障消费者的接受教育权,才能使消费者更好地掌握所需商品或者服务的知识和使用技能,从而正确使用商品,提高自我保护能力。由于厂商与消费者在信息、实力等方面的差距越来越大,因此,强调消费者要接受教育,获取相关知识,以提高自我保护的能力,已变得越来越重要。

8. 获得尊重权

在激烈的市场竞争中,许多厂商为了提高自己的竞争力,在经营方式、竞争手段等方面不断花样翻新,有时可能会忽视对消费者的人格尊严或民族风俗习惯的尊重,使消费者的身心受到伤害,并由此会产生多个方面的危害。因此,强调交易平等,强调彼此尊重,确立消费者的获得尊重权,同样非常重要的。

获得尊重权,是指消费者在购买、使用商品和接受服务时,享有人格尊严、民族风俗习惯得到尊重的权利,同时,也享有个人信息依法得到保护的权利。尊重消费者的人格尊严和民族风俗,依法保护个人信息,是社会文明进步的表现,有助于形成公序良俗,也是尊重和保障人权的重要内容。

9. 监督批评权

同前面的接受教育权类似,监督批评权也是一项宪法性权利,它同样需要在保护消费者的立法中予以具体化。该权利的行使不仅有助于消费者其他权利的具体实现,也有助于形成消费者权益保护法运行的良性反馈机制。

依据我国《消费者权益保护法》的规定,消费者享有对商品和服务以及保护消费者权益工作进行监督的权利。此外,消费者有权检举、控告侵害消费者权益的行为和国家机关及其工作人员在保护消费者权益工作中的违法失职行为,有权对保护消费者权益工作提出批评、建议。

上述九项权利都是我国《消费者权益保护法》明确规定应予保护的消费者权利。这些权利的有效实现,尚有赖于其他主体的相关义务的履行,其中非常重要的是经营者义务的履行。

(三) 经营者的具体义务

由于经营者是为消费者提供商品和服务的市场主体,是与消费者直接进行交易的另一方,因此,明确经营者的义务对于保护消费者权益至为重要。我国《消费者权益保护法》较为全面地规定了在保护消费者权益方面经营者所负有的下列义务:

1. 依法定或约定履行义务

经营者向消费者提供商品或服务,应当依照我国的《消费者权益保护法》和其他有关法律、法规的规定履行义务,即经营者必须依法履行其法定义务。如果经营者和消费者有约定,则应当按照约定履行义务,但双方的约定不得违背法律、法规的规定。此外,经营者应当恪守社会公德,诚信经营,保障消费者的合法权益;不得设定不公平、不合理的交易条件,不得强制交易。

经营者提供商品或者服务,按照国家规定或者与消费者的约定,承担包修、包换、包退或者其他责任的,应当按照国家规定或者约定履行,不得故意拖延或者无理拒绝。这是我国《消费者权益保护法》为体现上述法定或约定履行义务的精神而作的具体规定。

2. 听取意见和接受监督的义务

经营者应当听取消费者对其提供的商品或者服务的意见,接受消费者的监督。这是与消费者的监督批评权相对应的经营者的义务。法律规定经营者的这一义务,有利于提高和改善消费者的地位。

3. 保障人身和财产安全的义务

这是与消费者的保障安全权相对应的经营者义务。经营者应当保证其提供的商品或者服务符合保障人身、财产安全的要求。对可能危及人身、财产安全的商品和服务,应当向消费者作出真实的说明和明确的警示,并说明和标明正确使用商品或者接受服务的方法以及防止危害发生的方法。宾馆、商场、餐馆、银行、机场、车站、港口、影剧院等经营场所的经营者,尤其应当对消费者尽到安全保障义务。

此外,经营者发现其提供的商品或者服务存在缺陷,有危及人身、财产安全危险的,应当立即向有关行政部门报告和告知消费者,并采取停止销售、警示、召回、无害化处理、销毁、停止生产或者服务等措施。采取召回措施的,经营者应当承担消费者因商品被召回支出的必要费用。

4. 不作虚假或引人误解的宣传的义务

这是与消费者的知悉真情权相对应的经营者的义务。经营者向消费者提供有关商品或者服务的质量、性能、用途、有效期限等信息,应当真实、全面,不得作虚假或者引人误解的宣传。否则,即构成侵犯消费者权益的行为和不正当竞争行为。

此外,经营者对消费者就其提供的商品或者服务的质量和使用方法等具体问题提出的询问,应当作出真实、明确的答复。在价格标示方面,经营者提供商品或者服务应当明码标价。

5. 出具相应的凭证和单据的义务

经营者提供商品或者服务,应当按照国家有关规定或者商业惯例向消费者出具发票等购货凭证或者服务单据;消费者索要发票等购货凭证或者服务单据的,经营者必须出具,这是经营者的义务。由于发票等购货凭证或者服务单据具有重要的证据价值,对于界定消费者和经营者的权利义务亦具有重要意义,因此,明确经营者出具凭证和单据的义务,有利于保护消费者权益。

在现实生活中,有些经营者可能提出种种借口,拒绝向消费者出具相应的发票等购货凭证或服务单据,这是违反其法定义务的行为,不仅会侵害消费者权益,也会导致国家税款的流失,带来经济管理上的不良后果。因此,对此类违法行为同样不应忽视。

6. 提供符合要求的商品或服务的义务

经营者应当保证在正常使用商品或者提供服务的情况下说明其提供的商品或者服务应当具有的质量、性能、用途和有效期限;但消费者在购买该商品或者接受该服务前已经知道其存在瑕疵,且存在该瑕疵不违反法律强制性规定的除外。

此外,经营者以广告、产品说明、实物样品或者其他方式表明商品或者服务的质量状况的,应当保证其提供的商品或者服务的实际质量与表明的质量状况相符。

另外,经营者提供的机动车、计算机、电视机、电冰箱、空调器、洗衣机等耐用商品或者装饰装修等服务,消费者自接受商品或者服务之日起六个月内发现瑕疵,发生争议的,由经营者承担有关瑕疵的举证责任。

7. 承担退货、更换或修理等义务

经营者提供的商品或者服务不符合质量要求的,消费者可以依照国家规定、当事人约定退货,或者要求经营者履行更换、修理等义务。没有国家规定和当事人约定的,消费者可以自收到商品之日起 7 日内退货;7 日后符合法定解除合同条件的,消费者可以及时退货,不符合法定解除合同条件的,可以要求经营者履行更换、修理等义务。依照上述规定进行退货、更换、修理的,经营者应当承担运输等必要费用。

此外,还有一类"无理由退货"的情况,即经营者采用网络、电视、电话、邮购等方式销售商品,消费者有权自收到商品之日起 7 日内退货,且无须说明理由,但下列商品除外:(1) 消费者定做的;(2) 鲜活易腐的;(3) 在线下载或者消费者拆封的音像制品、计算机软件等数字化商品;(4) 交付的报纸、期刊。除上述商品外,其他根据商品性质并经消费者在购买时确认不宜退货的商品,不适用无理由退货。需要强调的是,消费者退货的商品应当完好。经营者应当自收到退回商品之日起 7 日内返还消费者支付的商品价款。退回商品的运费由消费者承担;经营者和消费者另有约定的,按照约定。

上述的"无理由退货"制度,又被称为"冷静期"制度,消费者由此在法定期限内享有了所谓"后悔权"。此类制度对消费者行使权利的行使所设定的中所涉及的各类条件限制,体现了法律在经营者权益与消费者权益之间的平衡。

8. 不得从事不公平、不合理的交易的义务

为了保障消费者的公平交易权,经营者在经营活动中使用格式条款时,应当以显著方式提请消费者注意商品或者服务的数量和质量、价款或者费用、履行期限和方式、安全注意事项和风险警示、售后服务、民事责任等与消费者有重大利害关系的内容,并按照消费者的要求予以说明。与此同时,经营者不得以格式条款、通知、声明、店堂告示等方式,作出排除或者限制消费者权利、减轻或者免除经营者责任、加重消费者责任等对消费者不公平、不合理的规定,不得利用格式条款并借助技术手段强制交易。格式条款、通知、声明、店堂告示等含有上述内容的,其内容无效。

9. 信息提供与个人信息保护的义务

在信息提供方面,采用网络、电视、电话、邮购等方式提供商品或者服务的经营者,以及提供证券、保险、银行等金融服务的经营者,应当向消费者提供经营地址、联系方式、商品或者服务的数量和质量、价款或者费用、履行期限和方式、安全注意事项和风险警示、售后服务、民事责任等信息。此外,经营者未经消费者同意或者请求,或者消费者明确表示拒绝的,不得向其发送商业性信息。

在个人信息保护方面,经营者收集、使用消费者个人信息,应当遵循合法、正当、必要的原则,明示收集、使用信息的目的、方式和范围,并经消费者同意。经营者收集、使用消费者个人信息,应当公开其收集、使用规则,不得违反法律、法规的规定和双方的约定收集、使用信息。

经营者及其工作人员对收集的消费者个人信息必须严格保密,不得泄露、出售或者非法向他人提供。经营者应当采取技术措施和其他必要措施,确保信息安全,防止消费者个人信息泄露、丢失。在发生或者可能发生信息泄露、丢失的情况时,应当立即采取补救措施。

10. 不得侵犯消费者的人身权的义务

消费者的人身权是其基本人权,消费者的人身自由、人格尊严不受侵犯。如前所述,消费者享有获得尊重权,经营者不得对消费者进行侮辱、诽谤,不得搜查消费者的身体及其携带的物品,不得侵犯消费者的人身自由。

我国《消费者权益保护法》明确规定的经营者的上述各类义务,与前述的消费者权利存在着大体上的对应关系。从实质意义上的消费者权益保护法来说,经营者的义务还远不限于上述形式意义上的《消费者权益保护法》的规定,因为在《反垄断法》《反不正当竞争法》《产品质量法》《广告法》《价格法》《电子商务法》等诸多形式意义的立法中,同样包含许多涉及经营者义务的规范,并且,在这些法律的立法宗旨中,无一例外,都将保护消费者权益作为重要目标。由此可见,对消费者权利的保护,不只是《消费者权益保护法》的任务,同时也是其他相关法律的任务;消费者权益保护法作为一个部门法,实际上包含了许多法律中有关消费者保护的规范。

二、消费者权益的国家保护制度

在消费者权益的保护方面,不仅经营者负有直接的义务,而且国家、社会也都负有相应的义务。只有各类主体都有效地承担起保护消费者权益的义务,消费者的各项权利才能得到有效的保障。为此,我国《消费者权益保护法》对于国家和社会在保护消费者权益方面的义务也都作出了规定。

(一) 国家对消费者权益的整体保护

为了有效地保护消费者权益,国家应当在立法、执法、司法等各个环节上,加强对消费者权益的整体保护。在消费者政策和消费者立法方面,国家应当保护消费者的合法权益不受侵害,并应采取具体措施,保障消费者依法行使权利,维护其合法利益。依据我国《消费者权益保护法》第四章的规定,国家对消费者合法权益的保护主要体现在以下几个方面:

1. 在立法方面的保护

国家制定有关消费者权益的法律、法规、规章和强制性标准,应当听取消费者和消费者协会等组织的意见。此外,立法机关在把消费者政策上升为法律时,也应听取消费者的意见和要求。

2. 在行政管理方面的保护

政府的行政管理工作与消费者权益的保护水平直接相关。各级人民政府应当加强领导,组织、协调、督促有关行政部门做好保护消费者合法权益的工作,落实保护消费者合法权益的职责。各级人民政府应当加强监督,预防危害消费者人身、财产安全行为的发生,及时制止危害消费者人身、财产安全的行为。这实际上体现了对消费者的保障安全权的着重确认和保护。

我国《消费者权益保护法》除对各级政府在消费者权益保护方面的义务作出规定以外,还特别强调政府的一些具体职能部门在消费者权益保护方面的义务。根据法律规定和相关规制体制,各级人民政府市场监管部门和其他有关行政部门,应当依照法律、法规的规定,在各自的职责范围内,采取措施,保护消费者的合法权益。此外,有关行政部门应当听取消费者及其社会团体对经营者交易行为、商品和服务质量的意见,及时调查处理。

另外,有关行政部门在各自的职责范围内,应当定期或者不定期对经营者提供的商品和服务进行抽查检验,并及时向社会公布抽查检验结果。如果发现并认定经营者提供的商品或者服务存在缺陷,有危及人身、财产安全危险的,应当立即责令经营者采取停止销售、警示、召回、无害化处理、销毁、停止生产或者服务等措施。

3. 在惩处违法犯罪行为方面的保护

对违法犯罪行为有惩处权力的有关国家机关,应当依照法律、法规的规定,惩处经营者在提供商品和服务中侵害消费者合法权益的违法犯罪行为,以切实保护消费者的合法权益。

为了及时、有效地惩处侵害消费者合法权益的违法犯罪行为,人民法院应当采取措施,方便消费者提起诉讼。对于符合我国《民事诉讼法》起诉条件的消费者权益争议,人民法院必须受理,并应及时审理,以使消费者权益争议尽快得到解决。

(二)政府部门对消费者权益的专门保护

在保护消费者权益方面,一些政府部门负有重要职责,尤其是市场监管部门等,应基于各自的法定职能,对消费者权益进行专门的保护。这些专门保护也是国家对消费者权益的整体保护的重要组成部分。

例如,市场监管部门是《消费者权益保护法》的主要执法主体,在保护消费者合法权益,维护社会经济秩序方面发挥着重要作用。由于同纷繁复杂的经济生活相比,我国《消费者权益保护法》的规定仍然较为原则,因此,为了有效保护消费者权益,国家市场监管总局(特别是原国家工商行政管理总局)制定了一系列保护消费者权益的规范性文件,如《侵害消费者权益行为处罚办法》《关于处理侵害消费者权益行为的若干规定》等。这些规定是对《消费者权益保护法》的进一步明确化和具体化,有助于增进《消费者权益保护法》的可操作性。

此外,我国还建立了"消费者权益保护工作部际联席会议制度",该联席会议负责统筹协调全国消费者权益保护工作,研究并推进实施消费者权益保护工作的重大政策、措施,指导、督促有关部门落实消费者权益保护工作职责,协调解决全国消费者权益保护工作中的重大问题和重大消费事件,等等。联席会议由国家市场监管总局为牵头单位,成员包括中央网信办、国家发展改革委、工信部、财政部、商务部、国家卫生健康委、中国人民银行、海关总署、中国银保监会、中国证监会、国家药监局、国家知识产权局、中国消费者协会等26个部门和单位。联席会议制度有助于增进政府部门对消费者权益的专门保护。

三、消费者权益的社会保护制度

保护消费者的合法权益是全社会的共同责任,国家鼓励、支持一切组织和个人对损害消费者合法权益的行为进行社会监督。为了更好地保护消费者权益,大众传媒尤其应做好维护消费者合法权益的宣传,对损害消费者合法权益的行为进行有效的舆论监督。

此外,在保护消费者合法权益方面,各类消费者组织具有重要作用,因而我国《消费者权益保护法》对其亦有专门规定。

依据该法规定,消费者组织包括消费者协会和其他消费者组织。消费者协会和其他消费者组织是依法成立的对商品和服务进行社会监督的保护消费者合法权益的社会组织。它们作为非营利的、公益性的社团,不得从事商品经营和营利性服务,不得以收取费用或者其他牟取利益的方式向消费者推荐商品和服务。各级人民政府对消费者协会履行职责应当予以必要的经费等支持。

在消费者组织中,消费者协会(以下简称"消协")是最普遍、最重要的。消协必须依法履行如下公益性职责:

(1) 向消费者提供消费信息和咨询服务,提高消费者维护自身合法权益的能力,引导文明、健康、节约资源和保护环境的消费方式;

(2) 参与制定有关消费者权益的法律、法规、规章和强制性标准;

(3) 参与有关行政部门对商品和服务的监督、检查;

(4) 就有关消费者合法权益的问题,向有关部门反映、查询,提出建议;

(5) 受理消费者的投诉,并对投诉事项进行调查、调解;

(6) 投诉事项涉及商品和服务质量问题的,可以委托具备资格的鉴定人鉴定,鉴定人应当告知鉴定意见;

(7) 就损害消费者合法权益的行为,支持受损害的消费者提起诉讼;

(8) 对损害消费者合法权益的行为,通过大众传播媒介予以揭露、批评。

各种消费者组织的产生,是消费者行使依法结社权的结果;而消费者组织职责的有效履行,则有助于具体的消费者实现其获取信息权、依法求偿权、监督批评权等权利。随着市场经济的发展,有许多问题都需要通过国家和个人以外的社会组织或称"第三部门"加以解决。同样,在消费者问题愈演愈烈的今天,消费者组织的作用也日益凸显,消费者权益的社会保护也将步入新的发展时期。

正由于消费者组织的作用日益重要,因而除了上述《消费者权益保护法》的规定以外,在相关法律中,也有关于消费者组织的规定。例如,我国《价格法》规定:消费者组织等相关组织以及消费者,有权对价格行为进行社会监督,这体现了社会力量在保护消费者权益方面的重要作用。

四、争议解决与法律责任的确定

(一) 消费者权益争议的解决

1. 争议的解决途径

各类争议的解决,大略都有协商、调解、仲裁、诉讼等基本的解决途径,消费者权益争议也与此类似。根据我国《消费者权益保护法》的规定,消费者与经营者发生消费者权益争议的,可以通过下列途径解决:与经营者协商和解;请求消费者协会或者依法成立的其他调解组织调解;向有关行政部门投诉;根据与经营者达成的仲裁协议提请仲裁机构仲裁;向人民法院提起诉讼。

依据我国现行法律规定,消费者向有关行政部门投诉的,该部门应当自收到投诉之日起7个工作日内,予以处理并告知消费者。此外,对侵害众多消费者合法权益的行为,中国消费者协会以及在省、自治区、直辖市设立的消费者协会,可以向人民法院提起诉讼。

无论采行上述哪种争议解决方式,无论在解决争议的过程中当事人是否付费,都会发生一定的成本。从法律经济学的角度看,消费者需作出理性选择,尤其应权衡争议的解决成本或交易费用,确定对自己最有利的解决途径。

2. 最终承担损害赔偿责任的主体的确定

最终承担损害赔偿责任的主体,主要有以下几类情况:

第一,由生产者、销售者、服务者承担。

(1) 消费者在购买、使用商品时,其合法权益受到损害的,可以向销售者要求赔偿。销售者赔偿后,属于生产者的责任或者属于向销售者提供商品的其他销售者的责任的,销售者有权向生产者或者其他销售者追偿。

(2) 消费者或者其他受害人因商品缺陷造成人身、财产损害的,可以向销售者要求赔偿,也可以向生产者要求赔偿。属于生产者责任的,销售者赔偿后,有权向生产者追偿。属于销售者责任的,生产者赔偿后,有权向销售者追偿。

(3) 消费者在接受服务时,其合法权益受到损害的,可以向服务者要求赔偿。

(4) 消费者在展览会、租赁柜台购买商品或者接受服务,其合法权益受到损害的,可以向销售者或者服务者要求赔偿。展览会结束或者柜台租赁期满后,也可以向展览会的举办者、柜台的出租者要求赔偿。展览会的举办者、柜台的出租者赔偿后,有权向销售者或者服务者追偿。

(5) 消费者通过网络交易平台购买商品或者接受服务,其合法权益受到损害的,可以向销售者或者服务者要求赔偿。网络交易平台提供者不能提供销售者或者服务者的真实名称、地址和有效联系方式的,消费者也可以向网络交易平台提供者要求赔偿;网络交易平台提供者作出更有利于消费者的承诺的,应当履行承诺。网络交易平台提供者赔偿后,有权向销售者或者服务者追偿。

第二,由变更后的企业承担。

消费者在购买、使用商品或者接受服务时,其合法权益受到损害,因原企业分立、合并的,可以向变更后承受其权利义务的企业要求赔偿。

第三,由营业执照的使用人或持有人承担。

使用他人营业执照的违法经营者提供商品或者服务,损害消费者合法权益的,消费者可以向其要求赔偿,也可以向营业执照的持有人要求赔偿。

第四,由从事虚假广告行为的经营者及相关主体承担。

消费者因经营者利用虚假广告或者其他虚假宣传方式提供商品或者服务,其合法权益受到损害的,可以向经营者要求赔偿。广告经营者、发布者发布虚假广告的,消费者可以请求行政主管部门予以惩处。广告经营者、发布者不能提供经营者的真实名称、地址和有效联系方式的,应当承担赔偿责任。

社会团体或者其他组织、个人在关系消费者生命健康商品或者服务的虚假广告或者其他虚假宣传中向消费者推荐商品或者服务,造成消费者损害的,应当与提供该商品或者服务的经营者承担连带责任。

(二) 法律责任的确定

对于侵害消费者权益的行为,应当依法追究违法者的法律责任。依据责任理论,违法者需要承担的法律责任主要有两类:一类是赔偿性法律责任;一类是惩罚性法律责任。

1. 赔偿性法律责任的确定

第一,侵犯人身权的法律责任。

人身权是重要的基本人权,我国《消费者权益保护法》对侵犯人身权的法律责任作了专门规定,其主要内容如下:

(1) 致人伤亡的法律责任。

经营者提供商品或者服务,造成消费者或者其他受害人人身伤害的,应当赔偿医疗费、护理费、交通费等为治疗和康复支出的合理费用,以及因误工减少的收入。造成残疾的,还应当赔偿残疾生活辅助具费和残疾赔偿金。造成死亡的,还应当赔偿丧葬费和死亡赔偿金。

(2) 侵害人格尊严或侵犯人身自由的法律责任。

经营者侵害消费者的人格尊严、侵犯消费者人身自由或者侵害消费者个人信息依法得到保护的权利的,应当停止侵害、恢复名誉、消除影响、赔礼道歉,并赔偿损失。此外,经营者有侮辱诽谤、搜查身体、侵犯人身自由等侵害消费者或者其他受害人人身权益的行为,造成严重精神损害的,受害人可以要求精神损害赔偿。

第二,侵犯财产权的法律责任。

在消费者权益争议中,大量涉及财产权之争。我国《消费者权益保护法》

对侵犯财产权的法律责任也有专门规定,其主要内容如下:

经营者提供商品或者服务,造成消费者财产损害的,应当依照法律规定或者当事人约定承担修理、重作、更换、退货、补足商品数量、退还货款和服务费用或者赔偿损失等民事责任。

经营者以预收款方式提供商品或者服务的,应当按照约定提供。未按照约定提供的,应当按照消费者的要求履行约定或者退回预付款;并应当承担预付款的利息、消费者必须支付的合理费用。

依法经有关行政部门认定为不合格的商品,消费者要求退货的,经营者应当负责退货。此外,经营者对消费者未尽到安全保障义务,造成消费者损害的,应当承担侵权责任。

第三,相关法律、法规在法律责任确定方面的协调。

除我国《消费者权益保护法》另有规定的以外,经营者提供商品或者服务有下列行为之一的,应当按照其他有关法律、法规的规定,承担民事责任:(1)商品或者服务存在缺陷的;(2)不具备商品应当具备的使用性能而在出售时未作说明的;(3)不符合在商品或者其包装上注明采用的商品标准的;(4)不符合商品说明、实物样式等方式表示的质量状况的;(5)生产国家明令淘汰的商品或者销售失效、变质的商品的;(6)销售的商品数量不足的;(7)服务的内容和费用违反约定的;(8)对消费者提出的修理、重作、更换、退货、补足商品数量、退还货款和服务费用或者赔偿损失的要求,故意拖延或者无理拒绝的;(9)法律、法规规定的其他损害消费者权益的情形。

由于消费者保护需要多个法律的配合,因此,在其他相关法律中与消费者保护相关的法律责任的规定,同样需要注意。例如,前面曾谈到"从事虚假广告行为的经营者及相关主体"承担法律责任的问题,除《消费者权益保护法》有相关规定外,《广告法》有更为具体的规定。依据该法第 56 条,发布虚假广告,欺骗、误导消费者,使购买商品或者接受服务的消费者的合法权益受到损害的,由广告主依法承担民事责任。广告经营者、广告发布者不能提供广告主的真实名称、地址和有效联系方式的,消费者可以要求广告经营者、广告发布者先行赔偿。

此外,关系消费者生命健康的商品或者服务的虚假广告,造成消费者损害的,其广告经营者、广告发布者、广告代言人应当与广告主承担连带责任。不直接关系消费者生命健康的商品或者服务的虚假广告,造成消费者损害的,其广告经营者、广告发布者、广告代言人,明知或者应知广告虚假仍设计、制作、代理、发布或者作推荐、证明的,应当与广告主承担连带责任。

2. 惩罚性法律责任的确定

我国《消费者权益保护法》不仅规定了违法经营者的赔偿性法律责任,还规定了违法经营者应承担的惩罚性法律责任,并且,在责任确定方面同样存在与其他法律、法规的协调问题。

第一,一般违法行为应承担的惩罚性法律责任。

(1) 欺诈行为的惩罚性赔偿责任。

经营者提供商品或者服务有欺诈行为的,应当按照消费者的要求增加赔偿其受到的损失,增加赔偿的金额为消费者购买商品的价款或者接受服务的费用的3倍;增加赔偿的金额不足500元的,为500元。法律另有规定的,依照其规定。

经营者明知商品或者服务存在缺陷,仍然向消费者提供,造成消费者或者其他受害人死亡或者健康严重损害的,受害人有权要求经营者依照消法规定赔偿损失,并有权要求所受损失2倍以下的惩罚性赔偿。

(2) 其他惩罚性责任。

经营者有下列情形之一,除承担相应的民事责任外,其他有关法律、法规对处罚机关和处罚方式有规定的,依照法律、法规的规定执行;法律、法规未作规定的,由市场监管部门或者其他有关行政部门责令改正,可以根据情节单处或者并处警告、没收违法所得、处以违法所得1倍以上10倍以下的罚款,没有违法所得的,处以50万元以下的罚款;情节严重的,责令停业整顿、吊销营业执照。具体情形包括:提供的商品或者服务不符合保障人身、财产安全要求的;在商品中掺杂、掺假,以假充真,以次充好,或者以不合格商品冒充合格商品的;生产国家明令淘汰的商品或者销售失效、变质的商品的;伪造商品的产地,伪造或者冒用他人的厂名、厂址,篡改生产日期,伪造或者冒用认证标志等质量标志的;销售的商品应当检验、检疫而未检验、检疫或者伪造检验、检疫结果的;对商品或者服务作虚假或者引人误解的宣传的;拒绝或者拖延有关行政部门责令对缺陷商品或者服务采取停止销售、警示、召回、无害化处理、销毁、停止生产或者服务等措施的;对消费者提出的修理、重作、更换、退货、补足商品数量、退还货款和服务费用或者赔偿损失的要求,故意拖延或者无理拒绝的;侵害消费者人格尊严、侵犯消费者人身自由或者侵害消费者个人信息依法得到保护的权利的;法律、法规规定的对损害消费者权益应当予以处罚的其他情形。

经营者有上述情形的,除依照法律、法规规定予以处罚外,处罚机关应当记入信用档案,向社会公布。经营者对行政处罚决定不服的,可以依法申请行政复议或者提起行政诉讼。

此外,其他法律规定的惩罚性责任也需要关注。例如,我国《电子商务法》规定,电子商务平台经营者违反该法规定,对平台内经营者侵害消费者合法权益行为未采取必要措施,或者对平台内经营者未尽到资质资格审核义务,或者对消费者未尽到安全保障义务的,由市场监督管理部门责令限期改正,可以处5万元以上50万元以下的罚款;情节严重的,责令停业整顿,并处50万元以上200万元以下的罚款。

第二,严重违法行为应承担的惩罚性法律责任。

经营者违法提供商品或者服务,侵害消费者合法权益,构成犯罪的,依法追究刑事责任。依据我国《消费者权益保护法》的有关规定,追究刑事责任的情况主要包括以下几种:

(1)经营者违反消法规定提供商品或者服务,侵害消费者合法权益,构成犯罪的,依法追究刑事责任。

(2)以暴力、威胁等方法阻碍有关行政部门工作人员依法执行职务的,依法追究刑事责任;拒绝、阻碍有关行政部门工作人员依法执行职务,未使用暴力、威胁方法的,由公安机关依照《中华人民共和国治安管理处罚法》的规定处罚。

(3)国家机关工作人员有玩忽职守或者包庇经营者侵害消费者合法权益的行为的,由其所在单位或者上级机关给予行政处分;情节严重,构成犯罪的,依法追究刑事责任。

值得注意的是,为了保护消费者权益,早在1993年7月,全国人民代表大会常务委员会就作出了《关于惩治生产、销售伪劣商品犯罪的决定》。此后,《刑法》分则在第三章"破坏社会主义市场经济秩序罪"中,首先用一节的篇幅对"生产、销售伪劣商品罪"作出规定:在产品中掺杂、掺假,以假充真,以次充好或者以不合格产品冒充合格产品;生产、销售假药、劣药;生产、销售不符合卫生标准的食品;生产不符合保障人身、财产安全的国家标准、行业标准的产品,或者销售明知是以上不符合保障人身、财产安全的国家标准、行业标准的产品,造成严重后果等行为,构成犯罪的,都应当依法追究刑事责任。这对于有效地有效维护市场经济秩序,保护消费者权益是非常重要的。

本章小结

信息偏在是导致市场失灵的重要原因,经济法的各类制度都要从不同角度解决信息不对称的问题。在市场规制领域,要解决信息偏在问题,必须加强消费规制。本章着重从消费者权益保护的角度,探讨了消费规制的基本原理和主要制度,涉及消费者的权利、经营者的义务、国家和社会的义务,以及消费者权益争议解决和法律责任确定等重要内容。

从消费规制的基本原理看,信息偏在会加大消费风险,影响市场的秩序、效率、公平与安全,因此,必须加强对消费者的法律保护。消费者权益保护法律制度,像整个经济法制度一样,既具有经济性,又具有社会性,但经济性更为突出。尽管在消费者权益保护法的具体立法中,会涉及多个部门法性质的规范,但部门法意义上的消费者权益保护法,则属于经济法。明确消费者和消费者权益保护法的概念,以及消费者权益保护法的性质和理论基础,有助于增进对具体消费者权益保护制度的理解;了解消费者权益保护法的立法体例、原则和消费者权益的国际保护等问题,对于完善相关具体立法,增进法律实效,也都具有重要作用。

从消费规制的主要制度看,消费者权益保护法最为重要,它为消费主体提供了基本的制度保障。其中,消费者权利与经营者义务的分配,是整个消费者权益保护法律制度的核心问题。我国法律对消费者具体权利的规定,有助于保障消费者的基本人权,规范经营者的市场行为,形成良好的市场秩序;而对于经营者义务的具体规定,则是对消费者权利的重要保障。

此外,在消费者权益保护方面,国家和社会也都负有保护义务。国家的立法机关、执法机关和司法机关,都要依法对消费者权利予以保护;相关政府职能部门,应依法对消费者权利作出专门保护。另外,消费者协会等社会组织也在消费者权益保护方面发挥着越来越重要的作用。

为了有效解决消费者权益争议,我国《消费者权益保护法》规定了争议解决的多种途径,并对最终承担法律责任的主体作出了较为明确的规定。依据经济法的责任理论,侵害消费者权益的违法者需要承担的法律责任主要有两类:一类是赔偿性法律责任,另一类是惩罚性法律责任。从加强消费规制,保障市场秩序的角度看,惩罚性责任非常重要。

参考书目

（按作者姓氏拼音字母顺序排列）

一、译著

1. 〔意〕阿克塞拉：《经济政策原理：价值与技术》，郭庆旺等译，中国人民大学出版社2001年版。
2. 〔美〕爱泼斯坦、尼克尔斯：《消费者保护法概要》，陆震纶等译，中国社会科学出版社1998年版。
3. 〔美〕奥茨：《财政联邦主义》，陆符嘉译，译林出版社2012年版。
4. 〔英〕奥格斯：《规制：法律形式与经济学理论》，骆梅英译，中国人民大学出版社2008年版。
5. 〔美〕奥尔森：《集体行动的逻辑》，陈郁等译，上海三联书店、上海人民出版社1995年版。
6. 〔美〕奥尔森：《国家兴衰探源：经济增长、滞胀与社会僵化》，吕应中等译，商务印书馆1999年版。
7. 〔美〕昂格尔：《现代社会中的法律》，吴玉章等译，译林出版社2001年版。
8. 〔美〕布坎南：《公共财政》，赵锡军等译，中国财政经济出版社1991年版。
9. 〔澳〕布伦南、〔美〕布坎南：《宪政经济学》，冯克利等译，冯克利、冯兴元统校，中国社会科学出版社2004年版。
10. 〔美〕博登海默：《法理学——法哲学及其方法》，邓正来等译，中国政法大学出版社2004年版。
11. 〔美〕博恩斯坦编：《东西方的经济计划》，朱泱译，商务印书馆1980年版。
12. 〔日〕丹宗昭信、伊从宽：《经济法总论》，吉田庆子译，中国法制出版社2010年版。
13. 〔法〕德萨米：《公有法典》，黄建华、姜亚洲译，商务印书馆2009年版。
14. 〔德〕费肯杰：《经济法》，张世明等译，中国民主法制出版社2010年版。
15. 〔美〕弗里德曼：《法律制度：从社会科学角度观察》，李琼英、林欣译，中国政法大学出版社1994年版。
16. 〔日〕谷口安平：《程序的正义与诉讼》，王亚新、刘荣军译，中国政法大学出版社2002年版。
17. 〔德〕哈贝马斯：《公共领域的结构转型》，曹卫东等译，学林出版社1999年版。
18. 〔英〕哈耶克：《法律、立法与自由》（第二、三卷），邓正来、张守东、李静冰译，中国大百科全书出版社 2000 年版。

19. 〔英〕哈耶克：《自由秩序原理》，邓正来译，生活·读书·新知三联书店 1997 年版。

20. 〔德〕何梦笔主编：《德国秩序政策理论与实践文集》，庞健、冯兴元译，上海人民出版社 2000 年版。

21. 〔英〕杰克逊主编：《公共部门经济学前沿问题》，郭庆旺、刘立群、杨越译，中国税务出版社 2000 年版。

22. 〔日〕金泽良雄：《经济法概论》，满达人译，中国法制出版社 2005 年版。

23. 〔日〕金子宏：《日本税法原理》，刘多田等译，中国财政经济出版社 1989 年版。

24. 〔德〕加比希、洛伦兹：《经济周期理论：方法和概念通论》，薛玉炜、高建强译，邓英海校，三联书店上海分店 1993 年版。

25. 〔意〕卡佩莱蒂：《福利国家与接近正义》，刘俊祥主译，法律出版社 2000 年版。

26. 〔意〕柯武刚、史漫飞：《制度经济学：社会秩序与公共政策》，韩朝华译，商务印书馆 2000 年版。

27. 〔美〕科斯、阿尔钦、诺斯等：《财产权利与制度变迁》，刘守英等译，上海人民出版社 1994 年版。

28. 〔美〕库恩：《科学革命的结构》，金吾伦、胡新和译，北京大学出版社 2003 年版。

29. 〔德〕拉德布鲁赫：《法学导论》，米健、朱林译，中国大百科全书出版社 1997 年版。

30. 〔英〕卢瑟福：《经济学中的制度：老制度主义和新制度主义》，陈建波、郁仲莉译，中国社会科学出版社 1999 年版。

31. 〔美〕罗尔斯：《作为公平的正义——正义新论》，姚大志译，上海三联书店 2002 年版。

32. 〔德〕毛雷尔：《行政法总论》，高家伟译，法律出版社 2000 年版。

33. 〔法〕摩莱里：《自然法典》，黄建华、姜亚洲译，译林出版社 2011 年版。

34. 〔美〕马歇尔：《经济学原理》（全两卷），朱志泰译，商务印书馆 1983 年版。

35. 〔英〕麦考密克、〔奥地利〕魏因贝格尔：《制度法论》，周叶谦译，中国政法大学出版社 1994 年版。

36. 〔美〕诺思（诺斯）：《经济史中的结构与变迁》，陈郁、罗华平等译，三联书店上海分店、上海人民出版社 1994 年版。

37. 〔美〕诺斯、托马斯：《西方世界的兴起》，厉以平、蔡磊译，华夏出版社 2009 年版。

38. 〔美〕帕森斯、斯梅尔瑟：《经济与社会——对经济与社会的理论统一的研究》，刘进、林午等译，华夏出版社 1989 年版。

39. 〔英〕皮尔逊：《科学的规范》，李醒民译，华夏出版社 1999 年版。

40. 〔日〕青木昌彦：《比较制度分析》，周黎安译，上海远东出版社 2001 年版。

41. 〔英〕施米托夫：《国际贸易法文选》，程家瑞编辑，赵秀文选译，郭寿康校，中国大百科全书出版社 1993 年版。

42. 〔日〕室井力主编：《日本现代行政法》，吴薇译，中国政法大学出版社 1995 年版。

43. 〔美〕斯密德:《财产、权力和公共选择:对法和经济学的进一步思考》,黄祖辉等译,三联书店上海分店、上海人民出版社 1999 年版。

44. 〔英〕斯坦、香德:《西方社会的法律价值》,王献平译,中国法制出版社 2004 年版。

45. 〔德〕斯特博:《德国经济行政法》,苏颖霞、陈少康译,中国政法大学出版社 1999 年版。

46. 〔美〕威廉姆森:《反托拉斯经济学——兼并、协约和策略行为》,张群群、黄涛译,经济科学出版社 1999 年版。

47. 〔德〕韦伯:《论经济与社会中的法律》,埃德毕·希尔斯、马克斯·莱因斯坦英译,张乃根译,中国大百科全书出版社 1998 年版。

48. 〔德〕韦伯:《社会科学方法论》,韩水法、莫茜译,中央编译出版社 1999 年版。

49. 〔美〕维斯库斯等:《反垄断与管制经济学》,陈甬军等译,机械工业出版社 2004 年版。

50. 〔德〕沃尔夫等:《行政法》,高家伟译,商务印书馆 2002 年版。

51. 〔日〕小岛武司:《诉讼制度改革的法理与实证》,陈刚等译,法律出版社 2001 年版。

52. 〔法〕雅克曼、施朗斯:《经济法》,宇泉译,商务印书馆 1997 年版。

53. 〔美〕伊斯顿:《政治生活的系统分析》,王浦劬等译,华夏出版社 1999 年版。

54. 〔日〕植草益:《微观规制经济学》,朱绍文等译,中国发展出版社 1992 年版。

二、中文著作

1. 陈东琪:《新政府干预论》,首都经贸大学出版社 2000 年版。

2. 陈新民:《德国公法学基础理论》(增订新版,上下卷),法律出版社 2010 年版。

3. 葛克昌:《国家学与国家法》,台湾月旦出版社股份有限公司 1996 年版。

4. 胡代光:《西方经济学说的演变及其影响》,北京大学出版社 1998 年版。

5. 胡玉鸿:《法学方法论导论》,山东人民出版社 2002 年版。

6. 何帆:《为市场经济立宪:当代中国的财政问题》,今日中国出版社 1998 年版。

7. 季卫东:《法治秩序的建构》,中国政法大学出版社 1999 年版。

8. 孔祥俊:《反垄断法原理》,中国法制出版社 2001 年版。

9. 李昌麒主编:《经济法学》(第五版),中国政法大学出版社 2017 年版。

10. 李昌麒、许明月编著:《消费者保护法》(第四版),法律出版社 2014 年版。

11. 刘大椿:《科学哲学》,人民出版社 1998 年版。

12. 吕忠梅、陈虹:《经济法原论》(第二版),法律出版社 2008 年版。

13. 罗豪才等:《软法与公共治理》,北京大学出版社 2006 年版。

14. 莫纪宏:《现代宪法的逻辑基础》,法律出版社 2001 年版。

15. 潘静成、刘文华主编:《经济法》(第三版),中国人民大学出版社 2008 年版。

16. 平新乔:《财政原理与比较财政制度》,三联书店上海分店、上海人民出版社 1992 年版。

17. 漆多俊:《经济法基础理论》(第五版),法律出版社 2017 年版。
18. 邱本:《经济法原论》,高等教育出版社 2001 年版。
19. 邵建东:《德国反不正当竞争法研究》,中国人民大学出版社 2001 年版。
20. 史际春、邓峰:《经济法总论》(第二版),法律出版社 2008 年版。
21. 谭崇台主编:《发展经济学的新发展》,武汉大学出版社 1999 年版。
22. 王保树主编:《经济法原理》,社会科学文献出版社,2004 年版。
23. 王成栋:《政府责任论》,中国政法大学出版社 1999 年版。
24. 王海明:《伦理学方法》,商务印书馆 2003 年版。
25. 王全兴:《经济法基础理论专题研究》,中国检察出版社 2002 年版。
26. 王绍光:《多元与统一——第三部门国际比较研究》,浙江人民出版社 1999 年版。
27. 王绍光、胡鞍钢:《中国国家能力报告》,辽宁人民出版社 1993 年版。
28. 吴易风、王健、方松英:《市场经济和政府干预——新古典宏观经济学和新凯恩斯主义经济学研究》,商务印书馆 1998 年版。
29. 吴志攀:《金融法概论》(第五版),北京大学出版社 2011 年版。
30. 徐孟洲:《金融法》,高等教育出版社 2007 年版。
31. 肖建国:《民事诉讼程序价值论》,中国人民大学出版社 2000 年版。
32. 肖江平:《中国经济法学史研究》,人民法院出版社 2002 年版。
33. 谢地主编:《政府规制经济学》,高等教育出版社 2003 年版。
34. 杨坚白、陈东琪主编:《宏观经济调控与政策:中国的实践》,经济科学出版社 2000 年版。
35. 杨紫烜:《国家协调论》,北京大学出版社 2009 年版。
36. 杨紫烜主编:《经济法》(第五版),北京大学出版社、高等教育出版社 2014 年版。
37. 姚海鑫:《经济政策的博弈论分析》,经济管理出版社 2001 年版。
38. 俞可平:《权利政治与公益政治——当代西方政治哲学评析》,社会科学文献出版社 2000 年版。
39. 张鸿骊编著:《科学方法要论》,陕西人民出版社 1998 年版。
40. 张明楷:《法益初论》(2003 年修订版),中国政法大学出版社 2003 年版。
41. 张其仔:《新经济社会学》,中国社会科学出版社 2001 年版。
42. 张守文:《经济法理论的重构》,人民出版社 2004 年版。
43. 张守文:《财税法疏议》(第二版),北京大学出版社 2016 年版。
44. 张守文:《分配危机与经济法规制》,北京大学出版社 2015 年版。
45. 张守文:《当代中国经济法理论的新视域》,中国人民大学出版社 2018 年版。
46. 张文显:《法哲学范畴研究》(修订版),中国政法大学出版社 2001 年版。
47. 赵伟:《干预市场——当代发达市场经济政府主要经济政策理论分析与实证研究》,经济科学出版社 1999 年版。
48. 卓泽渊:《法的价值论》(第三版),法律出版社 2018 年版。

本书索引

A

埃希勒　79,93

B

白皮书　53,213
保障安全权　427,430,434
避税　138,280
波斯纳　187
博弈行为　15,16,122,138,139,145,164
不均衡性　166
不正当竞争　5,13,16,38,43,44,46,68,79,80,104,105,107,108,120,129,138,143,145,149,150,160,164,165,201,208,235,316,364,365,388—416,418,422,431
布坎南　170,172,443

C

财政联邦主义　170,443
差异原理　8—10,19,79,123,126,143,157,158,166,182,218,219
产业调控法　46,327,331
产业法　327,330,331,351,354
产业政策　54,79,81,124,126,161,206,211,316,324,329,331,360,375
产业组织　79,331,332,351—354,385
惩罚性赔偿　182,196,440

D

搭便车　26,33,80
第三部门　33,66,67,117,119,165,429,436,446

第三法域　89
调控主体　47,51,67,82,118—124,127,128,141,160,162,166,167,170,174,180,183,193,194,198,227,232,234,315,328
调制法定原则　66—70,139,161,162,171,195,206,224,225,231,423
调制关系　43,44,65,73,86
调制绩效原则　66,67,69,70,424
调制适度原则　66—70,173,423
调制受体　14,15,65,119—121,124—129,138,139,141,142,144,145,148—152,156,158,159,163—166,176,179,180,187,188,190,192—197,227,228,369
调制行为　5,14,59,60,65,66,68,69,119,120,133,134,138—142,144—153,158,159,163,165,178,194,224,226,230,231
对策行为　65,66,68,137—142,144,145,148,152,158,159,163,164

E

二分法　43,45
二元结构　5,6,8—10,14,19,28,32,33,46,48—51,53,61,62,66,86,116,121—123,127,130,139—142,147,148,152,159,190,192,199,226

F

反不正当竞争法　27,28,38,46,50,52,54,70,79,82,104—109,113,120,143,149,166,183,201,206,208,217,230,234,

351,364,366,367,369,389—413,415,
416,422—424,428,433,445

反垄断法 27,28,38,46,50—52,54,68,
79,107—109,120,129,130,143,149,
166,183,206,216—218,230,349—352,
354—386,390—392,395—397,408,422,
423,428,433,445

范畴论 5,153

非对称性 181,182,192

非诉讼程序 53,214,229—232,236

分税制 171,225,257,266,286,287

复式预算 63,79,258

复杂性问题 19,34,51,143

G

个人所得税 54,111,206,282,291

公共利益 14,18,28,32—34,37,38,60,
66,78,79,81,88—90,137,151,170,172,
173,183,187,188,193,233—235,265,
335,338,342,357,360,361,367,368,
372,375,377,383,390,393,397,400,
409,412

公共物品 5,12,14,26—28,32,41,47,66,
80,81,86,117,162,167,168,170,171,
173,174,193,195,233,235,243—249,
252—255,260,267—269,273,274,335,
370,410

公共欲望 28,32,245,246,253,260,273

公平竞争 31,38,130,138,163—165,195,
206,224,287,292,364,366—369,379,
385,386,390,391,396,399,403,407,
409,410

公益诉讼 88,233,234,236

规制受体 123,369,384,393,399,410

规制主体 47,82,118—121,123,124,127,
141,160,162,166,180,183,198,362,

369,370,386,393,396,399,410

国债法 46,67,121—123,172,179,224,
254,261—263

H

海德曼 78,79,95

合法性 14,27,36,67,84,128,136,137,
140,144—146,149—153,158,159,165,
167—170,176,178,193—195,214,215,
226—228,279,285,314,326,329,351,
360,361,390,391,403

宏观调控 3—5,11,13,15,16,27,28,30,
37,38,41—47,49—51,53,54,59—61,
64,67,73—75,77,79,82,83,85,87,106,
108,109,113,114,119,124—127,137,
138,142,144—147,149,152,158,160—
163,167—176,178,183,184,195,198,
205—210,212,213,215,218,219,224,
226,227,232,234,239,244,248—250,
252—269,273—278,280—293,296—
298,300—302,307,311,315—317,323—
327,331,334—337,340,344,365,370

宏观调控法 5,31,42,45—54,65—67,75,
76,79,106,108,109,118,120,145,158,
160,166,167,169,172—176,179,180,
182,183,193,198,206,208,211,217,
232,239,244,264,277,293,306,319,
326,345,366

宏观调控权 147,150,158—160,162,167,
168,170—176,258,313,328

货币发行 63,160,161,303,304,312—
314,319

货币政策 38,67,81,106,148,215,226,
266,297—316,318,319,324,325,328

I

IMF(国际货币基金组织) 210

J

计划 4,11,42,43,45,52,67,79,86,100,106,111—113,119,130,141,143,150,161,171,175,206,225,230,231,247,254,255,258,286,300,311,313,322—331,334—336,339,343,344,360,366,398,414,443

计划调控 5,43,46,124,127,138,160,244,297,322—331,334,337,338,340—345

计划法 27,30,45,46,50,67,106,143,171,179,225,230,323,326—331,344,345

贾谊定理 170

价格调控法 46,328

交易成本 10,11,16,17,19,33,74,77,80,173,174

金融调控法 27,46,109,302,306,319

金融调控权 120,160,161

金融法 27,30,45,46,48,50,102,110,113,120,123,128,143,148,179,183,208,215,216,224,228,230,297,302,303,306,446

金融监管法 27

金融市场 49,107,138,143,160,252,297,299,304,306—308,312,315

金泽良雄 75,93,95,96,102,147,420,444

经济法 3—19,24—37,40—48,50—54,56—70,72—90,92—114,116—128,130,131,134—149,151—153,156—162,164—168,171,173,175,176,178—200,204—219,222—240,244,252,254,266,272,277,293,302,322,326,331,344,345,348,351,355,366,367,369,372,383,388,391,393—397,410,412,413,418,420—422,424,427,429,441—446

经济法的地位 4

经济法的调整对象 35,40—43,45,46,52,53,73,94,100,136,139

经济法的概念 3,40,53,97,98

经济法的规制性 75,105,181,333,334,341

经济法的基本原则 62—64,69,70,162,231,423

经济法的价值 30,57,58,61,62,69,70,72,78

经济法的经济性 68,74,76,77,181

经济法的可诉性 145,182,194,227,232,233,237,239

经济法的现代性 76—78,80,81,83,226,356

经济法体系 6,46—48,50,52—54,65,85,244,391,423

经济法责任 151,176,178—189,191,192,196,198—200,381—383

经济法主体 11,14,15,29,30,47,60,61,65,66,69,88,117—119,121—131,135—142,144—149,152,153,157—160,166,176,178—185,187,190,192—195,197,204,215,216,223,224,228,231,232,388,418

经济法宗旨 61,62,66,224

经济审判 234—238

经济稳定增长法 225,327,328

经济自由权 43,125,159,163—166

经营者 15,38,68,117,129,130,141,143,164,165,196,228,238,289,337,338,343,356,358—360,362—365,368,369,371—386,393,394,396—400,402—409,411—415,419,420,423—434,437—442

K

卡特尔 76,94,96,108,149,350,353,
355—357,360—362,364,365,372

可诉性 82,88,153,181,182,194,198,
227,230—236,239

控权论 18

L

拉德布鲁赫 84,94,444

拉普捷夫 101

立法法 162,172,189,206,213,219

利改税 111

联合国反腐败公约 213

良性违宪 169

良性运行 9,10,29—31,33,34,37,61,78,
79,223,225,237,246,267,310,332

两个失灵 11—13,17—19,26—30,37,41,
87,126

垄断 5,13,16,26—28,38,41,43,44,46,
52,54,68,76,79—82,96,97,104,106—
108,120,126,128,129,138,143,145,
149,150,160,161,163,164,206,216,
235,303,304,313,339,347—386,388—
391,395,396,408,418,422,445

卢卡斯 139,164,173

M

贸易限制 356,357

煤炭经济法 105

美联储 303,305

孟德斯鸠 171

N

纳什 173

纳税人 33,117,119,128,150,164,193,
213,217,228,234,273—276,279—284,
289,291,292

纳税主体 121,180,273,279,281,284,286

努斯鲍姆 94,95

P

排他交易行为

赔偿性责任 190,191,194—196,200,412

Q

强制执行 152,165

区际冲突 216,217

权义结构 10,120,121,131,144,146,
156—160,166,168,175,176,180,182,
190,194,328

R

人民币 207,307,308,312—314,318

人民银行 37,38,49,54,113,120,161,
169,172,198,206,207,302,303,305,
307—317,319,435

S

三大法宝 298,310,316

商品税 34,35,46,275,277,278,282,286,
288—290

商业贿赂 201,394,395,401—403,408,
411,413,414

商业秘密 380,384,395,404,405,412,413

商业银行法 38,113,206,302,316,317,
409,411

社会保障法 47,266

社会本位 81

社会法 30,47,53,74,85,87,89,90,96,
118,119,189,214,266,422,429

社会公益 9,10,12,13,27—34,37,45,61,
65,66,69,78,79,81,124,126,127,144,
148,151,183,187,188,199,265,284,
335,342,360,361,365,372,396,397,
400,405

社会责任　184,186,191,305

施米托夫　97,98,102,444

市场对策权　163,164,193,194

市场规制　3—5,11,15,16,27,28,30,42—54,59—61,65—67,73—77,79,82,83,85,87,96,104—109,113,114,118—120,123—127,137,138,142—147,149,158,160—163,166,178—180,182,184,195—198,205—213,215,217—219,224,226,227,230,232,234,239,244,306,348,355,364,365,369,370,385,391,395—398,418,419,421,423,442

市场规制权　147,150,159—162

市场绩效　351—353,358

市场结构　42,349,351—354,358,359,363,374,376

市场失灵　3,5,8—10,12,17,18,26—29,41,42,60,79,80,126,147,148,151,163,226,244,249,272,274,275,322,344,348,349,351,354,385,388,391,400,403,418,419,421,422,427,441

受控主体　118,120—122,166

数字经济　131,216,366,367

双手并用　11—13,17—19,41

双重价值　35,37

税法　27,30,32,34,36,45,46,48,50,54,70,102,106,110—113,119—121,123,127,128,140,143,148,150,167,173,183,186,190,206,207,215—218,224,225,228,230,232,234,254,273—275,277—287,291—293,444,446

税法主体　278,279,281,284

税收逃避　145,165,280

所得税　34,35,46,54,102,111,206,207,232,275,277,278,286,290,291

T

特别规制　49,317

特别市场规制权　160

体制法　46,47,86,124,126,131,160,161,193,278,285,293,370,395

体制关系　15,43,44,277,278

投资调控法　46,328

W

完全竞争　349,351,352,354

韦伯　150,171,445

WTO(世界贸易组织)　210

X

现代性　44,66,67,73,74,77,78,80—83,87,90,113,145

消费税　207,281,282,288—290

消费者　5,9,13,15,27,30,32,33,38,43,46,49,52,54,67,68,79,81,97,105—109,113,117—119,138,141—143,150,164—166,183,196,206,208,218,234,235,264,300,352,359,360,364,365,367—369,371,372,375,377,383,388,390,393,394,396,397,399,400,402—409,415,418—443,445

消费者权利　160,163—165,397,421—426,429,430,432,433,442

谢尔曼法　28,82,104,226,234,351,355,357,391

Y

依法结社权　425,429,436

依法求偿权　428,429,436

银行业监督管理法　38,49,54,200,303,411

营业税　111,207,289

有效竞争　354,360,390,391,393,396,

397,399
预算编制 255,258
预算调整 259,330
预算法 37,46,54,67,88,106,121—123,171—173,179,193,198,206,207,230,254—256,258,259,266—269
预算管理体制 256,257,269
预算审批 121,123,172,256
域外适用 216,368

Z

增值税 111,207,281,288—290,292
征税客体 279,281
征税主体 121,180,273,280,281,284
正当竞争 31,52,68,163,164,369,389—391,393,394,398,399,401,403,407,410,415,416
证券法 54,105,129,179,200,206,216,302,303,409
证券公司 228,301,309,312
证券交易所 301
政策性银行 301,302,311
政府采购 48,201,226,246,247,254,264—266,269,329,380,408,409,415
政府采购法 46,54,122,200,201,206,254,264,265,397,408,415
知悉真情权 425,427,431
中央税 276,286—288
中央银行 38,44,106,119,123,124,126,150,161,165,169,180,225,263,298—319
中央银行调控法 46
中央与地方共享税 276
主体组合 15,116,117,119—123,126,130,131,190
转移支付 32,48,79,121,128,145,149,160,195,226,247,249,251,252,254,266—269,286
转移支付法 46,121,123,254,266—269
自然垄断 107,338,339,350,360,361
自主选择权 424,428
自足性 8,35,77,82,83,90,145,153,178,181,182,230,237,356